ESPIANDO POR TRÁS DA PERSIANA

UM OLHAR SOBRE A DISCRIMINAÇÃO TRADUZIDA EM
ASSÉDIO MORAL ORGANIZACIONAL CONTRA MULHERES

LARA PARREIRA DE FARIA BORGES

Mestre em "Direito, Estado e Constituição" pela Universidade de Brasília (UnB). Integrante do Grupo de Pesquisa "Trabalho, Constituição e Cidadania" (Faculdade de Direito — UnB/CNPq). Graduada em Direito pela Universidade de Brasília. Professora Voluntária de Direito Processual do Trabalho na Universidade de Brasília e Assessora Jurídica no Tribunal Superior do Trabalho (TST).

ESPIANDO POR TRÁS DA PERSIANA

UM OLHAR SOBRE A DISCRIMINAÇÃO TRADUZIDA EM ASSÉDIO MORAL ORGANIZACIONAL CONTRA MULHERES

EDITORA LTDA.

© Todos os direitos reservados

Rua Jaguaribe, 571
CEP 01224-001
São Paulo, SP — Brasil
Fone (11) 2167-1101
www.ltr.com.br
Agosto, 2015

Produção Gráfica e Editoração Eletrônica: RLUX
Projeto de capa: FABIO GIGLIO
Impressão: BARTIRA

Versão impressa — LTr 5320.7 — ISBN 978-85-361-8572-9
Versão digital   — LTr 8780.8 — ISBN 978-85-361-8541-5

Dados Internacionais de Catalogação na Publicação (CIP)
(Câmara Brasileira do Livro, SP, Brasil)

Borges, Lara Parreira de Faria
 Espiando por trás da persiana : um olhar sobre a discriminação traduzida em assédio moral organizacional contra mulheres / Lara Parreira de Faria Borges. — São Paulo : LTr, 2015.

 Bibliografia

 1. Ambiente de trabalho 2. Assédio moral 3. Direito do trabalho —Brasil 4. Discriminação contra mulheres 5. Mulheres — Trabalho 6. Relações de trabalho I. Título.

15-05949   CDU-34:331.101.37

Índice para catálogo sistemático:

1. Assédio moral organizacional : Direito do trabalho   34:331.101.37

Na mulher que pensa, os ovários secam. Nasce a mulher para produzir leite e lágrimas, não ideias; e não para viver a vida e sim para espiá-la por trás da persiana. Mil vezes explicaram isso a ela e Alfonsina Stormi não acreditou nunca.
Eduardo Galeano

A Joana da Cunha Borges (in memoriam), *Celina Parreira de Faria e Sara Parreira de Faria, mulheres extraordinárias, com caminhos na vida tão distintos, mas igualmente capazes de ensinar a lição da coragem, da força e do amor.*

AGRADECIMENTOS

*"Sobre tudo o que se deve guardar,
guarda o coração,
porque dele procedem as fontes da vida."*
Provérbios 4:23

*"A gente principia as coisas,
no não saber por que,
e desde aí perde o poder de continuação
porque a vida é mutirão de todos,
por todos remexida e temperada.
(...)
Qualquer amor já é um pouquinho de saúde,
um descanso na loucura."*
Grande Sertão Veredas.
Guimarães Rosa

Os agradecimentos vão para aqueles que guardo em meu coração e são minhas fontes na vida. Com toda a gratidão que transborda da alma, parece que as palavras não são suficientes para expressar todos os sentimentos que inundam meu ser quando me lembro de cada um que passará por estas páginas. O coração pulsa nessa escrita vibrante. Fica aqui a tentativa de, em breves linhas, demonstrar um pouco do reconhecimento e da alegria do muito que fizeram e fazem por mim, remexendo e temperando minha vida com mutirão de sentimentos, um descanso na loucura.

A Deus, pelo amor que dá fôlego à vida, pela força e lugar seguro em todos os momentos. Obrigada pelo exemplo de bondade e pelos ensinamentos de amor, pela paz e equilíbrio mesmo nas situações difíceis. Obrigada por me conhecer melhor que eu mesma e, assim, providenciar o consolo, a força e a coragem nas vicissitudes da vida, que só a sua onisciência e onipotência amparam. Senhor, obrigada por dar luz aos meus passos e direcionar meu caminho colocando pessoas incríveis para me abençoar.

A Sara Parreira de Faria, por ser a melhor amiga que veio na forma de mãe amorosa e sábia, regando meus sonhos e me incentivando com seu entusiasmo pelas belezas da vida. Obrigada por me ensinar a amar o próximo, a retribuir o mal com o bem, a buscar a justiça, a ser forte e determinada sem nunca perder a ternura. Obrigada pelas palavras de incentivo quando eu quase desanimei, pelo colo, pelas noites sem dormir. Obrigada por sempre exigir o melhor de mim em todas as áreas sem nunca deixar de fazê-lo com amor e carinho. Obrigada por me levar ao colégio, natação, piano, inglês e tudo o mais durante todos os anos, momentos de trânsito (principalmente de ideias) que serviram para a construção de nossa grande amizade. Obrigada por me encorajar a desbravar caminhos novos, a enfrentar as dificuldades, a conhecer novos mundos. Obrigada por chorar meu choro e se alegrar com meu riso. Obrigada por me aguentar discursando sobre minhas ideias jurídicas mais mirabolantes e utópicas e ainda ler o que escrevo, quando nada disso faz parte de seu universo profissional. Você me ensinou que "a coisa mais fina do mundo é o sentimento", como já dizia Adélia Prado. Obrigada por sempre acreditar em mim, de forma que eu cresço me vendo pelos seus bondosos olhos.

A Júlio César Borges, por ser o papai zeloso, sempre incentivador dos meus sonhos e entusiasta dos meus planos. Obrigada por me ensinar, com sua história de vida, a lutar contra as adversidades e a vencer obstáculos, mesmo quando sozinho, para realizar o sonho de fazer outros terem um belo sorriso. Obrigada por seu exemplo de profissional dedicado e ético, cuidando da saúde de tantos. Obrigada pelo exemplo de crescimento na paciência e na sabedoria para viver. Obrigada pelas lutas e desafios enfrentados para dar o melhor de si à nossa família. Obrigada pelo amor traduzido em tantos gestos de carinho e cuidado.

A Lucas Parreira de Faria Borges e Felipe Parreira de Faria Borges, orgulhos de uma irmã coruja, pelo privilégio de poder dividir com vocês sonhos, risadas, planos para nosso futuro, ideias, alegrias, lutas e viagens. Obrigada por me fazerem rir com suas histórias divertidas, por me carregarem pela casa me fazendo sentir a irmã mais nova. Obrigada por serem pessoas de um caráter lindo e exemplar, por considerarem o outro, suas qualidades e dificuldades, por me ensinarem tanto com a inteligência que têm. Obrigada por me darem a notícia de que eu havia passado na UnB com balões dizendo "A magrela passou!". Obrigada por serem os primeiros a confiar em andar de carro comigo assim que tirei a carteira de motorista. Obrigada por acreditarem em mim. Obrigada por serem meus grandes amigos e companheiros para todas as horas. Vocês são geniais!

A Celina Parreira de Faria, por ser a mamãe querida (que o mundo "normal" insiste em dizer que é minha avó), que, por tanto amor, carinho e cuidado, não poderia receber outro posto em minha vida senão o de mãe. Obrigada por acompanhar meus passos desde bebê. Obrigada por sempre brincar comigo de escolinha, ajudar-me a carregar as bonecas e o quadro, sempre alimentando meus sonhos. Obrigada por ser um exemplo de solidariedade com todos os que cruzam o seu caminho e de simplicidade em encarar a vida. Obrigada por me inspirar com sua humildade, doçura, determinação, força, coração enorme e garra para viver. Obrigada por ensinar em cada gesto de afeto que o mais luxuoso de todos os bens é o amor. Se eu a pudesse definir em uma palavra, seria amor, simplesmente amor. Seu olhar sobre mim tem uma importância incalculável.

A Nestor Martins de Faria, querido vovô, por saber ser humano no sentido mais completo do termo. Obrigada pelo exemplo extraordinário de superação na busca pelo aprendizado, pelo ensino e pelo bem ao próximo e à natureza, sempre saindo da zona de conforto, quebrando paradigmas e enfrentando novos desafios. Obrigada por transmitir o muito que sabe a uma neta que tanto o admira. Obrigada por encorajar meus estudos de Direito com seu encanto pela justiça, ler meus escritos e compartilhar suas percepções sempre entusiasmado com minha jornada.

A Joana da Cunha Borges (Vovó Joaninha) e Hernandes Borges (Vovô Nando), que em memória emprestam tanta saudade ao meu coração. O tempo que nos aprisiona na vida corrida é o mesmo tempo que nos liberta da vida e do próprio tempo, mas deixa aos aprisionados ao tempo a saudade. Como entender?

A todos os meus familiares e amigos que acompanham os passos da mulher que lhes escreve.

Em especial, às queridas amigas Marina Costa Ferreira, Bruna Souza, Priscilla Emrich, pelas conversas animadas, chás, confissões e apoio.

Aos queridos amigos Mariana Justiniano e Felipe Vilela, pela amizade, carinho e confiança que já duram uma vida.

A Amanda Naoum do Valle, pela irmandade que vem desde a infância e vai nos acompanhar até a velhice.

A Talita e Simone Favotto Dalmedico, por me adotarem como verdadeiras irmãs e partilharem comigo felicidade, sorvetes e risadas.

Às queridas Gabriela e Rebeca Netto, pelo entusiasmo e afeto no partilhar de livros, ideias e sonhos.

A Danielle Ferreira, Virna Cruz, Rodrigo Leonardo Melo e Rafael de Deus Garcia, por dividirem desejos, alegrias, angústias e amizade verdadeira.

A Aimée Guimarães Feijão, pela paciência e amizade em trocar ideias que permeiam este trabalho e compartilhar, de perto ou de longe, as angústias, dúvidas, vitórias e lutas de ser mestranda.

Ao querido Rafael da Silva Santiago, por oferecer à palavra "amigo" o sentido mais genuíno que ela poderia ter durante todos esses anos, nos bons e maus momentos, nas conquistas e nas lutas.

À querida Renata Queiroz Dutra, companheira de seminários, aulas e artigos, exemplo de acadêmica e ser humano, por todo o apoio, auxílio e colaboração nos pensamentos traduzidos neste trabalho.

A todos os queridos membros do Grupo de Pesquisa Trabalho, Constituição e Cidadania, pelos diálogos sempre estimulantes, as ricas trocas de ideias, o apoio, a alegria e o aprendizado. Devo a cada um o amadurecimento acadêmico que se reflete nestas páginas. Vocês são fantásticos!

À Exma. Ministra Maria Cristina Irigoyen Peduzzi, pela oportunidade e confiança. Toda minha admiração e respeito crescem a cada dia pelo convívio e aprendizado com seu exemplo de mulher e jurista. Agradeço pela compreensão, apoio e incentivo no projeto deste livro.

Ao Exmo. Desembargador João Pedro Silvestrin, modelo de dedicação ao trabalho, por mostrar ser possível unir simplicidade e competência.

Aos colegas de GMMCP, em especial Tatiana de Azevedo Baena, Juliana Martins Duarte, Fábio Portela Lopes de Almeida, Lucas Emídio Ferreira Aganetti e Paulo Vinícius Matias Soares, pelas cotidianas reflexões sempre pertinentes, o valioso compartilhar de ideias e vivências sobre o mundo do trabalho e da vida. Trabalhar com vocês é um privilégio!

À querida mestra Dra. Gabriela Neves Delgado, por me encantar com seu jeito que reúne doçura, delicadeza, determinação e exigência (em uma combinação aparentemente paradoxal, mas que a torna ainda mais brilhante). Obrigada por dar luz às minhas primeiras investidas na pesquisa jurídica, acreditar em mim e incentivar meus estudos. Obrigada pelo zelo e carinho ao me orientar na elaboração deste livro. Obrigada pelos grandes ensinos e encorajamento na minha caminhada acadêmica e na vida. Obrigada por ser mais que uma brilhante orientadora, uma grande e verdadeira amiga para toda a vida.

Ao querido mestre Dr. Juliano Zaiden Benvindo, por despertar em mim, com sua sensibilidade e amor ao ensino, o entusiasmo pelo estudo do Direito que não oprime o diferente. Obrigada pela paciência e dedicação em orientar meus incipientes e vacilantes passos na pesquisa. Obrigada por me inspirar com sua inteligência e brilhantismo na percepção do Direito.

Agradeço ao professor Dr. Ricardo José Macedo de Brito Pereira, pelos valiosos diálogos, pela parceria na escrita acadêmica e, sobretudo, pelo compartilhamento de suas ricas experiências sobre o mundo do trabalho. Seu exemplo de professor ensina sobre a beleza da educação.

Aos professores Dra. Adriana Goulart de Sena Orsini e Dr. José Roberto Montes Heloani, pela prontidão em aceitar o convite para compor a banca examinadora da dissertação e pela inspiração acadêmica que me ofereceram por meio de seus escritos.

SUMÁRIO

APRESENTAÇÃO 17

PREFÁCIO 19

INTRODUÇÃO 21

CAPÍTULO 1 — IGUALDADE, RECONHECIMENTO, DIGNIDADE: UMA ANÁLISE CONSTITUCIONAL 25

1.1. Estado democrático de direito: entre democracia e direitos fundamentais 25

1.2. Reconhecimento: uma condição para a igualdade 29

1.3. A identidade do sujeito constitucional: reconhecimento e inclusão 32

1.4. O papel do direito constitucional para a formação do equilíbrio entre tradição e renovação sociocultural 36

1.5. A proteção do mercado de trabalho da mulher: entre liberdade e igualdade 40

1.6. Reconhecimento e dignidade: caminhos para a emancipação feminina no trabalho 47

CAPÍTULO 2 — PODER EMPREGATÍCIO, IDEOLOGIA DE GESTÃO E TEORIA DOS JOGOS: O CONFLITO DE CRENÇAS 56

2.1. Força, direito e justiça: uma análise do poder empregatício 56

2.2. Os limites jurídicos do poder empregatício e da subordinação jurídica: conceitos e desdobramentos.. 63

    2.2.1. O poder empregatício 63

        a) Poder empregatício como Direito 63

        b) Teorias sobre o poder empregatício: conteúdo e essência 63

        c) Poder empregatício como uma combinação de poderes 64

    2.2.2. A subordinação jurídica 67

    2.2.3. Os limites jurídicos do poder empregatício e da subordinação jurídica 73

2.3. Poder empregatício e captura da subjetividade: novas práticas de gestão empresarial 74

2.4. As consequências do modelo de gestão pelo assédio moral na identidade do trabalhador 88

2.5. Poder empregatício e teoria dos jogos: entendendo o conflito de crenças no assédio moral organizacional 93

  2.5.1. O dilema do prisioneiro 98

  2.5.2. A Teoria dos Jogos e o direito: modelando comportamentos 102

2.6. Poder empregatício e atuação do ser coletivo obreiro: o enfrentamento necessário 110

CAPÍTULO 3 — ENTRE O PODER EMPREGATÍCIO E A DIVISÃO SEXUAL DO TRABALHO: A MULHER NO MERCADO DE TRABALHO E NO REDUTO DOMÉSTICO 113

3.1. A condição da mulher no mercado de trabalho e na sociedade e sua normatização jurídica 113

3.2. A divisão sexual do trabalho e a construção de identidades no trabalho 124

3.3. Poder empregatício, flexibilização e discriminação de gênero 133

CAPÍTULO 4 — ASSÉDIO MORAL ORGANIZACIONAL E DISCRIMINAÇÃO DE GÊNERO: A VIOLÊNCIA INVISÍVEL QUE ADOECE 143

4.1. Assédio moral organizacional: definições 143

4.2. Contexto propício para o surgimento de assédio moral 148

4.3. Assédio moral e discriminação de gênero 157

4.4. Assédio moral organizacional: perspectivas 174

  4.4.1. Assédio moral organizacional na perspectiva psicológica 174

    a) Vítimas e agressores: oscilações 181

    b) A psicologização do assédio moral e a atuação sindical 189

  4.4.2. Assédio moral organizacional: perspectiva econômica e análise econômica do direito 192

    a) Análise econômica do direito e discriminação de gênero 194

  4.4.3. Assédio moral organizacional: perspectiva jurídica 205

4.5. Assédio moral organizacional e adoecimento ocupacional 222

  a) O adoecimento, o assédio moral e a questão de gênero 229

CAPÍTULO 5 — A REGULAÇÃO DO ASSÉDIO MORAL ORGANIZACIONAL E DA DISCRIMINAÇÃO DE GÊNERO PELO TRIBUNAL SUPERIOR DO TRABALHO: UMA ANÁLISE JURISPRUDENCIAL 232

5.1. Metodologia 232

5.2. Análise jurisprudencial: assédio moral e adoecimento ocupacional 234

5.3. Análise qualitativa de decisões do TST 245

  5.3.1. Expressão "discriminação de gênero" 245

  5.3.2. Os casos estudados — discriminação de gênero 245

5.3.3. Análise conjunta dos casos de discriminação de gênero 251

5.4. Análise de caso — controle gestacional 251

CONCLUSÃO 255

REFERÊNCIAS BIBLIOGRÁFICAS 257

ANEXO 1 263

ANEXO 2 270

APRESENTAÇÃO

A professora, acadêmica e pesquisadora Lara Parreira de Faria Borges honrou-me com convite para apresentar obra que produziu como dissertação do Mestrado em "Direito, Estado e Constituição",pela Universidade de Brasília, intitulada *"Espiando por trás da persiana:* um olhar sobre a discriminação traduzida em assédio moral organizacional contra mulheres".

Aceitei prontamente o prazeroso encargo, envaidecida pela distinção.

Trata-se de monografia que esgota o tema palpitante e atual do **Assédio Moral**, no contexto constitucional dos direitos fundamentais, com enfoque para sua ocorrência no ambiente organizacional.

Após leitura dos originais e já quando a idade clareia e define percepções, posso atestar que se trata de obra de fôlego, que atende às mais refinadas exigências. Condensa um trabalho de pesquisa ao longo de anos.

Conheço e convivo com Lara Parreira há cerca de três anos. Da admiração inicial, pela jovem dedicada ao estudo do direito do trabalho, que o considera grandioso por ter o objeto de estudo mais democrático do Direito: o trabalho, que possui uma centralidade na vida de todas as pessoas, formando e consolidando identidades, adquiri respeito pela doutrinadora, senhora da disciplina sobre a qual escreve.

Jovem, a Autora já possui currículo invejável. Bacharel em Direito e Mestre pela Universidade de Brasília, tem formação complementar na London School of Economics and Political Science, no tema International Human Rights, e na Stockolm University, em Competition Law. Professora Voluntária na Faculdade de Direito da Universidade de Brasília e Assessora Jurídica no Tribunal Superior do Trabalho, foi bolsista do CNPq e integra projetos e grupos de pesquisa na Universidade de Brasília.

A obra, composta de 5 (cinco) Capítulos, observa o rigor de inserir o tema no contexto constitucional, legal, doutrinário e jurisprudencial.

Teoriza o instituto em seus desmembramentos, em especial, as diversas dimensões dos direitos fundamentais, com foco na Constituição da República de 1988, eficácia, concepções doutrinárias e ligação entre a relação de emprego, os direitos humanos e o assédio moral.

O Capítulo 1 é dedicado ao direito constitucional e compreensivo do estudo dos princípios da igualdade, dignidade, discriminação de gênero e assédio moral.

O Capítulo 2 estuda o Poder Empregatício, ideologia de gestão e dignidade do trabalhador, avançando na moderna e vibrante "teoria dos jogos" e na atuação sindical.

O Capítulo 3 destina-se ao estudo da condição da mulher no mercado de trabalho e no reduto doméstico.

O Capítulo 4 enfrenta o tema central do livro, que é o Assédio Moral Organizacional: definição, contexto, perspectivas psicológica, econômica e jurídica; a questão de gênero e o adoecimento ocupacional.

O Capítulo 5 analisa os casos, à luz da jurisprudência do Tribunal Superior do Trabalho.

As Conclusões, densas e pontuais, revelam a versatilidade intelectual da Autora.

A teoria do assédio moral tem assento no direito à dignidade da pessoa humana, que, no Brasil, constitui fundamento da República, como prevê o art. 1º, inciso III, da Constituição. Decorre também do direito à saúde, mais especificamente, à saúde mental, abrangida na proteção conferida pelo art. 6º e o direito à honra, previsto no art. 5º, inciso X, ambos da Carta Magna.

O labor diário na esfera do direito do trabalho revela o grande interesse que o instituto do Assédio Moral desperta nas pessoas, o seu caráter multidisciplinar, atraindo para a ciência jurídica pesquisa tendente à definição de seus contornos, ocorrência e prevenção.

Recomendo a leitura da obra que será editada pela prestigiosa LTr. Estou certa de que constitui uma homenagem ao desenvolvimento do direito do trabalho e aos princípios que o informam e valiosa contribuição para os seus seguidores e aplicadores.

Brasília, 1º de Julho de 2015.

Maria Cristina Irigoyen Peduzzi
Ministra do Tribunal Superior do Trabalho
Ex-Conselheira do Conselho Nacional de Justiça
Presidente Honorária da Academia Brasileira de Direito do Trabalho

PREFÁCIO

A temática da discriminação contra mulheres ressurge, na obra de Lara Parreira de Faria Borges, a partir da roupagem do assédio moral organizacional desenvolvido em modelos empresariais de gestão toyotista.

No curso de suas reflexões, a autora demonstra ser o assédio moral organizacional contra mulheres um método de gestão utilizado por empregadores para normalizar condutas de suas empregadas no espaço de trabalho, a partir de um rigoroso "arquétipo de masculinidade".

As palavras de seu texto também desvelam que o assédio moral organizacional contra mulheres acaba por confundir-se com as práticas de discriminação de gênero nas relações de trabalho — práticas discriminatórias reforçadas, sobretudo, pela cultura patriarcal e machista em que ainda vivemos.

Nesse percurso teórico, há um claro refinamento da análise quando a autora utiliza a Teoria dos Jogos para caracterizar o poder empregatício e descrever os "jogos de poder e cooperação presentes no espaço de trabalho, que permitem a criação e o rompimento de redes de solidariedade e de reconhecimento entre os trabalhadores".

A perspectiva aberta e interdisciplinar da análise, aliás, é uma das âncoras da pesquisa. Em várias passagens ela se faz presente, sobretudo quando a autora transita pelos universos da Sociologia e da Psicologia do Trabalho.

Também alarga o horizonte da pesquisa a análise da tendência de regulação social promovida pelo Tribunal Superior do Trabalho em casos de assédio moral organizacional contra mulheres e sua interface com a problemática da discriminação de gênero. Há um esforço para capturar em palavras a necessidade de a Justiça do Trabalho banir práticas de assédio e de discriminação, em consonância com a plataforma de Estado Democrático de Direito em que está fundada. Nessa direção, há ênfase à análise argumentativa das premissas constitucionais de proteção ao trabalho do ser humano em condições de dignidade.

No horizonte do Direito do Trabalho constitucionalizado, a autora aprofunda o debate sobre as práticas inclusivas de reconhecimento de identidades em contraponto aos espaços de ausências, típicos das construções culturais tradicionalmente excludentes. Comunga da visão de vida compartilhada e de reconhecimento recíproco e igualitário nas relações interpessoais como pressuposto de afirmação da dignidade humana[1].

Também elege o direito fundamental ao trabalho digno[2] como referência primeira da morada constitucional. É com base nesta referência dignificada de trabalho que a trabalhadora poderá fazer parte, pertencer e ser igual.

A abundância da obra de Lara Parreira reflete, em grande medida, a densidade de sua formação acadêmica. Trata-se de pesquisadora vocacionada, sensível, de sofisticado raciocínio jurídico e sólida consciência cidadã.

---

(1) Sobre a rede de relações de reconhecimento, consultar: HABERMAS, Jürgen. *O futuro da natureza humana:* a caminho de uma eugenia liberal? Tradução Karina Jannini; revisão da tradução Eurides Avance de Souza. 2.ed. São Paulo: WMF Martins Fontes, 2010. p.47.
(2) DELGADO, Gabriela Neves. *Direito fundamental ao trabalho digno*. São Paulo: LTr, 2006.

Sua presença, inaugurada no universo científico do Direito do Trabalho, certamente será agraciada com merecido sucesso.

Os leitores, agradecidos, terão fartura.

Brasília, junho de 2015.

Gabriela Neves Delgado
Professora Adjunta de Direito do Trabalho da Faculdade de Direito da Universidade de Brasília. Líder do Grupo de Pesquisa *Trabalho, Constituição e Cidadania* (UnB-CNPq). Doutora em Filosofia do Direito pela UFMG. Mestre em Direito do Trabalho pela PUC Minas. Advogada.

INTRODUÇÃO

Arrancaria o coração de minha escrita. Pois, na hora em que pus a caneta no papel, percebi que não dá para fazer nem mesmo uma resenha sem ter opinião própria, sem dizer o que a gente pensa ser verdade nas relações humanas, na moral, no sexo.
Virginia Woolf[3]

O trabalho tem papel fundante na identidade de todo ser humano por ser capaz de gerar reconhecimento.[3A] A produção de um bem e a realização de um serviço mobilizam a subjetividade do trabalhador e permitem que suas particularidades expressem-se no fruto do trabalho, gerando uma identificação. De igual modo, as relações interpessoais entre colegas de trabalho e superiores hierárquicos criam condições para um reconhecimento do trabalhador e do seu trabalho pelo olhar dos outros. Esse olhar que reconhece pode indicar tanto uma aceitação positiva do trabalhador, quanto uma exclusão pela não conformidade ao padrão que os olhos buscam no que se vê.

O reconhecimento formador da identidade não se limita às relações e interações interpessoais, mas também possui caráter legal. O ordenamento jurídico é fruto de escolhas políticas sobre os direitos, as tradições, os valores e os sujeitos que serão reconhecidos como juridicamente acolhidos pela Constituição e demais leis. Assim, o Direito possui também papel definitivo na formação identitária do trabalhador e na valorização do seu trabalho.

Tradicionalmente, as mulheres não foram reconhecidas com inteireza pela ordem jurídica como seres humanos com dignidade, na mesma condição que os homens. O Direito, por muito tempo e ainda nos dias atuais, reproduz tradições e valores que excluem parte da formação identitária das mulheres, em contraponto a um processo lento e gradual de transformação rumo à emancipação do ser mulher. O padrão de identidade de ser humano protegido e valorizado pela sociedade e pelo ordenamento jurídico tem sido o homem. O homem representa o "eu". Já a mulher teve sua identidade construída como sendo o "outro", o diverso diferente do padrão, sendo regra geral posicionada em uma hierarquia inferior.[3B]

Essas construções identitárias entre o "eu" e o "outro" estão presentes não só na ordem jurídica posta, mas também no mundo do trabalho, exercendo forte influência sobre a identidade do padrão de trabalhador demandado pelo mercado. Esse padrão acaba por reproduzir preconceitos tradicionais que inferiorizam a mulher e exigem sua conformação a um arquétipo de masculinidade para conseguir uma posição no mercado de trabalho. Como consequência, não só as mulheres sofrem ao não se conformarem com o modelo demandado, mas também padecem os homens que não atendem ao padrão de masculinidade imposto.[3C]

Nesse reduto de imposições de estereótipos e padrões, surge ainda o conflito de reconhecimento quando as mulheres buscam conformar-se ao arquétipo de trabalhador demandado e fogem do conceito de feminilidade esperado pela sociedade e pelo mercado. Resta, assim, o eterno conflito para a formação identitária das mulheres: não são reconhecidas como mulheres com suas mais diversas

---
(3) WOOLF, Virginia. *Profissões para mulheres e outros artigos feministas*. Tradução de Denise Bottmann. Porto Alegre: L&PM, 2012. p. 13.
(3A) DEJOURS, Christophe. BÈGUE, Florence. *Suicídio e trabalho*: o que fazer. Tradução: Franck Soudant. Brasília: Paralelo 15, 2010. p. 30 e 31.
(3B) BEAUVOIR, Simone de. *O Segundo sexo. II. A experiência vivida*. 2. ed. Tradução: Sérgio Milliet. São Paulo: Difusão Europeia do Livro, 1967. p. 9-10.
(3C) McGINLEY, Ann C. Creating masculine identities: bullying and harassment "because of sex". *Op. cit.*, p. 1165-1166.

particularidades, como propõe o conceito de *interseccionalidade*[4], tampouco auferem reconhecido na medida em que tentam se amoldar a um padrão de masculinidade imposto, pelo choque entre esse comportamento e o estereótipo de feminino esperado.

Em razão dos conflitos na formação de identidade dos trabalhadores e do respectivo reconhecimento demandado pela subjetividade do ser humano, surgem métodos que visam à normalização de comportamentos e à adequação a um padrão imposto. Entre esses métodos encontra-se o *assédio moral organizacional*, que se caracteriza por gestos, palavras, comportamentos que buscam minar a autoestima da vítima, excluindo-a do acolhimento de um grupo ou do reconhecimento por uma autoridade, infligindo-lhe sofrimento físico e psíquico, neutralizando sua manifestação de poder ou condição de reação efetiva, que seja capaz de eliminar a agressão sofrida.

Por ser uma prática tão antiga quanto a própria espécie humana[4A], o assédio moral é um fenômeno que acompanha a humanidade e seu desenvolvimento em sociedade tolhendo os desviantes do modelo padrão de determinada época, mostrando-se presente nas mais diversas relações sociais, seja na escola, na família, na prisão, no hospital ou no trabalho, por exemplo.

No mundo do trabalho, o *assédio moral organizacional* manifesta-se como método de gestão do qual empregadores se valem no exercício de seu poder empregatício, seja por meio da imposição de comportamentos agressivos por parte da chefia, seja pelo estímulo ou negligência quanto ao surgimento de um ambiente hostil e degradante de competição e ausência de solidariedade entre os empregados ou entre empregados e chefia contra um trabalhador.

É possível observar que, tanto nas manifestações horizontais e mistas[5], quanto nas ocorrências verticais do *assédio moral organizacional*, o empregador é o principal responsável pela violência psicológica, pois é seu dever garantir um ambiente de trabalho saudável e livre de violações aos direitos da personalidade.

Nesse contexto, o modelo toyotista de produção tem se mostrado terreno fértil para o cultivo de práticas assediadoras no espaço de trabalho, tendo sua disseminação a partir da década de 1970, na Europa Ocidental e, no Brasil, desde a década de 1990. Tanto em razão de suas políticas de aumento de produtividade e eficiência, que controla cada movimento dos corpos, quanto pela necessidade de reduzir o quadro de empregados e utilizar como método de seleção dos mais hábeis o assédio moral organizacional, o toyotismo encontra nas condutas assediadoras a gestão pela incitação desejada para o cumprimento de seus fins.

Assim, como desdobramento do poder empregatício, o poder disciplinar apropria-se do *assédio moral organizacional* para normalizar condutas e fixar um "padrão" de trabalhador, eliminando os desviantes, seja pelo adoecimento, seja pela pressão para a ruptura do contrato de trabalho.

Na intersecção entre a questão de gênero e o mundo do trabalho, o *assédio moral organizacional* também é utilizado para afirmar que o capital exige um padrão de ser humano masculino, que não gera filhos em seu corpo, não possui responsabilidades domésticas ou familiares, é viril e corajoso, pode dedicar-se quantas horas forem necessárias para cumprir uma tarefa e possui uma companheira capaz de cuidar de todos as outras áreas de sua vida (que vão desde a roupa que veste, a comida que

---

(4) A interseccionalidade é um conceito elaborado por Helena Hirata e Danièle Kergoat que expressa a impossibilidade em se definir uma identidade unívoca, uma vez que cada ser humano é uma multiplicidade de identidades, não se podendo conceituar excluindo-se as mais diversas facetas que compõem uma identidade. Assim, não se é apenas mulher, mas também se é a religião que se professa, as crenças que compartilha, o grupo étnico em que nasceu etc. Ver: HIRATA, Helena. Gênero, classe e raça: interseccionalidade e consubstancialidade das relações sociais. *Tempo Social, Revista de Sociologia da USP*, v. 26, n. 1, p. 62, jun. 2014.
(4A) Roberto Heloani também enfatiza que o assédio moral é um problema tão antigo quanto o próprio trabalho, apesar de os estudos que se preocupam com essa violência serem recentes. Conferir: HELOANI, Roberto. Assédio moral: um ensaio sobre a expropriação da dignidade no trabalho. In: RAE-eletrônica, v. 3, n. 1, art. 10, jan/jun 2004. Disponível em: < http://www.scielo.br/scielo.php?script=sci_arttext&pid=S1676- 56482004000100013 > Acesso em 27.12.2014.
Gabrielle Friedman e James Whitman sinalizam que o assédio moral sempre existiu no ambiente de trabalho, não sendo uma prática nova, apenas sua identificação e intitulação são recentes. Conferir: FRIEDMAN, Gabrielle S. WHITMAN, James Q. The Europeantransformationofharassmentlaw: discrimination versus dignity. In: *Columbia JournalofEuropean Law*, V. 9, 2003. p. 246.
(5) O assédio moral horizontal é aquele que ocorre entre colegas de mesma hierarquia. Por sua vez, o assédio moral misto é aquele que combina a agressão vinda de colegas e da chefia contra um trabalhador.

come, até o cuidado com a família, por exemplo).[5A] Como consequência, o mercado sistematicamente comunica às mulheres, na forma de *assédio moral organizacional*, que elas não são bem-vindas ao mundo do trabalho remunerado, caso não se conformem ao arquétipo de masculinidade criado.[5B]

Nesse sentido, o capital apropria-se de elementos tradicionais que discriminam, oprimem e subjugam a mulher para reforçar a exploração do trabalho humano, violentando tanto homens quanto mulheres. O ritmo de produção capitalista dociliza os corpos munido do preconceito de gênero, com o fim de dinamizar a produção.[5C]

O resultado prático dessa gestão do trabalho pelo poder empregatício disciplinador é, regra geral, a exclusão das mulheres dos postos de liderança nas empresas, da igualdade salarial com os homens pelo mesmo serviço prestado, a predominância das mulheres em ocupações precárias e flexíveis. Além das consequências materiais descritas, há também consequências para a saúde das mulheres, com o adoecimento físico e psíquico decorrente do controle frenético de seus corpos e mentes pelo ritmo do capital.

Em razão do contexto neoliberal de flexibilização de direitos e da intensificação das demandas por trabalho, o assédio moral organizacional contra as mulheres acaba por confundir-se com as práticas de discriminação de gênero, que se alastram pelas relações de emprego.

Considerando esse contexto, este trabalho busca lançar luz às tradicionais discriminações contra as mulheres, muitas vezes invisíveis e camufladas, para que possam ser vistas e identificadas por meio da roupagem do assédio moral organizacional, que nutre a gestão fundada no modelo de produção toyotista e na ideologia neoliberal.

Nesse esteio, pretende-se investigar quais os fundamentos e resultados teóricos desenvolvidos pela Sociologia do Trabalho, Psicologia do Trabalho, Análise Econômica do Direito, Teoria dos Jogos, Direito Constitucional e Direito do Trabalho, bem como os retornos institucionais que a Justiça do Trabalho, por meio do Tribunal Superior do Trabalho, tem oferecido como resposta para o tratamento do problema do assédio moral organizacional e sua intersecção com a discriminação contra as mulheres.

Como destacam Adriana Goulart de Sena Orsini e Mila Batista Leite Corrêa da Costa, a Constituição Federal de 1988 ressaltou o necessário protagonismo do Poder Judiciário na concretização da democracia por meio de sua atuação como "ator de suma importância político-social".[6] O ramo do Judiciário trabalhista, em especial, é pautado pela solução de demandas envolvendo relações jurídicas e materiais desiguais. Assim, ao Poder Judiciário foi conferido papel estratégico para a democracia no movimento de concretização de cidadania social.[7]

Por isso, adota-se como problema central a relação entre o assédio moral organizacional contra mulheres e a discriminação de gênero, tendo como substrato seu tratamento pela instância máxima da justiça trabalhista: o Tribunal Superior do Trabalho.

O livro estrutura-se em cinco tópicos de investigação. Inicialmente, no **Capítulo 1**, estabelece-se um panorama sobre o papel do Estado Democrático de Direito, em uma conciliação interdependente entre democracia e direitos humanos, como garantidor de um reconhecimento constitucional às mulheres trabalhadoras de seu direito a ter igual consideração e respeito seja por parte do Estado, seja por entes privados, pessoas, chefes e colegas, no ambiente de trabalho.

(5A) Consultar: McGilnley, ann C. Creating masculine identities: Bullynig and harassment "because of sex". In: 79 University of Colorado Law Review 1151, 2008, p. 1155.
(5B) McGINLEY, Ann C. Creating masculine identities: bullying and harassment "because of sex". *Op. cit.*, p. 1216-1217.
(5C) ANTUNES, Ricardo. *Os sentidos do trabalho: ensaios sobre a afirmação e negação do trabalho*. São Paulo: Boitempo, 2013, 2 ed., 10. Reimpr. Rev. e ampl. (Mundo do Trabalho), p. 110.
(6) ORSINI, Adriana Goulart de Sena; COSTA, Mila Batista Leite Corrêa da. Judicialização das relações sociais e desigualdade de acesso: por uma reflexão crítica. In: SENA, A. G. O.; ANDRADE, Oyama K. B.; COSTA, Mila B. L. Corrêa da (Orgs.). *Justiça do Século XXI*. São Paulo: LTr, 2014. v. 1, p. 59-61.
(7) *Idem*.

Em seguida, o **Capítulo 2** analisa os contornos do poder empregatício em sua manifestação no mercado de trabalho e seus limites dentro da ordem jurídica vigente, em um contexto de produção flexível, alta competitividade e individualismo exacerbado. Propõe-se igualmente a estudar, sob a perspectiva da Teoria dos Jogos, como o mercado, materializado no empregador e nos trabalhadores, comporta-se como agente em jogos de cooperação, observando o papel do Direito na modulação desses comportamentos.

O capítulo ainda investiga como os jogos de cooperação estruturam-se em um contexto de preconceito e discriminação contra as mulheres trabalhadoras, excluindo-as das redes de solidariedade entre os trabalhadores, de forma a reforçar opressões de gênero. A importância da apreciação da Teoria dos Jogos reside na possibilidade de retratar os jogos de poder da realidade com vistas à melhor compreensão do funcionamento da arquitetura institucional e jurídica das relações de trabalho contemporâneas.

O **Capítulo 3** estuda a condição da mulher no mercado de trabalho, suas ocupações e remunerações, bem como a influência da divisão sexual do trabalho como um determinante tradicional que condiciona tanto o mercado de trabalho remunerado como a distribuição de tarefas no âmbito doméstico, demonstrando como o capital apropria-se de uma desigualdade cultural para moldar sua gestão e perpetuar discriminações.

Como coração desta obra, o **Capítulo 4** explora o conceito de assédio moral organizacional, bem como o contexto propício para seu surgimento, apreciando diversas abordagens. Relaciona a intersecção entre o assédio moral e a discriminação de gênero, observando o tratamento de ambos pelos sistemas jurídicos brasileiro, norte-americano e europeu, além das regulações internacionais. Por fim, investiga o adoecimento resultante dessa violência moral na saúde de trabalhadores em geral e, especialmente, na saúde das mulheres trabalhadoras.

Por fim, o **Capítulo 5** apresenta os resultados de pesquisa jurisprudencial frutos da análise de acórdãos do Tribunal Superior do Trabalho que tratam de assédio moral organizacional e adoecimento ocupacional, discriminação de gênero e controle gestacional. Os dados foram colhidos do sítio eletrônico da Corte Superior Trabalhista e analisados em três blocos. O primeiro foi estudado de forma quantitativa e os dois subsequentes tiveram uma análise qualitativa.

No primeiro bloco, foram colhidos 103 acórdãos em Recurso de Revista, publicados entre 5.1.2005 e 6.1.2015, tratando simultaneamente de "assédio moral" e "adoecimento", dos quais apenas 90 mostraram-se aptos para a análise dos quesitos selecionados. Como resultado do primeiro bloco de acórdãos, são apresentados quinze gráficos indicando, entre outros dados, a porcentagem de mulheres e homens que ingressam com recurso na Corte, as doenças ocupacionais mais reconhecidas, as manifestações de assédio moral mais recorrentes e o índice de reconhecimento do nexo de causalidade entre o adoecimento e o assédio moral sofrido.

No segundo bloco, foram selecionados acórdãos, no mesmo período, que apresentam em suas ementas a expressão "discriminação de gênero". Por fim, o terceiro bloco estuda um caso em que a discriminação de gênero foi reconhecida na prática de assédio moral organizacional por meio do controle gestacional.

Assim, buscou-se avaliar o padrão de resposta dado pelo TST às demandas que tratam de assédio moral organizacional e adoecimento ocupacional, bem como aos casos de discriminação de gênero. Investigou-se o papel da Corte Trabalhista na garantia e concretização de reconhecimento e dignidade aos trabalhadores e às trabalhadoras.

Observou-se que as análises sociológicas, filosóficas, econômicas, psicológicas e jurídicas apresentadas nos capítulos anteriores retratam a realidade dos quadros fáticos levados à apreciação do Tribunal Superior do Trabalho.

CAPÍTULO 1
IGUALDADE, RECONHECIMENTO, DIGNIDADE: UMA ANÁLISE CONSTITUCIONAL

> *A geração mais nova teve a ousadia de dizer que a rainha Vitória não era melhor do que uma faxineira honesta que criou os filhos com dignidade.*
> Virginia Woolf[8]

> ***Pensamento***
> *Da Igualdade — como se ela me ferisse dando aos outros as mesmas chances e direitos que tenho — como se não fosse indispensável aos meus próprios direitos que os outros também os tenham.*
> Walt Whitman[9]

1.1. Estado democrático de direito: entre democracia e direitos fundamentais

O Estado Democrático de Direito "consubstancia o marco contemporâneo do constitucionalismo" e tem como início histórico o fim da Segunda Guerra Mundial.[10] Apresenta como modelo de governo a democracia, que ressalta a primazia da dignidade da pessoa humana como norteadora de princípios e regras do sistema jurídico.[11]

Para Mauricio Godinho Delgado, o Estado Democrático de Direito funda-se em um tripé composto pela dignidade da pessoa humana, a sociedade política e a sociedade civil, sendo este inclusivo por meio da democracia.[12]

No Brasil, a Constituição da República de 1988 instituiu o documento jurídico-normativo do Estado Democrático de Direito, apesar de teoricamente a Constituição de 1946 já fazer menção a esse paradigma.[13]

É preciso ter em mente que o grande diferencial do atual paradigma estatal está na democracia. O "processo democrático" é uma expressão que trata não só de um processo político formal de tomada de decisões, mas também é um conceito com um conteúdo substancial fundado em direitos humanos. O significado de democracia foi construído dependendo dos direitos humanos (os quais, a nível nacional, adquirem a forma de direitos fundamentais ao serem positivados na Constituição de cada país) e para garantir direitos fundamentais aos indivíduos, ainda que o conceito de "processo democrático" gere muita discordância.

Catharin Dalpino afirma que, em nível internacional, os direitos humanos e a democracia tornaram-se intercambiáveis. No ano de 2000, a Comissão de Direitos Humanos das Nações Unidas estabeleceu que a democracia é um direito humano fundamental.[14] Depois da Segunda Guerra Mundial, a democracia foi elevada ao posto de melhor forma de governo possível.[15]

---

(8) WOOLF, Virginia. *Profissões para mulheres e outros artigos feministas.* Tradução: Denise Bottmann. Porto Alegre: L&PM, 2012. p. 86.
(9) WHITMAN, Walt. *Folhas da relva.* Tradução de Luciano Alves Meira. São Paulo: Martin Claret, 2006. p. 280.
(10) DELGADO, Mauricio Godinho. Constituição da República, Estado Democrático de Direito e Direito do Trabalho. In: DELGADO, Mauricio Godinho; DELGADO, Gabriela Neves. *Constituição da República e direitos fundamentais*: dignidade da pessoa humana, justiça social e direito do trabalho. São Paulo: LTr, 2012. p. 41.
(11) *Ibidem*, p. 42.
(12) *Idem*.
(13) *Ibidem*, p. 42 e 45.
(14) DALPINO, Catharin. Promoting Democracy and Human Rights: Lessons of the 1990s. *The Brooking Review*, v. 18, n. 4 (Fall, 2000), p. 45.
(15) LANGLOIS, Anthony J. Human Rights without Democracy? A Critique of the Separationist Thesis. *Human Rights Quarterly*, v. 25, n. 4, p. 990-991, nov. 2003.

A Democracia deve ser construída a partir da sua base por meio do empoderamento e pelo fortalecimento da sociedade civil. Entretanto, o regime democrático é permeado por incertezas, o que demanda um processo cultural que contextualize sua prática.[16]

Segundo as Nações Unidas e as organizações regionais europeias, a democracia requer o sufrágio universal, eleições multipartidárias periódicas, liberdade de pensamento, expressão, associação e movimento, igualdade perante a lei, tolerância de todos os grupos e iguais condições de oportunidade. Em razão dessas características, a democracia e os direitos humanos podem ser vistos como dois lados de uma mesma moeda, por fundarem-se na primazia do indivíduo.[17]

Apesar de considerar essa correlação, Anita Inder Singh afirma que a conexão entre democracia e direitos humanos apenas surgiu em 1990, quando as Nações Unidas produziram documentos internacionais estabelecendo que os "direitos humanos só podem ser salvaguardados por meio da democracia".[18] Antes disso, a democracia era considerada apenas um sistema de governo que alguns países adotavam, e os direitos humanos eram vistos como os direitos que todo ser humano possui por ser humano, independentemente do país em que tenha nascido.[19]

É difícil distinguir entre valores democráticos e direitos humanos, uma vez que não há uma razão para separá-los. O perigo em se dissociar direitos humanos de democracia é que sem democracia não há instrumentos de governo capazes de implementar direitos humanos. Tanto os direitos humanos quanto a democracia buscam a mudança social por meio da concessão de direitos ao povo que antes eram restritos à aristocracia.[20]

Bruce Bueno de Mesquita, George Downs, Alastair Smith e Feryal Marie Cherif acreditam que "o processo de democratização não produz consistentemente direitos humanos até que esteja virtualmente completo", ou seja, o começo do processo de democratização tem pouca influência no aprimoramento dos direitos humanos.[21] Os autores entendem que para se alcançar a democracia em sua plenitude é necessário que o Estado tenha pré-condições, como a competição multipartidária, consciência política, liberdade de expressão e muitas outras condições que decorrem da concretização de direitos humanos, sob pena de a democracia não alcançar sua plenitude junto aos direitos humanos.[22]

A democracia como simples procedimento pode criar um ordenamento jurídico que leve a um autoritarismo das massas. Por isso, a importância em se aliar a democracia à concretização dos direitos humanos, conferindo conteúdo humanístico às normas e políticas produzidas democraticamente. Para o próprio desenvolvimento da democracia como um procedimento de formação de leis e políticas públicas, é essencial que haja o desenvolvimento dos direitos humanos. Assim, democracia e direitos humanos são interdependentes, uma vez que a democracia é o único regime político compatível com os direitos humanos.

Para alcançar o padrão de direitos humanos com o fim de garantir desenvolvimento social e político, é necessário tempo para desenvolver tanto a democracia quanto suas instituições, o que demandará o aperfeiçoamento da democracia para que haja a promoção dos direitos humanos.[23]

---

(16) SINGH, Anita Inder. The People's Choice. *The World Today*, v. 55, n. 8/9, p. 22, aug./sep. 1999.
(17) *Idem*.
(18) (Tradução livre) *Idem*.
(19) *Idem*.
(20) LANGLOIS, Anthony J. Human Rights without Democracy? A Critique of the Separationist Thesis. In: *Human Rights Quarterly*, v. 25, n. 4 (nov. 2003), p. 1005 e 1009.
(21) MESQUITA, Bruce Bueno de; DOWNS, George W.; SMITH, Alastair; CHERIF, Feryal Marie. Thinking Inside the Box: A Closer Look at Democracy and Human Rights. *International Studies Quarterly*, v. 49, n. 3, p. 440, sep. 2005.
(22) *Idem*.
(23) *Ibidem*, p. 455.

Algumas vezes a democracia é associada à igualdade e ao igualitarismo[24], mas nos dias de hoje é mais comum entender democracia como "processo democrático". Entretanto, Jack Donnelly argumenta que a democracia procedimental, como um mero mecanismo de se obter a vontade do povo, pode levar a um formalismo não democrático ou mesmo antidemocrático, afastando a sociedade dos direitos humanos e de um conceito substancial de democracia como regime de governo. Para o autor, "tanto a democracia quanto os direitos humanos compartilham um compromisso com o ideal de igual dignidade política para todos".[25]

O desenvolvimento humano é baseado contemporaneamente na igualdade, como uma forma de suprir as necessidades dos vulneráveis e pobres.[26] Quando mulheres e homens têm suas necessidades básicas supridas, eles possuem melhores condições de fazer escolhas políticas.

Quando se trata de desenvolvimento econômico, o mercado encontra-se em foco. A grande questão envolvendo o mercado está no fato de ele ser capaz de promover eficiência, mas sem a busca por igualdade social e direitos individuais fundamentais para todos.[27]

Isso ocorre pois o mercado em regra priva alguns indivíduos de certos direitos e garantias com o intuito de promover eficiência para o coletivo como um todo. Nesse contexto, "os pobres tendem a ser menos eficientes: como classe, e estão sistematicamente em situação de desvantagem".[28] E essas desvantagens econômicas refletem-se em desvantagens políticas em um ciclo vicioso de abuso de direitos. Como Jack Donnelly afirma, "aqueles que sofrem custos de ajuste, como a perda do emprego, o aumento do preço da comida, piores serviços de saúde e educação, não possuem nenhuma vantagem a ser usufruída na divisão dos benefícios coletivos que a eficiência do mercado produz".[29]

Jack Donnelly acredita que tanto a democracia pura quanto o mercado sem controle negam ao indivíduo uma forma de promoção do bem público, o que demonstra a importância dos direitos humanos para a proteção dos direitos dos cidadãos. A democracia, o desenvolvimento e os direitos humanos devem ser promovidos de forma que cada um reforce e limite os demais.[30]

Nesse contexto, o paradigma do Estado Democrático de Direito também busca desmercantilizar estruturas econômicas com a finalidade de implementar um sistema que valorize o trabalho, preze pela função social da propriedade, erradique a pobreza, implemente a justiça social e concretize direitos individuais e sociais. Nesse modelo, a democracia desponta como forma de governo mais apta a garantir a primazia da dignidade da pessoa humana na regulação da ordem social.[31]

A democracia inclui não apenas a ampliação do poder na esfera pública, mas também nas esferas societárias, pois a coerção não tem alternativa de ser repassada do Estado para outras instituições, inclusive as instituições do mercado.[32] Os direitos fundamentais também possuem eficácia e aplicabilidade entre os particulares, não servindo apenas para controlar o uso da força do Estado perante as pessoas físicas e jurídicas de direito privado, mas também para impedir que haja uma desproporção de forças nas relações horizontais.

---

(24) Segundo o Dicionário Houaiss, igualdade pode ser definida como "princípio segundo o qual todos os homens são submetidos à lei e gozam dos mesmos direitos e obrigações". Por sua vez, o igualitarismo é conceituado como "doutrina, atitude daqueles que buscam estabelecer a igualdade absoluta em matéria política, social, cívica; teoria que sustenta a igualdade absoluta dos homens". Ver: HOUAISS, Antônio; VILLAR, Mauro de Salles. *Dicionários Houaiss da Língua Portuguesa*. Rio de Janeiro: Objetiva, 2009. p. 1.045.
(25) (Tradução livre) DONNELLY, Jack. Human Rights, Democracy and Development. *Human Rights Quarterly*, v. 21, n. 3, (aug. 1999), The Johns Hopkins University Press, p. 617-619.
(26) *Ibidem*, p. 624.
(27) *Ibidem*, p. 628-629.
(28) *Idem*.
(29) (Tradução livre). *Ibidem*, p. 629.
(30) *Ibidem*, p. 630.
(31) DELGADO, Mauricio Godinho. *Op. cit.*, p. 43.
(32) DELGADO, Maurício Godinho. *O poder empregatício*. São Paulo: LTr, 1996. p. 145.

As empresas e o funcionamento do mercado em regra não estão completamente dispostos a guiarem-se por uma política democrática e inclusiva dentro de seus espaços de domínio e poder, o que vem sendo moderado com esforço pelo Direito do Trabalho para garantir a dignidade dos trabalhadores por meio de suas políticas de inclusão social e econômica.[33]

Para sustentar e nortear uma legislação trabalhista infraconstitucional, os arts. 7º e 8º da Constituição de 1988 elencam um rol de direitos individuais e coletivos, sem excluir outros direitos que possam ser instituídos para melhorar a condição social dos trabalhadores, não sendo passíveis de redução por serem cláusulas pétreas, nos termos do art. 60, § 4º, IV, da Constituição. Note-se que as disposições constitucionais fundantes do Direito do Trabalho foram topograficamente inseridas na Constituição Federal de 1988 na categoria de direitos e garantias fundamentais, precedendo os títulos que tratam da ordem econômica e financeira e da ordem social, o que indica sua função normativa geral.[34]

A dignidade da pessoa humana só pode ter centralidade no ordenamento jurídico brasileiro se for garantido a cada ser humano um patamar civilizatório mínimo no mundo do trabalho, como prioridade da Constituição Federal de 1988, por meio de uma intervenção nas relações de trabalho que produza um equilíbrio mínimo de poder entre as partes contratantes.[35]

Gabriela Neves Delgado salienta que a humanização do mercado de trabalho e a redistribuição de renda são frutos de um Direito do Trabalho constitucionalizado, na medida em que o paradigma norteador da produção e da riqueza será o trabalho digno.[36]

A relação de trabalho e, mais especificamente, a relação de emprego normalmente já colocam o trabalhador em situação de maior vulnerabilidade frente ao poder de comando e controle do empregador — o que se aproxima muitas vezes do limite ao desrespeito à personalidade do trabalhador —; por isso, a importância dos direitos fundamentais na garantia da não violência moral.[37]

Zehra Arat explica que "descobrir que a igualdade política formal não se traduz em verdadeira igualdade foi a razão pela qual alguns homens privilegiados decidiram estender o sufrágio para classes desfavorecidas e para mulheres".[38] Para se alcançar a democracia em sua plenitude é importante incluir as diferenças como forma de se atingir a igualdade. A inclusão formal não garante participação e representação materiais.[39]

Isso significa que a mera concessão de direitos políticos formais, sem a concomitante concretização de direitos fundamentais nos espaços materiais, é incapaz de gerar transformação social a ponto de alterar a realidade existente, o que motivou em grande medida as mudanças que conferiram direito de voto às minorias e às mulheres, pela certeza de que apenas essa medida não mudaria o contexto maior.

A igualdade material, que levará à plenitude de participação no processo democrático, demanda a garantia e a concretização de direitos fundamentais de forma inclusiva a todos os indivíduos para a configuração de um verdadeiro sentido de Estado Democrático de Direito. Ou seja, não é possível existir democracia sem a plenitude dos direitos humanos fundamentais.

---

(33) DELGADO, Mauricio Godinho. *Op. cit.*, p. 44.
(34) *Ibidem*, p. 47-48.
(35) *Ibidem*, p. 53.
(36) DELGADO, Gabriela Neves. A constitucionalização dos direitos trabalhistas e os reflexos no mercado de trabalho. *Revista LTr, Legislação do Trabalho*, v. 72, p. 563, 2008.
(37) ALKIMIN, Maria Aparecida. *Violência na relação de trabalho e a proteção à personalidade do trabalhador*. Curitiba: Juruá, 2008. p. 154.
(38) ARAT, Zehra F. Human Rights and Democracy: Expanding or Contracting? In: *Polity*, v. 32, n. 1 (Autumn, 1999), Palgrave Macmillan Journals, p. 129.
(39) *Ibidem*, p. 130-132.

1.2. Reconhecimento: uma condição para a igualdade

O reconhecimento de uma condição de igualdade pela Constituição é primordial para o combate à discriminação de gênero[40] tanto no espaço público, quanto no espaço privado. No ambiente de trabalho, é possível observar que a discriminação atua de forma mais ou menos sutil desde os primórdios das organizações humanas. Porém, os estudos que passaram a identificar essa forma de violência no trabalho são recentes[41] e destacam a necessidade de combatê-la.

A *discriminação de gênero* no ambiente de trabalho muitas vezes é traduzida na forma de *assédio moral organizacional*, o qual busca eliminar do ambiente de trabalho todo comportamento, estilo e postura que sejam diferentes de um padrão preestabelecido.

Adriane Reis de Araújo define o assédio moral como uma "sanção normalizadora da sociedade disciplinar", que ganha corpo no contexto do ambiente de trabalho e, por muito tempo, foi ignorado pelo Direito por ser caracterizado como meras brincadeiras sem importância ou problemas particulares entre indivíduos.[42]

Nega-se o reconhecimento ao diferente, eliminando tudo aquilo que não se conforma ao modelo pré-fixado. Assim, a liberdade do indivíduo que trabalha é minada a ponto de negar sua condição de dignidade.

Tanto a liberdade quanto a igualdade são feridas pela prática do assédio moral relacionado à discriminação de gênero. Isso ocorre, pois não se considera a igual condição de ser humano da *mulher trabalhadora*[43], bem como, ao minar esse reconhecimento de igualdade, retiram-se sua liberdade de autodeterminação em relação à ocupação que exerce e a respectiva emancipação que o trabalho poderia lhe proporcionar.

O assédio moral afeta a liberdade e a igualdade do trabalhador. Primeiramente, importante ressaltar que sua liberdade em firmar um contrato de emprego não lhe retira sua condição de igual ser humano ao empregador e aos seus colegas, tampouco lhe retira os direitos referentes à personalidade, dignidade, integridade física e psicológica, liberdade de expressão, direito à não discriminação.[44]

Menelick de Carvalho Netto afirma que a grande inovação que a modernidade traz é a liberdade para que as pessoas sejam diferentes por meio de uma "igualdade na diferença", que permeia tanto o Direito, quanto a Política.[45]

A história constitucional consolidou-se pelo respeito aos direitos fundamentais da igualdade e da liberdade. Como explicam Menelick de Carvalho Netto e Guilherme Scotti, "não há espaço

---

(40) Para Eleonora Menicucci de Oliveira, a expressão "sexo" trata de um significado biológico, ao passo que o termo "gênero" é "uma elaboração cultural sobre o sexo". Joan Scott define "gênero" como "o elemento constitutivo de relações sociais baseado nas diferenças percebidas entre os sexos" em uma expressão de poder. Conferir: OLIVEIRA, Eleonora Menicucci de. *A mulher, a sexualidade e o trabalho*. São Paulo: CUT, 1999. p. 68-69. Alice Monteiro de Barros explica que o conceito de gênero não busca apenas diferenciar os sexos, mas é uma construção social que possui reflexos sociais, culturais e políticos. Conferir: BARROS, Alice Monteiro de. Cidadania, relações de gênero e relações de trabalho. *Revista dos Tribunais On-line, Revista de Direito do Trabalho*, v. 121, p. 9, jan. 2006.
(41) Os primeiros estudos sobre o assédio moral foram realizados por Heinz Leymann, alemão radicado na Suécia, e foram conceituados como "mobbing", nos anos 1980. Conferir: HEINZ, Leymann apud HIRIGOYEN, Marie-France. *Mal-estar no trabalho. Redefinindo o assédio moral*. 7. ed. Rio de Janeiro: Bertrand Brasil, 2012. p. 76. Já estudos relacionando discriminação de gênero nas relações de trabalho podem ser observados em estudos do fim do século XX. Para maiores detalhes, consultar: MCGINLEY, Ann C. Creating masculine identities: bullying and harassment "because of sex". *79 University of Colorado Law Review 1151*, 2008. p. 1.152-1.239.
(42) ARAÚJO, Adriane Reis de. *O assédio moral organizacional*. São Paulo: LTr, 2012. p. 56.
(43) Para Eleonora Menicucci, a expressão "mulher trabalhadora" pode parecer linguisticamente redundante, mas é necessária para enfatizar que esse sujeito normalmente é desvalorizado culturalmente por seu trabalho. Conferir: OLIVEIRA, Eleonora Menicucci de. *A mulher, a sexualidade e o trabalho*. São Paulo: CUT, 1999. p. 71.
(44) ARAÚJO, Adriane Reis de. *O assédio moral organizacional*. Op. cit., p. 77.
(45) CARVALHO NETTO, Menelick de. A hermenêutica constitucional e os desafios postos aos direitos fundamentais. In: *Notícia do direito brasileiro*. Nova série, n. 6. Brasília: UnB, p. 143, 2º semestre de 1998.

público sem respeito aos direitos privados à diferença, nem direitos privados que não sejam, em si mesmos, destinados a preservar o respeito público às diferenças individuais e coletivas na vida social".[46] Por isso a importância em se ter uma igualdade aberta ao reconhecimento de diferenças antes discriminadas e excluídas do debate público.[47]

Como explica Juliano Zaiden Benvindo, não é possível o reconhecimento de uma identidade sem a consideração das próprias diferenças existentes, o que acaba por constituir uma paradoxo necessário.[48] A filosofia demanda uma sensibilidade diante da diferença, para que não haja uma mera reprodução de identidades sem possibilidade de recriação e mudança.[49]

A construção de uma *identidade constitucional* requer uma abertura para o outro, implica alteridade, assim como ocorre na formação da identidade individual. Menelick de Carvalho Netto aponta, como demonstrou Hegel, que o risco dessa abertura para o outro é uma escravização à medida que, para formar a sua identidade, o indivíduo precisa autodeterminar-se sobre o outro em uma imposição de força e dominação que acaba alienando ambas as partes.[50] "O reconhecimento alcançado pela vitória e a dominação do outro transforma-o em coisa dominada e, de imediato, o reconhecimento obtido perde qualquer valor, posto que equivalente ao reconhecimento que se busca por intermédio da posse das coisas, da demonstração externa de *status*".[51]

Tradicionalmente, o mercado de trabalho formal foi ocupado por homens.[52] Criou-se, assim, uma identidade do modelo de trabalhador como uma personalidade estereotipada do ser masculino. Para a construção desse padrão, associou-se ao trabalhador de excelência as noções de virilidade, competitividade, força, coragem, pró-atividade, características identificadas culturalmente como masculinas. Como consequência, as mulheres estiveram excluídas principalmente de postos de liderança e de muitos trabalhos formais. No próprio ambiente de trabalho, todo padrão de comportamento que era considerado feminino passou a ser excluído, criticado e menosprezado. Perdeu-se o reconhecimento do outro diferente do estereótipo masculino criado. Arruinou-se a noção de incluir o "outro" que se distingue do "eu", de considerar as diferenças como necessárias para o enriquecimento do trabalho.

Nas palavras de Menelick de Carvalho Netto, o reconhecimento do outro é necessário inclusive para a formação da identidade constitucional atual:

> Somente reconhecendo os outros como iguais, como pessoas iguais a mim, posso reconhecer a mim mesmo como sujeito de um processo de vida individual que só se dá na interação complexa da vida coletiva e aprender com esse processo, tornando-me sujeito portador de uma identidade própria. Como carência, a incompletude do sujeito constitucional, tal como ocorre conosco no nível individual, só pode ser superada no âmbito de uma comunidade de cidadãos que se assume como um projeto inclusivo, em que essa carência seja transformada na disponibilidade para aprender com as próprias vivências e na abertura para sempre novas inclusões. A identidade constitucional não pode se fechar, (...).[53]

A Constituição Federal de 1988 inclui no rol de seus direitos fundamentais tanto a igualdade de direitos entre homens e mulheres em seu art. 5º, com especial destaque para o *caput* e inciso I, quanto

---

(46) CARVALHO NETTO, Menelick de; SCOTTI, Guilherme. *Os direitos fundamentais e a (in)certeza do direito*: a produtividade das tensões principiológicas e a superação do sistema de regras. Belo Horizonte: Fórum, 2012. p. 67-68.
(47) *Ibidem*, p. 68.
(48) BENVINDO, Juliano Zaiden. *On the Limits of Constitutional Adjudication*: Deconstructing Balancing and Judicial Activism. Heidelberg; Berlin; New York: Springer Berlin Heidelberg, 2010. p. 172.
(49) MILOVIC *apud* BENVINDO, Juliano Zaiden. On the Limits of Constitutional Adjudication: Deconstructing Balancing and Judicial Activism, p. 173.
(50) CARVALHO NETTO, Menelick de. *Op. cit.*, p. 152 e 153.
(51) *Ibidem*, p. 153.
(52) Os dados estatísticos a respeito dessa composição do mercado de trabalho serão melhor analisados no Capítulo 3 deste livro.
(53) CARVALHO NETTO, Menelick de. A hermenêutica constitucional e os desafios postos aos direitos fundamentais. In: Notícia do direito brasileiro. Nova série, n. 6. Brasília: Ed. UnB, 2º semestre de 1998, p. 154.

à regulação mínima de direitos da personalidade e de direitos trabalhistas (arts. 7º e 8º). Além disso, ao tratar de direitos fundamentais trabalhistas, a Constituição da República, em seu art. 7º, inciso XX, dispõe expressamente que são direitos dos trabalhadores a "proteção do mercado de trabalho da mulher, mediante incentivos específicos, nos termos da lei".

Assim, é possível constatar que a construção de uma identidade constitucional passa necessariamente por um reconhecimento da igualdade entre homens e mulheres na sociedade e, concomitantemente, por esse mesmo reconhecimento no espaço do ambiente de trabalho, em um processo contínuo de valorização da diferença, como base do ordenamento jurídico brasileiro, fundado no Estado Democrático de Direito.

Michel Rosenfeld constrói a noção de *identidade do sujeito constitucional*[54] ao explicar que "o discurso constitucional deve articular uma autoidentidade por meio de uma narrativa contrafactual que leve em conta tanto o texto constitucional aplicável quanto os limites decorrentes do constitucionalismo".[55]

No caso do assédio moral associado à discriminação de gênero no trabalho, é possível perceber que o discurso constitucional da igualdade, da proteção do mercado de trabalho da mulher e da inclusão do diferente tem papel central no confronto com a realidade fática passada e ainda presente de exclusão de mulheres de trabalhos considerados tradicionalmente masculinos, bem como da violência psicológica contra essas trabalhadoras, expressa na forma de *assédio moral organizacional*.

É essencial que a busca da inclusão do outro considere a multiplicidade de elementos que compõem sua complexa identidade, para que discriminações múltiplas não sejam reforçadas.

Nesse sentido, Helena Hirata explica que a *interseccionalidade* busca considerar as múltiplas fontes de identidade, sem propor uma teoria globalizante da identidade, como, por exemplo, considera os aspectos de raça, gênero, classe, posição política na compreensão das complexidades e desigualdades formadoras das identidades. Com essa concepção de *interseccionaldiade*, é possível observar que há desigualdades e relações de hierarquia não só entre homens e mulheres, mas entre homens brancos, mulheres brancas, homens negros e mulheres negras, nessa ordem decrescente, inclusive em relação aos níveis salariais.[56]

Assim, é necessário observar os fenômenos sociais por suas múltiplas categorizações, sob pena de se contribuir para a perpetuação de alguns dos tipos de violência e discriminação cumulada, como casta, religião, etnia, nacionalidade, gênero, raça etc.[57] Para uma análise mais adequada, segundo Danièle Kergoat, é necessário ainda associar as categorias às dimensões materiais de dominação e à sua trajetória histórica, para que seja possível uma análise transversal entre gênero, raça e classe.[58]

Nas palavras de Helena Hirata, "a interseccionalidade é vista como uma das formas de combater as opressões múltiplas e imbricadas, e, portanto, como um instrumento de luta política".[59] Assim,

---

(54) O sujeito constitucional de Michel Rosenfeld pode ser entendido como os sujeitos que são protegidos em suas múltiplas identidades por uma determinada Constituição, mas a expressão também pode ser compreendida como o conteúdo normativo da Constituição. Michel Rosenfeld afirma que "a identidade do sujeito constitucional jamais poderá ser totalmente representativa de todos os que se encontram sob o seu âmbito, ou igualmente aceitável para todos esses. Assim, mesmo nas comunidades políticas constitucionais mais pluralistas e multiculturais, nem todas as culturas e religiões poderiam igualmente encontrar guarida e inserção". Desse modo, é possível concluir que o sujeito constitucional simboliza o perfil de proteção que o ordenamento constitucional endossa, bem como aqueles que se sujeitam ao poder normativo da Constituição. Como se observa, a expressão pode apresentar mais de um significado, mas, em todo caso, deve ser compreendida de acordo com o contexto em que é utilizada. Ver: ROSENFELD, Michel. *A identidade do sujeito constitucional*. Tradução de Menelick de Carvalho Netto. Belo Horizonte: Mandamentos Editora, 2003. p. 114.
(55) ROSENFELD, Michel. *A identidade do sujeito constitucional*. Tradução de Menelick de Carvalho Netto. Belo Horizonte: Mandamentos Editora, 2003. p. 49.
(56) HIRATA, Helena. Gênero, classe e raça: interseccionalidade e consubstancialidade das relações sociais. *Tempo Social, Revista de Sociologia da USP*, v. 26, n. 1, p. 62-63.
(57) *Ibidem*, p. 65.
(58) KERGOAT apud HIRATA, Helena. Gênero, classe e raça: interseccionalidade e consubstancialidade das relações sociais. *Tempo Social, Revista de Sociologia da USP*, v. 26, n. 1, p. 65-66, jun. 2014.
(59) *Ibidem*, p. 69.

mostra-se necessário pensar as diversas formas de dominação para que as opressões não sejam reproduzidas irrefletidamente.[60]

Para Chantal Mouffe, uma suposta homogeneidade e unidade de cada indivíduo impede a teorização múltipla das relações de subordinação, uma vez que todo indivíduo é uma multiplicidade, podendo estar em uma posição dominante em um ambiente, mas em outra circunstância encontrar-se subordinado ou oprimido, sendo constituído por um conjunto de posições como sujeito, as quais não são fixas, mas cambiáveis a todo instante. Assim, a *identidade do sujeito* é múltipla em constante contingência e precariedade, fixada temporalmente na *intercessão de posições* que o sujeito ocupa, não podendo ser identificada como uma entidade unificada, homogênea e rígida.[61]

Chantal Mouffe defende que, para um *feminismo* comprometido com um projeto democrático radical, é preciso uma desconstrução de essências de identidades de forma que surjam condições necessárias para uma compreensão adequada entre *liberdade* e *igualdade* nas questões sociais. Para a autora, a luta feminista e as demais lutas contemporâneas comunicam-se por meio da dialética em um projeto de democracia plural e radical, em uma cadeia de equivalências entre as demandas oriundas das mulheres, dos negros, dos trabalhadores, entre outros grupos. Destarte, a articulação entre os diversos grupos e demandas é fator decisivo, permitindo que a posição de cada sujeito se construa nessa estrutura discursiva sem a fixação permanente, mas sua unidade deve ser fruto de uma identidade mediada por pontos de contato, que são fixações parciais e dinâmicas.[62]

É preciso ter em mente que o dualismo entre uma categoria homogênea de mulheres e uma categoria homogênea de homens não é suficiente para retratar a multiplicidade de relações sociais, permeadas por diferenças de gênero que apresentam desdobramentos em diversas lutas contra a subordinação e demandam soluções específicas e diferenciadas.[63]

Por isso, a narrativa contrafactual do Texto Constitucional tem condições de transformar a realidade. O "dever ser" inscrito na Constituição tem o papel de confrontar o "ser" de uma realidade "interseccional" de modo a promover uma transformação da ordem que imprime opressões múltiplas e irrefletidas.

1.3. A identidade do sujeito constitucional: reconhecimento e inclusão[64]

Para Michel Rosenfeld, tanto para criticar como para afirmar a ordem constitucional vigente, a formação da *identidade do sujeito constitucional* passará por três etapas: a *negação*, a *metáfora* e a *metonímia*.[65]

A *negação* busca excluir tudo aquilo que não deve ser identificado com o sujeito constitucional, mas não afirma o que ele realmente é; em uma segunda etapa, a *metáfora* surge para identificar o que há de semelhante em detrimento das diferenças, como forma de incluir o que antes havia sido excluído; a *metonímia*, por fim, contextualiza o conceito abstrato de sujeito constitucional aplicando-o à realidade.[66]

---

(60) KERGOAT apud HIRATA, Helena. Gênero, classe e raça: interseccionalidade e consubstancialidade das relações sociais. *Tempo Social, Revista de Sociologia da USP*, v. 26, n. 1, p. 69, jun. 2014.
(61) MOUFFE, Chantal. Feminismo, ciudadanía y política democrática radical. In: *Feminists Theorize the Political*. Ed. Judith Butler and Joan W. Scott, Routledge, 1992. p. 4. Disponível em: <http://www.mujeresdelsur.org/sitio/images/descargas/chantal_mouffe[1].pdf%20ciudadania%20y%20feminismo.pdf>. Acesso em: 26 jan. 2014.
(62) *Ibidem*, p. 3-4.
(63) *Ibidem*, p. 5.
(64) A análise original das ideias e dos autores relativos ao constitucionalismo apresentada nesta obra foi citada no artigo de BORGES, Lara Parreira de Faria. Os limites do direito constitucional à preservação da cultura e o infanticídio indígena. *Revista de Estudos Jurídicos UNESP*, v. 17, p. 1-18, 2013.
(65) ROSENFELD, Michel. *A identidade do sujeito constitucional*. Tradução de Menelick de Carvalho Netto. Belo Horizonte: Mandamentos, 2003. p. 49 e 50.
(66) HEGEL apud ROSENFELD, Michel. *A identidade do sujeito constitucional*. Tradução de Menelick de Carvalho Netto. Belo Horizonte: Mandamentos Editora, 2003. p. 50.

Michel Rosenfeld explica que a dialética do sujeito de Hegel possui dois estágios, um de negação e outro em que parte do que foi negado é incorporada de forma seletiva para formar uma identidade.[67] Nessa segunda fase, algumas tradições[68] são incorporadas; porém, é importante enfatizar que "essas tradições só são invocadas à medida que sejam capazes de servir aos interesses do constitucionalismo".[69]

Como explica Michel Rosenfeld, em uma sociedade pluralista, busca-se ao máximo considerar todas as concepções de bem, sem que o Estado adote uma delas como exclusiva e absoluta. Assim, as religiões que são intolerantes com as demais sofrem restrições nesse aspecto para que o pluralismo seja preservado. É importante lembrar que "a construção pelo sujeito constitucional de sua identidade positiva não pode ser completada sem que o material bruto originariamente externo à esfera constitucional seja submetido aos limites normativos prescritos pelo constitucionalismo".[70]

Assim, nem toda tradição ou realidade fática deve ser incorporada à identidade do sujeito constitucional. Há limites normativos que regulam e selecionam qual material externo terá guarida na Constituição.[71]

Fazendo um paralelo com o tratamento constitucional oferecido pela Suprema Corte americana à escravidão, quando se entendeu que não poderia haver exceção à proposição de que "todos os homens nascem iguais"; no ambiente de trabalho também deve-se considerar que todos os trabalhadores e empregadores são igualmente humanos; assim, o acolhimento de práticas discriminatórias no ambiente de trabalho "nega a possibilidade de cumprimento dos requisitos do constitucionalismo", na medida em que cria desigualdades entre os seres humanos trabalhadores entre si, com sua chefia e entre os colegas.[72] Assim, a noção de igualdade impede o acolhimento de um tratamento discriminatório para mulheres.

Quando Dworkin trabalha a noção de *direito como integridade*, ele coloca que o "objetivo da Constituição é, em parte, proteger os indivíduos contra aquilo que a maioria considera correto".[73] Adotando essa premissa, é importante considerar que a cultura brasileira corrente ainda é fortemente permeada pelo machismo, e o ambiente de trabalho não é exceção a essa regra. Assim, o objetivo da Constituição é garantir a igualdade e a proteção da mulher no ambiente de trabalho, ainda que parte dos indivíduos que compõe as organizações empresariais não compreenda a situação desse modo. Portanto, a tradição sociocultural do machismo não pode ser invocada para compor essa identidade constitucional, pois é incapaz de servir aos interesses do constitucionalismo contemporâneo, no contexto de um Estado Democrático de Direito.

Michel Rosenfeld aponta a *metáfora* como a ferramenta para identificar similaridades na dialética entre identidade e diferença. A *metáfora* permite a criação de vínculos de identidade em referência a um eixo paradigmático. No plano constitucional, a metáfora pode ser utilizada para destacar as semelhanças em detrimento das diferenças, realçando o sentido da expressão "todos os homens nascem iguais", significando que "todos os seres humanos são iguais enquanto agentes morais, [proposição] que constitui a espinha dorsal do universo normativo associado ao constitucionalismo".[74] Em relação à questão da escravidão nos Estados Unidos, a "metáfora da indiferença à cor" busca resgatar as minorias raciais da opressão.[75]

---

(67) ROSENFELD, Michel. *A identidade do sujeito constitucional. Op. cit.*, p. 53.
(68) Importante ressaltar que a expressão "tradições" está sendo usada em um contexto de uma teoria abstrata com aplicação contingente para o caso em análise.
(69) ROSENFELD, Michel. *Op. cit.*, p. 53.
(70) *Ibidem*, p. 54-57.
(71) *Ibidem*, p. 61.
(72) Michel Rosenfeld faz essa abordagem em relação à escravidão nos EUA, o paralelo com o assédio moral no trabalho não está presente em seu texto. ROSENFELD, Michel. *Op. cit.*, p. 61.
(73) DWORKIN, Ronald. *O império do direito*. Tradução de Jefferson Luiz Camargo. São Paulo: Martins Fontes, 2007. p. 299.
(74) ROSENFELD, Michel. *Op. cit.*, p. 61-64.
(75) *Ibidem*, p. 65.

Nessa perspectiva metafórica, é possível compreender as teses em favor de uma compreensão mais pluralista e multidimensional do assédio moral, por exemplo. Entende-se que uma das expoentes dessa abordagem é Rosa Ehrenreich.

Para a autora, o problema do assédio moral organizacional é a ofensa ao ser humano, independentemente da condição de gênero da vítima, uma vez que aceitar essa violência geraria um agravamento dos problemas sociais. A ênfase em discriminação de gênero deve ser balanceada com um igual foco no dano à dignidade que o assédio produz, permitindo o desenvolvimento de uma teoria da responsabilidade civil que proteja homens e mulheres no ambiente de trabalho.[76]

Rosa Ehrenreich entende que enfatizar o aspecto discriminatório em detrimento da dignidade promove um paradigma incompleto para a análise dos problemas do assédio organizacional. Uma abordagem pluralista do assédio organizacional cria proteções jurídicas para trabalhadores de qualquer gênero e orientação sexual que sofrem o abuso, seja de natureza sexual ou não, sem ignorar que o assédio organizacional se dá em um padrão histórico de exclusão das mulheres de acesso aos poderes político, social e econômico.[77]

Uma abordagem pluralista permite que o problema do assédio moral no ambiente de trabalho seja tratado sob a perspectiva de outros grupos em posição não dominante de poder, incluindo grupos étnicos, minorias religiosas e mulheres. Rosa Ehrenreich entende que mulheres não devem sofrer assédio moral no ambiente de trabalho não por serem mulheres, mas porque são seres humanos que têm o direito de serem tratadas com igual consideração e respeito no ambiente de trabalho.[78]

Nesse contexto, é interessante observar como o sistema continental europeu utilizou o direito em uma *perspectiva metafórica* para regular o assédio moral organizacional, ao passo que os norte-americanos apoiam-se predominantemente em uma *abordagem metonímica*.

Diferentemente da proposta de Marie-France Hirigoyen e da abordagem europeia, os norte-americanos apresentam uma certa dificuldade em perceber que não só as mulheres empregadas sofrem de assédio moral, mas todos os tipos de empregados estão sujeitos a serem vítimas dessa forma de violência. Gabrielle Friedman e James Whitman sugerem que essa diferença de tratamento pode ter como causa o puritanismo que os norte-americanos, em regra, utilizam para tratar as mulheres, o que levou a um enfoque maior na violência sexual ou na discriminação em virtude do sexo, uma maior preocupação em preservar a honra de mulheres contra sedutores.[79]

Já o direito europeu continental firmou o conceito de que a honra está intrinsecamente relacionada à dignidade social do sujeito. A igualdade de gênero na Europa não abarca a não discriminação como um princípio, mas considera que tanto as mulheres trabalhadoras quanto os homens trabalhadores podem ser vítimas de assédio moral, propondo uma proteção a ambos os gêneros, uma vez que a lei contra o assédio trata de relações interpessoais, não havendo necessidade de se limitar a proteção apenas à classe das mulheres.[80] Considerando as peculiaridades de cada um dos sistemas, Gabrielle Friedman e James Whitman pontuam que "proteger tanto as mulheres quanto a dignidade possa ser mais do que uma sociedade possa realisticamente administrar".[81]

Importante ressaltar que a questão da discriminação de gênero no ambiente de trabalho, tendo como uma de suas formas o assédio moral, deve ser tratada como um problema que fere tanto a dignidade de todos os trabalhadores, inclusive por gerar um ambiente hostil às diferenças, quanto configura uma violação específica à igualdade de gênero, trazendo uma questão política particular às mulheres.

---

(76) EHRENREICH, Rosa. Dignity and Discrimination: Toward a Pluralistic Understanding of Workplace Harassment. *88 Georgetown Law Journal 1*, p. 4, 1999-2000.
(77) *Idem*.
(78) *Ibidem*, p. 6.
(79) FRIEDMAN, Gabrielle S.; WHITMAN, James Q. The European transformation of harassment law: discrimination versus dignity. *Columbia Journal of European Law*, v. 9, p. 270-271, 2003.
(80) *Ibidem*, p. 271.
(81) (Tradução livre) *Ibidem*, p. 274.

Assim, seria uma compreensão simplista a imposição de uma escolha entre os paradigmas de *dignidade* e de *discriminação* em um contexto em que se verifica uma interceptação dos dois conceitos. Tanto a *dignidade* quanto a *discriminação* devem ser enfocadas, para que não se esqueça de que todo ser humano pode sofrer assédio moral. Note-se que particularmente no caso das mulheres que são vítimas dessa forma de violência há uma combinação de fatores discriminatórios que contribuem para fomentar a violação de sua dignidade.

A proteção jurídica contra o assédio moral deve ser estendida a todo e qualquer trabalhador; entretanto, é necessário que disposições específicas atentem para a situação histórica das mulheres no ambiente de trabalho. A generalidade da proibição do assédio moral não pode ignorar particularidades como a discriminação de gênero e práticas organizacionais decorrentes da tradição sociocultural machista.

A riqueza que a abordagem de Gabrielle Friedman e James Whitman proporciona está especialmente na análise histórica das construções jurídicas dos Estados Unidos da América e da Europa Continental, de forma a permitir um olhar crítico que possibilite uma construção mais complexa e não uma escolha parcial entre os dois paradigmas (*dignidade* e *discriminação*). A previsão dos autores de que seria excessivo ou irreal para um sistema jurídico a combinação dos dois paradigmas demonstra um ceticismo que não deve estar presente em uma análise deontológica do problema. Render-se à escolha de apenas um dos paradigmas fomentaria um reducionismo prejudicial à proteção integral do trabalho.

Desse modo, torna-se importante retomar o elemento da *metonímia* da teoria de Michel Rosenfeld para a construção de um arcabouço jurídico capaz de garantir efetiva proteção e igualdade às mulheres no ambiente de trabalho.

Conforme visto, o terceiro elemento apontado por Michel Rosenfeld para a construção da identidade constitucional é a *metonímia*, que "promove relações de contiguidade no interior de um contexto", relações de pertencimento que requerem contextualização, diferente da *metáfora*. A *metonímia* serve para afastar as similaridades por meio das diferenças e especificidades de cada contexto, limitando, assim, as analogias possíveis baseadas em precedentes que se afastam do caso em análise.[82]

Segundo Michel Rosenfeld, a *metonímia* levada ao extremo leva à conclusão de que cada caso é um caso, e sua contextualização ao extremo demonstra sua exclusividade[83], ideia bastante próxima do que Dworkin defende em seu livro "Uma questão de princípio".[84]

A *metonímia* demanda que a igualdade seja moldada conforme a especificidade de cada situação e beneficiário, isso se dá "[e]xatamente porque a igualdade requer mais a proporcionalidade do que a simples similaridade de tratamento, é necessário contextualizar e levar determinadas diferenças em conta".[85] A mera relação de semelhança não se mostra suficiente para a construção de uma *identidade constitucional* plural e heterogênea. "A identidade constitucional deve preencher o vazio, o hiato entre o 'eu' e o 'outro', ela deve incorporar as diferenças por meio da contextualização para evitar a subordinação de uns aos outros no interior do mesmo regime constitucional".[86]

Segundo Michel Rosenfeld, para se obter uma significação coerente é preciso conciliar as relações *metafóricas* e *metonímicas*, por meio de uma dialética que busque o equilíbrio entre igualdade e diferença no plano dos direitos constitucionais.[87] Busca-se, então, "uma igualdade mais envolvente e finalmente sintonizada que leva em conta as diferenças sem explorá-las para padrões de dominação ou subordinação".[88]

---

(82) ROSENFELD, Michel. *A identidade do sujeito constitucional*. Tradução de Menelick de Carvalho Netto. Belo Horizonte: Mandamentos, 2003. p. 67-70.
(83) *Ibidem*, p. 70.
(84) DWORKIN, Ronald. *Uma questão de princípio*. Tradução de Luís Carlos Borges. São Paulo: Martins Fontes, 2005. p. 175-216.
(85) ROSENFELD, Michel. *Op. cit.*, p. 73.
(86) *Ibidem*, p. 74.
(87) *Ibidem*, p. 84 e 86.
(88) *Ibidem*, p. 88.

No Estado Democrático de Direito, a igualdade formal conferida pelo Direito é combinada com políticas públicas de promoção da igualdade material, que também expressam-se por meio de normas jurídicas. Isso significa que as diferentes condições de vida que criam empecilhos ao exercício pleno de direitos fundamentais devem ser modificadas com o fim de se garantir que a igualdade formal transforme-se em igualdade material. Assim, o Direito possui um caráter contrafático para que a implementação da democracia em todos os níveis, seja no social, econômico ou político, venha combinada com a efetivação dos direitos humanos fundamentais.

A relação entre necessidades e direitos tem um fundo constitutivo, na medida em que a economia se fundamenta em discussões públicas e a garantia dessas discussões depende da democracia e dos direitos políticos. A democracia formal não é capaz de produzir direitos humanos, se não há uma igualdade material entre os cidadãos de um país, uma vez que uma cultura nacional viciada em um círculo de exclusão e elitismo que, ainda que o país tenha a democracia como forma de governo, perpetua a privação de postos de poder e de participação da política da maior parcela da população que não compõe sua elite.[89]

A democracia e os direitos humanos não podem ser vistos como categorias contraditórias, mas os direitos humanos positivados devem ser entendidos como necessários para garantir a implementação e o desenvolvimento da democracia. Direitos positivados tornam possível aos indivíduos o exercício de liberdades políticas, uma vez que os protegem das interferências sociais e econômicas que causam desigualdades negativas. Assim, o Direito impede que a distribuição de poder e recursos interfira nas chances de cada cidadão contribuir para o processo deliberativo.[90]

Essa garantia de igualdade na participação de processos deliberativos públicos, que se chama de democracia, deve ser compreendida como abrangente tanto da esfera da sociedade política, que decide sobre questões públicas, quanto da sociedade civil, como bem explica Mauricio Godinho Delgado. Nesse contexto, o Direito do Trabalho apresenta-se dentro do espectro constitucional como garantidor de um patamar civilizatório mínimo, tanto na economia quanto na sociedade, viabilizando um maior equilíbrio de poder entre capital e trabalho.[91]

Esse mesmo raciocínio aplica-se particularmente à situação em que uma empregada ou um empregado é discriminado no acesso ou na promoção em um posto de trabalho. A discriminação, por apresentar-se como uma *face negativa da igualdade*[92], desiguala as condições em que sua vítima ingressa, permanece ou avança no desempenho de um trabalho, retirando seu empoderamento na participação e na construção tanto de sua identidade como trabalhador, quanto de sua condição de cidadão, circunstância que impede o fortalecimento da própria identidade do sujeito constitucional.

1.4. O papel do direito constitucional para a formação do equilíbrio entre tradição e renovação sociocultural

No Estado Democrático de Direito, a identidade constitucional deve compreender a construção histórica entre o "eu" e o "outro", de modo a garantir que a tradição não perpetue discriminações entre homens e mulheres.

O Direito se vale de um aparato coercitivo para ter efetividade em um limite geográfico e para situações concretas específicas, e não apenas da motivação interna de cada pessoa, como ocorre com a

---

(89) ALSTON, Philip; GOODMAN, Ryan. *International human rights*: text and materials. Oxford University Press, 2013. p. 311 e 313.
(90) *Ibidem*, p. 314.
(91) DELGADO, Mauricio Godinho. *Constituição da República, Estado Democrático de Direito e Direito do Trabalho*, p. 52.
(92) Guilherme Machado Dray define a discriminação como a "vertente negativa do princípio da igualdade". Conferir: DRAY, Guilherme Machado. *O princípio da igualdade no Direito do Trabalho — sua aplicabilidade no domínio específico da formação de contratos individuais de trabalho*. Coimbra: Almedina, 1999. p. 114.

moral.⁽⁹³⁾ Assim, o Direito projeta-se com força obrigatória sobre aqueles que estão sob sua jurisdição. O Direito Constitucional, por ser Direito, assume um caráter limitador, coercitivo e alienante do "outro" sobre o "eu".⁽⁹⁴⁾

Como Simone de Beauvoir analisa, historicamente a mulher foi vista como uma segunda classe de ser humano, o "outro" diferente do padrão de autoridade e poder, ao passo que o "eu" ativo e forte foi atribuído aos homens.⁽⁹⁵⁾ Essa compreensão do *eu* e do *outro* influenciou inclusive a construção do Direito, de forma a restringir os direitos das mulheres, tanto na área civil, como trabalhista, penal e constitucional.

Apesar de o Direito historicamente muitas vezes ter positivado desigualdades tradicionais⁽⁹⁶⁾, o Direito Constitucional contemporâneo afirma-se tanto na proteção daqueles que procuram sua autoafirmação por meio da lei aprovada pela maioria, quanto na emancipação daqueles que buscam sua inserção na identidade do sujeito constitucional.⁽⁹⁷⁾

Assim, a Constituição tem um papel coercitivo sobre aqueles que nela buscam abrigo para a produção legislativa, mas também proporciona emancipação para aqueles que obedecem a seus ditames. Nesse mesmo sentido, a Constituição acaba por promover equilíbrio entre "a herança sociocultural e a renovação ou reinvenção sociocultural", como um de seus pilares paradoxais, como no contexto da reconciliação entre identidade e diferença, entre o "eu" e o "outro".⁽⁹⁸⁾

Na busca por esse equilíbrio entre herança sociocultural e renovação sociocultural, entre identidade e diferença, pode-se notar uma abertura para a análise da questão do assédio moral contra mulheres por meio do paradoxo que Jürgen Habermas chama de "coexistência equitativa *versus* preservação da espécie". ⁽⁹⁹⁾

A ideia fixada por alguns de que não se pode interferir nas práticas culturais, de que a misoginia no ambiente de trabalho deve ser eliminada paulatinamente, inclusive por relações de competitividade no mercado, segundo padrões econômicos, como acredita Richard Posner⁽¹⁰⁰⁾, demonstra uma incompreensão da abertura para uma renovação sociocultural amparada por garantias e proteções jurídicas nas quais se funda o paradigma do Estado Democrático de Direito.

Em uma análise econômica do Direito, Richard Posner argumenta que a lei que proíbe a discriminação de gênero no emprego interfere economicamente no comportamento eficiente, substituindo as preferências dos empregadores que discriminam.⁽¹⁰¹⁾ Em contraposição à abordagem de Richard Posner, John Donohue questiona se a sociedade deve considerar preferências misóginas de qualquer modo como preferências possíveis, e sua conclusão é no sentido de que não se deve admitir escolhas misóginas, que privam mulheres de oportunidades de trabalho e salários melhores.⁽¹⁰²⁾ A

---

(93) CARVALHO NETTO, Menelick de Carvalho; SCOTTI, Guilherme. *Op. cit.*, p. 103.
(94) ROSENFELD, Michel. *Op. cit.*, p. 92.
(95) BEAUVOIR, Simone de. *O segundo sexo. II. A experiência vivida*. 2. ed. Tradução de Sérgio Milliet. São Paulo: Difusão Europeia do Livro, 1967. p. 9-10.
(96) Jacques Derrida apresenta a violência da instauração do Direito como uma violência que promove também sua própria autoconservação e não necessariamente pode romper com a ordem posta. Conferir: DERRIDA, Jacques. *Força de lei*: o fundamento místico da autoridade. Tradução de Leyla Perrone-Moisés. 2. ed. São Paulo: WMS Martins Fontes, 2010. p. 89-90.
(97) ROSENFELD, Michel. *Op. cit.*, p. 92.
(98) *Ibidem*, p. 92-93.
(99) HABERMAS, Jürgen. *A inclusão do outro* — estudos de teoria política. Tradução de George Sperber e Paulo Ator Soethe (UFPR). São Paulo: Edições Loyola, 2002. p. 252 e 253.
(100) A visão de Richard Posner será desenvolvida mais adiante quando se tratar da análise econômica do direito no Capítulo 4. Para maior aprofundamento ver: POSNER, Richard A. An Economic Analysis of Sex Discrimination Laws. *The University of Chicago Law Review*, v. 56, n. 4 (Autumn, 1989), p. 1.312-1.335.
(101) POSNER apud DONOHUE, John J. Prohibiting Sex Discrimination in the Workplace: An Economic Perspective. *The University of Chicago Law Review*, v. 56, n. 4 (Autumn, 1989), p. 1.343.
(102) DONOHUE, John J. *Op. cit.*, p. 1.343.

admissão de uma tradição misógina nas relações de trabalho arranharia o caráter igualitário da *identidade constitucional*.

No conflito entre tradição e Direito, Jürgen Habermas, ao tratar da inclusão do outro, faz a seguinte análise sobre o papel do Direito:

> A mudança acelerada das sociedades modernas manda pelos ares todas as formas estacionárias de vida. As culturas só sobrevivem se tiram da crítica e da cisão a força para uma autotransformação. **Garantias jurídicas só podem se apoiar sobre o fato de que cada indivíduo, em seu meio cultural, detém a possibilidade de regenerar essa força. E essa força, por sua vez, não nasce apenas do isolamento em face do estrangeiro e de pessoas estrangeiras, mas nasce também — e pelo menos em igual medida — do intercâmbio com eles.**
>
> (...) **o fundamentalismo que conduz a uma práxis de intolerância é inconciliável com o Estado de Direito.** Essa práxis apoia-se sobre interpretações religiosas ou histórico-filosóficas do mundo que reivindicam exclusividade para uma forma privilegiada de vida.[103] (Grifos acrescidos)

É necessário ressaltar que se a tradição encontra-se em posição importante na relação entre o plano pré-constitucional e a *identidade constitucional*, ela não pode ser descartada. Restam, então, duas opções: implementar normas constitucionais em uma tradição já dada ou substituir a ordem tradicional pela ordem constitucional.[104]

Na formação da identidade constitucional, a tradição é negada e afirmada em um processo de reconstrução dialética, conforme ensina Michel Rosenfeld:[105]

> Os direitos constitucionais à liberdade são fundamentalmente contratradicionais, pois enquanto pretensões à liberdade em uma comunidade política democrática consubstanciam afirmações do direito de discordar das normas e valores sustentados pela maioria. A liberdade constitucional, no entanto, não pode ser ilimitada pois isso subverteria a própria noção de ordem constitucional. A liberdade constitucional, assim, encontra-se sempre necessariamente sujeita a certos limites, e esses limites são essencialmente de dois tipos: limites estruturais inerentes ao constitucionalismo e à ordem constitucional, e limites derivados da herança sociocultural da comunidade política.[106]

Em um contexto tradicional em que a misoginia é adotada como base das práticas sociais, a liberdade das mulheres de não se conformarem com os papéis que lhes são tradicionalmente impostos é praticamente ausente, sobretudo se não houver um sistema jurídico contrafático que garanta a possibilidade real de escolha.

Tanto o extremismo na abstração de uma tradição como a redução às suas peculiaridades são análises que a destroem. O equilíbrio entre essas duas abordagens de tradição e renovação sociocultural proporcionará uma noção de tradição que considera tanto o eixo *metafórico* quanto o *metonímico* que são requeridos pela *identidade constitucional*.[107] Assim, "[a] Constituição é ela própria a tradição"[108], que deve orientar as relações trabalhistas.

Conforme pondera Michel Rosenfeld, o grande perigo da discussão dos direitos de igualdade constitucional está em se aferir da igualdade como diferença ("progressão da igualdade como

---

(103) HABERMAS, Jürgen. *A inclusão do outro* — estudos de teoria política. Trad.: George Sperber e Paulo Ator Soethe (UFPR). São Paulo: Edições Loyola, 2002. p. 252 e 253.
(104) ROSENFELD, Michel. *Op. cit.*, p. 95.
(105) *Ibidem*, p. 96.
(106) *Ibidem*, p. 97.
(107) *Ibidem*, p. 104.
(108) *Ibidem*, p. 105.

identidade") a diferença como desigualdade.⁽¹⁰⁹⁾ A *identidade do sujeito constitucional* não conseguirá representar a todos os que se encontram sob sua jurisdição, do mesmo modo que também não será aceita por todos.⁽¹¹⁰⁾ "Assim, mesmo nas comunidades políticas constitucionais mais pluralistas e multiculturais, nem todas as culturas e religiões poderiam igualmente encontrar guarida e inserção."⁽¹¹¹⁾

O sujeito constitucional buscará o maior equilíbrio possível entre as diversas posturas e tentará conciliar o eu e o outro em suas diferentes concepções de bem, mas a *identidade do sujeito constitucional* nunca será perfeita e acabada, sempre haverá falhas que deverão promover um aperfeiçoamento dinâmico e emancipatório que seja mais inclusivo e acolhedor das diferenças.⁽¹¹²⁾

Em um regime democrático, na visão habermasiana, o Estado de Direito considera as condições de vida sociais desiguais bem como as diferenças culturais, de forma a promover uma política de reconhecimento que busca preservar a integridade e a identidade dos indivíduos, e esse tipo de política é impulsionado principalmente por meio dos movimentos sociais.⁽¹¹³⁾

Como explica Johanna Brenner, os períodos de lutas mais acirradas da classe trabalhadora são os mais propícios historicamente para mudanças na construção hegemônica cultural de gênero, promovendo a busca por igualdade de gênero e respeito pelas colegas mulheres, não subordinadas.⁽¹¹⁴⁾

Conforme pondera Jürgen Habermas, para se efetivar o sistema democrático e seus direitos, "é preciso que se considerem as diferenças com uma sensibilidade sempre maior para o contexto".⁽¹¹⁵⁾ Assim, no Direito contemporâneo, uma ordem jurídica, para ser legítima, precisa assegurar a mesma liberdade a todos os cidadãos, permitindo que cada um participe da construção do próprio Direito. Em sociedades multiculturais, é preciso que as ordens jurídica e política sejam eticamente neutras, no que tange às concepções de bem viver.⁽¹¹⁶⁾ Essa neutralidade significa que o Estado não deve adotar um estilo de vida como padrão de comportamento para seus cidadãos, tampouco deve privilegiar um estilo de vida mais tradicional ou outro mais moderno.

Habermas explica que os direitos das culturas a serem preservadas não pode ser equiparado ao direito da preservação dos indivíduos. Isso se dá:

> "[p]ois a defesa de formas de vida e tradições geradoras de identidade deve servir, em última instância, ao reconhecimento de seus membros; ela não tem de forma alguma o sentido de uma preservação administrativa das espécies. O ponto de vista ecológico da conservação das espécies não pode ser transportado às culturas".⁽¹¹⁷⁾

A função do Estado, por meio do Direito, é garantir que as tradições culturais reproduzam-se por meio de um processo hermenêutico de convencimento de indivíduos a adotarem sua forma de vida por meio de uma identificação. "[U]ma garantia de sobrevivência [das culturas] justamente privaria os integrantes da liberdade de dizer sim ou não, hoje tão necessária à apropriação e manutenção de uma herança cultural".⁽¹¹⁸⁾

Sobre a importância em se garantir uma renovação da própria cultura por meio da liberdade de escolha dos membros que a compartilham, Jürgen Habermas faz as seguintes reflexões:

---

(109) *Ibidem*, p. 110.
(110) *Ibidem*, p. 114.
(111) *Idem*.
(112) *Ibidem*, p. 114 e 115.
(113) HABERMAS, Jürgen. *A inclusão do outro*: estudos de teoria política. Trad.: George Sperber e Paulo Astor Soethe [UFPR]. São Paulo: Edições Loyola, 2002. p. 235.
(114) BRENNER, Johanna. *Women and the politics of class*. New York: Monthly Review Press, 2000. p. 94.
(115) HABERMAS, Jürgen. *Op. cit.*, p. 237.
(116) *Ibidem*, p. 242-243.
(117) *Ibidem*, p. 250.
(118) *Idem*.

Sob as condições de uma cultura que se tornou reflexiva, só conseguem se manter as tradições e formas de vida que vinculem seus integrantes, e isso por mais que fiquem expostas à provação crítica por parte deles, e por mais que deem às novas gerações a opção de aprender com as outras tradições, ou mesmo converter-se a elas e migrar, portanto, para outras paragens. Isso vale até mesmo para seitas relativamente fechadas (...) Mesmo que considerássemos sensato o objetivo de colocar as culturas sob um regime de preservação das espécies, as condições hermenêuticas para uma reprodução promissora seriam inconciliáveis com esse objetivo — "to maintain and chreish distinctioness, not just now but forever".[119]

Habermas afirma que "o fundamentalismo que conduz a uma práxis de intolerância é inconciliável com o Estado de direito".[120] Isso significa que práticas tradicionais, como o assédio moral e a discriminação de gênero, na medida em que são intolerantes com a diferença física ou circunstancial da mulher trabalhadora, é uma conduta inconciliável com o Estado Democrático de Direito.

A democracia demanda uma abertura para o outro, para o diferente, como possibilidade de construir uma memória dinâmica, que possui a consciência de que a história não é linear, tampouco coerente.[121]

O grande problema do fundamentalismo é sua hermeticidade que não abre espaço para a discordância, impondo um único modo de viver e, por isso, o Estado democrático em sociedades multiculturais não tolera tais fundamentalismos na medida em que se compromete com o reconhecimento de cada indivíduo.[122] Entre os fundamentalismos, é possível citar a misoginia nas práticas de gestão organizacional, como conduta incompatível com o Estado Democrático de Direito.

1.5. A proteção do mercado de trabalho da mulher: entre liberdade e igualdade

O reconhecimento jurídico, social, político e econômico de cada indivíduo traz o foco para a igualdade. A Constituição Federal de 1988, em seu art. 5º, *caput* e inciso I, garante que todos são iguais perante a lei, com especial destaque para a igualdade de direitos e deveres entre homens e mulheres. Posteriormente o art. 7º, inciso XX, salvaguarda a proteção do mercado de trabalho da mulher. Essa determinação sobre a igualdade garante legitimidade tanto ao Texto Constitucional de 1988 quanto ao Estado Democrático de Direito brasileiro.

Ronald Dworkin faz a seguinte análise sobre a importância da igualdade e o papel do Estado em garanti-la:

> Podemos dar as costas à igualdade? **Nenhum governo é legítimo a menos que demonstre igual consideração pelo destino de todos os cidadãos sobre os quais afirme seu domínio e aos quais reivindique fidelidade.** A consideração igualitária é a virtude soberana da comunidade política — sem ela o governo não passa de tirania — e, quando as riquezas da nação são distribuídas de maneira muito desigual, como o são as riquezas de nações muito prósperas, então sua igual consideração é suspeita, pois a distribuição das riquezas é produto de uma ordem jurídica: a riqueza do cidadão depende muito das leis promulgadas em sua comunidade — não só as leis que governam a propriedade, o roubo, os contratos e os delitos, mas suas leis de previdência social, fiscais, de direitos políticos, de regulamentação ambiental e de praticamente tudo o mais. Quando o governo promulga ou mantém um conjunto de leis e não outro, não é apenas previsível que a vida de alguns cidadãos piore

---

(119) *Ibidem*, p. 251.
(120) *Ibidem*, p. 252.
(121) BENVINDO, Juliano Zaiden. *On the limits of constitutional adjudication*: deconstructing balancing and judicial activism. Heidelberg; Berlin; New York: Springer Berlin Heidelberg, 2010. p. 166.
(122) HABERMAS, Jürgen. *Op. cit.*, p. 253.

em razão dessa escolha, mas também, em um grau considerável, quais serão esses cidadãos. **Nas democracias prósperas, é previsível, sempre que o governo restringe os programas de previdência social, ou se recusa a ampliá-los, que tal decisão deteriore a vida dos pobres**.[123] (Grifos acrescidos)

É possível concluir que as condições de trabalho e as práticas gerenciais não são apenas frutos da cultura e da tradição, mas também são endossadas e transformadas pelo sistema justrabalhista em determinado modelo de Estado Constitucional Contemporâneo adotado por um país. O combate à discriminação de gênero no trabalho passa necessariamente pela implementação de um ordenamento jurídico que garanta igualdade entre homens e mulheres, proíba o estabelecimento de direitos e deveres que criem uma desigualdade prejudicial, bem como garanta um ambiente de trabalho livre do assédio para que as mulheres tenham a possibilidade e o direito de escolher a atividade profissional que desejam desempenhar, sem uma limitação de ordem organizacional que imprima violência psicológica, afastando-as de certos trabalhos e profissões.

Essa reflexão é de extrema importância, pois a desigualdade de gênero provoca uma série de privações de direitos econômicos, sociais e culturais.[124] Assim, o Estado brasileiro somente será legítimo ao proibir o assédio moral discriminatório, como forma de demonstrar a igual consideração e respeito pela vida das *mulheres trabalhadoras*.

Nesse sentido, devem ser aplicados para a análise da questão os *princípios do individualismo ético* desenvolvidos por Ronald Dworkin:

> O primeiro é o *princípio da igual importância*: é importante, de um ponto de vista objetivo, que a vida humana seja bem-sucedida, em vez de desperdiçada, e isso é igualmente importante, daquele ponto de vista objetivo, para cada vida humana. O segundo é o princípio da responsabilidade especial: embora devamos todos reconhecer a igual importância objetiva do êxito na vida humana, uma pessoa tem responsabilidade especial e final por esse sucesso — a pessoa dona de tal vida.
>
> O *princípio da igual importância* não afirma que os seres humanos em nada são iguais: não que sejam igualmente racionais ou bons, ou que as vidas que geram sejam igualmente valiosas. A igualdade em questão não se vincula a nenhuma propriedade da pessoa, mas à importância de que sua vida tenha algum resultado, em vez de ser desperdiçada. As consequências dessa importância para a retidão ou iniquidade do comportamento de qualquer pessoa é, ademais, outra questão.[125]
>
> (...)
>
> O segundo princípio do individualismo ético, o *princípio da responsabilidade especial*, não é metafísico nem sociológico. Não nega que a Psicologia ou a Biologia possam oferecer explicações causais convincentes sobre o motivo por que cada pessoa opta por viver como vive, nem que tais teorias recebam influência da cultura, da educação ou das circunstâncias materiais. O princípio é, pelo contrário, relacional: afirma enfaticamente que, quando é preciso optar com relação ao tipo de vida que a pessoa viva, dentro de qualquer escala de opções que lhes sejam permitidas pelos recursos ou pela cultura, essa pessoa é responsável por suas próprias escolhas. **O princípio não endossa nenhuma opção de valor ético. Não despreza a vida que seja tradicional ou enfadonha, nem a que seja inovadora e excêntrica, contanto que essa vida não tenha sido imposta a alguém pelo juízo alheio de que é a vida certa para essa pessoa viver.** (Grifos acrescidos.)[126]
>
> (...)

---

(123) DWORKIN, Ronald. *A virtude soberana* — a teoria e a prática da igualdade. Tradução de Jussara Simões. São Paulo: Martins Fontes, 2005. p. IX e X. (introdução)
(124) CHINKIN, Christine. The United Nations Decade for the Elimination of Poverty: What role for International Law? *54 Current Legal Problems (2001) 553*, p. 572.
(125) DWORKIN, Ronald. *A virtude soberana* — a teoria e a prática da igualdade, p. XV.
(126) *Ibidem*, p. XVI e XVII.

O primeiro princípio requer que o governo adote leis e políticas que garantam que o destino de seus cidadãos, contanto que o governo consiga atingir tal meta, não dependa de quem eles sejam — seu histórico econômico, sexo, raça ou determinado conjunto de especializações ou deficiências. O segundo princípio exige que o governo se empenhe novamente se o conseguir, por tornar o destino dos cidadãos sensível às opções que fizeram.[127]

Adotando como premissa a teoria de Ronald Dworkin acima explanada, o *princípio da igual importância* garante que as mulheres tenham iguais condições e oportunidades de ingressarem, permanecerem e progredirem no mercado de trabalho em relação aos homens, para que a condição de ter nascido mulher não seja um fator que limite suas possibilidades de escolha e de destino.

Essa reflexão é de extrema importância em um contexto mundial (no qual o Brasil se insere) no qual, para muitas mulheres, o ser mulher traz uma maior vulnerabilidade em relação à pobreza, uma vez que a "subordinação estrutural"[128] baseada na desigualdade de gênero é reforçada nas esferas legais, culturais, econômicas e institucionais, como a menor remuneração no mercado de trabalho, a violência doméstica, estupros em condições de guerra, leis discriminatórias, privação ao ensino, casamentos forçados, entre outros exemplos.[129]

Em tempos de crise econômica, as meninas são as primeiras a abandonar os estudos, as mulheres integram o primeiro grupo a ser demitido dos empregos formais, levando-as em muitos casos à prostituição forçada.[130] Assim, o *princípio da igual importância* deve promover leis e políticas públicas que garantam essa efetiva igualdade material às mulheres em relação aos homens, principalmente no mercado de trabalho, como forma de garantir-lhes a emancipação capaz de lhes retirar da condição de pobreza.

Retomando a teoria de Ronald Dworkin, o *princípio da responsabilidade especial* assegura que cada mulher trabalhadora possa ser a principal responsável pelas escolhas de sua vida pessoal, não estando refém de imposições derivadas da gestão organizacional norteadas por condutas discriminatórias por parte de chefes e colegas de trabalho.

Nessa perspectiva, *o princípio da responsabilidade especial* em última instância garante liberdade de escolha para as mulheres nas relações de trabalho, inclusive a liberdade de não se inserirem em dada relação contratual trabalhista. Isso ocorre porque, conforme afirma Ronald Dworkin, o *princípio do individualismo ético* não despreza a vida que seja tradicional, mas apenas impede que ela seja a única opção viável.[131] A mulher que opta por um estilo de vida considerado tradicional não pode ser vista como inferior a uma mulher que transgride os padrões socioculturais, e vice-versa. Entretanto, o estilo de vida tradicional não pode apresentar-se como a única opção viável para a mulher. Ela deve ter condições concretas de poder optar igualmente entre ingressar no mercado de trabalho ou abster-se dele, sem que essa escolha esteja enviesada ou mesmo condicionada por determinantes materiais de desigualdade e discriminação.

Sobre a liberdade que escolhe a inserção no mercado de trabalho, é importante considerar que o trabalho digno possui papel fundamental na emancipação do ser humano, uma vez que o sujeito

---

(127) *Ibidem*, p. XVII.
(128) Importante ressaltar que a expressão "subordinação estrutural" foi utilizada neste trecho no sentido de uma subordinação inerente à estrutura sociocultural específica. Não se faz menção aqui à subordinação estrutural típica de uma relação de emprego na qual o empregador tem poder de direção do serviço do trabalhador. O termo no presente contexto é próximo ao conceito de machismo como um problema estrutural da sociedade em que vivemos. A subordinação estrutural da mulher em relação às estruturas de poder que valorizam um padrão de trabalhador masculino pode ser observada tanto na esfera doméstica quanto no mercado de trabalho remunerado, em virtude da divisão sexual do trabalho.
(129) CHINKIN, Christine. The United Nations Decade for the Elimination of Poverty: What role for International Law? *54 Current Legal Problems (2001) 553*, p. 581-582.
(130) *Ibidem*, p. 582-583.
(131) DWORKIN, Ronald. *A virtude soberana* — a teoria e a prática da igualdade, p. XVI e XVII.

somente será verdadeiramente livre quando desempenhar um trabalho digno. O assédio moral mitiga essa liberdade, na medida em que retira a dignidade do sujeito trabalhador no desempenho de suas funções profissionais, minando sua autoestima e enfraquecendo o reconhecimento de sua identidade.

O trabalho ético é balizado pela dignidade da pessoa humana, o que o torna um direito fundamental fundador da identidade social de quem trabalha. A identidade pessoal e social do ser humano desenvolve-se e revela-se por meio do e no trabalho, por isso a importância de sua proteção pelo ordenamento jurídico.[132]

Georg Lukács registra que o trabalho é fundamental para a humanização do homem e está intrinsicamente relacionado à liberdade.[133] Lukács define a liberdade como "o ato de consciência que (...) consiste numa decisão concreta entre diferentes possibilidades concretas".[134]

Se a escolha se dá em um plano abstrato com opções de escolha igualmente abstratas, perde-se a conexão com a realidade e tem-se apenas uma especulação vazia, sem possibilidade de se alterar a realidade fática. Para Lukács, "a liberdade é, em última instância, um desejo de alterar a realidade (que, é claro, inclui, em certas circunstâncias, o desejo de manter a situação existente)".[135]

O ato teleológico que o trabalho proporciona, expresso por meio da colocação de finalidades, é uma manifestação de liberdade por meio da interação entre a objetividade e a subjetividade.[136] Lukács faz a seguinte análise sobre o trabalho:

> Isso porque, pelo trabalho, o ser social produz-se a si mesmo como gênero humano; pelo processo de autoatividade e autocontrole, o ser social salta da sua origem natural baseada nos instintos para uma produção e reprodução de si como gênero humano, dotado de autocontrole consciente, caminho imprescindível para a realização da liberdade (...).[137]

Jussara Brito, Mary Neves, Simone Oliveira e Lucia Rotenberg definem a relação entre trabalho e reconhecimento nos seguintes termos:

> (...) O trabalho, em seu duplo estatuto, visa a uma produção de serviços (ou de objetos) e a uma procura de si. Para que isso se realize, é necessário que a dinâmica do reconhecimento aconteça.
>
> Dessa forma, o sentido do trabalho é fruto do seu reconhecimento social, que detém forte componente simbólico. Essa construção de sentido é intensamente atravessada pela possibilidade de a situação atual de trabalho fazer eco (ressonância simbólica) na história pessoal e nas expectativas atuais de cada um.[138]

Entretanto, quando se admite jurídica e judicialmente práticas de gestão fundadas na misoginia e na discriminação de gênero, constrói-se uma condição de repulsa e de exclusão das mulheres a ponto de as vítimas sofrerem a perda de liberdade no trabalho e danos à sua personalidade. Especificamente, o assédio moral organizacional fundado na tradição sociocultural do machismo se traduz em humilhações justificadas pelo sexo da vítima, desqualificando sua diferença em relação ao padrão normativo masculino. Como consequência dessa violência psicológica surge na vítima um sentimento de vergonha, humilhação e inferioridade.

---

(132) DELGADO, Gabriela Neves. *Direito fundamental ao trabalho digno*. São Paulo: LTr, 2006. p. 240-241.
(133) LUKÁCS apud ANTUNES, Ricardo. *Os sentidos do trabalho*: ensaios sobre a afirmação e negação do trabalho. 2. ed. 10. reimpr. rev. e ampl. (Mundo do Trabalho). São Paulo: Boitempo, 2013. p. 143-144.
(134) *Ibidem*, p. 144.
(135) *Idem*.
(136) *Idem*.
(137) *Ibidem*, p. 145.
(138) BRITO, Jussara Cruz de; NEVES, Mary Yale; OLIVEIRA, Simone Santos; ROTENBERG, Lucia. Saúde, subjetividade e trabalho: o enfoque clínico e de gênero. *Revista Brasileira de Saúde Ocupacional*, São Paulo, 37 (126), p. 325, 2012.

Vincent de Gaulejac explica que o sujeito, ao ser confrontado com a vergonha, pode utilizá-la como motor para a superação, mas também pode usá-la como causa de um fracasso; assim, a vergonha possui papel fundamental nas escolhas e rupturas da existência.[139]

A vergonha tem forte influência quando, em uma situação de violência humilhante, a identidade do indivíduo é alterada. Nesses contextos de humilhação, Vincent de Gaulejac afirma que há um processo de estigmatização, coisificação, dependência e perda de dignidade. As violências extremas promovem uma desumanização, "a autoestima é posta em questão pela falta de estima dos outros".[140] O amor-próprio se perde de tal forma que a relação entre a pessoa e o mundo é invadida pela dúvida.[141]

Vincent de Gaulejac explica que as violências humilhantes constroem uma identidade negativa na vítima, nos seguintes termos:

> **As violências humilhantes fazem o indivíduo defrontar-se com uma imagem negativa que o deixa numa contradição entre o que deveria ser para ser reconhecido socialmente e a identidade que lhe é atribuída.** O desempregado sem trabalho, o vagabundo sem domicílio, o inativo "sem utilidade"(M.-L. Pellgrin-Rescia, 1993), o exilado sem pátria, o prisioneiro a quem se nega o nome ao lhe impor um número de matrícula, o imigrante sem direitos... todos são identificados por uma falta. É essa falta que se torna o elemento principal de sua identidade social. Eles têm, pois, a sensação de que é sua própria existência que é recusada, que é preciso ser diferente de seus semelhantes, quer dizer, de todos aqueles que partilham da mesma condição e que são socialmente anulados. Afinal, ao mesmo tempo em que, partilhando as normas sociais, repugna-se com o que vê, sente-se preso por sua identificação social e psicológica [...] de tal modo que a repulsa se transforma em vergonha e a vergonha, em consciência pesada por senti-la"(E. Goffman, 1963). **Há aqui um dilaceramento identitário que gera sofrimento.**[142] (Grifos acrescidos)

Vincent de Gaulejac afirma que "o sofrimento psíquico no trabalho nasce quando a relação entre o desejo do indivíduo e a organização do trabalho é bloqueada".[143] Entre as causas do sofrimento no trabalho, destaca-se a defasagem entre a organização recomendada pela chefia e a organização real, deixando os indivíduos em tensão que os leva a um sofrimento patogênico. O sofrimento social desenvolve-se quando o indivíduo não consegue ser o que gostaria em razão de ocupar um lugar que o anula, coisifica, desqualifica e desconsidera, em uma situação de ausência de conforto material e de reconhecimento moral.[144]

A vergonha como ruptura identitária produz angústia, uma vez que muitas vezes vem acompanhada de sentimentos de piedade, que agrupam tanto a comiseração quanto o desprezo, de forma insuportável para a vítima. Em virtude de seu caráter social, a vergonha surge a partir do olhar do outro sobre si, um olhar que revela julgamento, condenação e uma negação de reconhecimento.[145]

Note-se que o olhar que exige a conformação a um padrão de masculinidade acaba por negar o reconhecimento ao outro que se distancia do estereótipo demandado. Esse olhar excludente pode ser traduzido na forma de comportamentos psicologicamente violentos, como o assédio moral.

A teoria de masculinidades indica que o assédio moral organizacional funda-se normalmente na crença de que o feminino é inferior e na tentativa de afirmar e reforçar a masculinidade do grupo

---

(139) GAULEJAC, Vincent de. *As origens da vergonha*. Tradução de Maria Beatriz de Medina. São Paulo: Via Lettera, 2006. p. 29.
(140) *Ibidem*, p. 103.
(141) *Idem*.
(142) *Ibidem*, p. 103-104.
(143) *Ibidem*, p. 104.
(144) *Idem*.
(145) *Ibidem*, p. 219.

e do perfil do trabalho.[146] Essa tradição sociocultural do machismo funda-se primordialmente na divisão sexual do trabalho. A divisão sexual do trabalho fundamenta-se no argumento de que certas atividades são destinadas às mulheres em razão de suas habilidades inatas. Entretanto, caso esse argumento fosse verdadeiro, a histórica divisão sexual do trabalho não traria prejuízos à saúde das mulheres, tampouco as adoeceria.[147]

A designação de certas habilidades e profissões como masculinas ou femininas é uma construção social que privilegia certas *performances* em detrimento de outras. Na maioria dos ambientes de trabalho, as qualidades valorizadas são vistas como masculinas, como, por exemplo, agressividade, competitividade, empreendedorismo, autoritarismo, carreirismo, pulso firme. Aqueles que não atendem a essas demandas passam a ser subordinados à classe dominante masculina, podendo também existir situações em que um empregado encontra-se como superior por suas qualidades masculinas a um grupo, mas subordinado a outro grupo em virtude dessas mesmas características.[148]

A premissa invisível de gênero que norteia a gestão da maioria das empresas consiste na exigência de que o trabalhador dedique todo o tempo e esforço necessários para cumprir as tarefas a ele designadas, o que se vislumbra de forma ainda mais presente entre os trabalhadores do colarinho branco. Para Ann McGinley, é possível concluir que há a presunção implícita de que esse trabalhador tem um corpo masculino, sem preocupações em gerar uma criança ou mesmo administrar os detalhes domésticos de sua vida, uma vez que uma parceira ou esposa assumiria essas responsabilidades.[149]

Há de forma implícita uma assunção de que existe uma divisão do trabalho em razão do gênero tanto entre os "trabalhadores de colarinho azul" como entre os "trabalhadores de colarinho branco"[150], reafirmando o papel do homem e da mulher na família e no mercado de trabalho ao se associar profissões como banqueiro, médico, advogado a homens e secretária, paralegal e enfermeiras a mulheres, atribuindo às atividades femininas sempre uma função auxiliar à atividade principal desempenhada pelos homens.[151]

As profissões são categorias cheias de significado e fazem parte da forma como os indivíduos entendem a si mesmos e aos outros, principalmente quando uma profissão é vista como mais feminina ou mais masculina.[152] Ilana Löwy coloca que a ciência foi vista durante muito tempo como um fazer masculino, ao passo que os saberes femininos eram considerados como práticos e pouco confiáveis para serem formalizados, excluindo as mulheres das instituições que produziam saber.[153]

Cria-se, assim, uma dicotomia entre atividades primárias mais valorizadas protagonizadas por homens e atividades secundárias de menor importância desempenhadas por mulheres, como explica Laís Abramo:

---

(146) MCGINLEY, Ann C. Creating masculine identities: bullying and harassment "because of sex". *79 University of Colorado Law Review 1151*, 2008. p. 1.155.
(147) BRITO, Jussara Cruz de; NEVES, Mary Yale; OLIVEIRA, Simone Santos; ROTENBERG, Lucia. Saúde, subjetividade e trabalho: o enfoque clínico e de gênero. *Revista Brasileira de Saúde Ocupacional*, São Paulo, 37 (126), 2012. p. 321.
(148) MCGINLEY, Ann C. *Op. cit.*, p. 1.161-1.162.
(149) *Ibidem*, p. 1.162-1.163.
(150) Na língua inglesa, foram criadas três categorias de trabalhadores: "blue collar workers", "pink collar workers" e "white collar workers". A expressão "collar" significa colarinho de roupa, em regra, colarinho de camisa. As cores definem o tipo de atividade que cada trabalhador desempenha. Os trabalhadores de colarinho azul são aqueles que realizam atividades manuais que demandam habilidades técnicas em um trabalho manual, como mecânicos, mineiros, pedreiros. Por sua vez, os trabalhadores do colarinho rosa são aqueles que atuam no setor de serviços, que demanda interação com clientes, como o ramo de vendas no comércio. Por fim, os trabalhadores do colarinho branco realizam trabalho típico de escritório, utilizando como ferramentas um computador e uma mesa. Para maiores detalhes consultar: WIKIPEDIA. Disponível em: <http://en.wikipedia.org/wiki/Blue-collar_worker> Acesso em: 19 jan. 2015.
(151) MCGINLEY, Ann C. *Op. cit.*, p. 1.163.
(152) TAYLOR, Catherine J. Occupational sex composition and the gendered availability of workplace support. *Gender and Society*, v. 24, n. 2, p. 192, apr. 2010.
(153) LÖWY, Ilana. A ciência como trabalho: as contribuições de uma história das ciências feminista. In: HIRATA, Helena; SEGNINI, Liliana (Orgs.). *Organização, trabalho e gênero*. Série Trabalho e Sociedade. São Paulo: Senac, 2007. p. 326 e 327.

(...) o peso das imagens de gênero na manutenção e reprodução das desigualdades entre homens e mulheres no mundo do trabalho. Essas imagens são construídas em torno de um mecanismo dicotomizador que determina lugares e funções não só diferentes como hierarquizadas entre homens e mulheres.

(...)

Nossa hipótese é que a ideia da mulher como força de trabalho secundária, por um lado, a) tem uma forte persistência social, embora os dados estejam indicando que, se alguma vez isso foi correto, trata-se de uma realidade que está mudando rapidamente e, por outro lado, b) é um dos elementos centrais na estruturação dos padrões de discriminação de gênero que persistem e se reproduzem no mercado de trabalho.

(...)

Quando falamos do imaginário sobre homens e mulheres no trabalho, deve-se considerar, em primeiro lugar, que ele está fortemente associado ao imaginário sobre os homens e as mulheres na família e no conjunto da sociedade. Não se pode discutir uma dessas dimensões sem discutir a outra.[154]

A cultura norte-americana recompensa homens de classe média que competem para provar sua masculinidade e, para tanto, excluem das posições de poder mulheres e outros homens que não se adequam aos padrões de masculinidade.[155] Na sociedade brasileira, é possível observar o mesmo sistema de recompensas.

Os padrões de masculinidade em regra são definidos mais por aquilo que não deve ser identificado como masculino, do que propriamente pelo que é masculinidade. A prova da masculinidade visa à aceitação pelo grupo. A teoria freudiana explica que, em regra, a identidade masculina define-se pela negação do feminino e não pela afirmação do próprio masculino, o que torna a identidade masculina frágil e problemática. Muitos homens protagonizam comportamentos exageradamente masculinos de forma a definir mulheres como o outro que não alcança o padrão de virilidade masculina. Historicamente, imigrantes, negros, pardos, mulheres e crianças foram vistos como o outro, sendo vistos como incapazes, dependentes, emocionalmente frágeis, fracos.[156]

Trabalhadores que ocupam posições no mercado de trabalho atípicas para seu gênero são vistos como anomalias, uma vez que são identificados por seus colegas como violadores das prescrições normativas tradicionais.[157]

Mulheres que desafiam estereótipos tradicionais de gênero sofrem hostilidades e, apesar de possuírem a consciência de que estão violando normas de gênero, sofrem um tratamento diferenciado por isso, recebendo menos suporte no ambiente de trabalho e, consequentemente, menos informações por parte de colegas e supervisores.[158]

Catherine Taylor afirma que mulheres que ocupam posição de minoria no trabalho recebem menor suporte no trabalho tanto porque possuem essa expectativa, como porque são tratadas de forma diferente tanto por homens quanto por outras mulheres.[159]

Assim, o sistema capitalista beneficia-se dessas construções discriminatórias produzidas pela tradição. O trabalho fora do ambiente doméstico, que passou a ser um passo rumo à emancipação

---

(154) ABRAMO, Laís. Inserção das mulheres no mercado de trabalho na América Latina: uma força de trabalho secundária? In: HIRATA, Helena; SEGNINI, Liliana (Orgs.). *Organização, trabalho e gênero*. Série Trabalho e Sociedade. São Paulo: Senac, 2007. p. 26 e 27.
(155) MCGINLEY, Ann C. *Op. cit.*, p. 1.163.
(156) *Ibidem*, p. 1.163-1.165.
(157) TAYLOR, Catherine J. Occupational sex composition and the gendered availability of workplace support. *Gender and Society*, v. 24, n. 2, p. 193, abr. 2010.
(158) *Idem*.
(159) *Idem*.

feminina, foi apropriado pelo capital e convertido em "uma fonte que intensifica a desigualdade".[160] A luta emancipatória das mulheres é anterior ao sistema capitalista[161], mas também encontra vigência sob o capitalismo, isso indica que o fim da opressão de classes não necessariamente significa o fim da opressão de gênero, pois apenas uma sociedade autenticamente livre, autodeterminada e emancipada é capaz de oferecer condições para o desenvolvimento de subjetividades diferenciadas, livres e autônomas.[162]

Nancy Fraser demonstra que os teóricos de Filosofia abandonaram a análise e crítica do capitalismo, por serem estas consideradas redutoras, deterministas e ultrapassadas, e a teoria feminista também perdeu o enfoque sobre a crise do capitalismo.[163]

Para a autora, o movimento feminista acabou por negligenciar a ascensão do neoliberalismo e suas consequências. Em uma retrospectiva histórica, o movimento feminista teve duas orientações, uma que combateu o estado social que reforçava proteções que oprimiam e geravam hierarquia social entre homens e mulheres, inserindo-se em uma lógica de mercantilização; e outra que sustentava uma proteção social reformulada de forma a promover uma maior igualdade entre homens e mulheres. Por fim, a orientação vitoriosa foi em favor da mercantilização, por essa posição conceder uma remuneração a cada trabalhador(a) ao invés do antigo "salário-família", mesmo que em um sistema de exploração, precarização do emprego, redução dos salários, aumento da jornada de trabalho. Assim, o neoliberalismo se apropriou da crítica feminista ao "salário-família" para implementar o "novo capitalismo flexível".[164]

Por fim, Nancy Fraser conclui que a emancipação das mulheres da hierarquia de gênero deve passar por um processo de conscientização dos desenvolvimentos que são ocupados por forças de mercantilização, e criar novos laços com a proteção social para que se crie um movimento triplo que considere o combate à dominação e a promoção da solidariedade e da segurança social, bem como a concretização da liberdade negativa, em uma concepção mais abrangente de justiça social.[165]

Nesse mesmo sentido, Ricardo Antunes defende que "a emancipação específica da mulher em relação à opressão masculina é decisiva e prioritariamente uma conquista feminina para a real e omnilateral emancipação do gênero humano, à qual os homens livres podem e devem somar-se, mas sem papel de mando e controle".[166]

O "eu" deve reconhecer o "outro" tradicionalmente excluído, direcionando um olhar de reconhecimento que permita a restauração de sua identidade, para que haja uma renovação sociocultural que garanta a igualdade de oportunidades, inclusive nos espaços de trabalho, como forma de realizar a democracia no seio da sociedade civil e concretizar as normas constitucionais de igualdade.

1.6. Reconhecimento e dignidade: caminhos para a emancipação feminina no trabalho

A Constituição Federal de 1988, em seu art. 1º, estabeleceu o princípio da dignidade da pessoa humana, bem como o valor social do trabalho e da livre-iniciativa, os quais constituem fundamentos do Estado Democrático de Direito brasileiro e garantem direitos sociais aos trabalhadores.[167]

---

(160) ANTUNES, Ricardo. Op. cit., p. 110.
(161) Margarida Barreto aponta que a subordinação da mulher tem origem com o nascimento da propriedade privada e da família patriarcal. Ver: BARRETO, Margarida Maria Silveira. Violência, saúde e trabalho: uma jornada de humilhações. São Paulo: EDUC, 2006. p. 93.
(162) ANTUNES, Ricardo. Op. cit., p. 110.
(163) FRASER, Nancy. Mercantilização, proteção social e emancipação: as ambivalências do feminismo na crise do capitalismo. Revista Direito GV, São Paulo 7(2), p. 618, jul./dez. 2011.
(164) Ibidem, p. 628-631.
(165) Ibidem, p. 631 e 632.
(166) ANTUNES, Ricardo. Op. cit., p. 111.
(167) ALKIMIN, Maria Aparecida. Violência na relação de trabalho e a proteção à personalidade do trabalhador. Curitiba: Juruá, 2008. p. 153.

A dignidade é composta tanto por um elemento objetivo, que consiste no reconhecimento de direitos fundamentais ao sujeito, quanto por um elemento subjetivo, que se define pelo reconhecimento do indivíduo e de sua identidade. A dignidade no trabalho apresenta também esses dois elementos, sendo o meio pelo qual o sujeito tem direitos garantidos para o desempenho de atividade remunerada e ao mesmo tempo aufere reconhecimento identitário pelas tarefas que realiza no ambiente de trabalho remunerado.

Vincent de Gaulejac defende que identidade e dignidade estão intimamente relacionadas. O sentimento de identidade é composto por uma expressão da individualidade de ser ator da própria vida na afirmação da própria existência e uma expressão social que inscreve o indivíduo em um grupo por meio do reconhecimento de pertencimento; e a dignidade apoia-se nesses dois pilares da identidade para a formação do autorrespeito e o respeito que os outros têm pela pessoa por fazer parte de uma comunidade em uma condição de reciprocidade.[168] Vincent de Gaulejac afirma que "os sentimentos de dignidade e indignidade nascem entre a autoestima (que se constitui a partir do narcisismo) e a imagem social (do olhar do outro sobre si)".[169]

Johanna Brenner explica que a identidade de gênero coexiste com a identidade de classe, uma vez que cada identidade é múltipla; assim, mulheres como homens desenvolvem suas identidades como trabalhadores. A formação das identidades tem componentes conscientes e inconscientes, além de mobilizarem os sentimentos em uma construção material por meio das relações sociais definidas pelas estratégias de sobrevivência. Assim, os significados culturais de gênero e classe são construídos por homens e mulheres dentro de um grupo, incluindo seu trabalho.[170]

O trabalho é a forma pela qual as pessoas adquirem capacidade de participar em condições de igualdade na vida social, política e econômica, o que as torna vulneráveis em relação ao que ocorre no ambiente de trabalho em virtude da dependência criada com o trabalho.[171] Por ser a atividade profissional componente essencial da identidade do sujeito, surge e cresce uma enorme dependência do indivíduo trabalhador à relação de trabalho que o sustenta. Assim, a perda do trabalho ou do emprego pode ferir sua identidade e desestabilizar seu emocional.

A importância da garantia de um ambiente de trabalho livre de assédio e psicologicamente saudável é ressaltada por Rosa Ehrenreich ao analisar a sociedade norte-americana:

> O trabalho não é opcional para a maioria dos americanos: goste ou não, a maioria deles é dependente do trabalho para a sua sobrevivência, e em um número crescente de formas, o trabalho define cada um nos olhos dos outros. O custo de perder o emprego — ou ser forçado a mudar de emprego porque o assédio torna as condições de trabalho intoleráveis — é extraordinariamente alto. O preço de um salário não deve ser humilhação e medo. Ao entrar no local de trabalho, os funcionários não devem deixar a sua dignidade na porta.[172]

O mesmo se pode dizer da sociedade brasileira. O trabalho não é opcional para a maioria massiva dos brasileiros, mas é uma questão de sobrevivência, tanto material quanto na formação de sua identidade e no reconhecimento de sua dignidade.

---

(168) GAULEJAC, Vincent de. *As origens da vergonha*. Tradução: Maria Beatriz de Medina. São Paulo: Via Lettera, 2006. p. 108-109.
(169) *Ibidem*, p. 109.
(170) BRENNER, Johanna. *Op. cit.*, p. 86.
(171) EHRENREICH, Rosa. Dignity and Discrimination: Toward a Pluralistic Understanding of Workplace Harassment. *88 Georgetown Law Journal 1*, p. 47, 1999-2000.
(172) Original: "Work is not optional for most Americans: like it or not, most are dependent on work for their survival, and in an increasing number of ways, work defines one in the eyes of others. The cost of losing a job — or being forced to change jobs because harassment renders working conditions intolerable — is extraordinarily high. The price of a pay-check should not be humiliation and fear. When entering the workplace, employees should not have to check their dignity at the door." In: EHRENREICH, Rosa. Dignity and Discrimination: Toward a Pluralistic Understanding of Workplace Harassment. In: *88 Georgetown Law Journal 1*, p. 61, 1999-2000.

O trabalho não é apenas o que homens e mulheres produzem, mas também possui papel fundamental na definição do ser humano, definindo o indivíduo e dando sentido à sua existência.[173]

Como afirma Maria Aparecida Alkimin, a personalidade e a dignidade do trabalhador devem ser respeitadas pelo empregador, uma vez que o contrato de trabalho não o despoja desses bens e direitos pessoais, mas apenas troca a sua força de trabalho por um salário.[174]

O trabalho é uma forma de construir tanto a identidade social dos indivíduos como de lhes conferir cidadania; a falta de trabalho o estigmatiza como preguiçoso, dependente e imaturo, realçando o *status* negativo de quem está fora do mercado de trabalho. O real dever de cuidado do empregador aumenta ainda mais quando se verifica que a alternativa de encontrar uma outra fonte de renda é extremamente custosa para o trabalhador.[175]

Para a construção de uma identidade constitucional no mundo fático, é necessário que a emancipação por meio do trabalho também considere a importância da emancipação das mulheres como sujeitos de direito que merecem igual consideração e respeito. É fundamental que a dignidade das mulheres seja reconhecida, apesar de seu caráter intrínseco.

Como afirma Gabriela Neves Delgado, a dignidade é qualidade intrínseca do ser humano, o que a torna irrenunciável e inalienável. Além disso, a dignidade deve ser considerada em relação à pessoa concreta e não meramente à sua abstração.[176]

Nessa perspectiva do caráter intrínseco da dignidade, é importante reconhecer que o sentimento de ser digno forma-se por meio da interação social. Por meio do reconhecimento do "outro" pelo "eu", a percepção de dignidade concretiza-se. Assim, vale o apontamento de Jürgen Habermas no sentido de que a dignidade humana é uma construção elaborada por meio do reconhecimento recíproco em um relacionamento igualitário entre os indivíduos:

> **Conforme pretendo demonstrar, a "dignidade humana", entendida em sentido moral e jurídico, encontra-se ligada a essa simetria das relações.** Ela não é uma propriedade que se pode "possuir" por natureza, como a inteligência ou os olhos azuis. **Ela marca, antes, aquela "intangibilidade" que só pode ter um significado nas relações interpessoais de reconhecimento recíproco e no relacionamento igualitário entre as pessoas.**
>
> (...)
>
> Com efeito, a subjetividade, que é o que faz do corpo humano um recipiente animado da alma, se constitui a partir das relações intersubjetivas para com os outros. O si mesmo individual surge apenas com o auxílio social da exteriorização e também só pode *se estabilizar* na rede de relações intactas de reconhecimento.
>
> **Depender dos outros é uma circunstância que esclarece a vulnerabilidade do indivíduo em relação aos outros. A pessoa fica exposta de forma completamente desprotegida a feridas em relações das quais ela geralmente depende para o desdobramento de sua identidade e para a defesa de sua integridade** — por exemplo, nas relações íntimas de dedicação a um parceiro. Em sua versão descentralizada, a "vontade livre" de Kant não cai mais do céu como uma característica de seres inteligíveis. **A autonomia é, antes, uma conquista precária de existências finitas, que só conseguem "se fortalecer" quando conscientes de sua vulnerabilidade física e de sua dependência social.** Se este for

---

(173) BARRETO, Margarida Maria Silveira. *Violência, saúde e trabalho*: uma jornada de humilhações. São Paulo: EDUC, 2006. p. 129.
(174) ALKIMIN, Maria Aparecida. *Violência na relação de trabalho e a proteção à personalidade do trabalhador*. Curitiba: Juruá, 2008. p. 151.
(175) EHRENREICH, Rosa. Dignity and Discrimination: Toward a Pluralistic Understanding of Workplace Harassment. *88 Georgetown Law Journal 1*, p. 50, 1999-2000.
(176) DELGADO, Gabriela Neves. *Direito fundamental ao trabalho digno*, p. 204-205.

o "fundamento" da moral, então seus "limites" se explicam a partir dele. É o universo das relações e interações interpessoais possíveis, que necessita e é capaz de impor regras morais. **Apenas nessa rede de relações de reconhecimento legitimamente reguladas é que as pessoas podem desenvolver e manter uma identidade pessoal, com sua integridade física.** (Grifos acrescidos)[177]

Jürgen Habermas explica que a socialização faz que o ser humano individualize sua história após seu nascimento, tornando-se uma pessoa por meio de uma interação intersubjetiva em um contexto público de uma comunidade linguística.[178] Desse modo, a garantia da dignidade demanda que o Estado, pela via normativa, crie mecanismos que fomentem o reconhecimento do ser humano, mulheres e homens.

Por isso, Gabriela Neves Delgado afirma que "o Estado, pela via normativa, desempenha função singular para a manutenção da dignidade do homem".[179] E essa função estatal deve pautar inclusive o Direito do Trabalho:

> **Esse entendimento pautado no ser humano enquanto centro convergente de direitos, porque fim em si mesmo, deve orientar inclusive as relações de trabalho e seu correspondente: o Direito do Trabalho.**
>
> No desempenho das relações sociais, em que se destacam as trabalhistas, deve ser vedada a violação da dignidade, o que significa que o ser humano jamais poderá ser utilizado como objeto ou meio para a realização do querer alheio. O que também indica que o sistema de valores a ser utilizado como diretriz do Estado Democrático de Direito não poderá se revelar como utilitarista. Deverá, em contrapartida, concentrar-se no ser humano enquanto pessoa.
>
> (...)
>
> **Onde o direito do trabalho não for minimamente assegurado (por exemplo, com respeito à integridade física e moral do trabalhador, o direito à contraprestação pecuniária mínima), não haverá dignidade humana que sobreviva.**[180] (Grifos acrescidos)

Assim, reconhece-se que apesar de a dignidade ser característica intrínseca ao ser humano, ela não sobreviverá sem garantias jurídicas no plano fático, no mundo da vida. A dignidade apenas se desenvolverá como realidade por meio do reconhecimento de direitos fundamentais nas relações sociais e, nesse aspecto, o Direito tem papel fundamental.

O direito à dignidade tem como um de seus desdobramentos a proibição à discriminação de gênero. O reconhecimento da mulher como ser humano que merece igual consideração e respeito comparativamente ao homem é fundamental para que ela tenha dignidade em sentido concreto e não como mera abstração.

Como bem explica Nancy Fraser, para se alcançar justiça é preciso tanto reconhecimento quanto redistribuição, no sentido de que é necessário conciliar reconhecimento da diferença com igualdade social.[181]

Assim, no entendimento usual, percebem-se *questões de distribuição* como pertencentes à moral, e *questões de reconhecimento* relacionadas à ética.[182] Nessa percepção, as duas visões se excluem

---

(177) HABERMAS, Jürgen. *O futuro da natureza humana. A caminho de uma eugenia liberal?* Tradução de Karina Jannini. São Paulo: Martins Fontes, 2010. p. 47 e 48.
(178) *Ibidem*, p. 49.
(179) DELGADO, Gabriela Neves. *Direito fundamental ao trabalho digno*, p. 205.
(180) *Ibidem*, p. 205-207.
(181) FRASER, Nancy. *Reconhecimento sem ética*. 70, São Paulo: Lua Nova, 2007. p. 103.
(182) *Ibidem*, p. 105.

mutuamente e não é possível um reconhecimento ligado à moral. Entretanto, a proposta de Nancy Fraser altera totalmente essa concepção rígida e separatista, buscando integrar *reconhecimento* e *redistribuição* ao trabalhar "reivindicações por reconhecimento como reivindicações por reconhecimento, dentro de uma noção ampla de justiça".[183] Assim, Nancy Fraser aproxima os conceitos de moralidade e reconhecimento.[184]

Nancy Fraser propõe um rompimento da noção de que o *reconhecimento* exige uma identificação cultural. Segundo a autora, esse modelo de "não reconhecimento consiste na depreciação de tal identidade pela cultura dominante e o consequente dano à subjetividade dos membros do grupo".[185]

A solução que uma busca por reconhecimento vinculada à ética propõe e é considerada equivocada por Nancy Fraser seria uma "política de identidade". Essa política de identidade busca remodelar a identidade coletiva de modo a inserir afirmativamente quem antes não era reconhecido. Os problemas dessa política, apontados por Nancy Fraser, são a priorização da identidade do grupo em detrimento das particularidades individuais, de modo a pressionar indivíduos para uma conformação à cultura do grupo, negando as particularidades de interações transculturais, de forma a enclausurar os grupos em um modelo de comunitarismo repressivo.[186]

Nancy Fraser propõe, então, um modelo de *status* para solucionar tais questões de reconhecimento. De acordo com esse modelo, os membros são reconhecidos como parceiros integrais na interação social, o que requer uma participação como um igual na vida social.[187]

O modelo de *status* proposto por Nancy Fraser busca "desinstituir padrões de valoração cultural que impedem a paridade de participação e substituí-los por padrões que a promovam".[188]

Para atingir tal modelo de *status*, não é preciso seguir uma "reengenharia das consciências", como afirma Nancy Fraser. Muitas vezes isso não será possível, apesar de o diálogo e a vitória pelo melhor argumento serem a primeira e melhor opção. O modelo está atento para a importância política da cultura, mas a prioridade é promover padrões de paridade e oferecer um modelo de reconhecimento desvinculado da ética por meio de uma abordagem deontológica.[189] "Sendo assim, ele libera a força normativa das reivindicações por reconhecimento da dependência direta a um específico e substantivo horizonte de valor."[190]

Para Nancy Fraser, negar *reconhecimento* significa violar a justiça.[191] O modelo de *status* busca uma concepção de justiça que se aplica a diferentes visões de boa vida[192], nos moldes do *princípio do individualismo ético* de Ronald Dworkin. A autora explica que, por vezes, a necessidade de *reconhecimento* vem acompanhada por uma questão de distribuição[193]. Verifica-se que esse é o caso do assédio moral no trabalho fundado na discriminação de gênero, uma vez que se observa claramente também problemas de distribuição.

Um recorte de gênero sobre a pobreza também é necessário para que a subordinação e a negação dos direitos humanos das mulheres não sejam analisadas de forma dissociada das condições de pobreza. É fundamental uma abordagem da igualdade que, além de aspectos formais da legislação, também considere contextos de subordinação, estereótipos e desvantagens estruturais que requerem regulamentação jurídica própria para a mudança do quadro fático existente.[194]

---

(183) *Idem*.
(184) *Ibidem*, p. 106.
(185) *Idem*.
(186) *Ibidem*, p. 106 e 107.
(187) *Ibidem*, p. 107.
(188) *Ibidem*, p. 109.
(189) *Ibidem*, p. 109 e 110.
(190) *Ibidem*, p. 110.
(191) *Ibidem*, p. 112.
(192) *Idem*.
(193) *Ibidem*, p. 116.
(194) CHINKIN, Christine. The United Nations Decade for the Elimination of Poverty: What role for International Law? *54 Current Legal Problems (2001) 553*, p. 583-585.

No tocante à proibição de discriminação para se alcançar maior igualdade e liberdade, estudos sobre a eliminação da pobreza, conforme padrões das Nações Unidas, demonstram que a igualdade[195] de gênero é fundamental para que a desigualdade econômica seja reduzida e se alcance desenvolvimento econômico capaz de suprimir a pobreza.[196]

Segundo a noção de *"paridade de participação"* de Nancy Fraser, dois critérios devem ser preenchidos para que a justiça seja alcançada. O primeiro trata de uma condição objetiva, a qual requer que toda forma de "desigualdade material e dependência econômica que impedem a paridade de participação" sejam eliminadas.[197] O segundo critério é uma condição intersubjetiva de paridade participativa, a qual "requer que os padrões institucionalizados de valoração cultural expressem igual respeito a todos os participantes e assegurem igual oportunidade para alcançar estima social".[198] Como explica Nancy Fraser, essa condição "exclui normas institucionalizadas que sistematicamente depreciam algumas categorias de pessoas e as características associadas a elas".[199] Essa condição exclui padrões que impedem certas pessoas de serem "parceiros integrais na interação", por atribuir uma carga de diferença que não pode ser reconhecida. Como afirma Nancy Fraser, é preciso que ambas as condições sejam satisfeitas para que se obtenha justiça. O critério objetivo aproxima-se da justiça distributiva, enquanto a condição subjetiva relaciona-se com a justiça do reconhecimento.[200]

Note-se que o assédio moral[201] é uma prática institucionalizada em muitas organizações empresariais reconhecida como uma verdadeira forma de gestão dos empregados, a qual imprime uma carga de diferença sobre suas vítimas, não as reconhecendo como iguais entre os colegas de trabalho, de forma a minar sua autoestima.

Para que haja justiça no que tange a essa questão, o Estado tem o dever de criar mecanismos que garantam que o ambiente de trabalho esteja livre de práticas de gestão assediadoras, a fim de que os trabalhadores, em especial as *mulheres trabalhadoras*, estejam libertas da discriminação para que possam ter condições integrais de afirmar suas identidades e autoestima.

O reconhecimento não busca preencher uma necessidade humana genérica, mas solucionar um problema de injustiça social.[202] "Nos casos em que o não reconhecimento envolve a negação da humanidade comum de alguns participantes, o remédio é o reconhecimento universalista."[203] Em tempos de relativismo cultural e práticas de gestão organizacional tipicamente toyotistas que se valem dessa fluidez das particularidades tradicionais para imprimir opressões e exploração, o reconhecimento universalista se mostra necessário para a não admissão, pelo ordenamento jurídico, de práticas discriminatórias, sempre mantendo um enfoque para os contextos de exclusão de minorias.

---

(195) Sobre a importância da igualdade, Kate Pickett e Richard Wilkinson, estudiosos da Medicina, afirmam em um estudo empírico sobre a desigualdade social que problemas associados à privação (incluindo questões de doença, gravidez na adolescência, violência, baixa confiança, desenvolvimento educacional das crianças, abuso de drogas e obesidade) estão fortemente relacionados a fatores de distribuição de recursos em uma sociedade. Em um estudo realizado em 2006, Kate Pickett e Richard Wilkinson evidenciaram que sociedades mais igualitárias tendem a ser mais saudáveis. A desigualdade é fator social que corrói as relações humanas. A respeito do tema, consultar: PICKETT, Kate E.; WILKINSON, Richard G. The problems of relative deprivation: Why some societies do better than others. *Social Science & Medicine* 65 (2007), p. 1.966-1.968.
(196) Ver: PNUD. *Igualdade entre os sexos e a autonomia das mulheres*. Disponível em: <http://www.pnud.org.br/ODM3.aspx>. Acesso em: 7 set. 2014.
(197) FRASER, Nancy. *Reconhecimento sem ética*, p. 119.
(198) *Idem*.
(199) *Idem*.
(200) *Ibidem*, p. 119-120.
(201) Maria Ester de Freitas define o assédio moral como a "conduta abusiva, intencional, frequente e repetida, que visa a diminuir, humilhar, vexar, constranger, desqualificar e demolir psiquicamente um indivíduo ou grupo, degradando suas condições de trabalho, atingindo a sua dignidade e comprometendo a sua integridade pessoal e profissional". Ver: FREITAS, Maria Ester de. *Quem paga a conta do assédio moral no trabalho?* RAE-eletrônica, Fundação Getúlio Vargas, Escola de Administração de Empresas de São Paulo, v. 6, n. 1, art. 5, jan./jun. 2007. Disponível em: <http://www.scielo.br/scielo.php?script=sci_arttext&pid=S1676-56482007000100011>. Acesso em: 26 dez. 2014.
(202) FRASER, Nancy. *Reconhecimento sem ética*, p. 121.
(203) *Idem*.

Nancy Fraser critica a justificação para o reconhecimento elaborada por Axel Honneth.[204] Inicialmente Nancy Fraser argumenta que os critérios propostos por Axel Honneth envolvem a necessidade de uma pessoa "ter suas particularidades reconhecidas a fim de desenvolver autoestima, o que (com autoconfiança e o autorrespeito) é um ingrediente essencial para uma identidade não distorcida".[205] O problema dessa concepção, apontado por Nancy Fraser, é que uma conduta de exclusão pode acabar sendo reconhecida pois, apesar de ela não reconhecer o outro, ela acaba por gerar o reconhecimento daquele que discrimina e exclui. Para tanto, a autora oferece o exemplo de racistas que se sentem valorizados e reconhecidos ao discriminar negros e autoafirmar sua identidade racista, e identidades antirracistas poderiam não encontrar justificação, uma vez que ameaçam a identidade de brancos racistas.[206]

Transplantando a análise de Nancy Fraser para a questão do assédio moral no trabalho, é possível afirmar que muitas instituições, ao se valerem do assédio moral como prática de gestão, estão afirmando a identidade empresarial por meio da eliminação de toda distorção ou fuga ao padrão estabelecido. No caso do assédio moral fundado em discriminação de gênero, é possível notar que há um reforço de um padrão de masculinidade que se funda primordialmente na exclusão de tudo aquilo que é feminino. Nesse ponto, não há necessariamente a formação de um conteúdo do ser masculino, mas apenas uma negação do feminino a todo custo.

Ann McGinley defende que a teoria de masculinidades (*masculinities theory*) e as pesquisas de gênero podem auxiliar a desvendar o assédio moral (*bullying*) e ajudar os tribunais a identificar o sexo da vítima como a causa de certos comportamentos agressivos. Suas pesquisas mostram que grande parte dos comportamentos de assédio moral ocorrem consciente e inconscientemente com uma motivação de reforçar estereótipos de gênero no ambiente de trabalho, punindo aqueles que não se conformam. Essa linha de pesquisa sugere que o assédio moral tem como fator determinante a questão de gênero em vários comportamentos assediadores.[207]

Toda a compreensão de que o trabalho da mulher é secundário cria a ideia de que a inserção da mulher no mundo do trabalho é complementar, instável, eventual, secundária, podendo ser facilmente interrompida, sendo compreensível o ingresso da mulher apenas em caso de "falha do homem no cumprimento de seu papel de provedor", não por um interesse próprio da mulher ou necessidade.[208] Laís Abramo explica os desdobramentos dessa crença:

> A ideia de que o mundo do trabalho (e as relações que se formam em torno dele) não é um lugar de formação da identidade para as mulheres (ou, no mínimo, é um lugar muito secundário nesse processo), e, muito menos, de geração de práticas associativas, organizacionais, coletivas (essa imagem parece estar muito presente em certos setores da direção sindical masculina e pode ter consequências importantes na prática e na ação sindical).
>
> Finalmente (e isso tem uma forte presença no imaginário empresarial), essa inserção secundária, eventual e instável leva necessariamente a altos custos indiretos (associados à maternidade e ao cuidado da criança) e a um comportamento profissional pouco adequado, caracterizado por altos índices de rotatividade e faltas ao trabalho, baixo nível de comprometimento com a empresa, impossibilidade de fazer horas extras, trabalhar em turnos da noite e viajar, o que justificaria a exclusão das mulheres de certos postos e

---

(204) Para maiores detalhes consultar: HONNETH, Axel. *Luta por reconhecimento*: a gramática moral dos conflitos sociais. Tradução de Luiz Repa. São Paulo: 34, 2003.
(205) FRASER, Nancy. Reconhecimento sem ética, p. 124.
(206) *Ibidem*, p. 125.
(207) MCGINLEY, Ann C. Creating masculine identities: bullying and harassment "because of sex". *79 University of Colorado Law Review 1151*, p. 1.154-1.155, 2008.
(208) ABRAMO, Laís. *Op. cit.*, p. 29.

funções na indústria (que se organizam em sistemas de turnos) e, tanto na indústria quanto em outros setores produtivos, dos cargos superiores na hierarquia das empresas.[209]

Assim, como consequência de um pensamento que inferioriza o trabalho da mulher, abre-se caminho para que formas de violência psicológica e gestões discriminatórias invadam o ambiente de trabalho com a promessa de maximização de lucros e eficiência no mercado.

Em um contexto econômico dinâmico, a lei da antidiscriminação é capaz de maximizar bem-estar, uma vez que empregadores que fazem escolhas misóginas não maximizam seus lucros e, por isso, são excluídos do mercado, o que elimina o custo psíquico de empregar mulheres, gerando um benefício social. Uma lei que penaliza a discriminação de gênero no trabalho é mais eficiente e rápida para *retirar do mercado*[210] os empregadores que discriminam do que ocorreria por meio do simples *laissez faire*. Enquanto a lei artificialmente acelera a realização do equilíbrio de mercado não discriminatório, há uma redução dos custos psíquicos associados à contratação de mulheres, elevando a autoestima das mulheres e melhorando a vida no trabalho de forma a promover um crescimento da produtividade e uma diminuição no custo do trabalho[211] (uma vez que os empregados não adoecerão por conta do assédio moral, tampouco processarão o empregador pelo sofrimento de violência psicológica, o que em regra gera custos adicionais).

Analisando a questão também em relação à maioria, é possível observar que a proibição do assédio moral baseado na discriminação de gênero também é positiva para os homens. Isso porque a teoria de masculinidades, próxima às teorias feministas, explica que a competição por padrões de masculinidade[212] agride também homens, uma vez que imprime pressão competitiva aos homens e exige uma negação de suas emoções; quando as mulheres não agem de forma submissa ou de maneira a exaltar a masculinidade de um homem, ele passa a se sentir perdido e tende a pressionar a mulher para o seu papel submisso tradicionalmente construído.[213]

Ronald Dworkin, ao tratar das obrigações de uma comunidade que tem seu direito pautado pela *integridade*, afirma que "os membros devem pressupor que as práticas do grupo mostram não apenas interesse, mas um igual interesse por todos os membros".[214] Esse pressuposto é essencial para uma comunidade igualitária e fraternal mesmo quando ela apresenta estruturas hierárquicas, pois sempre garante "que a vida de uma pessoa não é mais importante que a de nenhuma outra".[215]

Para Ronald Dworkin, uma comunidade deixa de ser fraternal quando existe um sistema de castas que trata alguns membros como se tivessem intrinsecamente menos dignidade que outros.[216] Observa-se que o assédio moral é uma prática que direciona-se contra uma vítima para afirmar que ela possui menos dignidade que os demais e, com isso, cria uma condição que quebra a igualdade e a fraternidade.

Assim, uma comunidade que queira criar um ordenamento jurídico fundado na *integridade* garantirá o pressuposto da igualdade por meio da proibição do assédio moral discriminatório.

A questão do assédio moral discriminatório como prática de gestão e a real liberdade da mulher no mercado de trabalho encontram-se em uma hipótese de visões éticas em mútua exclusão, hipótese

---

(209) *Ibidem*, p. 30.
(210) A expressão "retirar do mercado" traduz a saída de uma empresa do mercado, em razão de sua incapacidade de subsistir às regras que o regem. O mesmo ocorre quando em uma concorrência entre empresas, uma delas sucumbe e vai à falência, retirando-se do mercado.
(211) DONOHUE, John J. Prohibithing Sex Discriminaiton in the Workplace: An Economic Perspective. In: *The University of Chicago Law Review*, v. 56, n. 4, p. 1.347-1.349, aut. 1989.
(212) Culturalmente, a masculinidade é construída como atributo de homens, ao passo que a feminilidade é o padrão de comportamento e conduta de mulheres. A teoria de masculinidades e as teorias feministas buscam desconstruir as características típicas do ser humano que são categorizadas arbitrariamente como típicas de mulheres ou típicas de homens.
(213) MCGINLEY, Ann C. *Op. cit.*, p. 1.165-1.166.
(214) DWORKIN, Ronald. *O império do direito*, p. 243.
(215) *Idem*.
(216) *Idem*.

que Nancy Fraser enquadraria em um caso de coexistência pacífica impossível.[217] Em um caso de visões éticas antitéticas, como esse, Nancy Fraser afirma que "a sociedade seria forçada a escolher entre elas, e a paridade de participação deixaria de ser uma meta relevante"; "os cidadãos teriam de avaliar o valor relativo de duas visões concorrentes da boa vida".[218]

Isso ocorre uma vez que a visão organizacional fundada em uma gestão discriminatória e misógina opta por eliminar padrões femininos do ambiente de trabalho ou da liderança organizacional, enquanto a visão constitucional é no sentido de garantir a igualdade da mulher no mercado de trabalho, o que encerra duas posturas antitéticas e excludentes entre si.

A cultura do assédio destrói o meio ambiente de trabalho e limita as opções de escolha e a liberdade da mulher trabalhadora, violando a justiça e a paridade de participação das mulheres no mundo do trabalho.

---

(217) FRASER, Nancy. *Reconhecimento sem ética*, p. 132.
(218) *Idem*.

CAPÍTULO 2
PODER EMPREGATÍCIO, IDEOLOGIA DE GESTÃO E TEORIA DOS JOGOS: O CONFLITO DE CRENÇAS

> *Somente as meninas recém-nascidas se salvaram do extermínio. Enquanto elas cresciam, os assassinos lhes diziam e repetiam que servir aos homens era seu destino. Elas acreditaram. Também acreditaram suas filhas e as filhas de suas filhas.*
> Eduardo Galeano[219]

> *Não tenho dúvidas de que, caso tais opiniões prevaleçam no futuro, continuaremos num estado de barbárie semicivilizada. Pelo menos é assim que defino a perpetuação do domínio de um lado e, de outro, da servilidade. Pois a degradação de ser escravo só se equipara à degradação de ser senhor.*
> Virginia Woolf[220]

2.1. Força, direito e justiça: uma análise do poder empregatício

O poder está presente nas mais diversas relações sociais: seja nos vínculos familiares, seja nas relações do Estado com os cidadãos, seja no sistema educacional, no sistema de saúde e também nas relações de trabalho.

O Direito surge em grande medida para legitimar as relações de poder qualificando-as com um respaldo jurídico que facilita a dominação.[221]

A relação intrínseca e necessária entre Direito e poder leva à constatação de que o direito posto não necessariamente está relacionado à justiça.[222]

O poder envolve tanto aspectos persuasivos quanto coercitivos, apresentando uma dimensão negativa e uma dimensão positivo-construtiva, as quais são inseparáveis.[223]

Michel Foucault explica que em todos os sistemas disciplinares (hospitais, escolas e fábricas, por exemplo) existe um mecanismo penal, um sistema de justiça que estabelece leis, julgamentos e penalidades para os delitos que escapam dos grandes sistemas de castigos. Nesse contexto, é possível observar a presença de micropenalidades por um descuido com o tempo (faltas, atrasos, interrupções nas tarefas), a atividade (desatenção, negligência), a maneira de ser (desobediência), os discursos (afronta à ideologia posta), o corpo (necessidades fisiológicas que transgridem o trabalho prescrito), o que leva a uma série de punições que vão desde castigos físicos leves até humilhações e privações.[224]

> Trata-se ao mesmo tempo de tornar penalizáveis as frações mais tênues da conduta, e de dar uma função punitiva aos elementos aparentemente indiferentes do aparelho disciplinar: levando ao extremo, que tudo possa servir para punir a mínima coisa; que cada indivíduo se encontre preso numa universalidade punível-punidora.[225]

---
(219) GALEANO, Eduardo. Autoridade. *Mulheres*. Tradução de Eric Nepomuceno. Porto Alegre: L&PM, 2013. p. 13.
(220) WOOLF, Virginia. *Profissões para mulheres e outros artigos feministas*. Tradução: Denise Bottmann. Porto Alegre: L&PM, 2012. p. 51.
(221) DERRIDA, Jacques. *Força de lei*: o fundamentos místico da autoridade. 2.ed. Tradução: Leyla Perrone-Moisés. São Paulo: WMS Martins Fontes, 2010. p. 89 e 90.
(222) *Ibidem*, p. 17.
(223) DELGADO, Mauricio Godinho. *O poder empregatício*, p. 127.
(224) FOUCAULT, Michel. *Vigiar e punir*: nascimento da prisão. 25. ed. Tradução de Raquel Ramalhete. Petrópolis: Vozes, 2002. p. 149.
(225) *Idem*.

Fábio Ulhoa Coelho adverte para o problema da reificação do poder, como uma entidade "super-humana", sob pena de se esquecer que o poder é exercido por homens que dominam.[226]

Márcio Túlio Viana destaca que o poder em termos sociais representa "a capacidade de uma pessoa determinar o comportamento de outra" em uma relação na qual o indivíduo é ao mesmo tempo sujeito e objeto.[227]

Assim, a relação de emprego é pautada no poder exercido pelo capitalista empregador e na subordinação jurídica a que se submetem os empregados em prol de sua subsistência.[228]

Como afirma Márcio Túlio Viana, "toda relação de direito é também uma relação de poder".[229] Na relação de emprego há o poder de um homem impondo-se sobre outro mediado pela legitimação vinda do Estado. Em contrapartida ao poder diretivo, o empregado incorpora a subordinação jurídica, além de protagonizar em regra a dependência técnica e econômica em relação ao empregador. Márcio Túlio Viana ainda registra que a subordinação jurídica do empregado frente a uma situação regulada e legitimada pelo Direito passa a ser vista como justa, uma vez que é jurídica.[230]

O Direito muitas vezes não é sinônimo de justiça; porém, na grande maioria dos casos, essa associação entre Direito e justiça é feita para facilitar a institucionalização jurídica do poder do mais forte sobre o mais fraco. Quando se convence o dominado e o subjugado de que a opressão que sofre é justa e legítima, é mais fácil evitar insurgências e revoltas.

O Direito de certo modo estabiliza relações de poder, e na relação empregatícia não é diferente.[231] No contrato de emprego, o Direito legitima o poder na forma de *poder empregatício*.

Como explica Mauricio Godinho Delgado, o *poder empregatício* desdobra-se em *poder diretivo ou organizativo, poder regulamentar, poder fiscalizatório ou de controle* e *poder disciplinar*.[232] Entre esses desdobramentos, destacam-se o *poder diretivo* e o *poder disciplinar*.

O Direito do Trabalho é marcado pela regulação do poder empregatício e da subordinação jurídica como fundamentos da relação empregatícia, reconhecendo a empresa como espaço de macropoder.[233]

Para Lorena Porto, a disciplina imposta pelo empregador tem como principal estratégia "obrigar o indivíduo a adotar determinadas condutas reiteradamente, as quais, com o passar do tempo, tornam-se verdadeiros hábitos, ou seja, passam a ser realizadas voluntariamente pela pessoa, que as enxerga como necessárias", tornando-o submisso.[234]

Jacques Derrida questiona qual seria a diferença entre a força utilizada para aplicar o Direito que consideramos justa e a força traduzida na violência que consideramos injusta. O autor entende que não é possível falar diretamente o que é justiça sem que se esteja traindo a própria justiça.[235]

---

(226) COELHO, Fábio Ulhoa. *Direito e poder*: ensaio de epistemologia jurídical. São Paulo: Saraiva, 1992. p. 57
(227) VIANA, Márcio Túlio. Poder diretivo e sindicato: entre a opressão e a resistência. *Caderno Jurídico do Tribunal Regional do Trabalho da 10ª Região*, Escola Judicial, Coletânea 2005, p. 211, Brasília, 2006.
(228) ALVARENGA, Rúbia Zanotelli de. O poder empregatício no contrato de trabalho. *Revista do Direito Trabalhista (RDT) 15-12*, p. 18, 31 dez. 2009.
(229) VIANA, Márcio Túlio. *Op. cit.*, p. 211 e 212.
(230) *Ibidem*, p. 213.
(231) PORTO, Lorena Vasconcelos. *A subordinação no contrato de emprego*: desconstrução, reconstrução e universalização do conceito jurídico. Dissertação de Mestrado PUC- Minas, Belo Horizonte, 2008. p. 45.
(232) DELGADO, Mauricio Godinho. *Curso de direito do trabalho*. 13. ed. São Paulo: LTr, 2014. p. 685.
(233) ALVARENGA, Rúbia Zanotelli de. O poder empregatício no contrato de trabalho. *Revista do Direito Trabalhista (RDT) 15-12*, p. 17, 31 dez. 2009.
(234) PORTO, Lorena Vasconcelos. *A subordinação no contrato de emprego*: desconstrução, reconstrução e universalização do conceito jurídico. Dissertação de Mestrado PUC- Minas, Belo Horizonte, 2008. p. 45.
(235) DERRIDA, Jacques. *Força de lei*: o fundamentos místico da autoridade. 2. ed. Tradução: Leyla Perrone-Moisés. São Paulo: WMS Martins Fontes, 2010. p. 9 e 17.

Para Jacques Derrida, "se a justiça não é necessariamente o direito ou a lei, ela só pode tornar-se justiça, por direito ou em direito, quando detém a força, ou antes quando recorre à força desde seu primeiro instante".[236] Ele registra a distinção feita por Montaigne entre Direito e justiça, mostrando que as leis não são justas em si, mas em razão de sua autoridade.[237] Assim, "a autoridade das leis repousa apenas no crédito que lhes concedemos", nisso consiste seu fundamento.[238]

Ao tratar do Direito europeu (do qual o direito brasileiro bebeu e bebe como fonte), Jacques Derrida afirma que o Direito "tende a proibir a violência individual e a condená-la na medida em que ela ameaça não determinada lei, mas a própria ordem jurídica".[239] O Direito busca autoconservar-se, excluindo formas de violência individual que o ameaçam. Assim, o Direito busca monopolizar a violência como forma de se preservar e não necessariamente para proteger fins justos e legais.[240]

Fazendo uma analogia dessa análise de Derridá com a relação de emprego, pode-se constatar que o Direito proíbe certa violência por parte dos trabalhadores empregados, quer de forma individual, quer por meio da atuação coletiva (e até sindical) e restringe seu poder para que a violência oriunda do poder empregatício seja preservada até certo limite com segurança.

Jacques Derrida apresenta a violência da instauração do Direito como uma violência que promove também sua própria autoconservação e não pode romper com a ordem posta.[241] Em certa medida, o Direito posto atua na conservação do *status quo* tradicional e isso se aplica também ao Direito de Propriedade sobre os meios de produção e ao poder empregatício validado pelo Direito do Trabalho. O Direito acaba por criar mecanismos que conservam o que o poder pretende fundar e conservar.[242]

O direito, ao se valer da violência, justifica seu uso como defesa da humanidade de cada pessoa; assim, para se criticar tal violência é preciso criticar o próprio direito posto, bem como o uso das leis.[243] Essa análise aplica-se em grande medida ao Direito do Trabalho, ainda que muitas de suas normas visem à proteção do trabalhador, uma vez que ele também apresenta um caráter legitimador de uma assimetria de poder.

Como explica Márcio Túlio Viana, "a visão da subordinação como um fenômeno *puramente* jurídico também contribui para legitimá-la, pois afasta a ideia de um poder e reforça a de um contrato".[244] O argumento de que o poder empregatício está balizado pelo Direito confere-lhe um *status* de legitimação, ao mesmo tempo em que naturaliza a condição subordinada do trabalhador.

Na relação de emprego, há uma confusão entre o sujeito do contrato e seu objeto, uma vez que, ao ceder sua força de trabalho, é sobre ela que recai o comando do empregador, mas a força de trabalho não é uma entidade sobrenatural, é o trabalhador que é pessoalmente atingido.[245]

> Dizer que o poder "recai sobre a atividade" é apenas afirmar que não pode extrapolar o campo do trabalho. Mas não significa que — nesse campo — deixe de incidir sobre o homem. Não há como separá-lo de sua própria força motriz.
>
> (...)

---

(236) *Idem.*
(237) *Ibidem*, p. 21
(238) *Idem.*
(239) *Ibidem*, p. 77.
(240) *Ibidem*, p. 77- 78.
(241) *Ibidem*, p. 89.
(242) *Ibidem*, p. 89 e 90.
(243) *Ibidem*, p. 95 e 96.
(244) VIANA, Márcio Túlio. Poder diretivo e sindicato: entre a opressão e a resistência. In: *Caderno Jurídico do Tribunal Regional do Trabalho da 10ª Região*. Escola Judicial. Coletânea 2005. Brasília, 2006. p. 213.
(245) *Ibidem*, p. 214.

Exatamente por isso, o poder diretivo, pelo menos em termos lógicos, não precisa de um contrato para se manifestar. Mas o contrato é útil para legitimá-lo, pois sugere que foi o trabalhador, livremente, quem decidiu perder a liberdade.[246]

Assim, na confusão entre força de trabalho e sujeito trabalhador, encontra-se o contexto propício para excessos do poder empregatício, por meio de uma atuação que se apresenta como reguladora da prestação do serviço, mas acaba por alcançar a personalidade do trabalhador, restringindo sua liberdade.

Em contraposição a essa realidade fática, a Teoria do Direito contemporânea não admite que a subordinação seja definida por meio de uma concepção subjetivista que vislumbra uma condição de sujeição do empregado ao empregador, uma vez que a subordinação deve possuir caráter jurídico objetivo, atingindo a forma como o trabalho será prestado e não a pessoa do trabalhador.[247]

Considerando que todas as relações sociais estão permeadas pelo poder disciplinar, é importante considerar brevemente como o poder se manifesta de acordo com o modelo de produção e de Estado vigente.

Em sociedades pré-democráticas, a dimensão negativa do poder mostra-se mais forte, ao passo que a democracia e as sociedades industriais tiveram o papel de acentuar o caráter persuasivo do poder nos últimos duzentos anos.[248]

Mauricio Godinho Delgado explica que a democracia no âmbito político de um Estado acaba influenciando a democratização dos espaços privados, nos quais se incluem as empresas[249]:

> Em síntese, quanto mais democráticas as relações de poder no âmbito político global, mais propícias serão as condições para que a dimensão consensual e construtiva do poder se desenvolva no âmbito interno à empresa. Quanto mais autoritárias as relações de poder no âmbito político global, menor o espaço à emergência de questionamentos democratizantes à relação de poder empresarial interna.[250]

Sem os pressupostos das liberdades públicas, não é possível desenvolver espaços privados democráticos.[251] E dentre esses espaços privados encontram-se as empresas e organizações empregatícias.

Tanto no sistema escravagista como no sistema servil, o trabalhador era considerado parte da unidade de produção, não possuindo o caráter de sujeito de direito, mas sendo objeto do patrimônio do nobre e do senhor. O trabalhador não era juridicamente livre, sendo desconsiderada sua vontade para o estabelecimento do vínculo de trabalho. Nesse contexto, a sujeição era resultado de coerção socioeconômica e política, garantindo a funcionalidade econômica desses sistemas. A violência apresentava caráter fundamental para que houvesse produção e apropriação do excedente pelo detentor dos meios de produção, nos modelos de escravidão e servidão. Assim, não é possível imaginar democracia e liberdade nas relações de produção servis e escravocratas.[252]

A descrição e o acompanhamento da rotina de um indivíduo eram sinais de distinção e prestígio de quem era observado; atualmente, essa descrição passou a ser parte do método de dominação para objetificar e sujeitar o ser observado. No regime feudal, quanto maior era o poder de um indivíduo,

---

(246) *Ibidem*, p. 214 e 215.
(247) DELGADO, Mauricio Godinho. *Curso de direito do trabalho*, p. 303.
(248) DELGADO, Mauricio Godinho. *O poder empregatício*, p. 128.
(249) *Ibidem*, p. 133.
(250) *Idem*.
(251) *Ibidem*, p. 133 e 134.
(252) *Ibidem*, p. 136-138.

maior a individualidade que ele recebia; já em um regime disciplinar, a individualidade era marca de quem estava sujeito a um poder por meio de fiscalizações.⁽²⁵³⁾

A Idade Média criou o sistema de aprendizes e mestres intermediado pelos meios de trabalho. Em substituição a esse modelo surgiu o contrato de trabalho que conferia liberdade de escolha dos trabalhadores em relação aos seus padrões e lugares de trabalho, além de ter como contraprestação o pagamento de salário para possibilitar o consumo do que produziam.⁽²⁵⁴⁾ A partir da Revolução Industrial, passa-se a ter o trabalhador livre, mas juridicamente subordinado a seu empregador.

A coerção dos sistemas servil e escravagista é bastante diferente da coerção do sistema atual. No sistema produtivo contemporâneo, o trabalhador assalariado é enunciado como livre e não fazendo parte dos meios de produção. Nas relações servis e escravocratas, o vínculo do trabalhador com o titular dos meios de produção se firmava na servidão caracterizada pela ausência de liberdade. Com o elemento liberdade no meio das relações de trabalho, a servidão é substituída pela subordinação jurídica. Com a inserção da liberdade, a coerção perde espaço na relação empregatícia no funcionamento do sistema.⁽²⁵⁵⁾

Na Primeira Revolução Industrial, a tática das fábricas foi reprimir os desejos dos corpos dos trabalhadores e ao mesmo tempo sugar suas energias para aumentar a produção, cultivando um espírito de obediência. O operário passou a ser mais uma matéria-prima que a fábrica deveria moldar; o entrar na fábrica desconstituía a condição humana do trabalhador, conferindo-lhe apenas a pecha de fator de produção.⁽²⁵⁶⁾ O controle dos corpos se deu de forma tão acirrada para o direcionamento da produção fabril que existiam regulamentos empresariais como este relatado por Márcio Túlio Viana:

> "É expressamente proibido durante o trabalho divertir os companheiros com gestos ou de outra maneira, fazer brincadeira, comer, dormir, contar histórias e comédias, e (mesmo durante a interrupção para a refeição) não será permitido contar histórias, aventuras ou outras conversações que distraiam os operários de seu trabalho; é expressamente proibido a qualquer operário, e sob qualquer pretexto que seja, introduzir vinho na fábrica e beber nas oficinas."

Mas proibir não bastava. Era preciso punir. Numa fábrica próxima a Manchester, os fiandeiros se sujeitavam às seguintes multas, expressas em *shillings* e dinheiros:

"Por deixar a janela aberta..........................1s. 0d.

Por estar sujo ....1s.0d.

Por se lavar no trabalho..............................1s. 0d.

Por consertar o tambor com gás aceso....2s. 0d.

Por deixar o gás aceso além do tempo....2s. 0d.

Por assobiar..1s. 0d.⁽²⁵⁷⁾

Disciplinavam-se os trabalhadores por meio da fome, pois o dinheiro gasto em comidas deveria ser utilizado para pagar as multas pelas infrações disciplinares. Para facilitar a docilização dos trabalhadores a baixo custo, as primeiras fábricas contratavam mulheres perdidas, crianças e mendigos, que já haviam passado por um processo de disciplinamento em conventos, orfanatos e prisões.⁽²⁵⁸⁾

---

(253) FOUCAULT, Michel. *Vigiar e punir: nascimento da prisão*. 25. ed. Tradução: Raquel Ramalhete. Petrópolis: Vozes, 2002. p. 159-160.
(254) VIANA, Márcio Túlio. *Op. cit.*, p. 218.
(255) DELGADO, Mauricio Godinho. *O poder empregatício*, p. 138-141.
(256) VIANA, Márcio Túlio. *Op. cit.*, p. 219-220.
(257) *Ibidem*, p. 220.
(258) *Ibidem*, p. 220-221.

A mistura do público no privado também podia ser observada por meio das normas que o patrão fixava para regulamentar o trabalho, estabelecendo o que eram transgressões e suas respectivas sanções. Nesse contexto, o patrão criava "um sistema de regulamentações obrigatórias com função moralizadora".[259]

Robert Castel cita o exemplo de uma fábrica francesa:

> (...) além das instruções correspondentes às exigências técnicas de segurança e de higiene, os regulamentos de oficina contêm disposições como aquela editada na Verrerie Saint-Édouard de 1875, art. 30: "Todo operário empregado na Verrerie cuja conduta não for a do homem honesto, sóbrio e trabalhador, que procura em tudo e em toda parte o interesse dos patrões, será mandado embora do estabelecimento e denunciado à justiça, se for o caso". Alian Cottereau observa a esse respeito que, diferentemente da "polícia das manufaturas" do Antigo Regime, e contrariamente ao espírito do Código Civil, são os patrões, pessoas privadas, que decidem sobre os regulamentos da polícia do trabalho e exercem, em suma, função de personagens públicas.[260]

Nesse relato, observa-se a extrapolação da ordem contratual para a instauração de uma ordem tutelar, formando um sistema "civilizador por excelência" que garante aos patrões mais poder público que os antigos senhores feudais.[261]

Na égide do capitalismo liberal, o Estado criou instituições e mecanismos de apoio à acumulação do capital e proteção da propriedade, além de instrumentos de dominação das massas. No período entre guerras a classe trabalhadora uniu-se.[262]

Como resultado dessa união e no contexto da produção em massa, surgiram "sindicatos de massa, direitos em massa e consumidores em massa", gerando um sistema de resistência ao capitalismo que se conformou ao modelo de produção taylorista-fordista.[263]

A força do sindicato acirrava o conflito de classe e reduzia o nível de produção, o que fazia que ela fosse vista como uma solução para os trabalhadores e um problema para o capital. A estratégia encontrada por Taylor e Ford foi dividir as tarefas da produção para que cada trabalhador não tivesse domínio ou noção sobre o todo, mas fosse responsável por sua microtarefa.[264]

Nesse contexto, "a máquina também servia para regular, ela própria, os ritmos e modos de trabalho, como se o patrão estivesse dentro dela, comandando"; diluindo e legitimando o poder diretivo.[265]

Com o advento da crise dos anos 1920-1930, o Estado Liberal cedeu espaço ao Estado Social, para frear a acumulação capitalista.[266] Nesse período, o sindicalismo que se desenvolveu buscou inibir ações mais radicais, colocando como preço dos "novos direitos" a submissão.[267]

Com o esgotamento do modelo de Estado Social nos anos 1960-1970, o poder diretivo sofreu críticas com as denúncias sobre a força alienante do modelo de produção taylorista-fordista. Para combater os surtos de resistência dos trabalhadores e conter a crise do petróleo, os anos 1980 foram marcados por governantes conservadores como Ronald Reagan, nos Estados Unidos, Thatcher, na

---

(259) CASTEL, Robert. *As metamorfoses da questão social*: uma crônica do salário. 11. ed. Tradução de Iraci D. Poleti. Petrópolis: Vozes, 2013. p. 333.
(260) *Idem*.
(261) *Ibidem*, p. 334.
(262) VIANA, Márcio Túlio. *Op. cit.*, p. 222 e 223.
(263) *Ibidem*, p. 223.
(264) *Ibidem*, p. 224.
(265) *Ibidem*, p. 225.
(266) *Ibidem*, p. 226.
(267) *Ibidem*, p. 227.

Inglaterra, e Kohl, na Alemanha, com a finalidade de minar o movimento sindical. O Estado Social foi substituído pela ideologia neoliberal, o qual é acompanhado pelas empresas enxutas e horizontalizadas, que não dominam mais todo o processo produtivo, mas são marcadas regra geral pela terceirização.[268]

Para Márcio Túlio Viana, atualmente os modelos de produção fordista, taylorista e toyotista coexistem em diferentes arranjos. A nova empresa domina por meio da produção de uma ideologia que cativa corações e mentes dos trabalhadores em troca de uma recompensa simbólica, imbuída de uma lógica de concorrência entre os empregados e quebra de solidariedade que impede qualquer articulação coletiva.[269]

O assalariado substitui a coerção do sistema de servidão, mas ainda subsistem no plano intra-empresarial a vigilância e o controle do processo produtivo[270], que em certa medida reitera parcialmente a liberdade do empregado, direcionando seu comportamento na realização do trabalho.

Mauricio Godinho Delgado, citando Antonio Gramsci, explica que, para manter a produção, a gestão organizacional combina a coerção com a persuasão e o consentimento, de modo a gerar uma medida de retribuição que compense as forças desgastadas no trabalho.[271]

Como explica Mauricio Godinho Delgado, tanto Karl Marx quanto Max Weber identificaram a disciplina e a hierarquia militares nas organizações empresariais, demonstrando a ambiguidade entre o sistema político democrático e o despotismo fabril; entretanto, com o passar do tempo observou-se que a coerção não é elemento essencial do sistema industrial, apesar de muito presente.[272]

Márcio Túlio Viana lembra que essa aclamada "liberdade" veio acompanhada de opressão legitimada pelo contrato de emprego. O contrato aprisionou o tempo do trabalhador, deixando-o sem disponibilidade para "fazer seus sapatos e criar suas galinhas".[273]

O estado de dependência do trabalhador limita e reduz sua liberdade de contratar sua força de trabalho. O mercado cria a premissa de que trabalhador e empregador possuem forças iguais e independentes que decidem transacionar e podem romper o contrato por livre vontade, omitindo-se a ficção dessa liberdade na perspectiva do trabalhador. A história demonstra que "a liberdade discursiva do direito era aniquilada pela estrutura econômica".[274] A liberdade que superabunda para o capital é a mesma liberdade que está ausente na rotina do trabalhador.

A liberdade para o capital no fim do século XX demanda uma desregulamentação do trabalho, reduzindo custos do trabalho para agradar aos acionistas. Entretanto, a liberdade não tem o mesmo peso para trabalhadores, pois capital e trabalho usufruem de diferentes proporções de liberdade.[275]

O trabalho, apesar de ser meio para a realização de fins, é visto, utilizado e tratado como mercadoria a ser negociada no mercado pelo capitalismo, que articula a subordinação nas ordens de quem detém os meios de produção. A acumulação de capital pelos detentores dos meios de produção exige que se reduza o número de contratações, criando um exército reserva de mão de obra, uma intensificação do trabalho na forma de jornada extraordinária e o medo de dispensa constante.[276]

---

(268) Ibidem, p. 228-229.
(269) Ibidem, p. 230-231.
(270) MARX; WEBER apud DELGADO, Mauricio Godinho. O poder empregatício, p. 142.
(271) DELGADO, Mauricio Godinho. O poder empregatício, p. 143.
(272) Ibidem, p. 147 e 148.
(273) VIANA, Márcio Túlio. Op. cit., p. 218.
(274) OLIVEIRA, Murilo Carvalho Sampaio. Relação de emprego, dependência econômica e subordinação jurídica: revistando conceitos. Curitiba: Juruá, 2014. p. 124-125.
(275) GAULEJAC, Vincent de. Gestão como doença social: ideologia, poder gerencialista e fragmentação social. Aparecida, São Paulo: Ideias & Letras, 2007. p. 60-61.
(276) OLIVEIRA, Murilo Carvalho Sampaio. Op. cit., p. 128.

A partir dessa reflexão sobre a força e o Direito, este capítulo se propõe a tratar de uma concepção inicial de poder até chegar à descrição do poder empregatício com seus desdobramentos, entre eles o poder disciplinar, com vistas a dissecar os modelos de gestão que se valem desse poder legitimado pelo Direito para perpetrar violência nas relações de trabalho, por meio de um olhar crítico para a realidade das relações de trabalho.

2.2. Os limites jurídicos do poder empregatício e da subordinação jurídica: conceitos e desdobramentos

2.2.1. O poder empregatício

a) Poder empregatício como Direito

Com esse panorama, é necessário definir os limites do poder empregatício para uma melhor compreensão dos contornos jurídicos da questão.

Há quatro correntes que buscam definir a natureza jurídica do poder empregatício: "poder como direito potestativo; como direito subjetivo; como fenômeno de caráter senhorial, hierárquico; poder como direito-função".[277] O *direito potestativo* garante o uso do poder de modo unilateral e automático sobre uma situação jurídica em que a parte que sofre esse poder tem o dever de responder com uma conduta em benefício do interesse de quem usa essa força, relação típica das primeiras fases do capitalismo.[278]

Para a *concepção de direito subjetivo*, o poder empregatício é uma prerrogativa que garante o exercício de um interesse próprio tendo como contrapartida uma obrigação de seguir determinada conduta ou contraprestação.[279]

A *noção de poder hierárquico*, para Mauricio Godinho Delgado, não se ajusta bem ao contexto mais democrático que se tem atualmente, sendo típico de uma situação em que o empregador teria uma hierarquia superior que lhe garantiria poder de comando unilateral.[280]

Por fim, o *direito-função* permite que o empregador exerça o poder no interesse da comunidade de seus empregados. Para Mauricio Godinho Delgado, a concepção de *direito-função* acabou tendo menos uma repercussão democrática no âmbito intraempresarial e mais paternalista, ao tratar o trabalhador menos como cidadão e mais como sujeito passivo que recebe ações do sujeito empregador ativo, titular do *direito-função*.[281]

Na atualidade, Mauricio Godinho Delgado define o poder empregatício como um poder que não é necessariamente do empregador, mas um poder típico da relação de emprego, garantindo direitos e obrigações distintos a cada um dos sujeitos contratantes. Para o autor, a democracia no espaço público tem influenciado a construção de concepções democráticas no âmbito intraempresarial por meio de um processo que torna a configuração das relações empregatícias mais plásticas, variáveis, assimétricas e móveis.[282]

b) Teorias sobre o poder empregatício: conteúdo e essência

Além das diversas correntes que categorizam o poder empregatício na forma de direitos, há também várias teorias que buscam definir a essência e o conteúdo do poder empregatício.

---

(277) DELGADO, Mauricio Godinho. O poder empregatício, p. 180.
(278) *Ibidem*, p. 181.
(279) *Ibidem*, p. 182.
(280) *Ibidem*, p. 184.
(281) *Ibidem*, p. 186-188.
(282) *Ibidem*, p. 193-196.

A *corrente privatística* sustenta-se em uma noção rígida e assimétrica do poder dentro da empresa, típica dos primeiros modelos industriais. Segundo essa concepção, o proprietário da empresa tem o poder de ditar ordens sobre o curso de seus negócios, um poder de comando inerente ao detentor dos meios de produção. A noção de poder empregatício concentra-se na ideia de propriedade privada, gerando prerrogativas unilaterais apenas para o empregador e desconsiderando o ser coletivo obreiro em sua potencial atuação.[283]

O *institucionalismo*, vinculado historicamente aos modelos políticos autoritários da Europa Ocidental do entreguerras, prevaleceu em países com democracia mais incipiente com fundamento de que a empresa poderia exercer poder disciplinar e demais facetas do poder empregatício por ser uma instituição que busca se conservar em prol de sua finalidade econômico-social.[284] O institucionalismo teve inspiração nos regimes fascistas ao sustentar a ideia de uma organização de natureza militar amparada em hierarquia e disciplina, ideais que tiveram reflexos inclusive no projeto da Consolidação das Leis do Trabalho, mesmo não havendo uma opção expressa pela teoria institucionalista.[285]

Para a corrente institucionalista, o poder empregatício tem a função de organizar e implementar uma hierarquia entre seus empregados, entendendo que o poder de dar ordens decorre da natureza da instituição, ao passo que nega o caráter dialético do poder.[286] Assim, a relação de emprego é decorrente de um vínculo institucional entre o empregado e os quadros da empresa empregadora, por ser a empresa uma instituição, as relações do empregado com o empregador têm natureza estatutária regida por normas coletivas e regulamentos da empresa, não havendo criação, mas apenas sujeição.[287]

Por sua vez, a *corrente publicística* compreende que o poder empregatício decorre de uma delegação do poder público em favor do empregador.[288]

A *concepção contratualista* entende que o poder empregatício é decorrente do acordo de vontades que firma o contrato de emprego.[289]

Para Mauricio Godinho Delgado, a corrente contratualista é a mais adequada para tratar do poder empregatício, uma vez que é compatível com a noção de autonomia privada coletiva, decorrente da organização coletiva dos trabalhadores (ser coletivo obreiro). Para o autor, o coletivo dos trabalhadores é capaz de criar limites e freios ao poder empregatício organizacional, multiplicando os pontos de poder intraempresarial, garantindo fundamento político.[290] Nesse contexto, "a autonomia privada coletiva dá fundamento político ao poder intraempresarial (...) e — mais importante — atua na configuração do conteúdo jurídico desse poder em exercício".[291]

c) Poder empregatício como uma combinação de poderes

A doutrina justrabalhista estuda o poder empregatício na perspectiva de um desdobramento de poderes. O poder empregatício abrange os poderes diretivo, disciplinar, regulamentar e fiscalizatório.[292]

---

(283) *Ibidem*, p. 165-167.
(284) *Ibidem*, p. 167 e 168.
(285) MEIRELES, Edilton. Poderes do empregador (crítica ao pensamento dominante). *Revista do Tribunal Regional do Trabalho da 10ª Região*, Brasília, v. 14, p. 139, jan./dez. 2005.
(286) DELGADO, Mauricio Godinho. *O poder empregatício*, p. 168 e 169.
(287) MEIRELES, Edilton. Poderes do empregador (crítica ao pensamento dominante). In: *Revista do Tribunal Regional do Trabalho da 10ª Região*. Brasília, v. 14, p. 138, jan./dez. 2005.
(288) DELGADO, Mauricio Godinho. *O poder empregatício*, p. 170.
(289) *Ibidem*, p. 172.
(290) *Ibidem*, p. 173-174.
(291) *Ibidem*, p. 175.
(292) *Ibidem*, p. 163.

Assim, o poder empregatício é composto pelo *poder diretivo* e pelo *poder disciplinar*, os quais consistem no poder de organizar a produção e criar normas para tanto.[293] O *poder diretivo* traduz-se como o poder de o empregador dirigir a organização de sua estrutura produtiva, determinando técnicas de disposição do trabalho.[294] Por sua vez, o *poder disciplinar* confere ao empregador a prerrogativa de impor sanções ou punições aos seus empregados que descumpram seus deveres contratuais.[295]

Há também o poder regulamentar que transforma em regras metas diretivas e intenções do empregador.[296]

O *poder regulamentar* do empregador se materializa no regulamento empresarial, o qual, em regra, não conta com a participação dos empregados para a fixação de seus termos, restando a liberdade dos trabalhadores limitada à adesão contratual. Entretanto, o poder regulamentar encontra limites nos direitos fundamentais constitucionalizados e nas normas estabelecidas na CLT, sob pena de nulidade, conforme determinam os arts. 9º e 444 da CLT.[297]

A doutrina ainda identificou dentro do poder empregatício o *poder de controle ou fiscalizatório*, que corresponderia ao poder de controlar portarias, revistas, circuito interno de televisão etc. Para Mauricio Godinho Delgado, esse poder de controle é apenas uma expressão do poder diretivo em uma condição de pressuposto do poder disciplinar.[298]

O poder empregatício expressa-se também pelo *poder disciplinar*, que corresponde, por sua vez, ao poder de aplicar sanções aos empregados que descumprem obrigações contratuais.[299]

> A disciplina visa, portanto, a transformar o comportamento dos indivíduos, não só os afastando de condutas indesejáveis aos interesses do detentor do poder, como também treinando os seus corpos, tornando-os mais úteis para o exercício de determinadas funções, relacionadas aos setores produtivos da sociedade. Ela implica o trabalho dos corpos, do físico e da mente, para torná-los úteis, produtivos, mas submissos, incapazes de perceber que estão sendo subjugados; pensam que são livres e que agem voluntariamente, quando, na verdade, são instrumentos manipulados para a realização dos interesses alheios.
>
> **Dessa forma, o poder alcança os objetivos desejados, sem precisar utilizar da força física, o que o torna mais sutil, menos visível e mais aceito socialmente, conferindo-lhe maior legitimidade e eficiência.** Criou-se, portanto, sob a égide da Razão iluminista, uma nova forma de dominação, mais inteligente, econômica e eficaz. Ao invés da submissão pela violência direta (como ocorria com o escravo), o que acarreta maiores custos e causa maior impacto, maior resistência, impõe-se a disciplina, violência direta, aceita sem ser percebida.[300] (Grifos acrescidos)

Para facilitar a dominação, muitos trabalhadores são docilizados por meio de uma alienação no trabalho, incapaz de permitir que eles se mobilizem por melhores condições de vida e tratando como doentes os que fogem a esse padrão normalizador de condutas.

Michel Foucault, em sua célebre obra "Vigiar e Punir", define o poder disciplinar nos seguintes termos:

---

(293) *Ibidem*, p. 176 e 177.
(294) DELGADO, Mauricio Godinho. *Curso de direito do trabalho*, p. 686.
(295) *Ibidem*, p. 690.
(296) DELGADO, Mauricio Godinho. *O poder empregatício*, p. 177.
(297) ALVARENGA, Rúbia Zanotelli de. O poder empregatício no contrato de trabalho. *Revista do Direito Trabalhista (RDT) 15-12*, p. 20-22, 31 dez. 2009.
(298) DELGADO, Mauricio Godinho. *O poder empregatício*, p. 178.
(299) *Ibidem*, p. 179.
(300) PORTO, Lorena Vasconcelos. *A subordinação no contrato de emprego*: desconstrução, reconstrução e universalização do conceito jurídico. Dissertação de Mestrado PUC- Minas, Belo Horizonte, 2008. p. 45 e 46.

O poder disciplinar é com efeito um poder que, em vez de se apropriar e de retirar, tem como função maior "adestrar"; ou sem dúvida adestrar para retirar e se apropriar ainda mais e melhor. Ele não amarra as forçar para reduzi-las; procura ligá-las para multiplicá-las e utilizá-las num todo. Em vez de dobrar uniformemente e por massa tudo o que lhe está submetido, separa, analisa, diferencia, leva seu processo de decomposição até às singularidades necessárias e suficientes. "Adestra" as multidões confusas, móveis, inúteis de corpos e forças para uma multiplicidade de elementos individuais — pequenas células separadas, autonomias orgânicas, identidades e continuidades genéticas, segmentos combinatórios. **A disciplina "fabrica" indivíduos; ela é a técnica específica de um poder que toma os indivíduos ao mesmo tempo como objetos e como instrumentos de seu exercício.** Não é um poder triunfante que, a partir de seu próprio excesso, pode-se fiar em seu superpoderio; é um poder modesto desconfiado, que funciona a modo de uma economia calculada, mas permanente. Humildes modalidades, procedimentos menores, se os compararmos aos rituais majestosos da soberania ou aos grandes aparelhos do Estado. E são eles justamente que vão pouco a pouco invadir essa formas maiores, modificar-lhes os mecanismos e impor-lhes seus processos. O aparelho judiciário não escapará a essa invasão, mal secreta. **O sucesso do poder disciplinar se deve sem dúvida ao uso de instrumentos simples: o olhar hierárquico, a sanção nomalizadora e sua combinação num procedimento que lhe é específico, o exame.**[301] (Grifos acrescidos)

O filósofo explica que o exercício da disciplina exige que exista um aparelho que permita que quem vigia não seja visto e tenha poder de coerção sobre os vigiados, em um modelo de observatório que remonta a acampamentos militares, denominado de "panóptico". Note-se que as vigilâncias hierarquizadas são modelos presentes em cidades operárias, hospitais, asilos, prisões, casas de educação. Trata-se de uma arquitetura criada para dominar comportamentos e modificá-los como efeito do poder.[302]

Michel Foucault identifica essa nova arquitetura do poder inclusive nas fábricas:

É o problema das grandes oficinas e das fábricas, onde se organiza um novo tipo de vigilância. É diferente do que se realizava nos regimes das manufaturas do exterior pelos inspetores, encarregados de fazer aplicar os regulamentos; **trata-se agora de um controle intenso, contínuo; corre ao longo de todo o processo de trabalho; não se efetua — ou não só — sobre a produção (natureza, quantidade de matérias-primas, tipo de instrumentos utilizados, dimensões e qualidades dos produtos), mas leva em conta a atividades dos homens, seu conhecimento técnico, a maneira de fazê-lo, sua rapidez, seu zelo, seu comportamento.** Mas é também diferente do controle doméstico do mestre, presente ao lado dos operários e dos aprendizes; pois é realizado por prepostos, fiscais, controladores e contramestres. À medida que o aparelho de produção se torna mais importante e mais complexo, à medida que aumentam o número de operários e a divisão do trabalho, as tarefas de controle se fazem mais necessárias e mais difíceis. Vigiar torna-se então uma função definida, mas deve fazer parte integrante do processo de produção; deve duplicá-lo em todo o seu comprimento. Um pessoal especializado torna-se indispensável, constantemente presente, e distinto dos operários: "**Na grande manufatura, tudo é feito ao toque da campainha, os operários são forçados e reprimidos.** Os chefes, acostumados a ter com eles um ar de superioridade e de comando, que realmente é necessário com a multidão, tratam-nos duramente ou com desprezo; acontece daí que esses operários ou são mais caros ou apenas passam pela manufatura".[303] (Grifos acrescidos)

Observa-se, pela descrição de Michel Foucault, como o poder disciplinar está presente na relação de emprego no controle do tempo e dos movimentos do empregado, bem como por meio da

---

(301) FOUCAULT, Michel. Op. cit., p. 143.
(302) Ibidem, p. 143-144.
(303) Ibidem, p. 146 e 147.

supervisão do uso de suas técnicas, habilidades e inteligência, seja para a prestação de serviços, seja para a produção de bens.

Como será visto adiante, as práticas de gestão fortemente fundadas no exercício do poder disciplinar acabam traduzindo-se em um poder empregatício assediador que, na busca por produtividade e eficiência, violenta a integridade física e psíquica dos trabalhadores.

É tênue o limiar entre a manifestação do poder empregatício e sua transformação em violência real assediadora, ainda mais quando se considera que o Direito em alguma medida legitima certa quantidade de violência ao regular as relações sociais e, dentre elas, a relação de emprego, que extrai mais valia. Há uma expressão de poder e domínio legitimada pelo Direito na relação empregatícia.[304]

Assim, é possível constatar que o assédio moral é um exercício de poder que se trasveste de poder empregatício legitimado pela ordem jurídica. O risco está em se naturalizar essa prática de modo a negligenciar a violência que gera graves efeitos em suas vítimas.

2.2.2. A subordinação jurídica

Em contrapartida ao poder empregatício tem-se a subordinação jurídica. A subordinação jurídica é um dos elementos fático-jurídicos[305] da relação de emprego, o que garante os direitos e as proteções daí advindos; por isso, é importante sua definição.[306]

Em regra, nos contratos civis, a principal característica está no objeto do contrato; entretanto, no contrato de emprego seu cerne foi fixado a partir da subordinação jurídica de uma das partes, definida como a realização de trabalho em prol de quem o remunera.[307]

A subordinação presente na relação de emprego é a subordinação jurídica, uma vez que não é possível indicar como necessárias as subordinações técnica e econômica, sendo o proprietário o detentor do poder de direção do trabalho.[308]

A jurisprudência do século XIX pautou-se na noção de subordinação jurídica ligada a uma dependência do empregado ao empregador; porém com o passar do tempo, essa definição sociológica foi substituída por um conceito jurídico de poder de direção do empregador que delimita e determina a forma de prestação do trabalho, por meio do controle de tempo e espaço da produção em detrimento da autonomia do trabalhador.[309]

A doutrina italiana do fim do século XIX, inspirada no Código Civil de Napoleão[310], tratava a relação de emprego como um contrato de locação de serviços, o trabalhador locava sua força de

---

(304) COUTINHO, Aldacy Rachid. Meio ambiente do trabalho — a questão do poder empregatício e a violência silenciosa do perverso narcísico. *Revista LTr*, v. 77, n. 8, p. 904, ago. 2013.
(305) A expressão "elementos fático-jurídicos da relação de emprego" foi criada pelo doutrinador Mauricio Godinho Delgado. Para mais informações, conferir: DELGADO, Mauricio Godinho. *Curso de direito do trabalho*, p. 291.
(306) PORTO, Lorena Vasconcelos. *Op. cit.*, p. 36.
(307) MACHADO, Sidnei. *A noção de subordinação jurídica*: uma perspectiva reconstrutiva. São Paulo: LTr, 2009. p. 31.
(308) *Ibidem*, p. 31 e 32.
(309) *Ibidem*, p. 35.
(310) No Código Civil de Napoleão, havia a previsão de locação de serviços no sentido de locação de trabalho subordinado, o que levou a caracterizar o contrato de trabalho pela subordinação e não necessariamente pela forma como se dava a remuneração. Essa concepção civil francesa levou a substituição do critério de remuneração pelo de dependência econômica capaz de gerar subordinação. Essa ideia de locação de trabalho remonta ao direito romano, que criou as figuras da *locatio operarum* (tem como objeto serviços em troca de dinheiro) e da *locatio operis faciendi* (a obrigação do locador é o resultado do trabalho), em um contexto de relação contratual. Diversamente, o direito germânico cultivou uma noção de comunidade de interesses que não adotava a noção de relação contratual tipicamente romana, mas criou a ideia de que o trabalhador era partícipe da empresa, ostentando também direitos e deveres sem um vínculo obrigacional. Conferir: MACHADO, Sidnei. *A noção de subordinação jurídica*: uma perspectiva reconstrutiva. São Paulo: LTr, 2009. p. 27-30.

trabalho e seu tempo.⁽³¹¹⁾ A subordinação jurídica apresentava-se como resultado de predeterminação e rigidez do horário de trabalho, a não detenção dos meios produtivos, a heterodireção do trabalho a ser realizado, a sujeição aos poderes de controle e de disciplina.⁽³¹²⁾

O contrato de trabalho na legislação brasileira representa a síntese entre o modelo romano e o germânico, na medida em que combina a locação de serviços do direito romano entre sujeitos livres e iguais com os valores da comunidade estatutária da perspectiva germânica ("relação de trabalho como uma situação de pertencimento pessoal a uma comunidade").⁽³¹³⁾

O Código Civil brasileiro de 1916, em seus arts. 1.779 a 1.881, tratava da locação de serviços como uma espécie de locação, abrangendo o trabalho operário, o trabalho autônomo, profissionais liberais, artistas, alinhando-se à perspectiva romana e fazendo alusão a um trabalho servil próximo do feudalismo.⁽³¹⁴⁾

Com a edição da CLT em 1943, o contrato de trabalho passou a ter natureza pessoal e institucional com influências do corporativismo italiano, tendo a prestação de serviço o salário como contraprestação.⁽³¹⁵⁾

Após a edição da CLT, o principal elemento caracterizador da relação de emprego passou a ser a subordinação, no sentido de "um critério subjetivo da prestação do trabalho, vinculado à verificação da disposição do trabalhador em obedecer a ordens e determinações do empregador".⁽³¹⁶⁾

Lorena Porto aponta que o problema da identificação do contrato de emprego com um contrato de locação de serviços é confundir o trabalhador com o objeto do contrato ao invés de considerá-lo como sujeito deste.⁽³¹⁷⁾

O trabalho assalariado na era industrial apresenta a característica paradoxal de ser livre e juridicamente subordinado, como resultado das exigências do mercado.⁽³¹⁸⁾ Ao lado da subordinação jurídica está presente a dependência econômica em regra, afirmando a identidade operária. De forma ambígua, aparece a liberdade contratual para que seja estabelecida a relação de dependência e subordinação entre o trabalhador e o empregador.⁽³¹⁹⁾

Atualmente, o conceito de subordinação jurídica implica a obediência do empregado às ordens do empregador no que diz respeito à forma como os serviços contratados devem ser prestados.⁽³²⁰⁾ Edilton Meireles entende que o poder hierárquico não é necessário em uma relação de emprego, uma vez que se trata de uma relação em que uma das partes já está em condição de inferioridade em relação à outra.⁽³²¹⁾

Da subordinação jurídica decorre o poder diretivo do empregador, do qual se desdobra em poder de organização (como estabelecer o objeto, espaço, metodologia e estrutura do trabalho), poder disciplinar (que inclui sanções a faltas disciplinares), poder regulamentar (que se traduz na fixação de regras pelo empregador no âmbito de seu estabelecimento) e poder de fiscalização (que estabelece o controle das atividades dos empregados).⁽³²²⁾

---

(311) PORTO, Lorena Vasconcelos. *Op. cit.*, p. 38.
(312) *Ibidem*, p. 39.
(313) MACHADO, Sidnei. *A noção de subordinação jurídica*: uma perspectiva reconstrutiva. São Paulo: LTr, 2009. p. 44 e 45.
(314) *Ibidem*, p. 45-46.
(315) *Ibidem*, p. 46.
(316) *Ibidem*, p. 49.
(317) PORTO, Lorena Vasconcelos. *A subordinação no contrato de emprego*: desconstrução, reconstrução e universalização do conceito jurídico. Dissertação de Mestrado PUC- Minas, Belo Horizonte, 2008. p. 41.
(318) MACHADO, Sidnei. *Op. cit.*, p. 23.
(319) *Ibidem*, p. 25-26.
(320) MEIRELES, Edilton. Poderes do empregador (crítica ao pensamento dominante). *Revista do Tribunal Regional do Trabalho da 10ª Região*. Brasília, v. 14, p. 140, jan./dez. 2005.
(321) *Ibidem*, p. 141.
(322) CHEHAB, Gustavo Carvalho. O poder diretivo do empregador e os direitos fundamentais do empregado. *Revista do Tribunal Regional do Trabalho da 14ª Região*, Porto Velho, v. 7, n. ½, p. 60-61, jan./dez. 2011.

Para a teoria jurídica, o poder disciplinar só é admitido como desdobramento da subordinação jurídica quando se estabelece por meio de normas acordadas, seja tacitamente na forma de adesão, seja expressamente. A compreensão de que o empregador pode aplicar qualquer sanção ao empregado em virtude de seu poder disciplinar é própria da teoria institucional, próxima das ideias fascistas, como já visto.[323]

A concepção objetivista de subordinação entende que esse elemento fático-jurídico da relação de emprego tem a finalidade de garantir ao empregador a possibilidade de intervir na atividade do empregado; ao passo que a concepção subjetivista e personalista funda-se em uma noção hierárquica entre empregador e empregado.[324]

Ludovico Barassi construiu três dimensões para o conceito de subordinação jurídica: "a) a integração à atividade da empresa; b) diretivas impostas pelo tomador de serviços; c) trabalho executado sob intensa fiscalização", tendo como base uma sujeição hierárquica como definidor do *status* de subordinação.[325] A doutrina, em regra, descartou a relação entre dependência econômica e subordinação jurídica, com o fim de primar por um conceito mais objetivo.[326]

Em uma dimensão subjetiva da subordinação, está presente o conceito forte de hierarquia, que implica uma organização do trabalho regida com autoridade, vigilância e direção por parte do patrão.[327] Para Murilo Oliveira, "a subordinação revela-se como expressão de um poder".[328]

Em contraponto ao poder do empregador de gerar subordinação em razão da condição de proprietário, o empregado responde com um *status* de sujeição pessoal justificada pelo contrato de emprego. Entretanto, o conceito de sujeição não é bem aceito pela doutrina por remeter ao contexto da escravidão, no qual o escravo se sujeitava ao senhor na relação de servidão, pois não era interesse do capitalismo ser associado ao regime escravocrata, apesar das semelhanças.[329]

A liberdade marca contemporaneamente o contrato de trabalho estabelecendo como contraponto ao poder diretivo do empregador a subordinação jurídica, a qual antes era concebida na forma de sujeição pessoal. Lorena Porto adverte que o brado de liberdade nas relações empregatícias nem sempre corresponde a uma realidade em que o trabalhador vive o dilema de "trabalhar ou morrer de fome"; assim, a voluntariedade e a liberdade não são marcas necessárias do contrato de emprego.[330] A situação conjuntural do mercado, as fórmulas de gestão neoliberais e as tentativas de desestruturação institucional do Direito do Trabalho são suficientes para criar um desnível entre as partes, como bem observa Lorena Porto:

> No âmbito da relação de emprego, fatores como a falta de proteção contra a dispensa motivada, a desregulamentação do Direito do Trabalho e a consequente redução de tutelas, o trabalho informal, o aumento do desemprego, a reestruturação produtiva, a ameaça empresarial de deslocamento e determinadas inovações tecnológicas aumentam essa coerção, por si mesmos, sem necessidade da intervenção direta do patrão no exercício do poder diretivo.[331]

Para Murilo Carvalho Sampaio Oliveira, a subordinação na relação de emprego surge não necessariamente em virtude de uma direção técnica, mas em virtude de o empregador deter os meios de produção.[332]

---

(323) MEIRELES, Edilton. *Op. cit.*, p. 142-145.
(324) OLIVEIRA, Murilo Carvalho Sampaio. *Relação de emprego, dependência econômica e subordinação jurídica: revistando conceitos*. Curitiba: Juruá, 2014. p. 36.
(325) BARASSI, Ludovico *apud* OLIVEIRA, Murilo Carvalho Sampaio. *Op. cit.*, p. 37.
(326) OLIVEIRA, Murilo Carvalho Sampaio. *Op. cit.*, p. 38.
(327) *Ibidem*, p. 39.
(328) *Idem*.
(329) *Ibidem*, p. 39-41.
(330) PORTO, Lorena Vasconcelos. *Op. cit.*, p. 42-43.
(331) *Ibidem*, p. 44.
(332) OLIVEIRA, Murilo Carvalho Sampaio. *Op. cit.*, p. 128.

A subordinação jurídica típica de contratos de trabalho livres admite diversas formas, desde ordens e controle objetivos e constantes até ordens e controle mais rarefeitos, amoldando-se a sistemas organizacionais mais democráticos. O fato econômico substitui a coerção como instrumento para obtenção do serviço, principalmente quando maior é a desigualdade entre o empregador e o empregado.[333] Assim explica Murilo Carvalho Sampaio Oliveira:

> Em síntese, a liberdade de trabalho dos não proprietários num regime capitalista cria um estado estrutural de dependência do assalariado em face do capital, a despeito das garantias jurídico-formais. A liberdade de trabalho do assalariado subjaz à necessidade imperiosa de sobrevivência, explicada pela perda anterior da titularidade dos meios de trabalho e reforçada pelo receio de prosseguir nas fileiras dos desempregados. Muito mais do que um estado de dependência do assalariado, o capital conseguiria, como se fará adiante, inúmeras outras vantagens a partir do trabalho, numa análise sociológica do trabalho.[334]

É importante ressaltar que o Direito não apresenta um caráter neutro, mas é fruto de escolhas políticas[335]. A não intervenção do Estado por meio do Direito não traduz uma postura de neutralidade que garante liberdade a todas as partes tão aclamada por muitos liberais, mas apenas significa que preserva a distribuição de riquezas, bens e poder na forma como posta tradicionalmente, o que não se expressa em igual liberdade entre aqueles que são materialmente desiguais. Nas situações em que há um claro desnível entre as posições materiais entre partes contratantes, a verdadeira liberdade será alcançada com a intervenção estatal, garantindo que a igualdade formal garantida pelo Direito resvale-se na realidade.

Assim, Pierre Bourdieu argumenta que a base dessa ordem econômica, mascarada pelo discurso da "liberdade dos indivíduos", encontra-se na "violência estrutural do desemprego, da precariedade e do medo inspirado pela ameaça de demissão".[336]

A nova lógica do capital construiu a ideia de que o trabalhador é autônomo, quando na prática permanece subordinado e manipulado por uma razão instrumental que promete autonomia e repersonalização da relação de trabalho. Entretanto, as proteções criadas pelo Direito do Trabalho se fundam na subordinação de um dos contratantes perante o outro, a ponto de se poder dizer que a autonomia do trabalhador está inviabilizada. O Direito do Trabalho cria regulamentação jurídica para uma relação em que há desigualdade entre as partes contratantes, compatibilizando a subordinação consentida com a autonomia.[337]

Como explica Sidnei Machado, "[o] trabalho subordinado não está em declínio. O que se deu foi a fragmentação e multiplicação quase geométrica das formas de prestação de trabalho subordinado".[338]

Atualmente, há uma necessidade em se descaracterizar o elemento fático-jurídico da subordinação para se evitar a configuração de uma relação de emprego e com ela os custos desse vínculo, principalmente em virtude de a Emenda Constitucional n. 45 ter ampliado a competência

---

(333) DELGADO, Mauricio Godinho. *O poder empregatício*, p. 140-141.
(334) OLIVEIRA, Murilo Carvalho Sampaio. *Relação de emprego, dependência econômica e subordinação jurídica*: revistando conceitos. Curitiba: Juruá, 2014. p. 129.
(335) Cass Sunstein, ao analisar o caso que chegou à Suprema Corte Americana em 1905, *Lochner v. New York*, observa que a declaração de inconstitucionalidade da lei do Estado de Nova Iorque que limitava a jornada diária dos padeiros fundamentou-se na liberdade de contratação entre as partes da relação empregatícia, como se não houvesse um nítido desnível de poder econômico entre elas que deveria ser reequilibrado pelo Direito. Cass R. Sustein entende que as premissas adotadas no Caso Lochner apoiadas na neutralidade e inação levaram à equivocada concepção sobre o papel do Estado em regular o mercado. O caso Lochner passou a ser o símbolo de uma compreensão constitucional que impõe neutralidade e entende o termo "neutralidade" como a preservação da presente distribuição de riquezas na forma da *common law*. Para mais detalhes, conferir: SUSTEIN, Cass R. Lochner's Legacy. *Columbia Law Review*, v. 87:873, p. 874-875, 1987.
(336) BOURDIEU, Pierre. *Contrafogos*. Rio de Janeiro: Jorge Zahar Editor, 1998. p. 140.
(337) MACHADO, Sidnei. *Op. cit.*, p. 73-74.
(338) *Ibidem*, p. 75.

da Justiça do Trabalho para também julgar questões relativas a outras relações de trabalho, além dos vínculos empregatícios.⁽³³⁹⁾ Nesse sentido, Murilo Carvalho Sampaio Oliveira faz a seguinte análise:

> Por isso, é preciso notar que a fuga da subordinação representa o ideal de lucro sem responsabilidade, confirmando a lógica capitalista de extração de mais riqueza mediante a redução dos custos. Logo, não pairam dúvidas de que o motivo principal do esvaziamento ou da própria crise da subordinação jurídica é justamente o interesse de evasão à proteção trabalhista, precisamente ao custo dessa tutela legal. Não somente o discurso modista de formas novas de trabalho e de um novo perfil do trabalhador legitima a opção por uma contratação de força de trabalho "por fora" do marco regulatório do emprego. É, antes, uma decisão econômica — redução de custos como necessidade da intensa concorrência, inclusive com práticas sistêmicas de *dumping* social — que conduzem a criar novas modalidades de contratação, inclusive sob a lógica de colaboração e autonomia.⁽³⁴⁰⁾

O principal argumento contra a configuração do vínculo empregatício reside na alegação de alto custo financeiro; entretanto, os custos previdenciários e tributários envolvidos na relação de emprego correspondem a 20% de acréscimo sobre o salário pago diretamente ao empregado.⁽³⁴¹⁾ Para driblar o elemento subordinação, as empresas se valem de terceirização, colaboração e cooperação.⁽³⁴²⁾

Em virtude das estratégias empresariais para descaracterizar a subordinação, a doutrina tem criado a noção de apropriação do trabalho alheio e o poderio econômico para traduzir um conceito mais objetivo de subordinação.⁽³⁴³⁾

Em razão das novas formas de produção e organização do trabalho, os elementos fático-jurídicos da relação de emprego sofreram mudanças de interpretação de forma a conseguir acompanhar as transformações do mundo do trabalho. Nesse contexto, Mauricio Godinho Delgado cunhou a expressão "subordinação estrutural", com o seguinte significado:

> A ideia de subordinação estrutural supera as dificuldades de enquadramento de situações fáticas que o conceito clássico de subordinação tem demonstrado, dificuldades que se exacerbam em face, especialmente, do fenômeno contemporâneo da terceirização trabalhista. Nessa medida ela viabiliza não apenas alargar o campo de incidência do direito do trabalho, como também conferir resposta normativa eficaz a alguns de seus mais recentes instrumentos desestabilizadores — em especial a terceirização.⁽³⁴⁴⁾

Em um aprimoramento do conceito de "subordinação estrutural", Mauricio Godinho Delgado tece as seguintes reflexões:

> Na essência, é trabalhador subordinado não só o humilde e tradicional obreiro que se submete à intensa pletora de ordens do tomador ao longo de sua prestação de serviços (subordinação clássica), como também aquele que realiza, ainda que sem incessantes ordens diretas, no plano manual ou intelectual, os objetivos empresariais (subordinação objetiva), a par do prestador laborativo que, sem receber ordens diretas das chefias do tomador de serviços, nem exatamente realizar os objetivos do empreendimento (atividades-meio, por exemplo), acopla-se, estruturalmente, à organização e dinâmica operacional da empresa

---

(339) OLIVEIRA, Murilo Carvalho Sampaio. *Relação de emprego, dependência econômica e subordinação jurídica*: revistando conceitos. Curitiba: Juruá, 2014. p. 42-43.
(340) *Ibidem*, 2014. p. 43.
(341) *Idem*.
(342) *Ibidem*, p. 44.
(343) *Ibidem*, p. 78.
(344) DELGADO, Mauricio Godinho. Direitos fundamentais na relação de trabalho. *Revista de Direito do Trabalho*, São Paulo: Revista dos Tribunais, n. 123, a. 32, p. 164, jul./set., 2006.

tomadora, qualquer que seja sua função ou especialização, incorporando, necessariamente, a cultura cotidiana empresarial ao longo da prestação de serviços realizada (subordinação estrutural).[345]

Em resposta às novas formas de organização e gestão do trabalho, Mauricio Godinho Delgado propõe o conceito de subordinação estrutural, que consiste na inserção do trabalhador na dinâmica de estrutura e funcionamento do tomador de serviços, ainda que este não determine ordens diretas a esse trabalhador. Assim, com esse conceito estrutural é possível avançar na missão expansionista e civilizatória do Direito do Trabalho.[346]

Foi desenvolvido ainda o conceito de subordinação enquanto potencialidade, segundo o qual apesar de o empregado não ter controle sobre os fatores de produção, tampouco sobre o domínio da atividade econômica, ele presta serviços a outrem recebendo ou não ordens diretas deste.[347]

O trabalhador assalariado coloca sua energia e força de trabalho à disposição de outrem em troca de uma remuneração; assim, a relação de emprego é marcada pelo comando dessa força de trabalho e estabelecimento de resultados desse trabalho, considerando que o trabalhador tem condições de também realizar as tarefas mesmo que não esteja sob fiscalização e vigilância.[348]

Uma teoria pura do Direito do Trabalho busca dissociar a subordinação jurídica presente na relação de emprego de uma dependência econômica; entretanto, Murilo Carvalho Sampaio Oliveira defende que o conceito de subordinação deve ser compreendido de forma ampla com fundamento em saberes interdisciplinares.[349]

Caracterizar a subordinação jurídica da relação empregatícia como subordinação técnica ou cumprimento de ordens de serviço mostrou-se insuficiente para as hipóteses em que o trabalhador é qualificado e possui uma competência profissional específica, não havendo poder diretivo sobre o conteúdo da prestação em si, mas apenas sobre condições de execução. Assim, a realidade foi mostrando a necessidade em se expandir o conceito de subordinação para atender a novas hipóteses e incluir como empregados outros trabalhadores.[350]

A subordinação estabelece os termos da relação entre beneficiário-dependente sob a roupagem de autoridade-subordinado.[351] É importante destacar que a subordinação não se limita ao cumprimento de procedimentos para a obtenção do resultado de trabalho desejado ou à obediência a horários, isso porque o empregado pode ter maior *expertise* técnica e pode não estar sujeito ao controle de horário, como nas hipóteses excetivas do art. 62 da CLT, e ainda assim ser subordinado.[352]

Note-se que a jurisprudência passou a utilizar critérios variados para a aferição da subordinação, como a existência de poder diretivo e disciplinar, controle do tempo e do espaço.[353] A grande dificuldade hodierna são as formas híbridas de trabalho que surgiram e figuram como intermediárias entre o trabalho dependente subordinado e o trabalho independente autônomo, carecendo de regulamentação jurídica própria e proteção justrabalhista.[354]

---

(345) DELGADO, Mauricio Godinho. Relação de emprego e relações de trabalho: a retomada do expansionismo do direito trabalhista. In: DELGADO, Gabriela Neves; NUNES, Raquel Portugal; SENA, Adriana Goulart de (Orgs.). *Dignidade humana e inclusão social*: caminhos para a efetividade do direito do trabalho no Brasil. São Paulo: LTr, 2010. p. 28.
(346) DELGADO, Mauricio Godinho. *Curso de direito do trabalho*, p. 306.
(347) OLIVEIRA, Murilo Carvalho Sampaio. *Op. cit.*, p. 89.
(348) *Ibidem*, p. 93.
(349) *Ibidem*, p. 94-95.
(350) PORTO, Lorena Vasconcelos. *Op. cit.*, p. 52.
(351) OLIVEIRA, Murilo Carvalho Sampaio. *Op. cit.*, p. 97.
(352) *Idem*.
(353) MACHADO, Sidnei. *A noção de subordinação jurídica*: uma perspectiva reconstrutiva. São Paulo: LTr, 2009. p. 40.
(354) *Ibidem*, p. 41.

2.2.3. Os limites jurídicos do poder empregatício e da subordinação jurídica

O empregado sujeita-se as diretrizes postas pelo empregador em virtude da subordinação jurídica inerente ao contrato de emprego, o que inclui a organização, regulamentação, fiscalização e punição. Entretanto, a subordinação jurídica do empregado ao empregador encontra limites na eficácia horizontal dos direitos fundamentais, a qual possui papel essencial na regulação das relações privadas.[355]

Gustavo Carvalho Chehab acredita que o poder empregatício é pouco regulado pelo direito brasileiro e, por isso, é necessária uma leitura sistemática do ordenamento jurídico para que os direitos fundamentais sejam aplicados entre particulares. Os direitos fundamentais surgiram com um enfoque inicial para a limitação dos poderes do Estado frente aos indivíduos, proibindo o excesso de ingerência na esfera privada, bem como determinando prestações positivas relacionadas a direitos sociais. Com o passar do tempo, foi desenvolvida a noção de eficácia horizontal dos direitos fundamentais, no sentido de exigir que o Estado intervenha quando particulares agridem os direitos fundamentais uns dos outros. Na Constituição portuguesa de 1976, há previsão expressa de aplicação dos direitos fundamentais às relações privadas, o que não se observa de forma explícita na Constituição brasileira de 1988.[356]

Ingo Sarlet entende que a eficácia dos direitos fundamentais nas relações privadas é essencial para equilibrar as desigualdades econômicas e garantir liberdade a todos.[357] Nas relações de emprego, há uma desigualdade de forças e poderio econômico; logo, os direitos fundamentais previstos na Constituição devem ser aplicados para a proteção do trabalhador por serem direitos de imunidade, em razão da condição de hipossuficiência do empregado frente ao empregador.[358]

Como afirma Ricardo José Macêdo de Brito Pereira, "o contrato de trabalho não legitima a supressão de direitos fundamentais, de modo que o trabalhador não perde sua condição de cidadão ao passar pela porta da empresa".[359]

No Direito do Trabalho, o princípio constitucional da igualdade permite balizar a submissão livre em um contrato de trabalho subordinado, corrigindo as desigualdades. O Direito do Trabalho cria condições jurídicas desiguais para garantir uma igualdade material na realidade fática.[360]

A situação mais paradoxal do contrato de emprego é que o trabalhador figura como sujeito e objeto nessa relação[361], e dessa coincidência surgem os perigos de excesso do poder empregatício.

Sobre a importância dos direitos fundamentais no delineamento das relações de emprego, Sidnei Machado faz a seguinte reflexão:

> (...) A superação da fundamentação positivista deve agora se dar via argumentação, como princípio de legitimação dos **direitos fundamentais do trabalho, que não somente impõe limites ao poder diretivo e disciplinar do empregador, mas afirma a preservação dos direitos fundamentais dentro e fora da empresa.** Vida privada, intimidade e liberdade de expressão, além de não estarem inscritas nos limites do contrato (e, portanto, da subordinação), não estão sujeitas, por princípio, a nenhuma ingerência pelo empregador.

---

(355) CHEHAB, Gustavo Carvalho. O poder diretivo do empregador e os direitos fundamentais do empregado. In: *Revista do Tribunal Regional do Trabalho da 14ª Região*, Porto Velho, v. 7, n. ½, p. 59-60, jan./dez. 2011.
(356) *Ibidem*, p. 61-64.
(357) SARLET, Ingo apud CHEHAB, Gustavo Carvalho. *Op. cit.*, p. 64.
(358) CHEHAB, Gustavo Carvalho. *Op. cit.*, p. 68.
(359) PEREIRA, Ricardo José Macêdo de Brito. Os direitos fundamentais nas perspectivas civilista e trabalhista. In: TEPEDINO, Gustavo; MELLO FILHO, Luiz Phillipe Vieira; DELGADO, Gabriela Neves (Coords.). *Diálogos entre o direito do trabalho e o direito civil*. São Paulo: Revista dos Tribunais, 2013. p. 142.
(360) MACHADO, Sidnei. *A noção de subordinação jurídica*: uma perspectiva reconstrutiva. São Paulo: LTr, 2009. p. 108.
(361) *Ibidem*, p. 108-109.

As liberdades conferidas pelos direitos fundamentais devem funcionar como fonte legitimadora para as demais liberdades, como filtros para os direitos positivos.[362] (Grifos acrescidos)

Para que os empregadores tenham interesse em proteger socialmente os trabalhadores é necessário que vislumbrem em seu emprego um interesse que vá além da troca trabalho-salário e considerem que o empregado tem valor fora desses limites de utilidade, o que vai além da lógica mercantil. O problema de identificar o trabalho com uma mercadoria é desconsiderar que por trás dessa mercadoria há um ser humano com personalidade, vida e necessidades; logo, não é apenas uma abstração econômica como as demais mercadorias.[363]

A ideia de que a desregulamentação do trabalho é fator de liberdade é uma ideia falsa. Uma liberdade é efetiva com a condição de ser garantida pelo direito. Da supressão da escravatura e do trabalho das crianças até a regulamentação do tempo de trabalho e da aposentadoria aos 60 anos, os progressos nesse domínio são sempre resultados de leis. As deslocalizações e a globalização em seu conjunto levam a um alinhamento dos direitos sociais sobre as legislações menos favoráveis aos trabalhadores.[364]

Assim, o poder diretivo do empregador deve ser confrontado com a eficácia horizontal dos direitos fundamentais, essencial para a dignidade do trabalhador, com respaldo inclusive no Pacto de São José da Costa Rica. O poder diretivo do empregador encontra limites nos direitos fundamentais do trabalhador, uma vez que permite o reconhecimento da pessoa que trabalha como destinatária de direitos que devem ser respeitados pelo Estado e pelos demais particulares.[365]

Vincent de Gaulejac defende que a finalidade das empresas não pode ser o lucro, mas deve ser o bem-estar comum, assim como a busca por finalidades humanas e sociais. O trabalho deve conferir sentido à vida e não ser meramente o meio para aumento de produtividade. A presente perspectiva utilitarista ignora a dimensão do humano e passa a considerar as pessoas como recursos. Para combater essa perspectiva utilitarista, é preciso que o Direito reconheça a dignidade humana e enuncie regras que imponham limites à gestão e garantam proteção social ao trabalho.[366]

Não há, portanto, razão para o uso ilimitado e irrestrito do poder empregatício, seja como expressão de poder, seja como exercício de direito.

2.3. Poder empregatício e captura da subjetividade: novas práticas de gestão empresarial

A relação de emprego historicamente é caracterizada por uma relação de desigualdade e desequilíbrio de poder, submetendo o tempo e a energia do trabalhador às ordens do empregador para a execução de tarefas. O empregador passa, assim, a ser instituído com o poder de organizar, regulamentar, fiscalizar as tarefas de seus empregados e até punir e sancionar as condutas desviantes.[367]

Pierre Bourdieu argumenta que o contrato de trabalho é usado como a estrutura racional, com um discurso de lealdade, confiança, cooperação, para obter do trabalhador uma renúncia às suas "garantias temporais". Segundo o sociólogo, "três quartos das contratações são de duração

---

(362) *Ibidem*, p. 113.
(363) CHEYSSON apud CASTEL, Robert. *As metamorfoses da questão social*: uma crônica do salário. 11. ed. Tradução: Iraci D. Poleti. Petrópolis, RJ: Vozes, 2013. p. 329.
(364) GAULEJAC, Vincent de. *Gestão como doença social*, p. 295.
(365) CHEHAB, Gustavo Carvalho. *Op. cit.*, p. 71-72.
(366) GAULEJAC, Vincent de. *Gestão como doença social*, p. 292-295.
(367) ALVARENGA, Rúbia Zanotelli de. O poder empregatício no contrato de trabalho. *Revista do Direito Trabalhista (RDT) 15-12*, p. 18-19, 31 de dezembro de 2009.

determinada; a parcela dos empregados temporários não para de crescer, a demissão individual tende a não estar mais submetida a nenhuma restrição". A maior parte das demissões injustificadas provém, segundo o autor, do "enxugamento"das empresas.[368] Como consequência, tem-se cada vez mais a flexibilidade como marca das atuais relações de trabalho.

Zygmunt Bauman explica que esse contexto transforma o trabalho no oposto do que propõe à medida em que "a ideia de 'flexibilidade' esconde sua natureza de relação social, o fato de que demanda a redistribuição de poder e implica uma intenção de expropriar o poder de resistência daqueles cuja 'rigidez' está a ponto de ser superada".[369]

Sobre o trabalho flexível, Zygmunt Bauman tece a seguinte análise:

> A "flexibilidade" só pretende ser um "princípio universal" de sanidade econômica, um princípio que se aplica igualmente à oferta e à procura do mercado de trabalho. A igualdade do termo esconde seu conteúdo marcadamente diverso para cada um dos lados do mercado.
>
> Flexibilidade do lado da procura significa liberdade de ir aonde os pastos são verdes, deixando o lixo espalhado em volta do último acampamento para os moradores locais limparem; acima de tudo, significa liberdade de desprezar todas as considerações que "não fazem sentido economicamente". O que, no entanto, parece flexibilidade do lado da procura vem a ser para todos aqueles jogados no lado da oferta um destino duro, cruel, inexpugnável: os empregos surgem e somem assim que aparecem, são fragmentados e eliminados sem aviso prévio, como as mudanças nas regras do jogo de contratação e demissão — e pouco podem fazer os empregados ou os que buscam emprego para parar essa gangorra. E, assim, para satisfazer os padrões de flexibilidade estabelecidos para eles por aqueles que fazem e desfazem as regras — ser "flexíveis" aos olhos dos investidores —, as agruras dos "fornecedores de mão de obra" devem ser tão duras e inflexíveis quanto possível — com efeito, o contrário mesmo de "flexíveis": sua liberdade de escolha, de aceitar ou recusar, quanto mais de impor as suas regras do jogo, deve ser cortada até o osso.[370]

Assim, observa-se que, para se eximirem das responsabilidades pela configuração do vínculo empregatício, os empregadores buscam cada vez mais demonstrar quanta liberdade é concedida ao trabalhador no exercício de suas atividades. Entretanto, na prática essa liberdade do trabalhador encontra-se mais ausente do que realmente presente, gerando uma dependência sempre maior em relação ao tomador do serviço.

Nesse contexto de flexibilização, o neoliberalismo (que na Europa Ocidental surgiu na década de 1970 e no Brasil, em 1990) propõe a despolitização das relações sociais, que rejeita regulação do mercado para a seara social, mas admite um Estado Máximo para o capital.[371]

Assim, estabeleceu-se o pós-fordismo[372] fundado em três pilares: a produção globalizada, a diminuição da atuação do Estado-Previdência e a desindexação dos salários. O modelo de produção focado na terceirização de serviços contribuiu para o desnível na distribuição de renda.[373]

O modelo toyotista[374], criado no Japão, intensificou-se em 1980 nos países do capitalismo central. Para reduzir os custos e crescer em competitividade e consequentemente em lucros, as empresas

---

(368) BOURDIEU, Pierre. *Op. cit.*, p. 140.
(369) BAUMAN, Zygmunt. *Globalização*: as consequências humanas. Tradução de Marcus Penchel. Rio de Janeiro: Jorge Zahar, 1998. p. 112.
(370) *Ibidem*, p. 112 e 113.
(371) HELOANI, Roberto. *Gestão e organização no capitalismo globalizado*: história da manipulação psicológica no mundo do trabalho. São Paulo: Atlas, 2003. p. 101.
(372) Importante notar que a expressão "gestão toyotista" é usada como sinônimo de "modelo de produção pós-fordista".
(373) HELOANI, Roberto. *Op. cit.*, p. 101.
(374) A análise original do modelo toyotista foi apresentada na monografia de conclusão de curso em Direito. Para mais detalhes, conferir: BORGES, Lara Parreira de Faria. *As transformações no mundo do trabalho*: um estudo sobre a precarização do trabalho terceirizado. Brasília, 2013. p. 42. Disponível em: <http://bdm.unb.br/handle/10483/4726>. Acesso em: 28 fev. 2015.

incentivaram uma horizontalização do seu sistema produtivo, com destaque para o incremento da terceirização trabalhista. Assim, o toyotismo propunha o estoque zero de mercadorias, com a produção exata daquilo que o mercado absorveria. Esse novo modelo de produção passou a exigir também contratos de trabalho menos rígidos, intensificando a flexibilização trabalhista.[375]

O toyotismo valoriza o trabalho em equipe, induzindo a competitividade entre os membros do grupo e o individualismo. Busca-se uma eterna superação na produtividade e, para alcançar esse objetivo, a empresa instaurou um controle rígido sobre o grupo e entre seus membros, em um fenômeno de "cooperação forçada".[376]

A globalização da economia veio acompanhada de um grande desenvolvimento tecnológico, o qual apresentou-se como um dinamizador das atividades de produção podendo gerar retorno aos empregadores na forma de eficiência; com isso, a microeletrônica e as novas tecnologias passaram a substituir muitos postos de trabalho, mas ainda assim "o capital não consegue prescindir do trabalho humano".[377]

Nesse contexto, o modelo de gestão do trabalho caracterizou-se por uma "harmonização" de uma certa autonomia dos trabalhadores, ao passo que controla sutilmente e manipula o inconsciente dos trabalhadores em razão da dependência e incapacidade frente ao capital.[378]

> Essas formas de controle sutil sofisticam-se de tal maneira que a dominação como meio de exercício do poder estará mais baseada na introjeção dessas normas ou regras das organizações do que numa repressão mais explícita. A empresa neocapitalista lidará basicamente com a gestão dessa dimensão psicológica de dominação.[379]

O neoliberalismo busca solucionar o problema do desemprego por meio do trabalho flexibilizado e precário na forma dos empregos por tempo parcial, temporários, subempregos, entre outros que tornam os direitos trabalhistas, duramente conquistados em lutas históricas, obsoletos e também transforma o trabalhador em um sobrevivente que deve esmerar-se em treinamentos e atualizações que o qualifiquem para essas novas formas de contratação. Essa flexibilização neoliberal é denominada de pós-fordista.[380]

No contexto da ideologia gerencialista flexibilizadora, o crescimento econômico produz empregos, mas também transforma empregos protegidos em empregos voláteis, incertos e instáveis. Acompanhado desse movimento de precarização, há também uma desmobilização do coletivo obreiro que deixa as organizações tradicionais como sindicatos e partidos, para se dedicar individualmente a projetos pessoais de carreira profissional.[381]

O Estado deixou de ser um regulador do mercado e assumiu para si o papel de mais um agente que deve criar condições propícias que agradem ao mercado. Os acionistas prezam por uma gestão dinâmica que se fundamenta em dispensa de empregados para reduzir custos e na flexibilização de direitos trabalhistas, criando um ambiente de competição por medo do desemprego e de ausência de solidariedade pelos excluídos.[382]

> Nessa pauta da precariedade, o capitalismo e sua proposta de Direito do Trabalho mínimo perdem seu efeito civilizador. Ao impor a maior extração de riqueza sem uma correspondência de direitos e proteção social ou mesmo uma tutela mínima, o clássico

---

(375) DELGADO, Gabriela Neves. *Direito fundamental ao trabalho digno*, p. 179 e 180.
(376) *Idem.*
(377) HELOANI, Roberto. *Op. cit.*, p. 102.
(378) *Idem.*
(379) *Idem.*
(380) *Ibidem*, p. 117.
(381) GAULEJAC, Vincent de. *Gestão como doença social*, p. 250-251.
(382) *Ibidem*, p. 169-171.

liberalismo alija o trabalhador da condição de cidadão e de sujeito de direitos, inclusive com evidentes prejuízos ao mercado consumidor que, cada vez mais, terá menos poder aquisitivo.[383]

Hoje o desemprego é visto não como um problema estrutural, mas como uma incapacidade de o trabalhador desempregado atender às necessidades da empresa, ou mesmo a inabilidade de não saber gerenciar suas competências.[384]

Esse método de gestão pelo medo e pelo jogo dos lugares apresenta-se como "justo" e "neutro" por dizer-se baseado no mérito de cada um para a ocupação dos lugares, e não na arbitrariedade dos gestores; assim, cada trabalhador deve ser responsabilizado pela posição que ocupa.[385]

Pierre Bourdieu define esse discurso do mérito como a sociodisseia das competências, que exige "novas aprendizagens". Segundo o sociólogo francês, "a ordem profissional e, sucessivamente, toda a ordem social, parece fundada numa ordem das 'competências', ou, pior, das 'inteligências'".[386]

> Assim se instaura o reino absoluto da flexibilidade, com os recrutamentos por intermédio de contratos de duração determinada ou as interinidades e os "planos sociais" de treinamento, e a instauração, no próprio seio da empresa da concorrência entre filiais autônomas, entre equipes, obrigadas à polivalência, e, enfim, entre indivíduos, por meio da individualização da relação salarial: fixação de objetivos individuais; prática de entrevistas individuais de avaliação; altas individualizadas dos salários ou atribuição de promoções em função da competência e do mérito individuais; carreiras individualizadas; estratégias de "responsabilização" tendendo a garantir a autoexploração de certos quadros que, sendo simples assalariados sob forte dependência hierárquica, são ao mesmo tempo considerados responsáveis por suas vendas, seus produtos, sua sucursal, sua loja etc. (...) eis algumas técnicas de submissão racional que, ao exigir o sobreinvestimento no trabalho, e não apenas nos postos de responsabilidade, e o trabalho de urgência, concorrem para enfraquecer ou abolir as referências e as solidariedades coletivas.[387]

Além da falácia da meritocracia, há uma exigência de que cada trabalhador supere as expectativas postas, introjetando os ideais de expansão e conquista e expansão da empresa.[388]

Tzvetan Todorov alerta para o fato de que a forma de gestão contemporânea das empresas retira o sentido do trabalho, atribuindo-lhe a flexibilidade necessária para enfraquecer os laços sociais. Exige-se que o trabalho tenha o privilégio de ocupar o lugar central na vida dos trabalhadores a ponto de outras instâncias da vida ficarem prejudicadas, como a vida familiar.[389]

A gestão apresenta-se como não ideológica, mas pragmática, mecânica e técnica; entretanto, encobre nesse discurso uma ideologia em que o ser humano é apenas mais um dos recursos à disposição das empresas. Apesar de tentar criar um discurso de neutralidade, a gestão toyotista tem um caráter fortemente ideológico que dissimula um projeto de dominação modelando condutas humanas para legitimar o lucro como finalidade. A gestão dita racional é uma "arma geopolítica", baseada em uma concepção utilitarista e uma visão econômica do humano.[390]

---

(383) OLIVEIRA, Murilo Carvalho Sampaio. *Op. cit.*, p. 165.
(384) GAULEJAC, Vincent de. *Gestão como doença social*, p. 188.
(385) *Ibidem*, p. 220.
(386) BOURDIEU, Pierre. *Op. cit.*, , p. 140 e 141.
(387) *Ibidem*, p. 139.
(388) GAULEJAC, Vincent de. *Gestão como doença social*, p. 220 e 221.
(389) TODOROV, Tzvetan. *Os inimigos íntimos da democracia*. Tradução de Joana Angélica d'Avila Melo. São Paulo: Companhia das Letras, 2012. p. 126-127.
(390) GAULEJAC, Vincent de. *Gestão como doença social*, p. 67-70.

Para superar a crise do modelo de produção fordista, que gerava alta rotatividade nas indústrias, foram desenvolvidas técnicas de administração participativa para conferir certa autonomia à organização do trabalho, apesar do rígido controle do tempo e dos movimentos do trabalhador pela máquina. A competição no mercado de trabalho torna o emprego "sedutor" com as novas formas de gestão, as quais valorizam o raciocínio lógico e o potencial criativo que poderão ser utilizados no espectro de poder de decisão concedido pela organização. Entretanto, o poder concedido não é ilimitado e irrestrito, mas vem acompanhado da manipulação da subjetividade para que o trabalhador coloque à serviço da organização seu potencial físico, intelectual e afetivo.[391]

Com o modelo de produção toyotista e a horizontalização das empresas por meio da terceirização, a subordinação clássica piramidal sofreu alterações, tornando mais sutil e discreto o controle com enfoque nas obrigações de resultado e baseado no discurso da autonomia. A subordinação subjetiva, baseada na hierarquia e subordinação pessoal, funda-se na dupla ordem-punição; entretanto, esse conceito de subordinação hierárquica vem sendo camuflado pelo discurso da cooperação.[392]

A qualidade total passou a ser a medida de controle do trabalho bem feito, tendo seu fundamento na autonomia e na rastreabilidade desse trabalho. A autonomia isenta os gestores de uma responsabilidade direta pelo trabalho e desempenho dos empregados, havendo controle apenas dos resultados intermediários e por meio de avaliações individuais. Entretanto, essas formas de controle não consideram que o trabalho vivo está permeado por imprevistos da realidade que alteram o trabalho prescrito.[393]

Os Círculos de Controle de Qualidade (CCQ), criados em 1940 nos Estados Unidos, foram delimitados como técnica no Japão apenas nas décadas de 1950 e 1960, com o objetivo de serem grupos de empregados organizados no local de trabalho para detectar e resolver problemas com base em suas experiências de produção, em um regime paralelo à hierarquia formal. Para a composição dos CCQs, os estudos de gestão apontaram que deveriam ser recrutados voluntários engajados em promover autodesenvolvimento de seus membros considerando toda a empresa e não apenas alguns departamentos.[394]

Apesar das prescrições teóricas, Roberto Heloani explica como se dá o processo dos CCQs na realidade:

> Nesse processo não há participação efetiva dos trabalhadores na gestão empresarial nem nos lucros, evidenciando-se que a participação dos circulistas é sempre limitada à medida que a administração mantém o controle sobre os círculos e que estes não têm poder de decisão, nem alteram a estrutura formal de autoridade da empresa. Mesmo assim, é inegável que os CCQs possuem notável capacidade de mobilização do trabalho para a produção, reduzindo os custos das operações e neutralizando a resistência operária no âmbito coletivo e individual. Esse instrumento gerencial não deixa de ser um locus de expressão e de autovalorização do trabalho, mesmo que tenha por escopo cooptar e envolver os funcionários com as necessidades do capital.[395]

Os manuais de orientação aclamam o CCQ como processo capaz de garantir aumento de motivação, aperfeiçoamento do trabalho em equipe; entretanto, na prática, os trabalhadores que participam do CCQ não se voluntariaram para essa atividade e são vistos pelos colegas como

---

(391) HELOANI, Roberto. *Op. cit.*, p. 105-106.
(392) OLIVEIRA, Murilo Carvalho Sampaio. *Relação de emprego, dependência econômica e subordinação jurídica*: revistando conceitos. Curitiba: Juruá, 2014. p. 79 e 80.
(393) DEJOURS, Christophe; BÈGUE, Florence. *Suicídio e trabalho*: o que fazer. Tradução de Franck Soudant. Brasília: Paralelo 15, 2010. p. 49-50.
(394) HELOANI, Roberto. *Op. cit.*, p. 144-146.
(395) *Ibidem*, p. 147.

improdutivos por participarem de "Como o Chefe Quer" ou "Come Calado e Quieto" (brincadeiras com a sigla CCQ). Por sua vez, os grupos que decidem se organizar de forma espontânea e voluntária em regra são boicotados pela organização empresarial.[396]

Apesar de os trabalhadores serem estimulados a pensar em técnicas de gerência, eles não podem discutir temas como política salarial, programas de assistência, horário de trabalho, promoções, atividades sindicais, ações disciplinares, contratações e demissões etc. Além da restrição sobre os temas que podem ser discutidos, os trabalhadores que participam dos CCQs não possuem poder deliberativo, uma vez que toda recomendação por eles elaborada passa pelo aval da diretoria ou órgão afim.[397]

Ao estimularem as discussões e buscarem soluções, os CCQs possuem a função de diminuir o sentimento de frustração e gerar uma sensação de felicidade pelo sucesso da empresa, mesmo que os trabalhadores não participem da administração organizacional efetivamente.[398]

Os CCQs permitem uma maior sujeição dos trabalhadores à empresa ao passar a percepção para eles de que estão influenciando nas decisões organizacionais; entretanto, a execução das propostas construídas pelos CCQs somente são feitas com o aval da alta administração da empresa.[399]

Para Roberto Heloani, "os CCQs constituem a exploração, por parte da organização, da capacidade que os trabalhadores manifestam para pensar e gerir", regidos pela participação e motivação.[400] Nessa lógica dos CCQs, há uma *standardização* da subjetividade dos trabalhadores em uma tentativa de controlar seus pensamentos por meio de um poder disciplinar que absorve a percepção do trabalhador sobre a organização empresarial.[401]

O modelo de práticas e trabalho participativo permite que os interesses do capital tenham preponderância, mas sem a participação nos bens produzidos, fazendo que os trabalhadores se envolvam na racionalização do trabalho por meio de uma doutrinação e "modelização" das subjetividades às metas e objetivos da organização.[402]

No Brasil, a partir da década de 1980, instalou-se o modelo toyotista de produção, recompondo o modelo de controle da produção em busca de crescimento de lucros e eficiência. Entretanto, essa nova forma de organização do trabalho em espectro globalizado tem difundido a pobreza e concentrado a riqueza. Os empregos formais são transformados em relações autônomas por meio da criação de milhares de pequenas pessoas jurídicas de uma única pessoa física que exerce o mesmo trabalho subordinado de quando era empregada. Há uma ressignificância formal e simbólica em uma aparente autonomia do trabalhador, sem, entretanto, haver uma mudança material na condição de subordinado e havendo uma piora na sua condição de pertencimento a um coletivo de trabalhadores, filiação sindical, garantias e direitos típicos da relação de emprego.[403]

Ainda que se aponte a baixa taxa de desemprego no Brasil atualmente (cerca de 6% em 2013), a ameaça do desemprego é presente mesmo que o posto de trabalho ocupado seja precário e flexível.[404]

Os empregados vivem o dilema entre conservar seus empregos, mesmo que precários, ou agir com solidariedade em relação aos demitidos.[405]

---

(396) *Idem*.
(397) *Ibidem*, p. 148.
(398) *Ibidem*, p. 149.
(399) *Ibidem*, p. 152.
(400) *Ibidem*, p. 153.
(401) *Idem*.
(402) *Ibidem*, p. 130 e 131.
(403) OLIVEIRA, Murilo Carvalho Sampaio. *Op. cit.*, p. 158-160.
(404) *Ibidem*, p. 162.
(405) GAULEJAC, Vincent de. *Gestão como doença social*, p. 253.

O "cada um por si" domina, o universo refinado dos conselhos de administração sem "história" abre espaço para o universo impiedoso dos negócios e dos negociantes. A obsessão de eliminar o concorrente na corrida para o lucro duplica-se com uma vontade também encarniçada para eliminá-lo na corrida pelos postos. É preciso "arrancar a pele" do outro para salvar a própria. A cultura do ódio leva a promover a eliminação, em detrimento da cooperação. As solidariedades de classe atenuam-se em favor de uma ferocidade que se considera favorecer os melhores.[406]

(...)

O desenvolvimento da luta pelos lugares não significa, por outro lado, nem o fim das classes nem o fim das desigualdades sociais. Cada um não dispõe das mesmas armas para enfrentá-la. Os efeitos da herança, ou seja, o conjunto dos "capitais" (econômico, social e cultural) de que um indivíduo dispõe desde o nascimento, são sempre elementos determinantes.[407]

(...)

O liberalismo justifica sua doutrina pela ideia de dar a cada indivíduo uma oportunidade de mudar seu destino. Ele favorece a flexibilidade do trabalho e a mobilidade profissional, a fim de permitir que cada um desenvolva seu talento. Com a condição de oferecer a igualdade das oportunidades, particularmente facilitando seu acesso à escola e à formação. É assim que o acesso ao ensino progressiva e maciçamente se abriu para todos e que o mercado de trabalho se tornou concorrencial. Todavia, as desigualdades de destino são sempre persistentes: os fracassos escolares atingem 70 a 80% das crianças mais pobres, contra menos de 15% das crianças mais ricas. Os filhos de operários têm duas vezes mais oportunidade de conhecer o desemprego que os filhos dos ricos. O risco de perder o emprego é quatro vezes mais alto para as pessoas pouco ou não diplomadas do que para aquelas que terminaram seus estudos superiores.[408]

Todo esse contexto do atual modelo de produção cria condições favoráveis para facilitar a dominação e a sujeição da subjetividade do trabalhador às demandas do empregador. A competição acirrada e a disputa por lugares geram a desmobilização do coletivo obreiro e da solidariedade entre os trabalhadores. O individualismo incentivado destrói os vínculos que poderiam unir e fortalecer os empregados na luta por melhores condições de trabalho.

O gerenciamento pelo *stress* baseado no *just in time* busca eliminar funções desnecessárias simplificando a produção por meio do uso de tecnologia. Além disso, confere flexibilidade para que os trabalhadores tomem decisões para solucionar os conflitos de equipe que antes eram administrados pela chefia. Cada empregado passa a ser responsável por aquilo que produz, buscando-se reduzir o desperdício, inclusive de pessoas, para se aumentar os lucros. O sistema *just in time* acaba por ser um sistema global que reúne subsistemas de manufatura.[409]

A produção *kanban* (palavra que significa "cartão") se traduz em uma técnica em que a cada etapa da produção o cartão é anotado, o que dinamiza o próximo passo sem a necessidade de esperar por ordens da chefia, em uma descentralização de controle.[410] O modelo de produção que combina o *just in time* e o *kanban*, em realidade, engloba outras combinações:

> Para facilitar a implantação dessa filosofia ou "método para o planejamento e controle das operações", é necessário aceitar e assumir alguns princípios culturais, entre os quais destacamos: (1) a criação de um programa de motivação do tipo CCQ, ou outro qualquer;

---

(406) *Ibidem*, p. 259.
(407) *Ibidem*, p. 260.
(408) *Ibidem*, p. 261.
(409) HELOANI, Roberto. , p. 136-138.
(410) *Ibidem*, p. 138.

(2) grandes doses de participação para todos os "colaboradores"; (3) envolvimento de todos os funcionários, daí a *joint venture* JIT-TQM (*total quality management*) ser comum e recomendada como eficiente ferramenta na padronização de subjetividades; (4) delegação de maiores responsabilidades, pois o JIT geralmente exige a resolução de problemas em grupos, a rotação de tarefas e multi-habilidades; (5) espírito de trabalho em equipe, fundamental em razão da coordenação dos vários estágios da produção e que criará a ingênua sensação de gerência por consenso; e, finalmente, (6) certa estabilidade para os operadores que tenham funções essenciais, pois conotará de forma equívoca vitaliciedade e ajudará a consolidar as "prerrogativas" expostas.[411]

Os operadores das tarefas passam a ser responsáveis pela manutenção preventiva da produção, para reduzir o tempo gasto e o custo da preparação das máquinas, que gera maior desgaste e ansiedade nos trabalhadores.[412]

O novo modelo de gestão substitui ordens por regras de modo a criar um sistema de valores que ajusta o trabalhador às estruturas sociais desejadas. Nesse contexto de sujeição do trabalhador, a linguagem exerce papel primordial em criar uma estrutura de comunicação que delimita as representações da organização. Os princípios e os valores da empresa são frequentemente utilizados como argumento da gestão para flexibilizar o controle típico do modelo pós-fordista. Há também um processo transferencial, por meio do qual o trabalhador é levado a se identificar com a empresa para que gere produção e lucro a partir de suas particularidades pessoais.[413]

As organizações oferecem vantagens e restrições em conjunto; pelo lado das vantagens tem-se promoções, benefícios, salário; por sua vez, as restrições consistem em uma "manipulação do inconsciente" na medida em que demanda fidelidade e competência em troca da proteção que a instituição empregadora pode oferecer. O trabalhador passa a depositar sua confiança na empresa, há a sobrecarga de exigências e a angústia de uma necessidade de submissão dos trabalhadores ao capital, diluindo o conflito capital-trabalho.[414]

As empresas concedem pequenos espectros de decisão aos trabalhadores, sob os rótulos de valorização da criatividade, mas mantêm o controle acirrado dos órgão decisórios.[415] Nesse processo, as empresas se apropriam do saber experimental de seus trabalhadores da seguinte forma:

> Essas gramáticas inconscientes apropriaram-se das "virtudes" dos trabalhadores (como atenção, persistência e dedicação, entre outras) e, num processo de incorporação, as representaram como um produto da organização. Retoma-se, assim, a fusão afetiva "empresa-mãe" (protetora) que se identifica com o trabalhador — fruto direto da empresa — numa lógica em que a gestão dos códigos atinge o plano das representações. Dessa forma, implicitamente o trabalho subordina-se ao capital em três dimensões: afetiva, subjetiva e psicológica. A segurança é colocada do lado do capital, da empresa protetora, que exerce todo um processo de controle para impedir que o trabalho tenha autonomia e possa desligar-se de seu domínio. A não ser em poucas funções, o capital quer inibir a maturidade política do trabalho.[416]

Nesse modelo de gestão, há também a figura da "cooperação transversa", que se traduz na busca de cooperação com o cliente, uma vez que a satisfação do usuário do serviço prestado é um dos indicadores da qualidade do trabalho, o que acaba gerando comportamentos fraudulentos que manipulam os índices de satisfação com o serviço.[417]

---

(411) *Ibidem*, p. 139.
(412) *Ibidem*, p. 140.
(413) *Ibidem*, p. 106-107.
(414) *Ibidem*, p. 108.
(415) *Ibidem*, p. 109.
(416) *Idem*.
(417) DEJOURS, Christophe; BÈGUE, Florence. *Op. cit.*, p. 51 e 52.

A crítica a esses métodos de gestão que primam por avaliações individuais e qualidade total tem como argumento primordial a proteção da dimensão coletiva do trabalho, que valoriza a cooperação horizontal (entre subordinados), vertical (entre subordinados e hierarquia) e transversa (com clientes e usuários).[418]

O discurso da parceria e do agir independente é a base do perfil do novo empregado em um sistema flexível. Entretanto, esse discurso encobre práticas que reforçam a ocultação de coerção e controle internalizados pelo trabalhador, como necessários à sua produtividade e empregabilidade. Há uma aparente autonomia na forma de trabalhar, que distorce a concepção clássica de subordinação jurídica, principalmente quando a mão de obra é mais qualificada tecnicamente e está sujeita a um controle mais amplo e difuso ou até punitivo ao final da tarefa, ao passo que trabalhadores menos qualificados possuem uma subordinação mais própria relacionada ao modo como se deve trabalhar. Atualmente, a subordinação não se limita à noção de heterodireção patronal própria do fordismo-toyotismo, mas também abarca um direito residual de controle.[419]

Michel Foucault aponta que o operador econômico é decisivo para a organização do aparelho de produção e parte do poder disciplinar para realizar seus intentos. O poder disciplinar tem o condão de orientar tanto os procedimentos econômicos como o fim a que se pretende chegar, organizando-se como um poder múltiplo, automático e anônimo em uma rede em que todos são fiscalizados e todos fiscalizam de baixo para cima, de cima para baixo e de forma transversal.[420] Na expressão de Foucault, trata-se de "fiscais perpetuamente fiscalizados".[421] Dessa forma, esclarece:

> O que permite ao poder disciplinar ser absolutamente indiscreto, pois está em toda parte e sempre alerta, pois em princípio não deixa nenhuma parte às escuras e controla continuamente os mesmos que estão encarregados de controlar; e absolutamente "discreto", pois funciona permanentemente e em grande parte em silêncio. A disciplina faz "funcionar" um poder relacional que se autossustenta por seus próprios mecanismos e substitui o brilho das manifestações pelo jogo ininterrupto dos olhares calculados. Graças às técnicas de vigilância, a "física" do poder e o domínio sobre o corpo, eles se efetuam segundo as leis da ótica e de mecânica, segundo um jogo de espaços, de linhas, de telas, de feixes, de graus, e sem recurso, pelo menos em princípio, ao excesso, à força, à violência. Poder que é em aparência ainda menos "corporal" por ser mais sabidamente "físico".[422]

O poder disciplinar penaliza tudo que se afasta ou se desvia da regra imposta. Assim, o castigo tem a função de reduzir desvios, com uma simetria e uma proporcionalidade entre o erro e a correção, como parte de um sistema mais amplo de gratificação-sanção, que recompensa a conduta conforme a norma e pune os desvios. Nesse sistema, toda ação e todo comportamento são classificados como positivos ou negativos, em um sistema tipicamente binário, e são quantificados economicamente em uma escala numérica, valorando as virtudes de cada indivíduo. Segundo Michel Foucault, essas divisões têm a função de definir os desvios, criar hierarquia entre a qualidades e competências, castigar e recompensar. Note-se que a própria classificação de uma conduta já tem o papel de recompensa ou castigo.[423]

A penalidade hierarquizante também possui a função de exercer pressão de modo a tornar todos os subordinados dóceis e parecidos com um mesmo modelo. A punição pelo poder disciplinar busca diferenciar os indivíduos em relação a uma regra que deve ser seguida, homogeneizando e normalizando os pontos que são controlados.[424]

---

(418) Ibidem, p. 53 e 54.
(419) OLIVEIRA, Murilo Carvalho Sampaio. Relação de emprego, dependência econômica e subordinação jurídica: revistando conceitos. Curitiba: Juruá, 2014. p. 80-85.
(420) FOUCAULT, Michel. Op. cit., p. 147-148.
(421) Ibidem, p. 148.
(422) Idem.
(423) Ibidem, p. 149-151.
(424) Ibidem, p. 152 e 153.

O exame combina as técnicas da hierarquia que vigia e as da sanção que normaliza. É um controle normalizante, uma vigilância que permite qualificar, classificar e punir. Estabelece sobre os indivíduos uma visibilidade por meio da qual eles são diferenciados e sancionados. É por isso que, em todos os dispositivos de disciplina, o exame é altamente ritualizado. Nele vêm-se reunir a cerimônia do poder e a forma da experiência, a demonstração da força e o estabelecimento da verdade. No coração dos processo de disciplina, ele manifesta a sujeição dos que são percebidos como objetos e a objetificação dos que se sujeitam. A superposição das relações de poder e das de saber assume no exame todo o seu brilho visível.[425]

O exame permite que o superior hierárquico avalie os subordinados pelo que o superior lhes ensinou e as capacidades e competências desenvolvidas, ligando o saber ao poder. O exame é forma de o poder se manifestar pelo olhar, no qual os súditos são vistos como objetos.[426] Para Michel Foucault, "entramos na era do exame interminável e da objetivação limitadora".[427]

O poder empregatício é permeado por violência simbólica, que se manifesta na força geradora de submissão interna, própria de um sistema de gestão que atua silenciosamente e leva os trabalhadores a assumirem as eventuais culpas. A perversidade se manifesta como violência silenciosa nas relações de trabalho por encontrar formas de se manifestar nos espaços de poder.[428]

A perversão se manifesta no assédio moral organizacional à medida que o sujeito investido de poder na empresa considera os outros indivíduos como objetos para uma finalidade de eficiência e não como sujeitos, sem limites de reconhecimento da fragilidade e dos desejos do outro.[429]

Quanto mais o trabalhador se empenha e se dedica a sua atividade profissional e mais duras são as formas de gestão, mais dramáticos serão os efeitos do trabalho sobre sua identidade.[430]

Nesse contexto de desqualificação de trabalhos não por queda da qualidade, mas por mudança de política de gestão empresarial, o assédio moral organizacional é uma das técnicas utilizadas para desestabilizar o trabalhador[431]:

> Os exemplos, nesses últimos anos, são muitos, e ocorrem em um contexto particular: o das fusões-aquisições e das reformas estruturais ou mudanças de objetivos estratégicos (alheios à dimensão do trabalho propriamente dita, mas inscrevem-se na dimensão da gestão e do gerenciamento) que levam a hierarquia a decretar remanejamentos brutais na gestão dos recursos humanos, que resultam, invariavelmente, em condutas desleais em relação a alguns assalariados e que se manifestam como queda em desgraça sucedida de assédio moral com vistas à desestabilização do assalariado que está inscrito, neste momento, na lista de descarte.[432]

A objetificação como prática de gestão afasta todos os elementos não mensuráveis do dito mundo da racionalidade formal; considerando como não confiáveis os registros afetivos, emocionais, imaginários e subjetivos, pois não podem ser traduzidos em números. Assim, o *homo economicus* é compreendido como uma equação matemática quantificável e objetivável. O poder de gestão impõe normas de comportamento que devem ser seguidas para que se seja considerado normal, sob pena de ser sancionado. Nesse contexto, a gestão considera-se uma ciência a-histórica, apesar de estar inserida na história, fundando-se em um paradigma utilitarista que preza pela eficiência e competitividade.[433]

---

(425) *Ibidem*, p. 154.
(426) *Ibidem*, p. 155-156.
(427) *Ibidem*, p. 157.
(428) COUTINHO, Aldacy Rachid. Meio ambiente do trabalho — a questão do poder empregatício e a violência silenciosa do perverso narcísico. In: *Revista LTr*, v. 77, n. 8, p. 904-905, ago. 2013.
(429) *Ibidem*, p. 906.
(430) DEJOURS, Christophe; BÈGUE, Florence. Suicídio e trabalho: o que fazer. *Op. cit.*, p. 42.
(431) *Ibidem*, p. 42 e 43.
(432) *Ibidem*, p. 43.
(433) GAULEJAC, Vincent de. *Gestão como doença social*, p. 71-77.

Um dos métodos para avaliar o trabalho nesse novo modelo de gestão é a avaliação de desempenho individual, comparando o trabalho de um com os dos outros, por meio de uma análise dita quantitativa e objetiva. Entretanto, não é possível separar o trabalho da personalidade e da identidade de quem trabalha, não se limitando ao tempo e ao espaço de trabalho. Essa análise individual e quantitativa gera sentimentos de injustiça e dificulta a cooperação coletiva, uma vez que fomenta uma competitividade entre os trabalhadores e seus departamentos, colocando como se fossem idênticas condições que na realidade fática são diversas. As avaliações individuais são acompanhadas da ameaça de dispensa, gerando, além de um sentimento de competitividade, a profusão de condutas desleais (fofocas, rasteiras, má-fé, controle do trabalho alheio etc.) que minam a solidariedade. Os trabalhadores passam a agir contra intuitivamente, quebrando redes de solidariedade no ambiente de trabalho, gerando solidão e abatimento, criando problemas para sua saúde mental.[434]

A gestão articula-se em um discurso de autolegitimação conferindo sentido apenas àquilo que é eficiente e útil para a produtividade e para o mercado, considerando irracional tudo que não está conforme sua lógica, fechando-se para todo discurso que não se conforme aos seus padrões.[435]

Assim, a nova "ciência" do capitalismo passou a ser a gestão, fundada em uma racionalidade da produção pelo menor custo para atender os consumidores, desconsiderando os custos com a destruição do meio ambiente, da pressão no trabalho e seus efeitos psicológicos (como o estresse e o assédio moral) e a exclusão dos indesejados por esse sistema. Nesse paradigma utilitarista, o ser humano é apenas mais uma ferramenta à serviço da produção, um mero recurso.[436]

O valor de cada indivíduo é medido segundo padrões financeiros, os improdutivos são considerados inúteis, a finalidade do ser humano não é construir laços sociais, mas explorar recursos para gerar mais lucros. A gestão gera o tempo desconsiderando o tempo biológico e o tempo da vida humana, desconsiderando necessidades fisiológicas e psicológicas, como o sono, o envelhecimento, a procriação, a alimentação, comunicando-se apenas na base do tempo da produção.[437]

O empregado deve se adaptar ao tempo da empresa, sendo-lhe estranho o período de férias ou todo lapso temporal que não seja produtivo, criando uma perspectiva instrumental de sua vida.[438]

A lógica do mercado torna sem sentido as significações do trabalho, ao passo que ganhos de produtividade são combinados com demissões em massa, a dança da subida e descida das ações no mercado não tem correspondência com o desempenho dos empregados.[439]

A perda do emprego para os trabalhadores traz medo, porque fere sua existência e sua identidade social.[440] Além disso, o desemprego produz um sentimento de vergonha.

A vergonha surge do confronto com o olhar do outro na relação com o mundo, sendo, por isso, um sentimento social que se inscreve na busca de coerência entre si e o mundo. A vergonha exige uma profunda transformação de todos os aspectos do ser, incluindo suas crenças, valores, relações, cultura e todos os âmbitos de sua identidade.[441]

Vincent de Gaulejac explica que o sujeito, ao ser confrontado com a vergonha, pode utilizá-la como motor para a superação, mas também pode usá-la como causa de um fracasso; assim, a vergonha possui papel fundamental nas escolhas e rupturas da existência.[442]

---

(434) DEJOURS, Christophe; BÈGUE, Florence. Suicídio e trabalho: o que fazer. Op. cit., p. 44-46.
(435) GAULEJAC, Vincent de. Gestão como doença social, p. 78.
(436) Ibidem, p. 79.
(437) Ibidem, p. 80-82.
(438) Ibidem, p. 83.
(439) Ibidem, p. 152.
(440) Ibidem, p. 153.
(441) GAULEJAC, Vincent de. As origens da vergonha, p. 111-112.
(442) Ibidem, p. 29.

A vergonha como ruptura identitária produz angústia, uma vez que muitas vezes vem acompanhada de sentimentos de piedade, que agrupam tanto a comiseração quanto o desprezo, de forma insuportável para o destinatário. Em virtude de seu caráter social, a vergonha surge a partir do olhar do outro sobre si, um olhar que revela julgamento, condenação e uma negação de reconhecimento.[443]

Os chefes nas empresas de conformação toyotista vivem uma relação de dependência e afeto com a empresa, como se ela fosse mãe deles, e uma condição de *stress* competitivo, o que se reflete no enfraquecimento do sindicato. Ao passo que os trabalhadores do baixo escalão vivem o *stress* do medo em relação a uma empresa autoritária e disciplinadora, uma vez que qualquer falha pode ser disciplinada com a dispensa, o que desmobiliza a atuação sindical.[444]

A gestão passou a basear-se na pressão de demissão seja ela direta ou forçada, produzindo incertezas na forma de ameaças, sem uma garantia de quais serão as sanções e as recompensas. Nas palavras de Vincent de Gaulejac, cria-se um jogo de competição entre os trabalhadores e "a luta pelos lugares é naturalizada".[445]

A subordinação gerada pela alienação passou por transformações que buscaram apagar seus traços mais marcantes por meio do uso de garantias e direitos, como explica Robert Castel:[446]

> Sem dúvida, a condição de assalariado conservou, do longínquo modelo da corveia (cf. Capítulo III), uma dimensão "heterônoma", para falar como André Gorz, ou "alienada", para falar como Marx, e, para dizer a verdade, como sempre pensou o bom-senso popular. Mas suas transformações até a constituição da sociedade salarial tinham consistido, de um lado, em apagar os traços mais arcaicos dessa subordinação e, por outro lado, em compensar com garantias e direitos, bem como com o acesso ao consumo além da satisfação das necessidades vitais. O salariado tornara-se assim, pelo menos por meio de várias de suas formas, uma condição capaz de se rivalizar, às vezes de vencer, com as duas outras condições que, durante muito tempo, o tinham esmagado: a do proprietário e a do trabalhador independente. A despeito das dificuldades atuais, esse movimento não está acabado. Numerosas profissões liberais, por exemplo, tornam-se cada vez mais profissões assalariadas: médicos, advogados, artistas assinam verdadeiros contratos de trabalho com as instituições que os empregam.[447]

A sociedade torna-se cada vez mais uma sociedade de indivíduos, o salariado tornou-se também uma promoção do individualismo, do risco de existir como indivíduo, mas existir como indivíduo demanda proteções que surgem do coletivo. Surge, assim, um individualismo coletivo, no qual são valorizadas a autonomia e a independência e há um desligamento das regulações tradicionais criando a ausência de vínculos estáveis e proteções.[448]

O exército de mão de obra reserva passa a ser uma "massa agregada de indivíduos sem qualidades", os quais são denominados de "vagabundos".[449] A relação de trabalho deixa de ser definida pela subordinação e passa a ser delineada por um conjunto de direitos uniformizados. A existência como indivíduo, apesar de ter um caráter privado, está ligada a um *status* profissional, que é coletivo e público e que garante proteção e estabilidade.[450]

Robert Castel analisa essa metamorfose no mundo do trabalho nos seguintes termos:

> As transformações que se dão no sentido de maior flexibilidade, tanto no que se refere ao trabalho quanto ao extratrabalho, têm sem dúvida um caráter irreversível. A segmentação

---

(443) *Ibidem*, p. 219.
(444) VIANA, Márcio Túlio. *Op. cit.*, p. 232.
(445) GAULEJAC, Vincent de. *Gestão como doença social*, p. 219.
(446) CASTEL, Robert. *As metamorfoses da questão social: uma crônica do salário*. 11. ed. Tradução: Iraci D. Poleti. Petrópolis, RJ: Vozes, 2013. p. 594.
(447) *Idem*.
(448) *Ibidem*, p. 595-598.
(449) *Ibidem*, p. 599.
(450) *Ibidem*, p. 600 e 601.

dos empregos, do mesmo modo que o irresistível aumento dos serviços, acarreta uma individualização dos comportamentos no trabalho completamente distinta das regulações coletivas da organização "fordista". Não basta mais saber trabalhar, é preciso saber, tanto quanto, vender e se vender. Assim, os indivíduos são levados a definir, eles próprios, sua identidade profissional e a fazer que seja reconhecida numa interação que mobiliza tanto um capital pessoal quanto uma competência técnica geral.[451]

O mundo do trabalho contemporâneo é marcado pela instabilidade, precariedade e mutabilidade, com o poder se infiltrando na resistência coletiva e individual.[452] Márcio Túlio Viana traduz o novo desenho do poder diretivo nos seguintes termos:

> Antes, a subordinação era corpo a corpo; depois, transportou-se para a máquina; hoje, captura a subjetividade os próprios subordinados. Na nova colagem, o empregado se torna o seu próprio chefe, tal como o sindicato se transforma no destruidor de si próprio.[453]

Nesse mesmo sentido, Roberto Heloani afirma que o modelo toyotista utilizou-se da gestão da subjetividade para docilizar os corpos, da qualidade total para expropriar o pensamento por meio da gestão participativa que levasse à maior produtividade e lucro.[454]

Como Lorena Porto explica, essas mudanças na gestão não significam que o poder se reduziu, mas apenas que ele está sendo "exercido sob outras formas mais complexas, mais difusas", razão pela qual o Direito deve adaptar-se para regular as novas metamorfoses do poder.[455]

O poder empregatício camufla-se sob as novas técnicas de gestão dos trabalhadores, em uma paradoxal centralização do poder que cria um estrutura para o "colaborador" exercer sua responsabilidade. Assim, os trabalhadores não recebem mais ordens diretas e constantes e não sofrem um controle rígido da heterodireção patronal, mas são catequizados a "dar o melhor de si mesmo" e trabalhar como se fossem autônomos para maximizar os ganhos e lucros da empresa.[456]

Como explica Márcio Túlio Viana, no modelo capitalista o poder transformou sua forma de expressão com o tempo; primeiramente "a subordinação era corpo a corpo; no taylorismo e no fordismo ela "transportou-se para a máquina" e hoje "captura a subjetividade dos próprios subordinados".[457] Isso demonstra que o trabalhador de hoje não é menos subordinado que o trabalhador do passado, tampouco menos explorado, apenas a forma como a subordinação se dá sofreu modificações.[458]

Nesse contexto de gestão que captura a subjetividade do trabalhador, surgem perversões narcísicas. A perversão narcísica manifesta-se por meio da desvalorização do outro na busca por preencher um significado de vida do próprio narcisista, projetando no exterior aquilo de ruim que sente de si mesmo. A conduta do perverso fragiliza a autoestima da vítima a ponto de levá-la a estados de depressão e até ao suicídio, contando com a tolerância do oprimido que, no caso da relação de emprego, entende o assédio como uma gestão empresarial que busca desafiá-lo quanto ao trabalho. Assim, o estado de estresse permanente passa a ser naturalizado pelo jogo do agressor e deixa de ser visto como violência.[459]

A gestão exige que se administre o estresse ao invés de questionar sua origem e, com isso, o fenômeno do estresse vem crescendo no mundo do trabalho, com reflexos em crises cardíacas,

---

(451) *Ibidem*, p. 601.
(452) VIANA, Márcio Túlio. *Op. cit.*, p. 238.
(453) *Idem*.
(454) HELOANI, Roberto. *Op. cit.*, p. 129.
(455) PORTO, Lorena Vasconcelos. *Op. cit.*, p. 91-92.
(456) *Ibidem*, p. 92.
(457) VIANA, Márcio Túlio. *Poder diretivo e sindicato*, p. 67 apud PORTO, Lorena Vasconcelos. *Op. cit.*, p. 94.
(458) PORTO, Lorena Vasconcelos. *Op. cit.*, p. 94.
(459) COUTINHO, Aldacy Rachid. Meio ambiente do trabalho — a questão do poder empregatício e a violência silenciosa do perverso narcísico. In: *Revista LTr*, v. 77, n. 8, p. 906-908, ago. 2013.

câncer, depressão e até suicídio. O estresse gera um custo econômico pelos danos que produz na saúde dos trabalhadores, além de causar uma redução na produtividade.[460]

O conhecimento não importa em justificar qualquer conduta, mas pela identificação de que as manifestações dependem de atos de revelação de domínio, afastá-lo de qualquer forma de exercício de poder no ambiente de trabalho, minimizando as oportunidades para a ocorrência de eventos de violência. A questão central a ser respondida é, em que medida tais condições de perversão narcísica não têm servido ao interesse do capital, que fomenta — ou ao menos se omite diante de — tais manifestações? E, acrescente-se, em que medida a servidão voluntária do cúmplice não seria atualmente a revelação de um ideal de trabalhador?[461]

O individualismo narcisista sofreu hoje uma metamorfose que o transformou em "individualismo por falta de referências" e não por um excesso de investimento no "eu". Houve um corte das proteções coletivas, as quais foram substituídas por um coletivo abstrato com o enfraquecimento do sentimento de pertencimento comunitário na passagem da sociedade industrial para a sociedade salarial.[462] A sociedade salarial é aquela que mesmo os trabalhadores antes autônomos, hoje tornaram-se assalariados, como médicos, advogados etc.

A fragilização do coletivo e o sentimento pessoal de humilhação diante da não conformação aos modelos e padrões estabelecidos levam o trabalhador a um dilema sobre sua condição no mundo.

Essa desestruturação dos coletivos e o esfacelamento do reconhecimento acabam por gerar patologias mentais nos trabalhadores que levam inclusive ao suicídio no local de trabalho e a explosões de assédio.[463]

O estresse, gerido por meio do assédio moral, é aclamado como um "estímulo positivo" que deve ser gerenciado. O assédio moral em 1998 atingia 12 milhões de europeus, levando a psiquiatra francesa Marie-France Hirigoyen a desenvolver pesquisa sobre esse sofrimento social e, posteriormente, o próprio Parlamento francês a legislar sobre o assunto.[464]

Para Vincent de Gaulejac, esse reconhecimento pelo Direito da violência psicológica do assédio moral é fundamental para o tratamento do problema, pois condena comportamentos perversos, bem como identifica que o assédio moral é fruto de uma "pressão generalizada que se desenvolve no mundo do trabalho" tanto contra os assediadores quanto contra os assediados. Nessa análise, Vincent de Gaulejac questiona se essa abordagem não levaria a um "antropomorfismo organizacional", o qual pressupõe que as organizações empresariais atuam como um ser biológico no mundo. O autor conclui que uma organização não tem características biológicas e psicológicas, bem como não pode ser definida como neurótica, paranoica ou perversa, apesar de poder gerar esses efeitos em seus empregados.[465]

Vincent de Gaulejac propõe que o assédio moral seja tratado como uma violência e não como uma patologia, para que o seu tratamento se dê por meio da problematização da forma como o gerenciamento é conduzido.[466]

Essa nova lógica de gestão não pode ser vista como uma fatalidade, mas como uma escolha sobre o que o trabalho pode gerar, por isso é preciso uma renovação conceitual que relacione trabalho, subjetividade e ação para que se gere o melhor no mundo humano.[467] Essa escolha é perniciosa e tem efeitos drásticos na saúde dos trabalhadores.

---

(460) GAULEJAC, Vincent de. *Gestão como doença social*, p. 225-226.
(461) COUTINHO, Aldacy Rachid. *Op. cit.*, p. 908.
(462) CASTEL, Robert. *As metamorfoses da questão social: uma crônica do salário*. 11. ed. Tradução: Iraci D. Poleti. Petrópolis, RJ: Vozes, 2013. p. 603-605.
(463) DEJOURS, Christophe. Subjetividade, trabalho e ação. *Revista Produção*, v. 14, n. 3, p. 34, set./dez. 2004.
(464) GAULEJAC, Vincent de. *Gestão como doença social*, p. 227.
(465) *Ibidem*, p. 228.
(466) *Ibidem*, p. 229.
(467) DEJOURS, Christophe. *Op. cit.*, p. 34.

2.4. As consequências do modelo de gestão pelo assédio moral na identidade do trabalhador

Para Christophe Dejours, o trabalho envolve não só o "engajamento do corpo", mas também "a mobilização da inteligência, a capacidade de refletir", pensar, inventar.[468] Trabalhar é um verdadeiro "engajamento da personalidade para responder a uma tarefa delimitada por pressões (materiais e sociais)".[469] O trabalho real nunca corresponderá ao trabalho prescrito, visto que as contingências da vida são cheias de imprevistos tanto em relação às ferramentas e instrumentos de trabalho quanto aos colegas e superiores, que impedem o cumprimento rigoroso da organização do trabalho. Assim, a atividade laborativa preenche os vácuos entre o prescrito e o real do trabalho, e o itinerário para esse preenchimento é imprevisível e passa a ser descoberto a cada momento pelo trabalhador.[470]

O sentimento de fracasso é a forma como o sujeito que trabalha percebe o vácuo entre o prescrito e o real. O mundo real confronta o trabalhador com o fracasso, gerando em regra impotência e cólera, ou seja, uma expressão afetiva. Nas palavras de Christophe Dejours, "é numa relação primordial de sofrimento no trabalho que o corpo faz, simultaneamente, a experiência do mundo e de si mesmo".[471]

Entretanto, é importante lembrar que o sofrimento não é o único modo afetivo pelo qual o trabalho se expressa, devendo ser considerado também o rompimento da ação que une a subjetividade ao trabalho, criando uma vontade de transformar o mundo pela superação da resistência do real. O sofrimento impulsiona a conquista do mundo e ao mesmo tempo trata de uma impressão subjetiva desse mesmo mundo. A primeira experiência do ato de trabalhar é o sofrimento, que precisa de um corpo para ser sentida.[472]

> (...) A subjetividade só se experimenta na singularidade irredutível de uma encarnação, de um corpo particular e de uma corporeidade absolutamente única.
>
> Entre a subjetividade e o sujeito, a diferença consiste na insistência sobre a singularidade não somente no plano de uma afetividade, mas, também, no de um vir-a-ser ou até mesmo de um destino, com implicações no registro da saúde e da patologia mental, fundamentalmente interrompidas nesse corpo e no seu porvir na experiência do trabalhar.[473]

Conclui-se dessa fala de Christophe Dejours que o trabalho transforma e interfere na subjetividade do sujeito que trabalha, retirando-lhe de sua zona de conforto para imprimir-lhe um sofrimento que será capaz de criar uma experiência o que modificará esse trabalhador. O trabalho, assim, é uma constante transformação do ser para o que ele está por "vir-a-ser".

O trabalho revela que a inteligência do mundo vem do indivíduo e que este pode intervir no mundo para habitá-lo; de igual modo a inteligência do corpo é formada pelo trabalho; assim, o trabalho interfere no mundo e no sujeito que trabalha. O corpo subjetivo, que se constitui a partir do corpo biológico, é o corpo que resulta da experiência íntima de si e da relação com o outro que o trabalho demanda e cria.[474]

Nas palavras de Christophe Dejours, "o trabalho ultrapassa qualquer limite dispensado ao tempo de trabalho; ele mobiliza a personalidade por completo".[475] O trabalho vai muito além do

---

(468) *Ibidem*, p. 28.
(469) *Idem*.
(470) *Idem*
(471) *Idem*.
(472) *Ibidem*, p. 28-29.
(473) *Ibidem*, p. 29.
(474) *Idem*.
(475) *Ibidem*, p. 30.

mensurável pelo visível, uma vez que o trabalho também envolve afetos. Por isso, a psicodinâmica do trabalho entende que "o trabalho não é redutível a uma atividade de produção no mundo objetivo", pois sempre inclui a subjetividade para enaltecê-la ou diminuí-la.[476]

O trabalho interfere tanto na subjetividade que se pode dizer que é uma centralidade dentro do funcionamento psíquico, adquirindo um caráter psíquico-antropológico.[477]

> O trabalho não é apenas uma atividade; ele é, também, uma forma de relação social, o que significa que ele se desdobra em um mundo humano caracterizado por relações de desigualdade, de poder e de dominação. Trabalhar é engajar sua subjetividade num mundo hierarquizado, ordenado e coercitivo, perpassado pela luta para a dominação. Assim, o real do trabalho não é somente o real da tarefa, isto é, aquilo que, pela experiência do corpo a corpo com a matéria e com os objetos técnicos, se dá a conhecer ao sujeito pela sua resistência a ser dominado. Trabalhar é, também, fazer a experiência da resistência do mundo social; e, mais precisamente, das relações sociais, no que se refere ao desenvolvimento da inteligência e da subjetividade. O real do trabalho não é somente o real do mundo objetivo; ele é, também, o real do mundo social.[478]

A centralidade do trabalho na vida do ser humano demonstra a importância em se regular a relação de trabalho, com enfoque para as práticas de gestão nele perpetradas.

Vincent de Gaulejac critica os proclamadores do fim do trabalho, afirmando que esse mito é defendido por intelectuais que não vivem do trabalho e não estão ameaçados pela fome; ao passo que, para a grande maioria da população, "a desocupação é um luxo", pois o trabalho é um meio de subsistência necessário.[479]

Assim, além de ter um grande papel como mobilizador da subjetividade e da construção do ser, o trabalho ainda atua como meio da subsistência material na relação capital/trabalho.

Vincent de Gaulejac enumera os elementos significativos do trabalho:

> O trabalho caracteriza-se por cinco elementos significativos: o ato de trabalho, levando à produção de um bem ou de um serviço; a remuneração, como contrapartida dessa produção; a pertença a um coletivo, uma comunidade de profissionais; a colocação em prática de uma organização que fixa a cada um seu lugar e sua tarefa; e, finalmente, o valor atribuído às contribuições de cada um.[480]

Entretanto, as contemporâneas formas de gestão transformam as significações do trabalho na medida em que desvinculam o trabalho de um resultado que permita satisfação do trabalhador; destroem a relação entre a produtividade e a remuneração; quebram e desmobilizam os coletivos de trabalho, reforçando a competição por meio de avaliações individualizadas; e minam a colaboração.[481]

A subjetividade é mobilizada para atingir resultados, excluindo tudo que não é considerado comercialmente valoroso. As recompensas pelo trabalho são feitas ao acaso, gerando o sentimento de que não são merecidas.[482]

Atualmente a busca pelo progresso não se volta para o bem comum ou para a alteridade, alimentando projetos individualistas da sociedade de mercado. Há uma profunda desigualdade

---

(476) *Idem.*
(477) *Ibidem*, p. 31.
(478) *Idem.*
(479) GAULEJAC, Vincent de. *Gestão como doença social*, p. 241.
(480) *Ibidem*, p. 154.
(481) *Ibidem*, p. 155.
(482) *Ibidem*, p. 158 e 160.

entre as profissões rentáveis e aquelas que conferem sentido à vida de quem as desempenha. O narcisismo e o dinheiro funcionam como estímulos para uma competição acirrada por mais poder. Não há uma relação necessária entre o sucesso e o mérito, como bem demonstram os lucros com a especulação financeira.[483]

Para conseguir cumprir as metas e superar as expectativas, muitos trabalhadores recorrem a psicotrópicos (como antidepressivos, tranquilizantes) para controlarem a ansiedade. Nesse contexto, a depressão é camuflada pela necessidade de apresentar sempre disposição e superinvestimento no trabalho. Os viciados em trabalho (*work addicteds*) passam a ter uma dependência do trabalho, como "drogados do trabalho", em um laço emocional profundo com a empresa a ponto de mesmo empregados demitidos continuarem frequentando a empresa após seis meses de sua dispensa.[484]

Assim, o estresse apresenta-se como catalisador na busca por maior produtividade, com o efeito colateral de gerar sofrimentos psicoemocionais, como angústia, depressão, perturbações do sono e da sexualidade, além de problemas de saúde física, como hipertensão, queda das defesas imunológicas, doenças cardiovasculares.[485]

Tzvetan Todorov registra que muitas vezes o que causa alarde são os crimes contra a humanidade, permitindo que se negligencie "práticas de desumanização que se espalham pelo mundo do trabalho".[486] Essas práticas desumanas no mundo do trabalho são, porém, mais frequentes que os crimes contra a humanidade e imobilizam a busca pela liberdade e a preocupação com o bem comum.[487] Ao tratar dos suicídios em virtude da prática de assédio moral na recém-privatizada France Télécom, Tzvetan Todorov faz a seguinte análise:

> Várias reações se manifestaram diante dessa evolução e de suas consequências particularmente dolorosas, como os suicídios na France Télécom. Os partidários incondicionais do neoliberalismo veem nisso uma razão a mais para condenar o Estado-providência: este viciou seus cidadãos, tornando-se inaptos para a flexibilidade; é por causa de seu estatuto de eternos assistidos que eles são tão vulneráveis diante do mar aberto. Que se degustem de novo as delícias do nomadismo! Os defensores das interpretações psicológicas apresentaram a noção de assédio: tudo resulta de erro de superiores hierárquicos que cedem ao prazer perverso de humilhar e perseguir seus subordinados; o remédio consiste numa legislação mais precisa, que codifique as relações humanas no mundo do trabalho: é preciso que os assediadores possam ser perseguidos. **Podemos perguntar-nos se o problema, em vez de psicológico, não tem a ver com a própria organização do trabalho e, por trás dela, com a ideologia neoliberal que a fundamenta**.[488] (Grifos acrescidos)

Partindo da reflexão de Tzvetan Todorov, cumpre observar que os suicídios decorrentes de uma gestão assediadora devem ser compreendidos como consequência da ideologia neoliberal e não apenas como distúrbios psicológicos de agressores e vítimas. Entretanto, observa-se ainda uma dificuldade em se associar os adoecimentos e os suicídios aos métodos de gestão do trabalho, há uma resistência em se reconhecer o nexo de causalidade e, consequentemente, há uma negligência em reconhecer o problema social existente no ambiente de trabalho.

Em pesquisa realizada no Brasil, notou-se que estão presentes no espaço de trabalho as ameaças e pressões da chefia com os discursos de que o trabalhador adoecido ou acidentado é preguiçoso, neurótico, não afeito ao trabalho, combinadas com a dificuldade dos médicos em reconhecerem

---

(483) *Ibidem*, p. 165-167.
(484) *Ibidem*, p. 221-223.
(485) *Ibidem*, p. 225.
(486) TODOROV, Tzvetan. *Os inimigos íntimos da democracia*. São Paulo: Companhia das Letras, 2012. p. 136.
(487) *Idem*.
(488) *Ibidem*, p. 136 e 137.

o nexo causal entre o trabalho e a doença adquirida, criando um contexto de medo, insegurança e sentimento de culpa, formando o que Margarida Barreto chama de "dor invisível".[489] Como agravante dessa situação, os sindicatos muitas vezes não abraçam a situação e o sofrimento desses trabalhadores humilhados, mas fomentam o deboche e o constrangimento.[490]

Christophe Dejours e Florence Bègue atribuem o surgimento do suicídio no ambiente de trabalho a dois fatores primordiais. O primeiro fator remonta a um passado em que vários setores do mercado de trabalho eram dominados por homens que lidavam com o sofrimento por meio de estratégias de defesa coletivas que rechaçavam qualquer comportamento que demonstrasse a dor ou o sofrimento por considerá-los afeminados e desprezíveis, transformando o risco em escárnio. Após um dos trabalhadores sofrer um acidente, o medo que estava latente e era superado com brincadeiras torna-se síndrome subjetiva pós-traumática, desestabilizando a forma como respondem à estratégia coletiva de defesa.[491]

A estratégia coletiva de defesa mascara o medo do risco, gerando variações da personalidade e síndromes, as quais evitam que o trabalhador questione sua identidade com base na sua percepção de reconhecimento e pertencimento a esse grupo, buscando evitar que o trabalhador entre em depressão. O medo de retornar ao trabalho após ter sofrido um acidente de trabalho gera sintomas físicos e psíquicos, podendo levar à depressão e ao suicídio, mas em virtude da estratégia coletiva de defesa o suicídio ocorria fora do ambiente de trabalho por um último lapso de pudor, o que dificultava a associação da causa do suicídio com o trabalho.[492]

O segundo fator consiste no fato de que, quando o sofrimento pelo medo da situação de risco no trabalho não podia mais ser dissimulado, havia uma demonstração de solidariedade pelo grupo; porém, hoje essa postura de solidariedade foi banida da rotina da vida de trabalho.[493]

Assim, o suicídio no local de trabalho representava a desestruturação desse espaço e da vida nessa coletividade. O suicídio no ambiente de trabalho indica que o trabalho foi causa desse desfecho e produz perplexidade nos demais trabalhadores ao mesmo tempo em que gera um pacto de silêncio entre os colegas sobreviventes, além de degradar o coletivo a ponto de, em breve espaço de tempo, ocorrerem outros suicídios em cadeia.[494]

O medo faz que muitos trabalhadores se deixem instrumentalizar pela forma de gestão e vivam uma obsessão pelo trabalho. Vincent de Gaulejac define o contrato de emprego como um contrato narcísico em que as partes buscam reconhecimento recíproco e o trabalhador busca idealização também; quando esse vínculo de reconhecimento é rompido, surge a desmobilização psíquica. Nesse contexto, as doenças são resultados de uma canalização dos sintomas decorrentes da violência sofrida.[495]

Há três concepções que buscam explicar a relação entre suicídio e trabalho: a primeira trata o suicídio como consequência do estresse decorrente do trabalho, buscando tratar o problema por meio de terapias cognitivo-comportamentais. A segunda concepção entende que o suicídio decorre de vulnerabilidades individuais oriundas de fatores genéticos e hereditários que o trabalho apenas revela. Por fim, a terceira concepção funda-se em uma análise sociogenética, observando os constrangimentos gerados pela organização do trabalho.[496]

---

(489) BARRETO, Margarida Maria Silveira. *Violência, saúde e trabalho: uma jornada de humilhações*. São Paulo: EDUC, 2006. p. 37.
(490) *Ibidem*, p. 38 e 39.
(491) DEJOURS, Christophe; BÈGUE, Florence. *Op. cit.*, p. 16-18.
(492) *Ibidem*, p. 19-20.
(493) *Ibidem*, p. 21.
(494) *Ibidem*, p. 21 e 23.
(495) GAULEJAC, Vincent de. *Gestão como doença social*, p. 232-233.
(496) DEJOURS, Christophe; BÈGUE, Florence. *Op. cit.*, p. 26-28.

Christophe Dejours e Florence Bègue entendem que o suicídio é resultado de "uma desqualificação da contribuição, na esfera do trabalho, que o indivíduo oferece à empresa e do não reconhecimento de seu mérito pessoal".⁽⁴⁹⁷⁾ Essa desqualificação é traduzida em regra na forma de assédio moral, discriminação, exclusão, críticas pejorativas, hostilidade, difamação, em resposta a uma situação de resistência a formas de flexibilização do trabalho, reforma na estrutura organizacional, demissões em massa. O meio ambiente de trabalho e a forma como esse espaço é gerido são fundamentais para a saúde mental do trabalhador, na medida em que o trabalho opera como formador de identidades.⁽⁴⁹⁸⁾ Consequência disso, estudos epidemiológicos demonstram que "a privação de trabalho, a demissão, o desemprego de longa duração aumentam consideravelmente o risco de descompensação psicopatológica, expressa por alcoolismo, toxicomania, depressão, violência, suicídio etc.".⁽⁴⁹⁹⁾

O trabalho pode motivar o indivíduo a superar problemas psicológicos hereditários, mas também pode fragilizar o trabalhador a depender da forma como a organização conduz a gestão do trabalho. As relações desenvolvidas no trabalho, incluindo a pressão e as dificuldades, acabam sendo transplantadas para o ambiente doméstico e influenciando nas demais relações interpessoais do trabalhador.⁽⁵⁰⁰⁾

Sobre a relação entre trabalho e suicídio, Christophe Dejours e Florence Bègue fazem o seguinte diagnóstico:

> Se as patologias mentais em relação ao trabalho atualmente estão se agravando, ao ponto de os homens e as mulheres praticarem suicídio no local mesmo de trabalho, é que a organização do trabalho deve ter mudado substancialmente.⁽⁵⁰¹⁾

Para Christophe Dejours e Florence Bègue, houve mudanças substanciais que acarretaram essa conexão entre suicídio e trabalho. A primeira mudança ocorreu com o fim da década de 1980 e início da década de 1990, com a implantação de novas práticas de gestão que extirpam os antigos valores associados ao trabalho, criando uma "gestão por objetivos" que estabelece novas formas de controle do trabalho. Há uma busca constante por controle de qualidade e qualidade total, eliminando os trabalhadores mais experientes que se opõem a essas novas práticas de gestão e transferindo atividades técnicas a empresas terceirizadas para eximir a empresa dos constrangimentos gerados pelas relações de emprego.⁽⁵⁰²⁾

Christophe Dejours e Florence Bègue explicam que o trabalho flexível, seja na forma de subcontratação, trabalho temporário, contratos a prazo determinado, permite que as empresas aumentem seus lucros e simultaneamente enfraqueçam o poder de resistência dos trabalhadores, uma vez que precariza suas relações de trabalho e demite os excessos que geram custos. O reconhecimento como retribuição simbólica daquele que trabalha, como resposta da empresa pelo trabalho prestado, não pode ser traduzida em contraprestação material; inclusive porque muitas vezes, em casos empíricos analisados, os profissionais compensam a baixa remuneração com a satisfação pessoal em realizar um trabalho por meio de reconhecimento social.⁽⁵⁰³⁾

O reconhecimento sobre o trabalho divide-se em *julgamento de utilidade* e *julgamento de beleza*. O primeiro trata de uma utilidade econômica, técnica ou social reconhecida pela empresa por meio de sua hierarquia, ao passo que o segundo trata do reconhecimento do trabalho pelos pares que entendem dos pormenores técnicos do ofício. O julgamento de utilidade diferencia o trabalho de um *hobby*, ao passo que o julgamento de beleza tem um caráter que confere identidade ao trabalhador

---

(497) *Ibidem*, p. 30.
(498) *Ibidem*, p. 30 e 31.
(499) *Ibidem*, p. 31.
(500) *Ibidem*, p. 31 e 32.
(501) *Ibidem*, p. 34.
(502) *Ibidem*, p. 34-36.
(503) *Ibidem*, p. 36-39.

por meio do reconhecimento como membro de uma comunidade. O reconhecimento refere-se à qualidade do trabalho, o que tem um efeito mediato de conferir reconhecimento ao trabalhador, registrando sua identidade e fortalecendo-a, permitindo que o sofrimento no trabalho gere prazer. Sem essa identidade fortalecida e consolidada a saúde mental do trabalhador fica enfraquecida; assim, é impossível que o trabalho seja neutro em relação à saúde mental do indivíduo, pois caso esse reconhecimento do trabalho seja negado, o trabalhador terá sua identidade enfraquecida.[504]

Quando a degradação do ambiente de trabalho desencadeia suicídios, o silêncio se instala calando a experiência do trabalho vivo, além de impossibilitar a escuta que catalisa o pensamento.[505]

Considerando que as atuais formas de gestão produzem uma verdadeira guerra de todos contra todos no ambiente de trabalho, a violência imprimida nesse contexto acaba por gerar silêncios.

Christophe Dejours define o cenário mundial dos dias atuais como uma "guerra econômica", na qual os menos aptos são excluídos quando não correspondem aos desempenhos sempre superiores de produtividade que são exigidos para que as empresas superem seus concorrentes.[506]

Walter Benjamin, ao fazer um paralelo com a guerra, descreve o fenômeno da incapacidade de comunicar experiências, que é recorrente na modernidade, da seguinte forma:

> (...) as ações da experiência estão em baixa, e tudo indica que continuarão caindo até que seu valor desapareça de todo. Basta olharmos um jornal para percebermos que seu nível está mais baixo que nunca, e que da noite para o dia não somente a imagem do mundo exterior mas também a do mundo ético sofreram transformações que antes não julgaríamos possíveis. Com a guerra mundial tornou-se manifesto um processo que continua até hoje. No final da guerra, observou-se que os combatentes voltavam mudos do campo de batalha, não mais ricos, e sim mais pobres em experiência comunicável.[507]

A gestão assediadora que violenta o psicológico dos trabalhadores acaba por deixá-los mais pobres em experiência comunicável, o que silencia seu sofrimento e também as consequências desse sofrimento, como os adoecimentos e o suicídio.

Vincent de Gaulejac alerta para o fato de que o estresse e os problemas de saúde decorrentes do assédio moral e de formas violentas de gestão são categorizados como fatores externos, o que dificulta se relacionar perturbações psíquicas e demais problemas de saúde com condições de trabalho assediadoras e estressantes. Assim, encobre-se a responsabilidade das empresas, permitindo que as empresas perpetuem a ideologia gerencialista, enquanto muitos trabalhadores precisam se medicar para suportar a ansiedade, o medo e o estresse; quando, por fim, é a sociedade que custeia todo esse processo de adoecimento.[508]

Assim, além de um silêncio entre os empregados, o que desmobiliza o coletivo pela ausência de experiência comunicável que gere empatia, há também um silêncio que rompe o nexo de causalidade entre o adoecimento e as práticas de gestão assediadora.

2.5. Poder empregatício e teoria dos jogos: entendendo o conflito de crenças no assédio moral organizacional

Para entender como a gestão que se utiliza do assédio moral consegue sujeitar os trabalhadores a aceitarem e não se reunirem solidariamente para combater essa prática, é interessante compreender o raciocínio dos empregados e dos gestores a partir da *Teoria dos Jogos*.

---

(504) *Ibidem*, p. 39-41.
(505) *Ibidem*, p. 56.
(506) DEJOURS, Christophe. *A banalização da injustiça social*. 7. ed. Tradução de Luiz Alberto Monjardim. Rio de Janeiro: FGV, 2007. p. 13.
(507) BENJAMIN, Walter. Experiência e pobreza e O narrador. Considerações sobre a obra de Nikolai Leskov. In: BENJAMIN, Walter. *Obras escolhidas, v. 1 — magia e técnica, arte e política*. 7. ed. Tradução de Sérgio Paulo Rouanet. São Paulo: Brasiliense, 1994, p. 197.
(508) GAULEJAC, Vincent de. *Gestão como doença social*, p. 234-237.

A teoria matemática dos jogos, criada por John von Neumann e Oskar Morgenstern e aperfeiçoada por John Nash, tem suas origens filosóficas em Sócrates no episódio da Batalha de Delium, sendo posteriormente aplicada em estratégias militares.[509]

Como explica Fábio Portela Lopes de Almeida, apesar de a Teoria dos Jogos ter origem em estudos matemáticos, ela também vem sendo projetada nas ciências sociais aplicadas:

> A teoria dos jogos também tem sido utilizada nas ciências sociais como parâmetro, por exemplo, para definição de políticas públicas ou mesmo para a distribuição da responsabilidade civil em determinados acidentes. [19]Alguns estudos de ciência política têm utilizado como matriz teórica para o estudo das relações entre as casas legislativas a teoria dos jogos.[510]

A Teoria dos Jogos proposta por John von Neumann baseava-se na concepção competitiva de Adam Smith, capaz de proporcionar apenas jogos de resultado de soma zero, ou seja, todos competiriam de forma egoísta, buscando seu melhor interesse, e como resultado apenas um teria sucesso, ao passo que os demais ficariam sem o resultado almejado. Essa noção econômica sofreu uma mudança paradigmática com John Nash, ao introduzir o elemento da cooperação na Teoria dos Jogos, segundo o qual, cooperando entre si, os jogadores podem aumentar/maximizar seus ganhos individuais. O elemento cooperativo alarga o espectro de abordagem do jogador, que passa a considerar tanto o individual quanto o coletivo na sua tomada de decisões.[511]

Nas estratégias de guerra pela observação da Teoria dos Jogos, observou-se que não seria sábio atacar um inimigo que tem boas razões para acreditar que não perderá a batalha.[512] Economicamente, esse problema é resolvido matando-se os desertores, pois o risco de se morrer ao fugir da batalha é maior do que o de morrer lutando contra o inimigo.[513]

Considerando que o assédio moral organizacional, desenvolvido pelas novas práticas de gestão, pode ser considerado como uma situação de guerra no mercado de trabalho, a teoria dos jogos é aplicável para a descrição do problema e melhor compreensão da realidade que essa violência organizacional gera.

Note-se que a tática da pena aos desertores não está presente apenas no campo de guerra, mas é possível se observar no mercado de trabalho. Aquele que não suporta a luta com o inimigo (colega ou superior hierárquico) na relação de emprego e se torna "desertor" terá como fim o desemprego.

Retomando a teoria matemática, a Teoria dos Jogos considera que os agentes tomam decisões com base em suas preferências e interesses utilitários. Em regra, a utilidade é medida por uma satisfação da subjetividade psicológica do indivíduo, segundo a interpretação da Teoria dos Jogos dos anos 1930. Segundo a teoria de Samuelson de aplicação da Teoria dos Jogos, os agentes têm como norte de suas escolhas uma maximização da utilidade a qualquer tipo de agente, seja ele humano, animal, país, empresa etc. Por sua vez, outros teóricos entendem a Teoria dos Jogos como fonte para a explicação de razões estratégicas e não apenas um comportamento estratégico.[514]

Em razão de a Teoria dos Jogos envolver razões formais, o instrumento para maximizar a utilidade em termos matemáticos é definido como função utilitária (*utility function*). Todas as

---

(509) GAME Theory. In: Stanford Encyclopedia of Philosophy. First published Sat Jan 25, 1997; substantive revision Wed May 5, 2010. Disponível em: <http://plato.stanford.edu/entries/game-theory/>. Acesso em: 5 out. 2014.
(510) ALMEIDA, Fábio Portela Lopes de. A teoria dos jogos: uma fundamentação teórica dos métodos de resolução de disputa. Estudos de arbitragem, mediação e negociação, v. 2. Disponível em: <http://www.arcos.org.br/livros/estudos-de-arbitragem-mediacao-e-negociacao-vol2/terceira-parte-artigo-dos-pesquisadores/a-teoria-dos-jogos-uma-fundamentacao-teorica-dos-metodos-de--resolucao-de-disputa> Acesso em: 4 out. 2014.
(511) *Idem.*
(512) GAME Theory. *Op. cit.*
(513) *Idem.*
(514) *Idem.*

situações nas quais o agente pode maximizar sua utilidade ao antecipar a resposta a sua ação por um ou mais agentes podem ser consideradas jogos e os agentes são jogadores. Quando os agentes podem alcançar sua máxima utilidade independentemente da ação dos demais jogadores, há uma situação de monopólio ou de perfeita competição e, então, a Teoria dos Jogos não se faz necessária.[515] Entretanto, a maioria dos casos não trata de hipóteses de monopólios e de competições perfeitas.

O jogador racional economicamente é aquele que prevê resultados e os hierarquiza conforme a contribuição para seu bem-estar, planeja os passos para alcançar determinado resultado e adota os passos mais adequados considerando a ação dos demais jogadores. Quando se fala em opções disponíveis para escolha em Teoria dos Jogos, é importante considerar que são opções pragmaticamente e contextualmente viáveis, não sendo apenas teorias metafisicamente ou logicamente viáveis. Cada jogador encara duas ou mais possíveis estratégias que predeterminam o programa de jogo e definem as ações a serem tomadas. Os jogos mais simples são aqueles em que cada jogador possui informações perfeitas, no sentido de que cada um sabe de todas as decisões previamente tomadas pelos outros jogadores antes de tomar o próximo passo de sua estratégia; já uma hipótese de jogo em que há informações imperfeitas, os jogadores não sabem das decisões dos demais jogadores ao decidirem o próximo passo a tomar.[516]

Segundo a Enciclopédia de Filosofia da Universidade de Stanford, considerando que a Teoria dos Jogos é sobre a ação racional escolhida dada a atuação estratégica de outros jogadores, o que os agentes acreditam nos jogos ou deixam de acreditar sobre a ação dos demais agentes faz considerável diferença à lógica da análise.[517]

A Teoria dos Jogos possui três elementos principais: os jogadores, as estratégias disponíveis para cada jogador e o resultado que cada jogador obtém a depender da combinação de estratégias. Um passo importante na modulação de interações é ter conhecimento das informações que os jogadores dominam. Os jogadores sabem as opções de escolha que possuem, bem como as opções que o adversário ou o outro jogador dispõe, mas cada um não sabe qual escolha o outro fará, o que é típico de um jogo com completa mas imperfeita informação. Diferentemente, em um jogo de informação incompleta, um dos jogadores pode não saber qual o resultado de determinada escolha do outro jogador; já em um jogo com completa e perfeita informação, todos os jogadores sabem das opções de escolha e podem prever a decisão dos outros jogadores.[518]

Aplicando-se a Teoria dos Jogos ao modelo de gestão tipicamente fundado no sistema neoliberal, encontra-se de um lado da corda os gestores e empregadores fazendo o cálculo entre o lucro auferido no curto prazo com a prática de gestão pela incitação e as ações judiciais que buscam indenização por danos morais. Em razão da forma como o Poder Judiciário responde a essas demandas, deferindo baixas indenizações[519] a título de dano moral por assédio moral com base na remuneração do empregado e não na capacidade econômica do empregador, muitas vezes mostra-se uma opção mais vantajosa a perpetuação desse modelo de gerenciamento do trabalho.

Do outro lado da corda encontram-se os trabalhadores, que são desmobilizados por um regime hegemônico, nos termos de Gramsci. Como explica Adam Przeworski, no regime hegemônico de Gramsci, o governante conta com o consenso ativo dos dominados.[520] Analogicamente, o capital, mais especificamente materializado na pessoa do empregador, é hegemônico, pois conta com o

---

(515) Idem.
(516) Idem.
(517) Idem.
(518) BAIRD, Douglas G.; GERTNER, Robert H.; PICKER, Randal C. Game theory and the law. Cambridge, Massachusetts: Harvard University Press, 1998. p. 8-10.
(519) Os dados estatísticos referentes ao valor das indenizações serão apresentados no Capítulo 5 deste livro.
(520) PRZEWORSKI, Adam. Deliberação e dominação ideológica. In: WERLE, Denilson Luis; MELO, Rúrion Soares (Org. e Trad.). Democracia deliberativa. São Paulo: Singular, Esfera Pública, 2007. p. 278.

consenso ativo dos trabalhadores, os quais acreditam que não consentir com o assédio moral no curto prazo pode trazer prejuízos, como a dispensa ou a não promoção na carreira, mesmo que discordem da gestão vigente.

As empresas criam, assim, discursos ideológicos que buscam convencer seus empregados sobre a legitimidade da gestão implementada a ponto de convencê-los sobre sua justiça, como já analisado neste capítulo.

Pode-se questionar o que motiva os trabalhadores a adotarem crenças conforme a ideologia empresarial que degrada tanto o meio ambiente de trabalho, quanto a saúde física e psíquica dos obreiros.

Como resposta, a Teoria dos Jogos considera que os agentes atuam de acordo com suas predileções e gostos, mas também podem agir eventualmente de forma autodestrutiva e inconsistente; porém, em regra, as pessoas agem conforme o melhor resultado para si dependendo de suas crenças nas opções que os outros jogadores farão. A estratégia dominante é aquela opção que será a melhor para o jogador, independentemente de qual opção o outro jogador faça; ao passo que uma estratégia é dominada quando ela nunca será a melhor opção e, em alguns casos, será a pior escolha.[521]

Adam Przeworski explica que "a deliberação pode conduzir as pessoas a sustentar crenças que não são de seu melhor interesse", uma vez que a deliberação pode levar a uma "dominação ideológica", se entendida como uma discussão que busca a mudança de preferências entre as partes deliberantes.[522] A deliberação tem a capacidade de fazer que as pessoas mudem suas crenças, sejam elas políticas ou técnicas, podendo inclusive servir para que haja uma doutrinação que ludibrie as pessoas, levando-as a crenças falsas sobre os outros.[523]

Há duas maneiras de se manter em uma convicção falsa: 1) quando o indivíduo sabe quem é, mas mantém uma convicção falsa sobre qual escolha promove melhor seu interesse; 2) quando o indivíduo mantém crenças técnicas corretas, mas identifica-se com o grupo do qual não faz parte; assim, há conflitos de crenças técnicas e conflitos de identidade.[524]

Segue o exemplo para esclarecer a explicação das crenças:

> Sou um trabalhador que seria beneficiado com um aumento nos impostos, mas acredito erroneamente que o crescimento é impulsionado pela poupança e que, portanto, a renda deveria ser transferida, nas palavras do *Wall Street Journal*, para "aqueles que poupam". Ou posso ser um trabalhador e acreditar corretamente que o crescimento é impulsionado pelo consumo, mas ver-me como um membro da "classe média".[525]

Analogicamente, pode-se dizer que o equilíbrio gerado no ambiente organizacional pelas práticas de assédio moral verifica-se caso ocorra ao menos uma das duas opções a seguir descritas: 1) os empregados reconhecem-se como trabalhadores em condição de hipossuficiência e dependência do trabalho; logo, possuem uma correta identidade sobre si, mas possuem a crença falsa de que a melhor opção de ter uma vida digna é suportar as práticas de gestão fundadas no assédio moral e não devem se organizar coletivamente para combatê-las; 2) os trabalhadores acreditam que o ambiente laboral deve ser saudável e equilibrado para uma maior lucratividade, mas não se veem como vítimas do assédio, ou então "vestem a camisa da empresa", compreendem-se como "colaboradores" da empresa e entendem que devem investir na organização.

Em uma análise mais precisa sobre o assédio moral direcionado contra mulheres, é possível ainda fazer a seguinte analogia: 1) a mulher identifica-se com outras trabalhadoras mulheres, mas acredita que o assédio

---

(521) BAIRD, Douglas G.; GERTNER, Robert H.; PICKER, Randal C. *Game theory and the law*. Cambridge, Massachusetts: Harvard University Press, 1998. p. 11.
(522) PRZEWORSKI, Adam. *Op. cit.*, p. 278 e 279.
(523) *Ibidem*, p. 279.
(524) *Ibidem*, p. 284.
(525) *Idem*.

que ela sofre ou aquele de que sua colega é vítima é resultado de deficiências pessoais na realização do trabalho; 2) as mulheres entendem que a discriminação de gênero é equivocada e ilícita, mas acreditam que não fazem parte do grupo que sofre esse tipo de violência psicológica, razão pela qual padecem de uma ausência de empatia pela causa.

Ou então: 1) os trabalhadores (homens e mulheres) identificam-se entre si como trabalhadores e seres humanos com inerente dignidade; entretanto, acreditam que as diferenças de gênero podem ser tratadas com base em discriminações negativas, ou não percebem que a discriminação contra as mulheres é prejudicial para os próprios homens e não só para as mulheres; 2) os trabalhadores entendem que a discriminação de gênero é equivocada, mas não se identificam como pertencentes a um mesmo coletivo que deveria atuar de forma coesa e solidária em defesa das mulheres trabalhadoras.

Ainda é possível uma análise da questão identitária/solução do problemas a partir da perspectiva sindical: 1) o sindicato reconhece que representa trabalhadores de ambos os gêneros, mas entende que focar no combate à discriminação de gênero não é a estratégia mais acertada pois trata apenas de parcela dos interesses de seus representados e algumas vezes até de forma prejudicial para os homens representados; 2) o sindicato compreende que a discriminação de gênero no trabalho deve ser enfrentada, mas acredita que não é a organização específica para o combate do problema.

Adam Przeworski faz a seguinte análise a respeito de disputas sobre identidades:

> Disputas sobre a identidade são também constantes. Gramsci (1971, p. 260) observou que a revolução introduzida pela burguesia, no âmbito da ideologia, constituiu em apresentar-se a si mesma como o futuro da humanidade, "capaz de absorver a sociedade como um todo". Por sua vez, um dos temas socialistas mais persistentes na virada do século (Karl Kautsky, The class struggle [1971]), era o de que a pequena burguesia e os camponeses seriam "os futuros proletários", que seria melhor para eles se abraçassem imediatamente o interesse do proletariado. A imagem da sociedade formada por indivíduos com interesses harmônicos choca-se repetidamente com vários mapas de identidades particularistas com interesses conflitantes.[526]

Compreende-se que se os trabalhadores acreditarem que pela via democrática podem alterar a realidade, poderão usar a força para gerar a mudança; poderão utilizar a solidariedade reunida na mobilização sindical para enfrentar o modelo de gestão por assédio moral.

Adam Przeworski explica que o reconhecimento de que o outro é apto a governar leva a uma postura de "acatamento", a qual propicia um processo de fácil "doutrinação". Nesse modelo, há dois perfis de pessoas: as que são coadjuvantes e cúmplices em enganar os outros e as que acreditam que os outros sabem mais e por isso devem determinar o que será feito.[527]

A doutrinação pode se dar pela via da dominação ideológica deduzida da propriedade dos meios de produção, segundo interpretações de Gramsci no sentido de que o dinheiro é usado como meio de persuasão.[528]

Adam Przeworski critica essa perspectiva de doutrinação, por acreditar que os indivíduos podem ter acesso a um conhecimento independente e a informações conflitantes, uma vez que a informação é em grande parte a experiência própria de cada indivíduo; assim, a busca em iludir os outros encontra duas barreiras: "o conhecimento privado dos indivíduos e os contra-argumentos que se introduzem no domínio público".[529]

Considerando a dominação ideológica, captadora de subjetividades, engendrada pelas organizações, é possível compreender que os indivíduos têm acesso a conhecimentos privados oriundos da mobilização sindical, bem como contra-argumentos oriundos da CUT e demais organizações como o Ministério Público do Trabalho, o Ministério do Trabalho. Entretanto, é importante enfatizar que a

---

(526) *Ibidem*, p. 285.
(527) *Ibidem*, p. 288.
(528) *Idem*.
(529) *Ibidem*, p. 289.

relação de emprego é marcada pelo poder empregatício e pela dependência econômica em regra, o que reforça a dominação ideológica e mina a força das fontes de conhecimento externas e privadas na mobilização dos trabalhadores.

Adam Przeworski questiona: "por que uma multidão de pessoas apoia ideias que as colocam em situações piores do que poderiam estar?".[530] Esse é exatamente o questionamento que se coloca para entender a razão pela qual sindicatos e mesmo trabalhadores de uma mesma empresa ou grupo empresarial colocam-se submissos às práticas de gestão assediadoras e que discriminam mulheres (principalmente, porque a discriminação de gênero também é prejudicial aos homens).

Para responder a essa questão, Adam Przeworski explica que as crenças cruciais são aquelas que tratam das crenças sobre as crenças técnicas dos outros, ou seja, "a dominação ideológica é estabelecida não por meio do logro dos indivíduos quanto às relações causais objetivas entre uma ação individual e suas consequências para o seu próprio bem-estar, mas pela manipulação das expectativas mútuas, das hipóteses que os indivíduos isolados têm sobre as crenças dos outros".[531]

Essa manipulação é tão mais fácil quanto menor for o conhecimento direto de cada um sobre as crenças dos outros (ou seja, um jogo com informação incompleta nos termos da Teoria dos Jogos); e essas crenças não são aferíveis por meio da experiência cotidiana necessariamente, mas estão relacionadas a experimentos mentais e políticos. O principal no jogo são as crenças, as quais são moldadas por quem as sustenta. Tem papel mais relevante quem sustenta as crenças do que propriamente seu conteúdo como crença, o que indica a importância da identidade na definição das crenças.[532]

Sobre o papel da identidade, Adam Przeworski assume que "talvez, ouvir 'um de nós' seja mais persuasivo, mas também temos evidências de que as pessoas aceitam a autoridade daqueles que veem como sendo superiores: 'eles' podem saber mais" que "um de nós".[533]

Essa constatação de Adam Przeworski induz ao questionamento sobre a resposta dos trabalhadores às práticas de gestão por assédio moral. Ainda que o sindicato ou a organização coletiva intraempresarial dos trabalhadores ou as próprias vítimas discursem sobre o combate ao assédio moral, a identificação com esse discurso na condição "um de nós" pode ser mais fraca que a identificação com o discurso organizacional que indica os empregados como "colaboradores" e representa o "eles" em condição de superiores. Assim, as crenças e as identidades dos trabalhadores precisam ser moldadas para que haja um rompimento do equilíbrio entre o poder empregatício que usurpa a subjetividade dos trabalhadores e o medo ou a submissão esperançosa que aceita o assédio como prática de gestão para seleção dos melhores "colaboradores".

2.5.1. O dilema do prisioneiro

O *dilema do prisioneiro*[534] é um dos jogos mais utilizados pela Teoria dos Jogos e foi utilizado por Cortez em uma guerra espanhola e cogitado por Hobbes antes do empoderamento do tirano.[535]

---

(530) *Ibidem*, p. 292.
(531) *Ibidem*, p. 293.
(532) *Ibidem*, p. 293-294.
(533) *Ibidem*, p. 294.
(534) O dilema dos prisioneiros é capaz de gerar 78 jogos distintos, e, desse total, 24 são jogos simétricos. É possível identificar que há os chamados "jogos sociais": jogo do impasse (*deadlock*), *dilema do prisioneiro*, jogo do covarde (*chicken*), jogo da coordenação (*stag hunt*). O *jogo do covarde* pode ser descrito como aquele em que há dois carros, um em direção contrária ao outro e, para evitar um choque frontal, um dos motoristas desvia e, por isso, é chamado de covarde. Diferentemente no jogo do covarde, em razão do medo do resultado morte, ambos os motoristas tendem a cooperar. O *jogo do covarde* serve para descrever situações em que cada jogador sozinho pode cooperar individualmente e resolver o problema mesmo que o outro não coopere; entretanto, cada jogador prefere forçar a cooperação do outro para se beneficiar como carona (*free rider*). Já o *jogo do impasse* trata de uma situação em que os jogadores não querem cooperar e, para o bem coletivo, seria melhor que não cooperassem, mas a cooperação pode facilitar a vida de ambos, como no caso de empresas que se unem para desenvolver um produto ao invés de trabalharem em fórmulas concorrentes. Conferir: PIMENTEL, Elson L. A. *Dilema do prisioneiro*: da teoria dos jogos à ética. Belo Horizonte: Argvmentvn, 2007. p. 76 a 78.
(535) GAME Theory. *Op. cit.*

O dilema do prisioneiro baseia-se na seguinte hipótese: a polícia prende duas pessoas que ela acredita que cometeram um roubo à mão armada. Entretanto, a polícia não tem evidência suficiente para convencer o júri. O inspetor chefe faz a seguinte oferta a cada um dos prisioneiros: se o primeiro confessar o roubo, incluindo o parceiro, e este não confessar, o primeiro estará livre e o segundo será condenado a 10 anos de prisão. Se ambos confessarem, cada um será condenado a cinco anos de prisão. Se nenhum dos dois confessar, cada um será condenado a dois anos de prisão.[536]

	Jogador II	
	Confessa	Recusa
Confessa (Jogador I)	2,2	4,0
Recusa (Jogador I)	0,4	3,3

Considerando:
Livre ≫ 4
2 anos ≫ 3
5 anos ≫ 2
10 anos ≫ 0

Figura 1[537]

Segundo a figura dos quadros acima, o primeiro jogador terá o resultado do primeiro número que aparece em cada quadro e o outro jogador, o segundo número. Se ambos os jogadores confessam, cada um tem um resultado de 2, que significa cinco anos de prisão para cada um deles. Se nenhum dos dois confessa, terão um ganho de 3, ou seja, dois anos de prisão para cada um. Se o jogador I confessa e o jogador II não confessa, o jogador I tem um ganho 4, ou seja, é liberto e o jogador II tem um ganho de 0 (zero), sendo condenado a 10 anos.[538]

O quadro poderia ser desenhado com o resultado do número de anos que cada jogador seria condenado, a depender de cada hipótese, e ficaria assim:

	Jogador II	
	Confessa	Recusa
Confessa (Jogador I)	5,5	0,10
Recusa (Jogador I)	10,0	2,2

Figura 2[539]

Ao comentar o dilema do prisioneiro, Elson Pimentel argumenta que a decisão que cada prisioneiro pode tomar individual e egoisticamente é a pior para ambos, ou seja, quando ambos confessam, os dois terão a maior pena de prisão; ao passo que, quando resolvem cooperar um com o outro, haverá o melhor resultado para ambos, considerando o bem da coletividade.[540]

O dilema do prisioneiro apresenta, assim, tanto uma situação de conflito de interesses, quanto a possibilidade de cooperação entre duas ou mais pessoas, empresas, nações.[541]

---

(536) *Idem.*
(537) (Tradução livre) *Idem.*
(538) *Idem.*
(539) (Tradução livre) *Idem.*
(540) PIMENTEL, Elson L. A. *Dilema do Prisioneiro*: da teoria dos jogos à ética. Belo Horizonte: Argvmentvn, 2007. p. 59 e 60.
(541) *Ibidem*, p. 60.

Nos jogos de soma zero, um jogador ganha exatamente o que o outro jogador perde, em um contexto de interesses completamente opostos; já nos jogos de soma não zero, há perdas e ganhos não equivalentes, pois os interesses dos agentes não são completamente opostos e é possível haver cooperação.[542]

Há uma *Teoria dos Jogos cooperativos*, a qual considera a cooperação axiomática e busca o ótimo de Pareto (situação na qual se pode aumentar a utilidade de uma pessoa sem reduzir a utilidade das demais ou de uma outra específica) por meio do qual os jogadores façam compromissos que busquem o compartilhamento de ganhos, por exemplo, o jogo da barganha.[543]

Existem também os *jogos não cooperativos*, nos quais os jogadores racionalmente buscam as opções que possam lhes garantir melhores resultados para si mesmos, por exemplo, o dilema do prisioneiro.[544]

O *dilema do prisioneiro* é um jogo de soma não zero e um jogo não cooperativo, em que não há comunicação entre os jogadores e se houvesse ela dependeria da confiança, uma vez que a decisão de cada um se dá isoladamente e há um prêmio de recompensa pela opção não cooperativa.[545]

No dilema do prisioneiro, é impossível apenas um jogador definir o resultado do jogo, pois ele sempre dependerá da combinação de sua escolha com a opção feita pelo outro jogador. Por isso, a Teoria dos Jogos é utilizada para explicar situações em que os agentes têm interesses conflitantes e comuns envolvidos em ações interativas e interdependentes.[546]

A estratégia utilizada por um jogador envolve suas crenças sobre o meio ambiente e sobre as ações dos demais agentes, assim como seus desejos e interesses e o conjunto de informações a que tem acesso. A Teoria dos Jogos procura descrever todas as opções de escolha viáveis dos participantes e combiná-las.[547]

Elson Pimentel destaca que, mesmo que se presuma que o comportamento inteligente dos jogadores é calculado com base nas vantagens que terão a depender de qual opção adotem, muitas vezes as escolhas não se limitam às próprias preferências, podendo ser influenciadas por uma responsabilidade social e não meramente pelo interesse pessoal, mas a um objetivo que inclua o bem-estar do outro. Muitas vezes o jogo real difere do jogo teórico, o que pode levar o observador a tomar conclusões enganosas.[548]

Na Teoria dos Jogos, o ponto de equilíbrio será aquele no qual coincidem as estratégias estáveis de todos os jogadores, considerando que cada jogador também faz um cálculo do que os demais agentes esperam de sua decisão. Para que a definição do ponto de equilíbrio esteja correta, cada jogador precisa adotar a opção preferida da teoria, agindo racionalmente.[549]

> No exemplo do dilema do prisioneiro apresentado na Figura 2.3b (repetida abaixo), a estratégia de cooperação que está à disposição do Prisioneiro 1 é dominada pela estratégia de não cooperação. Isso acontece porque, qualquer que seja a escolha que o Prisioneiro 2 fizer, o resultado para o Prisioneiro 1 será pior se ele escolher a estratégia de cooperação (no caso, mesmo utilidade significa mais anos de prisão). A mesma análise, com os resultados simetricamente alterados, pode ser feita do ponto de vista do Prisioneiro 2.
>
> (...)

---

(542) *Ibidem*, p. 62.
(543) *Ibidem*, p. 63.
(544) *Idem*.
(545) *Ibidem*, p. 64.
(546) *Ibidem*, p. 66.
(547) *Idem*.
(548) *Ibidem*, p.67-69.
(549) *Ibidem*, p. 69-70.

A solução do jogo é, então, o ponto de equilíbrio de Nash, ou seja, a quadrícula (1,1), em que os dois jogadores não cooperam. O que é surpreendente, daí ser um dilema, é que o equilíbrio de Nash, no caso do dilema do prisioneiro, não é um ótimo de Pareto, pois haveria um resultado melhor para ambos os jogadores, que seria a quadrícula (2,2), de cooperação mútua. Ou seja, a melhor decisão do ponto de vista da racionalidade individual viola um certo critério de bem-estar coletivo, pois leva a um resultado que nem sempre é o melhor para todos.[550]

Em um jogo repetido com tempo infinito ou número indefinido de repetições, como nenhuma jogada é a última, as ameaças e promessas futuras intervêm nas decisões futuras, seja em uma direção mais conflituosa, seja rumo à cooperação.[551] Essa situação de jogo repetido ocorre em regra no dia a dia da relação de emprego a tempo indeterminado. Se considerarmos que o jogo é a relação de emprego, não havendo previsão de seu fim, toda decisão do presente influenciará decisões futuras, tanto por parte da gestão empresarial, quanto por parte do empregado.

Em um dilema do prisioneiro repetido, os jogadores sempre têm a expectativa de voltarem a se encontrar no jogo, por isso é mais fácil sustentar estratégias de comportamento cooperativas, uma vez que não há uma previsibilidade do fim do jogo.[552] Em razão dessa distribuição de resultados no tempo, deve ser incluído nos cálculos o "fator de desconto", "que representa a diminuição de valor que o jogador atribui no presente às utilidades que são esperadas no futuro".[553]

Para Elson Pimentel, "uma taxa de desconto alta reduz significativamente o valor presente dos futuros ganhos de cooperação", levando o jogador a adotar como prática a confissão reiterada; por outro lado, uma taxa de desconto baixa leva o jogador a considerar que a cooperação reiterada no presente poderia no longo prazo gerar maiores ganhos no futuro.[554]

Por isso, a Teoria dos Jogos pode ser aplicada para a análise da relação de emprego, uma vez que nela é possível observar o conflito capital-trabalho, bem como o choque de interesses entre empregador/organização e empregado.

Aplicando esse entendimento à prática do assédio moral nas relações de emprego, é possível considerar que as empresas utilizam o assédio moral como método de gestão de seus empregados pensando em benefícios de maior produtividade a curto prazo, seja na forma de assédio moral organizacional vertical, horizontal ou transversal. Isso ocorre, pois o assédio moral organizacional desenvolve-se e perpetua-se pela conivência do empregador; assim, ainda nas hipóteses de assédio moral organizacional horizontal, o empregador é o principal responsável pela violência produzida.

Os empregadores desconsideram que a médio e longo prazos seus empregados podem adoecer e até chegar ao suicídio em razão dessas formas de violência psicológica, como visto anteriormente. Assim, o assédio, por ser uma prática não cooperativa, pode gerar ganhos no curto prazo que não compensam os custos a médio e longo prazo, tanto custos humanos, quanto custos econômicos. Isso porque o empregado doente precisa se afastar do trabalho para tratamento, o que acarreta a perda desse capital humano, bem como o custo de contratação e treinamento de outro funcionário para o desempenho das funções deixadas pelo adoentado, e a onerosidade que a alta rotatividade de empregados produz.

O empregador conta que o empregado se conduzirá por um comportamento cooperativo, tendo em vista que em regra ele é hipossuficiente e precisa do emprego para sua subsistência, além do medo de sua não cooperação gerar represálias ou mesmo a dificuldade em conseguir uma nova

---

(550) *Ibidem*, p. 70.
(551) *Ibidem*, p. 72.
(552) *Idem*.
(553) *Idem*.
(554) *Ibidem*, p. 73.

posição no mercado de trabalho. Tendo essa certeza da cooperação do jogador empregado, o jogador empregador sente-se mais confiante para adotar estratégias não cooperativas em busca do melhor resultado para si, que, consequentemente, entregará o empregado ao pior resultado.

O dilema dos prisioneiros é uma tentação a adotar a estratégia não cooperativa quando se presume que o outro jogador cooperará, pois o resultado será o mais benéfico para o primeiro agente nessa hipótese. Assim, cada jogador é tentado a não cooperar e a desejar que o outro coopere. Em razão dessa tendência, o equilíbrio de Nash é a situação de não cooperação mútua, além de não ser um ótimo de Pareto por ser um equilíbrio ineficiente.[555]

O jogo da coordenação dispõe de dois equilíbrios: um de cooperação mútua e um de não cooperação mútua. Esse jogo pode ser exemplificado com o caso de dois amigos que combinam de fazer um corte de cabelo brega no último dia de aula e podem cumprir ou não o combinado, e a cooperação mútua, que é o escolhido pelos jogadores, é o ótimo de Pareto, pois a cooperação e a racionalidade caminham juntas. O jogo da coordenação, apesar de incentivar a cooperação, tem um estímulo à não cooperação.[556]

Um dilema dos prisioneiros que se repete indeterminadamente no tempo entre dois jogadores pode se transformar em um jogo de coordenação, bastando que "um dos jogadores use a estratégia de nunca cooperar e que o outro jogador escolha a estratégia de inicialmente cooperar e em seguida retaliar".[557]

A relação de solidariedade e empatia que mobiliza a organização sindical e o coletivo obreiro pode ser entendida a partir de um jogo de coordenação, na medida em que os jogadores (empregados/trabalhadores) podem optar por uma cooperação mútua que será mais benéfica para todos, pois fortalece a reivindicação por melhores condições de trabalho; entretanto, é possível ainda que os trabalhadores optem por atuar individualmente em razão do incentivo que a gestão baseada no individualismo e na competitividade produz.

Elson Pimentel alerta que a Teoria dos Jogos busca representar a realidade, mas não é garantia de certeza quanto às previsões do futuro em razão da riqueza da ação humana que não se mede por um conceito fixo de racionalidade. As definições de estratégias acabam adquirindo um caráter normativo que, a depender de elementos contingentes, sempre poderão sofrer revisão.[558]

Enfim, é possível observar que o grande papel que a Teoria dos Jogos desempenha é a capacidade de descrever comportamentos com base nas crenças dos jogadores, facilitando a compreensão da dinâmica das interações sociais.

2.5.2. A Teoria dos Jogos e o direito: modelando comportamentos

A lei pode modelar o comportamento dos agentes, principalmente quando trata de responsabilizar civilmente certas escolhas de conduta, para isso os agentes precisam conhecer a lei e os tribunais devem ter capacidade de tornar a lei exigível ou aplicá-la (*enforce the law*). A Teoria dos Jogos serve para simplificar uma situação social, descartando detalhes que são irrelevantes para a compreensão do problema.[559]

Baird, Gertner e Picker descrevem como um modelo de jogo as combinações de escolhas possíveis entre um motorista e um pedestre para a ocorrência de um acidente e analisam os ganhos e as perdas de cada um dadas as hipóteses.[560]

---

(555) *Ibidem*, p. 75-77.
(556) *Ibidem*, p. 78-79.
(557) *Ibidem*, p. 79.
(558) *Ibidem*, p. 83.
(559) BAIRD, Douglas G.; GERTNER, Robert H.; PICKER, Randal C. *Game theory and the law*. Cambridge, Massachusetts: Harvard University Press, 1998. p. 6-7.
(560) *Ibidem*, p. 9.

Os autores consideram que o pedestre sofre de uma falta de estratégia dominante, porque o resultado dependerá da estratégia que o motorista escolher. A dominação regular ou iterada resta configurada quando um jogador acredita que outros jogadores vão evitar estratégias dominantes e age de acordo com essa presunção, e os demais jogadores agem na crença de que aquele jogador não se valerá de estratégia dominante, bem como acreditam que aquele jogador acredita que os demais também não usarão da estratégia dominante. Assim, em um jogo com poucas repetições, pode-se concluir que estratégias dominantes não são utilizadas.[561]

Quando uma norma legal provê ambos os jogadores com estratégias dominantes, cada jogador não precisa saber os detalhes da lei, apenas qual escolha é a melhor, considerando todas as condições. Quanto mais se precisa assumir como os outros jogadores agirão, menos certeza se tem sobre o modelo de descrição de comportamentos adotado.[562]

Se o motorista não dirigir com cuidado, não importa qual escolha o pedestre faça, haverá um acidente. Assim, um pedestre que investe em comportamento cuidadoso terá um prejuízo ainda maior quando o motorista não toma nenhum cuidado ao dirigir, pois além de perder seu investimento ainda terá o prejuízo do acidente causado pela escolha do motorista. Em um regime jurídico em que o motorista não é responsabilizado por acidentes que causar, ele terá pouco incentivo para dirigir cuidadosamente e prevenir acidentes, gerando altos custos para os pedestres se protegerem, sob pena de ocorrerem muitos acidentes.[563]

A estratégia de tomar pouco ou nenhum cuidado domina a estratégia de conduta cuidadosa quando as pessoas não são responsabilizadas por agirem sem o devido cuidado, pois as pessoas não internalizam os custos de suas ações. Por exemplo, o motorista desfruta de todo o benefício de dirigir em alta velocidade, mas não arca com os custos de um eventual acidente com um pedestre.[564]

Se for feito um paralelo entre a relação de emprego e a situação acima descrita que envolve o motorista e o pedestre, analogicamente pode-se dizer que o pedestre está para o trabalhador assim como o motorista está para o empregador. Essa analogia se mostra adequada quando se considera que o empregador está em uma posição mais robusta tanto em termos materiais quanto de proteção a contingências econômicas, bem como o motorista tem uma maior proteção do veículo que dirige se comparado ao pedestre que está andando na rua desprotegido, assim como tem uma velocidade e um poder de reação muito maior que a do pedestre. Por sua vez, o pedestre é uma figura próxima ao trabalhador na medida em que este é hipossuficiente na relação empregatícia e está em uma condição mais vulnerável em relação ao empregador por não ser o detentor dos meios de produção, assim como o pedestre não possui uma estrutura metálica de carro para protegê-lo em um eventual choque com um veículo.

Assumindo essa analogia, um sistema que não responsabiliza o empregador por danos psicológicos ou pelas escolhas de gestão por assédio moral que faz acaba por incentivar esse comportamento na medida em que o benefício que o empregador tem no curto prazo com essas práticas de gestão assediadoras são atrativas, assim como dirigir a alta velocidade o é para o motorista que não tem nenhuma regra que o responsabilize por eventuais acidentes a pedestres. O empregador que não é responsabilizado juridicamente pelos adoecimentos e danos psicológicos e morais que causa a seus empregados pela gestão assediadora que adota acaba por ter um incentivo do ordenamento jurídico para conduzir-se de forma egoísta e sem cuidado com a saúde de seus empregados.

Um empregador que tem incentivos do ordenamento jurídico para "dirigir em alta velocidade sem cuidado para chegar mais rápido ao destino", ou seja, adotar políticas de gestão fortemente baseadas no assédio moral com a finalidade de alcançar maiores lucros, adotará uma estratégia dominante a

---

(561) *Ibidem*, p. 12.
(562) *Ibidem*, p. 12-13.
(563) *Ibidem*, p. 13-14.
(564) *Ibidem*, p. 14.

tal ponto que não importa qual conduta o empregado adote, este sempre será prejudicado e qualquer estratégia deste será dominada pela estratégia dominante do empregador. Se o empregado optar por resistir ao assédio enfrentando o empregador sairá no prejuízo com sua dispensa, e se se resignar com a violência psicológica sofrida sofrerá o prejuízo dos danos à sua saúde. *Assim, não há resultado positivo em um contexto de não regulação ou não responsabilização do empregador pelas práticas de gestão que escolha adotar, principalmente quando elas são práticas que não se preocupam em cuidar dos empregados.*

Com uma alteração nas normas jurídicas, o comportamento do motorista e do pedestre pode ser mudado, uma vez que a regra modifica os resultados de cada escolha, mesmo mantendo os mesmos jogadores e as mesmas opções de comportamento. Em um regime jurídico que estabelece, por exemplo, que qualquer acidente que houver entre pedestre e motorista a responsabilidade sempre será do motorista independentemente de quem tenha causado o acidente, há uma obrigação do motorista de sempre tomar cuidado.[565]

As estratégias representam os comportamentos possíveis diante de uma realidade, ao passo que os resultados indicam as consequências das ações; por meio do Direito é possível modelar os resultados, as regras de responsabilidade civil vinculam consequências às ações com reflexos nos resultados, sem afetar as estratégias.[566]

Em um modelo em que apenas o motorista é responsabilizado por eventuais acidentes que ocorram com um pedestre, este não possui incentivos para agir com cuidado, pois todos os custos do acidente serão arcados pelo motorista. Em um regime sem responsabilização de nenhuma das partes ou em um regime que responsabiliza apenas uma das partes, cada jogador agirá conforme seu próprio interesse e não buscará um comportamento cuidadoso.[567]

Em um regime em que se combina a negligência com a negligência concorrente, o pedestre só será ressarcido pelos danos se não agiu de forma negligente, mas o motorista, sim; assim, há uma alteração na alocação de custos referentes ao acidente entre as partes. Para adotar esse regime, é preciso presumir que tanto o motorista quanto o pedestre agem racionalmente.[568] Esse regime pode ser representado graficamente assim:

		Motorista	
		Sem cuidado	Com cuidado
Pedestre	Sem cuidado	-100, 0	-100, -10
	Com cuidado	-10, -100	-20, -10

Figura 3 — Negligência com contribuição de negligência. Relação pedestre x motorista.[569]

Em um regime em que há responsabilidade objetiva combinada com negligência concorrente, o motorista suporta o prejuízo do dano quando ambas as partes agem com cuidado; ao passo que no regime de negligência combinada com negligência concorrente é o pedestre quem suporta os custos quando ambas as partes são cuidadosas. A coincidência é que ambos os regimes incentivam que as duas partes atuem com cuidado.[570]

Em uma comparação com o Direito do Trabalho brasileiro, é possível observar que a Consolidação das Leis do Trabalho estabelece responsabilidades e dever de cuidado com a conduta tanto para empregadores quanto para empregados, como exemplo é possível citar os arts. 482 e 483 do diploma consolidado.

---

(565) *Ibidem*, p. 14.
(566) *Ibidem*, p. 15.
(567) *Ibidem*, p. 16.
(568) *Ibidem*, p. 16 e 17.
(569) Figura retirada de BAIRD, Douglas G.; GERTNER, Robert H.; PICKER, Randal C. *Op. cit.*, p. 17.
(570) *Ibidem*, p. 18.

O art. 482 da CLT estabelece as hipóteses em que o empregador poderá rescindir o contrato de emprego em razão de justa causa cometida pelo empregado, o que limita as possibilidades de conduta do trabalhador em serviço. Por sua vez, o art. 483 lista os casos em que o comportamento do empregador gera o direito de o empregado rescindir o contrato e receber indenização por isso. Assim, a conduta de ambos os jogadores está balizada pelo dever de cuidado.

Ou seja, os jogadores atuam conforme os melhores resultados, comparando os resultados de cada estratégia possivelmente adotada.[571]

Há ainda o regime de negligência comparada, no qual tanto o pedestre quanto o motorista respondem pelos custos do acidente quando ambos contribuíram com falta de cuidado.[572]

O sistema de negligência comparada permite analisar como as partes escolhem suas estratégia quando ambas concorrem com os custos por um acidente causado pela falta de cuidado das duas e quais incentivos elas precisam. Para esse regime, pode-se adotar uma maior responsabilização relativa aos custos à parte que agiu com maior negligência, ao passo que se ambos os agentes atuam com a mesma negligência os custos serão divididos igualmente entre eles. Nesse modelo, não resta muito claro quais são os incentivos para agir com cuidado, pois nenhum dos jogadores tem uma estratégia dominante, o que permite que algumas vezes o pouco cuidado seja melhor que o cuidado devido. Para um jogador é melhor agir com pouco cuidado quando o outro atua negligentemente do que buscar o cuidado devido; mas nenhum dos jogadores espera que a outra parte aja totalmente de forma negligente.[573]

		Motorista		
		Sem cuidado	Algum cuidado	Devido cuidado
Pedestre	Sem cuidado	-50, -50	-99, -2	-100, -3
	Algum cuidado	-2, -99	-51, -51	-101, -3
	Devido cuidado	-3, -100	-3, -101	-5, -3

Figura 4 – Negligência comparativa (regra de partilha enviesada) – Pedestre X Motorista[574]

O equilíbrio de Nash corresponde à melhor resposta que um dos jogadores pode adotar dada a estratégia do outro jogador. Considerando que nenhum jogador adotou a postura de algum cuidado (*some care*), o outro jogador deve adotar a estratégia de devido cuidado (*due care*) e não a estratégia de nenhum cuidado (*no care*). Um jogo terá um equilíbrio de Nash quando não for possível eliminar as estratégias dominantes.[575]

Quando um jogo apresenta mais de um equilíbrio de Nash, não é possível presumir que os jogadores farão escolhas que, combinadas, resultarão em um equilíbrio de Nash. Virtualmente falando, todo jogo apresenta ao menos um equilíbrio de Nash e, em regra, esse equilíbrio é a resposta do jogo. Se o resultado não é um equilíbrio de Nash, presume-se que uma das partes não escolheu a melhor estratégia dada a opção do outro jogador, o que gera um pior resultado para a parte que fez uma má escolha.[576]

Em um jogo de negligência comparada em que a parte menos cuidadosa tem proporcionalmente mais responsabilidade pelo dano, o equilíbrio de Nash será a combinação de cuidado devido por

---

(571) *Ibidem*, p. 19.
(572) *Idem*.
(573) *Ibidem*, p. 19-21.
(574) Figura retirada de BAIRD, Douglas G.; GERTNER, Robert H.; PICKER, Randal C. *Op. cit.*, p. 21.
(575) *Ibidem*, p. 21-22.
(576) *Ibidem*, p. 22-23.

ambos os jogadores. Nesse jogo, o equilíbrio de Nash ocorrerá quando ambos os jogadores atuarem com o devido cuidado, pois essa é a única combinação que sobrevive à sucessiva eliminação de estratégias dominantes.[577]

O Direito influencia o comportamento ao permitir que indivíduos que sofreram danos recorram às reparações por meio de ações judiciais em circunstâncias específicas, de forma diferente de um sistema regulatório criminal. Uma regra de responsabilidade civil realoca os resultados possíveis a depender das escolhas do jogador, sob uma ótica da Teoria dos Jogos. O poder das regras para modelar o comportamento dos jogadores não deve ser subestimado, uma vez que é capaz de criar os incentivos necessários conforme algumas considerações fortes.[578]

Tanto em um regime de negligência com contribuição de negligência, responsabilidade civil com contribuição de negligência, quanto um regime de negligência comparada, é possível observar que todos são regimes de compensação de danos, em que cada parte suporta seu próprio custo com o cuidado dispensado e o agressor nunca precisa ressarcir além do prejuízo que causou. O agressor que agiu com o cuidado devido não precisa ressarcir a vítima que não agiu com cuidado e vice-versa; quando tanto o agressor quanto a vítima agirem com o devido cuidado, os custos são divididos entre as partes ou suportados exclusivamente por uma em especial.[579]

Apesar das diferenças entre cada regime, todos incentivam que as partes ajam com o devido cuidado, o que as levará a um equilíbrio de Nash; entretanto, os modelos não são capazes de fazer que as partes atuem com excesso de cuidado, uma vez que o excesso não gera benefícios e aumenta o custo.[580]

Um jogador sempre terá um melhor resultado quando agir com o devido cuidado, pois terá de arcar no máximo com apenas parte do custo do dano, se comparado ao custo total do dano, caso aja com menos cuidado. Um jogador que só será responsável por metade do dano ou que não arcará com nenhuma parte do dano sempre tem o devido cuidado como resposta quando o outro jogador atuar com o devido cuidado.[581]

Para que o equilíbrio de Nash seja uma combinação em que ambos os jogadores escolhem ter pouco cuidado, é necessário que o custo do agressor de tomar o devido cuidado mais o custo pelo dano somados sejam menores que o custo de tomar o devido cuidado. Além disso, é preciso que o valor não compensado mais o custo da vítima de tomar cuidado sejam menores que o custo de a vítima agir com o devido cuidado. Assim, é preciso que o custo do agressor e da vítima no sentido de tomarem cuidado mais o custo social do acidente sejam menores que o custo do agressor e da vítima tomarem o devido cuidado; entretanto, isso não ocorre na realidade pois o custo de tomar o devido cuidado é muito menor que o custo social do acidente sobre qualquer outra combinação de estratégias.[582]

Em um jogo de completa mas imperfeita informação, o equilíbrio de Nash será em regra a combinação de estratégias em que ambos os jogadores atuam com o devido cuidado. Esse resultado ocorre em todos os modelos de responsabilidade civil apresentados: negligência; negligência combinada com contribuição de negligência; negligência comparada; responsabilidade objetiva combinada com negligência. Todos esses são regimes de compensação de danos, nos quais a parte que agiu com o devido cuidado não arca com os custos do dano se a outra parte agiu sem cuidado. Apesar de cada modelo gerar resultados diferentes para as partes, nenhum deles cria um incentivo para que as partes se comportem de forma diferente. Assim, a escolha de qual regra um ordenamento jurídico deve adotar

---

(577) *Idem*.
(578) *Ibidem*, p. 24.
(579) *Idem*.
(580) *Ibidem*, p. 25.
(581) *Ibidem*, p. 25-26.
(582) *Ibidem*, p. 26 e 27.

depende de uma análise sobre o número de litígios que se gerará e como os tribunais podem cair em erros na tentativa de aplicar a lei.[583]

Quando a norma modela o comportamento de modo a favorecer uma estratégia dominante, cada parte agirá com o devido cuidado sem se preocupar com a racionalidade do comportamento da outra parte ou mesmo com qual estratégia a outra parte adotará. Entretanto, Baird, Gertner e Picker alertam que esse tipo de norma pode vir acrescido de um alto custo, o que a torna inviável; assim, é preciso entender as normas conforme o empreendimento que se deseja favorecer.[584]

Em um sistema de compensação de danos, tanto o motorista quanto o pedestre devem ser recompensados pelos investimentos que fazem em cuidado independentemente do que o outro jogador faça.[585]

Em regimes de responsabilidade objetiva combinada com contribuição de negligência, o investimento do motorista em cuidado não lhe traz nenhum benefício quando o pedestre age sem cuidado. Uma regra que incentiva que as duas partes atuem com cuidado, não importando o que a outra faça, requer que os benefícios de uma das partes de tomar cuidado sempre será igual ou superior ao custo de agir com cuidado. A distribuição de responsabilidade quando as duas partes agem com o devido cuidado não afeta as estratégias dos jogadores em um regime de compensação de danos.[586]

Considerando que é possível uma das partes agir com excessivo cuidado, percebe-se que agir com o devido cuidado não é necessariamente uma estratégia dominante; por exemplo, se o pedestre acredita que o motorista não é racional e agirá com excessivo cuidado, o pedestre agirá com menos cuidado, pois a chance de um acidente ocorrer será menor.[587]

Para que as partes sempre decidam agir com o devido cuidado, independentemente das crenças sobre o que a outra parte fará, deve-se criar uma regra que sempre conceda certa parte de responsabilidade à parte que agiu com excesso de cuidado, mesmo que essa regra seja contraintuitiva, uma vez que a parte que tem excesso de cuidado já teve um custo maior com o cuidado excessivo, para que se incentive que cada parte atue com o devido cuidado apenas.[588]

O devido cuidado se torna uma estratégia dominante para ambas as partes quando o pouco cuidado acarreta uma maior responsabilidade pelos danos e agir com o devido cuidado não gera custos além do custo com o cuidado. Mesmo que uma parte seja responsabilizada integralmente por um eventual acidente, o reultado para ela ainda será melhor quando ela agir com o devido cuidado.[589]

Na vida real, os conflitos em regra podem acontecer com mais de dois jogadores ou duas pessoas, pois envolvem muitas vezes coletividades inteiras; entretanto, mesmo com coletividades é possível simplificar o problema por meio de uma análise de um jogo *two-by-two* (jogo de duas pessoas ou dois jogadores).[590]

O jogo de duas pessoas (que em verdade representa um conflito entre coletividades) é normalmente chamado de *dilema do prisioneiro*. Problemas coletivos que se encaixam na descrição do dilema do prisioneiro podem ser modelados por uma intervenção legal. Esses problemas podem ser denominados de tragédia dos comuns e exemplificados com o caso de um conjunto de pastores

---

(583) *Ibidem*, p. 27.
(584) *Ibidem*, p. 28.
(585) *Idem*.
(586) *Ibidem*, p. 28-29.
(587) *Ibidem*, p. 29.
(588) *Ibidem*, p. 29 e 30.
(589) *Ibidem*, p. 31.
(590) *Ibidem*, p. 31 e 32.i

que divide um campo, a cada ovelha que um pastor acresce a seu rebanho lhe dá um ganho em relação ao rebanho, mas prejudica todos os demais pois contribui para o esgotamento do pasto compartilhado por eles, o que prejudica as demais ovelhas e os demais pastores e impede uma negociação com eles.[591]

Outra ilustração para um jogo de duas pessoas é o caso em que proprietários do mesmo lado do rio precisam construir cada um parte da barragem e, caso qualquer dessas partes seja mal construída, todos terão prejuízos de alagamento de suas propriedades. Manter uma parte da barragem custa $4,00, ao passo que os danos por uma inundação custam $6,00; se todos os proprietários mantiverem sua parte da barragem, não haverá inundação, assim todos terão um gasto de $4,00, mas não terão um prejuízo de $6,00; por outro lado, se apenas alguns mantiverem a sua parte da barragem e outros não fizerem o mesmo, aqueles que investiram na barragem terão um custo total de $10,00, ao passo que quem não construiu sua parte da barragem terá um custo apenas de $6,00. Esse modelo é conhecido como *stag hunt* (caça ao cervo), que se explica como cada caçador pode abater sozinho uma lebre, mas para caçar um cervo precisará da ajuda de outros caçadores; caçar em conjunto um cervo é melhor que individualmente cada um caçar uma lebre.[592]

Tanto o *stag hunt* quanto o dilema dos proprietários com a barragem podem ser representados graficamente nos seguintes termos:

		Proprietário 2	
		Manter/Construir	Não manter/Não construir
Proprietário 1	Manter/Construir	-4, -4	-10, -6
	Não manter/Não construir	-6, -10	-6, -6

Figura 5: Jogo de coordenação da barragem. Participantes: Proprietário 1, Proprietário 2.[593]

Esse modelo do *stag hunt* ou o "dilema dos proprietários com a barragem e a inundação" pode ser analogicamente aplicado para a análise da cooperação coletiva entre empregados. Se entendermos que a solidariedade entre os empregados, quer de uma mesma empresa, quer de um mesmo ramo econômico, os fortalece frente ao empregador para o enfrentamento das negociações coletivas e a busca por melhores condições de trabalho, é possível analogicamente comparar a união dos caçadores para a conquista de um cervo com a união dos trabalhadores para enfrentamento das formas de gestão e da luta por direitos.

Ao passo que a ação individual de cada trabalhador de forma egoísta, além de prejudicar a si mesma, enfraquece o sujeito coletivo do corpo de trabalhadores. Entretanto, aparentemente para o trabalhador egoísta que não pensa no coletivo, o prejuízo é menor do que o dano que os demais empregados que atuam de forma coletiva sofrerão.

Esse mesmo raciocínio pode ser aplicado em relação à forma como os empregados lidam com o assédio moral. O medo de denunciar ou até testemunhar a violência psicológica que o colega sofre e inclusive ela/e própria/o sofre ou sofrerá silencia o sofrimento individual e coletivo e impede a formação de uma rede de solidariedade de combate às formas de gestão assediadoras.

A forma como as subjetividades dos trabalhadores são docilizadas pelo capital os leva a acreditar que a melhor opção é um agir egoísta e centrado nos seus próprios interesses, desconsiderando o poder da ação coletiva que colabora para as melhores condições de trabalho de todos. O que resta omisso nessa normatização das subjetividades é que todos terão um prejuízo muito maior com o comportamento egoísta de um ou de todos.

---

(591) *Ibidem*, p. 33-34.
(592) *Ibidem*, p. 35 e 36.
(593) Figura retirada de BAIRD, Douglas G.; GERTNER, Robert H.; PICKER, Randal C. *Op. cit.*, p. 35.

Isso porque aquele que age de forma egoísta sabendo que os demais agirão de forma colaborativa coletivamente terá um prejuízo de $6,00 e os demais terão um prejuízo de $10,00 (inclui o investimento de $4,00 mais o dano de $6,00); ao passo que se todos agissem de forma a colaborar com o coletivo, o custo individual de cada um seria de apenas $4,00 e não haveria prejuízo a ser suportado.

A desestabilização dos sujeitos coletivos é um dos passos mais importantes para que as subjetividades sejam docilizadas, uma vez que se enfraquece a rede de solidariedade entre os trabalhadores e gera o sentimento de que cada um deve agir por si, quebrando a empatia e o altruísmo por meio da falácia de melhores conquistas individuais. Porém, essa desestabilização que produz individualismos leva a um pior resultado para cada um dos trabalhadores enquanto indivíduos, se comparada a uma situação de cooperação coletiva.

Quando cada empregado submete-se a uma gestão por assédio moral em busca de, ao suportar o sofrimento, garantir o emprego e até promoções por ser considerado resistente e forte para tanto, e consegue permanecer no emprego sem o adoecimento imediato, terá o resultado de caçar uma lebre. Entretanto, se todos os empregados se unem de forma a enfrentar formas de gestão assediadoras, podem obter um ambiente de trabalho muito mais saudável e justo, como a caça ao cervo (*stag*).

Quando uma parte dos trabalhadores se une de forma coletiva para enfrentar o assédio moral e outra parte permanece desarticulada com o sujeito coletivo obreiro, o resultado a que se chegará é o mesmo que se tem quando entre os diversos proprietários de um lado do rio alguns investem em construir uma parte da barragem contra a inundação e outros poucos não investem em sua parte da barragem, o resultado será uma inundação para todos, em que aqueles que investiram em parte da barragem terão um prejuízo maior [prejuízo de $10,00 = $4,00 (custo da parte da barragem) + $6,00 (custo do prejuízo da inundação)], enquanto os poucos que não colaboraram com sua parte na construção da barragem sofrerão um prejuízo de $6,00 (dano com a inundação).

Aplicando analogicamente essa hipótese de jogo ao caso de assédio moral organizacional, tem-se que os trabalhadores que se unem coletivamente para enfrentar a gestão baseada no assédio moral terão o maior prejuízo quando alguns dos empregados se mantiverem desarticulados e agindo egoisticamente, pois em regra serão demitidos ou sofrerão mais assédio; ao passo que os trabalhadores desarticulados também terão prejuízo pois continuarão sofrendo os males de um ambiente de trabalho regido pelo assédio e a violência moral. Em contrapartida, se todos se unissem, seria possível um maior enfrentamento do assédio moral organizacional e a emancipação dos trabalhadores.

Se for observada a situação dos empregados que atuam de forma egoísta quando há um grupo que atua de forma cooperativa e solidária, o resultado final dos egoístas é superior ao do grupo que coopera comparativamente, uma vez que os egoístas terão um prejuízo de $6,00 e os membros do coletivo um prejuízo de $10,00.

Justamente essa análise comparativa é apresentada pelas formas de gestão para convencer os trabalhadores a não se articularem coletivamente e a não cooperarem entre si. Entretanto, se o caso fosse observado sob a perspectiva em que todos cooperam e não há nenhum que desvie para um comportamento egoísta, o custo de cada um seria $4,00; o que é a melhor situação possível, pois trata do menor custo para todos individualmente e o melhor benefício tanto para o coletivo quanto para os indivíduos. Ocorre que essa melhor situação não é apresentada, ou se passa a convencer os trabalhadores que sempre haverá um empregado que romperá com a solidariedade e a cooperação, o que incentiva o comportamento egoísta.

Tanto no jogo do *stag hunt* quanto no jogo dos proprietários, há mais de um equilíbrio de Nash. Isso acontece pois quando um caçador está em busca de lebre e um proprietário não constrói sua parte da barragem, os demais caçadores não têm incentivo de buscar o cervo, tampouco os demais proprietários têm interesse em construir e manter sua parte da barragem; portanto, não haverá interesse em agir de forma cooperativa com o coletivo se existe a certeza de que um indivíduo está agindo de forma egoísta, pois o prejuízo será maior. Então, pode-se concluir que há o equilíbrio em que todos os jogadores cooperam e há o equilíbrio em que ninguém coopera com ninguém.[594]

---

(594) *Ibidem*, p. 36 e 37.

Quando um jogo tem mais de um equilíbrio de Nash é preciso analisar se algum dos equilíbrios possui maior previsibilidade, apesar de nem todos os jogos possuírem resultados previsíveis.⁽⁵⁹⁵⁾ No caso em análise, em regra o individualismo e a desmobilização coletiva apresentam-se como mais previsíveis em razão do contexto neoliberal e o atual modelo de gestão toyotista pela incitação.

Como resposta a essa busca desenfreada pelo lucro a qualquer custo, Tzvetan Todorov propõe que as empresas busquem cultivar um ambiente de trabalho saudável que será benéfico para todos, inclusive para a própria empresa, e alerta para a importância da atuação estatal na produção de leis que leve em consideração a saúde dos habitantes do país e uma lógica de produção de longo prazo, diversa da lógica imediatista das empresas.⁽⁵⁹⁶⁾

> O enfraquecimento do âmbito da lei, a perda de sentido no mundo do trabalho, a desumanização dos seres não se explicam pela conspiração de alguns conjurados, os *manitus* do grande capital, embora, forçosamente, os que se beneficiam materialmente dele façam o que está ao seu alcance para reforçar essas mutações. O mesmo deve ser tido quanto às novas técnicas de *management* e governança. O conjunto dessas mudanças é o efeito de uma evolução da sociedade que não foi desencadeada por um sujeito individual consciente. Em contraposição, está claro que, sem ser uma consequência mecânica da ideologia neoliberal, tais mudanças foram possibilitadas por ela, e a favorecem de volta. Essas transformações parecem lógicas num mundo caracterizado pelo esquecimento dos fins (o desenvolvimento dos seres, uma vida rica em sentido e em beleza) e pela sacralização dos meios: uma economia próspera, sem que as pessoas se perguntem se ela serve bem à sua sociedade, e que reduz as empresas unicamente ao seu valor na Bolsa.⁽⁵⁹⁷⁾

Em todos os jogos há o conflito entre racionalidade e cooperação; em jogos com dois agentes em regra a cooperação prevalece sobre a racionalidade e se alcança o bem comum de forma altruísta; já em jogos com muitos agentes a possibilidade do carona (*free-rider*) deve ser reprimida, considerando que a cooperação em regra não é voluntária, prevalecendo o interesse individual sobre o coletivo e as vantagens de curto prazo sobre as de longo prazo.⁽⁵⁹⁸⁾

As normas jurídicas podem afetar os padrões de comportamento que as empresas adotam e como esses padrões podem beneficiar a todos.⁽⁵⁹⁹⁾ Por isso, é essencial que as normas constitucionais e trabalhistas sejam aplicadas pelos tribunais e pelo Ministério do Trabalho e Emprego para que os comportamentos sejam modelados e seja resguardada a dignidade dos trabalhadores.

Com fundamento nas análises da Teoria dos Jogos, é possível criar uma arquitetura institucional justrabalhista capaz de declarar, afirmar e concretizar a proteção ao trabalho humano para que comportamentos sejam modelados na relação de emprego a partir de um prisma de dignidade.

2.6. Poder empregatício e atuação do ser coletivo obreiro: o enfrentamento necessário

Após séculos de luta pela regulamentação legislativa de vantagens sociais para o trabalhador e para qualificar seu *status* com uma identidade social, a "civilização do trabalho" mostra-se sucumbente ao antigo lema "viver com o que ganha em cada dia".⁽⁶⁰⁰⁾

Vincent de Gaulejac explica que "[a] luta contra o desprezo é tão essencial quanto as reinvindicações materiais em termos de emprego, moradia ou renda".⁽⁶⁰¹⁾ Em um relato sobre o olhar dos

---

(595) *Ibidem*, p. 39.
(596) TODOROV, Tzvetan. *Op. cit.*, p. 137.
(597) *Ibidem*, p. 137 e 138.
(598) PIMENTEL, Elson L. A. *Op. cit.*, p. 61 e 62.
(599) BAIRD, Douglas G.; GERTNER, Robert H.; PICKER, Randal C. *Op. cit.*, p. 41.
(600) CASTEL, Robert. *As metamorfoses da questão social*: uma crônica do salário. 11. ed. Tradução: Iraci D. Poleti. Petrópolis, RJ: Vozes, 2013. p. 593.
(601) GAULEJAC, Vincent de. *As origens da vergonha*, p. 109.

nazistas em campos de concentração, Robert Antelme descreveu a situação "como se não houvesse mais outro Eu além daquele dos dominadores, aos quais se está entregue sem apelo... Deixando-o frente a uma presença anônima, sem palavra e sem dignidade".[602]

Nessa situação de se encontrar despossuído de si mesmo, a vítima de violência humilhante precisa encontrar um coletivo que a acolha com segurança para restaurar sua autoimagem; a recuperação não consegue se dar individualmente, pois a individualidade está destruída por um elemento extrínseco; logo, a restauração também precisa vir de fora do indivíduo.[603]

A solidariedade entre os colegas de trabalho permite que o assédio moral seja reconhecido coletivamente como uma injustiça. Porém, quando não existe o apoio coletivo, surge o sentimento de dúvida sobre suas próprias qualidades como vítima da violência gerencial. A tentativa isolada e individual de lutar contra essa situação fomentará mais ainda ansiedade, que agravará os efeitos do assédio. Esse será o solo fértil para o desenvolvimento de depressão, que poderá ter seu termo no suicídio.[604]

Para que o trabalho se concretize é preciso que as prescrições sejam ajustadas às resistências da realidade e haja coordenação entre os trabalhadores para a cooperação. Os trabalhadores precisam organizar-se coletivamente para dar testemunho de suas atividades efetivas e tornar visíveis suas habilidades.[605]

> Os acordos firmados entre os trabalhadores no seio do coletivo, de uma equipe ou de um ofício, que se estabelecem sob a forma de acordos normativos e, no máximo, sob a forma de regras de trabalho, têm sempre uma vetorização dupla: de uma parte, um objetivo de eficácia e de qualidade do trabalho; de outra parte, um objetivo social. A cooperação supõe, de fato, um compromisso que é ao mesmo tempo sempre técnico e social. Isto tem a ver com o fato de que trabalhar não é unicamente produzir: é, também, viver junto. E o viver junto não é algo evidente; ele supõe a mobilização da vontade dos trabalhadores visando a conjurar a violência nos litígios ou os conflitos que podem nascer de desacordos entre as partes sobre as maneiras de trabalhar.
>
> (...) Dar sua contribuição e seu consentimento aos acordos normativos num coletivo implica, então, seguidamente, a renúncia a uma parte do potencial subjetivo individual, em favor do viver junto e da cooperação.[606]

A renúncia à parte da própria subjetividade é condição para viver em coletivo e quando não se recua para a cooperação com o grupo, o individualismo triunfa destruindo o coletivo e a cooperação. O reconhecimento pelos outros é fundamental para se dar visibilidade ao trabalho realizado, passando o trabalho por julgamentos que não passam pelo sujeito que trabalha, mas pelo ato de trabalhar.[607]

A cooperação e a experiência com o coletivo retiram quem trabalha da solidão social, gerando uma socialização e integração do sujeito que trabalha a uma comunidade de pertencimento em razão do seu "fazer".[608]

A ação coletiva precisa ter como finalidade não apenas a luta contra a injustiça, mas o alvo da "celebração da vida". A revelação da vida ocorrerá se a parte da subjetividade que vem do trabalho for reconhecida e respeitada, o que vem sendo ameaçado pela lógica de gestão toyotista neoliberal que sacrifica a subjetividade em prol da rentabilidade e da competitividade.[609]

---

(602) *Ibidem*, p. 109-110.
(603) *Ibidem*, p. 111.
(604) DEJOURS, Christophe; BÈGUE, Florence. *Op. cit.*, p. 47-48.
(605) DEJOURS, Christophe. *Subjetividade, trabalho e ação*, p. 32.
(606) *Idem*.
(607) *Ibidem*, p. 32-33.
(608) *Ibidem*, p. 33.
(609) *Idem*.

O coletivo obreiro, quando bem estruturado, permite que se identifique a participação de cada trabalhador no resultado final e protege cada indivíduo de críticas externas e julgamentos arbitrários de quem não participou na obra, bem como cria regras para seus membros.[610]

Os trabalhadores contribuem para a democratização do espaço empresarial primeiramente por comporem um "ser coletivo", tendo ao seu lado uma legislação que favorece a vontade coletiva, e por sua atuação no cotidiano socioeconômico das organizações, descaracterizando a figura unilateral, assimétrica e autoritária do poder empregatício. O ser coletivo tem uma atuação revolucionária na construção da democracia, inclusive dentro das empresas, fazendo frente ao sujeito empregador em uma condição menos desigual.[611]

O sujeito empregador pode ser representado por uma única pessoa física, mas mesmo sendo um gerará impacto social ao influir na situação econômica de seus empregados e, respectivamente, de suas famílias, atingindo um universo comunitário significativo a depender da relevância de seu empreendimento.[612] Assim, "o empresário é, pois, um ser coletivo típico".[613]

Por isso, os trabalhadores devem-se organizar em coletividade para fazer frente ao ser empresarial naturalmente coletivo, nos países do capitalismo central.[614]

Para a consolidação da democracia contemporânea, é necessário o fortalecimento da vontade do coletivo obreiro na formação de uma normatividade heterônoma.[615]

> O fato é que a democracia invade a empresa. Quer como um processo provocado por induções externas, oriundas da sociedade política e sociedade civil; quer como um processo concretizado por induções internas, em especial pela ação coletiva organizada dos trabalhadores envolvidos. Fundamentalmente como um processo que não é, seja por sua dinâmica, seja por seus efeitos, de forma alguma antitético à estrutura e dinâmica básicas do sistema socioprodutivo contemporâneo. Um processo que, definitivamente, coloca em questão as clássicas concepções assimétricas, unilaterais e individualistas acerca do fenômeno do poder no contexto da relação de produção empregatícia.[616]

Assim, a cooperação dos empregados na formação do ser coletivo obreiro fortalece tanto as identidades individuais de cada trabalhador por meio do reconhecimento mútuo, quanto a identidade coletiva do grupo de obreiros na busca por melhores condições de trabalho e por uma maior democratização do espaço de trabalho. Nessa senda, acredita-se que o assédio moral será combatido desde suas primeiras sementes, não restando espaço para seu florescimento.

---

(610) GAULEJAC, Vincent de. *Gestão como doença social*, p. 156.
(611) DELGADO, Maurício Godinho. *O poder empregatício*, p. 154-155.
(612) *Ibidem*, p. 155.
(613) *Idem*.
(614) *Ibidem*, p. 156.
(615) *Ibidem*, p. 156 e157.
(616) *Ibidem*, p. 161.

CAPÍTULO 3
ENTRE O PODER EMPREGATÍCIO E A DIVISÃO SEXUAL DO TRABALHO: A MULHER NO MERCADO DE TRABALHO E NO REDUTO DOMÉSTICO

> *Quer dizer, o que é uma mulher? Juro que não sei. E duvido que vocês saibam. Duvido que alguém possa saber, enquanto ela não se expressar em todas as artes e profissões abertas às capacidades humanas.*
> Virginia Woolf[617]

Este capítulo dedica-se a analisar a presença da mulher no mercado de trabalho e na sociedade, estudando os papéis que lhes são designados como "naturais" no contexto tradicional. Essa naturalização de trabalhos e profissões como tradicionalmente femininos ou masculinos contribuem para a construção de preconceitos que atuam como fatores discriminatórios no mercado de trabalho, o que muitas vezes gera obstáculos para as mulheres alcançarem posições de liderança ou desempenharem profissões.

A construção cultural da divisão sexual do trabalho impõe padrões de feminilidade e de masculinidade na forma de normas sociais que, caso violadas, apresentam sanções aos "infratores". Entre as diversas formas de disciplinar as trabalhadoras e os trabalhadores que fogem dos estereótipos esperados está o assédio moral organizacional.

Assim, este capítulo busca pintar primeiro o desenho realístico contemporâneo da situação da mulher no mercado de trabalho, para em seguida observar como se pode extrair desses dados a divisão sexual do trabalho. Na sequência, analisa como o poder empregatício lida com a questão de gênero e, por fim, estuda como se relacionam o atual modelo de produção flexível, a subordinação jurídica e a questão de gênero.

3.1. A condição da mulher no mercado de trabalho e na sociedade e sua normatização jurídica

A condição da mulher na sociedade é um reflexo tanto de suas posições no mercado de trabalho, quanto das projeções de hierarquia no âmbito doméstico. As desigualdades e relações de subordinação existentes nas famílias acabam sendo transportadas para o ambiente de trabalho remunerado e para outras esferas da vida em sociedade, de modo que a condição da mulher pouco se altera a depender do espaço que ocupa. Assim, é possível observar uma proximidade entre família, trabalho e economia. Esse fenômeno também se observa com diversas minorias, o que indica inclusive uma relação entre essas situações de exclusão e subordinação e a condição de pobreza.

Como afirma Christine Chinkin, a pobreza é causa e consequência da desigualdade e da discriminação dentro e entre países. Em geral, muitos casos de discriminação contra indígenas, mulheres, minorias étnicas e negros são acompanhados de condições de pobreza em que esses grupos vivem. Esses grupos sofrem discriminação no acesso ao emprego, na alocação de moradia, na participação em grupos políticos e sociais, além da discriminação por sua condição de pobreza; assim, as discriminações são múltiplas.[618]

---

(617) WOOLF, Virginia. *Profissões para mulheres e outros artigos feministas*. Tradução: Denise Bottmann. Porto Alegre: L&PM, 2012. p. 14.
(618) CHINKIN, Christine. The United Nations Decade for the Elimination of Poverty: What role for International Law? In: *54 Current Legal Problems (2001) 553*, p. 581.

As mulheres ainda compõem a maioria dos trabalhadores mais pobres do mundo, dando ao fenômeno o nome de "feminização da pobreza". Segundo pesquisa divulgada em 2004 pela OIT, as mulheres representam 70% dos 550 milhões de trabalhadores mais pobres do mundo (aqueles que vivem com renda igual ou inferior a um dólar por dia). Ao passo que as mulheres representam 1,1 bilhão de um total de 2,8 bilhões de trabalhadores do mundo, o que demonstra o descompasso entre a inserção no mercado de trabalho e a saída da condição de pobreza para as mulheres.[619]

Em certa medida é possível concluir que a discriminação de gênero funciona tanto como causa quanto como consequência da pobreza no mundo.

Diferentemente de todos os outros grupos oprimidos, as mulheres compõem metade da população mundial e quando ainda se identificam com minorias sofrem uma cumulação de discriminações, como é o caso da mulher trabalhadora negra, por exemplo.[620] Em regra, as mulheres trabalhadoras compartilham no mínimo uma opressão tanto de classe quanto de gênero, além de outras que podem ser acrescentadas a depender de outras *interseccionalidades*[621].

Em pesquisas, Cristina Bruschini e Maria Lombardi constataram que o brasileiro em regra possui um baixo rendimento salarial pelo trabalho desenvolvido, e entre aqueles que possuem menor ganho estão as mulheres brasileiras, o que demonstra que elas ainda ganham menos que os homens. A escala decrescente de rendimentos possui a seguinte ordem: homens brancos, mulheres brancas, homens negros, mulheres negras. O delineamento dessa escala demonstra a dupla espoliação que as mulheres negras sofrem no mercado de trabalho.[622]

Considerando que, segundo dados da ONU, as mulheres correspondem a 70% dos pobres do mundo e a 2/3 dos analfabetos desse mesmo reduto, é notável que ainda há muitas discrepâncias na forma como a educação e o trabalho as atingem comparativamente aos homens.[623]

A Declaração de Beijing e a respectiva Plataforma de Ação fizeram uma abordagem sobre a *feminização da pobreza*, concluindo que muitas mulheres são pobres por serem mulheres. A maioria numérica das pessoas pobres no mundo são mulheres, o que é agravado pela desigualdade entre homens e mulheres no mercado de trabalho, a qual influencia em como se entra e se permanece na condição de pobreza.[624]

Segundo o Relatório de Desenvolvimento Mundial de 2000/2001, a redução da desigualdade de gênero tem enormes impactos na eliminação da pobreza:

O aumento da igualdade de gênero tem enormes benefícios para o estabelecimento de uma valorização dos direitos humanos, bem como um aumento dos benefícios materiais imediatos por meio de efeitos sobre a produção e o capital humano da próxima geração. Reformas institucionais, legais e políticas antidiscriminatórias para aumentar a igualdade de gênero têm tanto valor instrumental para o desenvolvimento e redução da pobreza, quanto valor intrínseco para promover os direitos humanos e o bem-estar.[625]

---

(619) CANTELLI, Paula Oliveira. *O trabalho feminino no divã*: dominação e discriminação. São Paulo: LTr, 2007. p. 122.
(620) MITCHELL, Juliet apud NOGUEIRA, Claudia Mazzei. *A feminização do mundo do trabalho*: entre a emancipação e a precarização. Campinas, SP: Autores Associados, 2004. p. 37.
(621) Essa expressão foi conceituada no Capítulo 1, conforme a definição dada por Helena Hirata. Para mais detalhes, conferir: HIRATA, Helena. Gênero, classe e raça: interseccionalidade e consubstancialidade das relações sociais. *Tempo Social, Revista de Sociologia da USP*, v. 26, n. 1, p. 61-73.
(622) BRUSCHINI, Cristina; LOMBARDI, Maria Rosa. Trabalho, educação e rendimentos das mulheres no Brasil em anos recentes. In: HIRATA, Helena; SEGNINI, Liliana (Orgs.). *Organização, trabalho e gênero*. Série Trabalho e Sociedade. São Paulo: Senac, 2007. p. 79-81.
(623) BARROS, Alice Monteiro de. Cidadania, relações de gênero e relações de trabalho. *Revista dos Tribunais Online, Revista de Direito do Trabalho*, v. 121, p. 9, jan. 2006.
(624) CHINKIN, Christine. *Op. cit.*, p. 581.
(625) (Tradução livre) Original: "Increasing gender equity has enormous benefits in establishing a cult of human rights as well as mores immediate material benefits through effects on production and the human capital of the next generation. Antidiscriminatory legal, institutional and policy reforms for increasing gender equality have both instrumental value for development and poverty

Assim, Christine Chinkin afirma que a pobreza não deve ser entendida como natural, tampouco inevitável, mas como uma verdadeira negação de direitos gerada por escolhas políticas, contextualizadas em um sistema jurídico.[626] E essas escolhas políticas e jurídicas refletem-se na forma como o mercado de trabalho é regulado e as relações privadas ordenam-se.

Apesar de as ideias feministas existirem há mais de um século, as mudanças sociais influenciadas por elas são recentes. Para Manuel Castells, a explicação para esse fenômeno está na transformação da economia e na abertura do mercado de trabalho e da educação para as mulheres, acompanhada pelos avanços tecnológicos que permitem o controle da gravidez.[627]

Manuel Castells explica a inserção da mulher no mercado de trabalho pelo interesse do mercado em características de gênero construídas pelas condições sociais que conferem às mulheres maior produtividade em certos segmentos, principalmente o de serviços pessoais e sociais.[628] Entretanto, essas mudanças não foram suficientes para eliminar a discriminação de gênero no trabalho, como analisa Manuel Castells:

> De modo geral, as categorias profissionais liberais/técnicas e administrativas/gerenciais evoluíram mais rapidamente do que outras, embora o maior entre os grupos de mulheres inseridas no mercado de trabalho ainda seja o de funcionarias de escritório. As mulheres não estão sendo relegadas a realizar serviços que exijam menor especialização: são empregadas em todos os níveis da estrutura e o crescimento do número de cargos ocupados por mulheres é maior na camada superior da estrutura organizacional. E é exatamente por isso que existe a discriminação: as mulheres ocupam cargos que exigem qualificações semelhantes em troca de salários menores, com menos segurança no emprego e menores chances de chegar às posições mais elevadas.[629]

As políticas de mercado baseadas no *laissez-faire*, que privilegiam a eficiência e a produtividade, se dão ao custo da supressão das liberdades civis e do autogoverno na grande maioria das vezes. Consequentemente, essas políticas geram situações de pobreza que impossibilitam uma igualdade material de participação na política e na democracia.[630]

Nesse contexto, a relação entre gênero e pobreza encontra uma explicação possível e plausível na forma como se dão a distribuição da renda e a remuneração em postos formais e informais entre homens e mulheres.

A acumulação flexível desenvolvida a partir dos anos 1970 absorveu fortemente a mão de obra feminina, mas ao mesmo tempo precarizou ainda mais a força de trabalho das mulheres. Em todos os continentes, o trabalho feminino predomina nas atividades mais precárias e vulneráveis, e essa situação vem acompanhada de pouca mudança na divisão das tarefas domésticas.[631]

No Brasil, a inserção da mulher no mercado de trabalho acompanhou os processos de industrialização e urbanização, ocupando posições não qualificadas e trabalhos precários com baixa remuneração e pouca proteção social. Claudia Mazzei Nogueira caracteriza o crescimento da ocupação dos espaços de trabalho pelas mulheres de "feminização do trabalho", fenômeno que vem se mostrando de caráter mundial e tem contribuído de certo modo para a emancipação das mulheres.

---

reduction and intrinsic value for furthering human rights and well-being." In: WORLD Development Report 2000/2001 Attacking Poverty (Oxford, 2001) 16, p. 122 *apud* CHINKIN, Christine. *Op. cit.*, p. 572.
(626) CHINKIN, Christine. *Op. cit.*, p. 565.
(627) CASTELLS, Manuel. *O poder da identidade.* Volume 2: A era da informação: economia, sociedade e cultura. 7ª reimp. Tradução de Klauss Brandini Gerhardt. São Paulo: Paz e Terra, 1999. p. 171.
(628) *Ibidem*, p.194 a 198.
(629) *Ibidem*, p. 200.
(630) CHINKIN, Christine. *Op. cit.*, p. 565-567.
(631) NOGUEIRA, Claudia Mazzei. *Op. cit.*, p. 38-39.

Entretanto, esse avanço das mulheres no mercado de trabalho não vem acompanhado de um patamar remuneratório em equidade com os homens. A baixa remuneração também é acompanhada de condições mais precárias de trabalho, como postos no mercado informal tanto nos espaços urbanos quanto rurais, para as mulheres, acentuando as desigualdades de gênero.[632]

Helena Hirata afirma que a flexibilidade nas organizações de trabalho começou nos anos 1980, com uma conotação ideológica marcada por uma aparência positiva, mas fortemente arraigada a formas de precariedade. A concepção de adaptabilidade e maleabilidade veio acompanhada da degradação das condições de trabalho e da redução de salários e proteção social. A flexibilidade veio acompanhada pela marca da divisão sexual do trabalho.[633]

A flexibilidade no mercado de trabalho aponta para formas precárias de contratação, como o trabalho por tempo parcial, contrato a termo, trabalho terceirizado, por exemplo.[634] Nesse contexto, "as trabalhadoras são as protagonistas principais dessa forma de flexibilidade", garantindo aos homens os cargos de chefia e os postos formais de emprego.[635]

Helena Hirata faz a seguinte análise sobre a flexibilidade e a questão de gênero:

> Considerando a divisão sexual do trabalho profissional, pode-se afirmar: a flexibilidade é sexuada. A flexibilidade interna (polivalência, rotação de tarefas, integração e trabalho em equipe) concerne fundamentalmente à mão de obra masculina. Kergoat refere-se à "justaposição" entre taylorismo (setor feminizado) e flexibilidade: formação qualificante e polivalência para os homens, e formas de empregos ditos "atípicos" para as mulheres. É assim que a flexibilidade externa é obtida, principalmente pelo recurso à mão de obra feminina (empregos precários, trabalho de tempo parcial, horários flexíveis, anualização do tempo de trabalho). Assim, a flexibilidade aumenta as desigualdades entre homens e mulheres quanto a condições de trabalho e emprego.[636]

Helena Hirata explica que essa flexibilidade sexuada do trabalho é possível, pois ainda se perpetua um pensamento de legitimação social que confere às mulheres um "salário complementar" e a obrigação de conciliar a vida familiar com a vida profissional.[637]

As mulheres também ocupam os trabalhos que exigem menor carga horária e, consequentemente, oferecem menor remuneração.[638]

Helena Hirata tece as seguintes conclusões sobre o mercado de trabalho brasileiro:

> No caso do Brasil, as mulheres brancas e negras têm trajetórias duradouras nas ocupações de menor prestígio e de más condições de trabalho, como o emprego doméstico, atividade em que as mulheres negras são mais numerosas. Ambas estão também sobrerrepresentadas no item desemprego. Homens brancos e negros estão sobrerrepresentados nas trajetórias de emprego formal e de trabalho autônomo, embora os últimos em menor proporção. Eles têm trajetórias marcadas pela instabilidade de forma mais marcante que os homens brancos, indicando maior vulnerabilidade.[639]

Outro traço marcante da divisão sexual do trabalho no mundo produtivo é a predominância de mulheres em cargos de liderança de profissões tradicionalmente femininas (como Enfermagem,

---
(632) *Ibidem*, p. 67-73.
(633) HIRATA, Helena. Flexibilidade, trabalho e gênero. In: HIRATA, Helena; SEGNINI, Liliana (Orgs.). *Organização, trabalho e gênero*. Série Trabalho e Sociedade, São Paulo: Senac, 2007. p. 91-93.
(634) *Ibidem*, p. 93 e 97.
(635) *Ibidem*, p. 98 e 99.
(636) *Ibidem*, p. 104.
(637) *Idem*.
(638) NOGUEIRA, Claudia Mazzei. *Op. cit.*, p. 74 e 75.
(639) HIRATA, Helena. *Gênero, classe e raça*, p. 64.

Pedagogia, Secretariado, entre outras), mas sua pouca expressividade nos mesmos cargos de profissões tradicionalmente masculinas (como Medicina, Magistério Universitário, Alto Executivo, por exemplo), que não chega a 20%.[640]

Segundo dados colhidos pela Secretaria de Direitos Humanos da Presidência da República e divulgados em dezembro de 2014, a desigualdade salarial entre homens e mulheres ainda é grande e isso decorre de um aumento mais acelerado da renda dos homens, ao passo que a remuneração das mulheres vem crescendo de forma mais gradativa.[641]

Essa constatação empírica foi representada graficamente da seguinte forma:

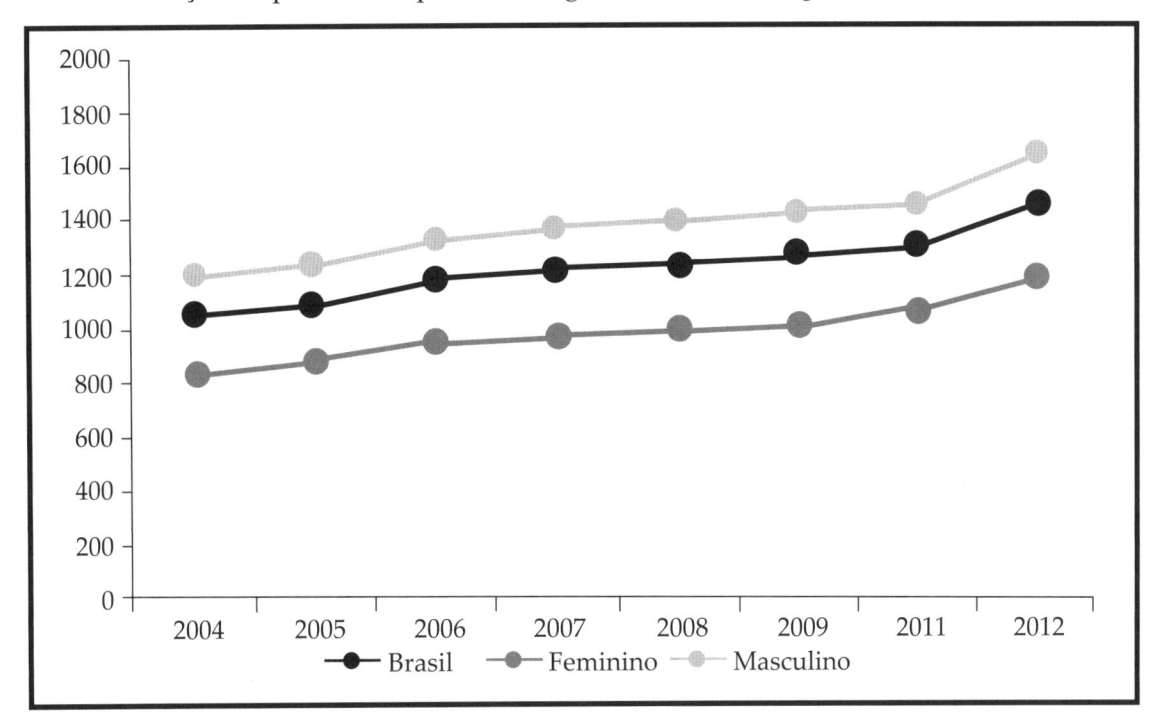

Figura 6. Fonte: PNAD/IBGE.[642]

---

(640) BRUSCHINI, Cristina; LOMBARDI, Maria Rosa. Trabalho, educação e rendimentos das mulheres no Brasil em anos recentes. In: HIRATA, Helena; SEGNINI, Liliana (Orgs.). *Organização, trabalho e gênero*. Série Trabalho e Sociedade. São Paulo: Senac, 2007. p. 61.
(641) BRASIL. Secretaria de Direitos Humanos da Presidência da República, Brasília, dezembro de 2014. Documento: Sistema Nacional de Indicadores em Direitos Humanos: Trabalho. Disponível em: <http://snidh.sdh.gov.br/condicoes-justas-nao-discriminatorias-e--seguras-no-trabalho.html>. Acesso em: 15 dez. 2014.
(642) Fonte: Figura 65. PNAD/IBGE. Explicação: "Rendimento médio do trabalho principal das pessoas ocupadas, por sexo, representado por duas linhas, uma vertical na lateral esquerda e outra horizontal. Na lateral esquerda, o valor do rendimento médio do trabalho principal das pessoas ocupadas, variando de zero a dois mil reais, com intervalos de duzentos reais. Na linha horizontal, o período entre 2004 e 2012. No interior, três linhas. A primeira, em vermelho, representa o sexo feminino, apresentando valores que ficam entre oitocentos e trinta e três e mil, cento e noventa reais. A segunda, na cor preta, representa o total Brasil e apresenta valores entre mil e cinquenta e três e mil, quatrocentos e cinquenta e três. A terceira, em azul, representando o sexo masculino, apresenta valores entre mil, cento e noventa e oito e mil, seiscentos e trinta e nove reais". Disponível em: <http://snidh.sdh.gov.br/downloads.html>. Acesso em: 15 dez. 2014.

```
            1453,4                              1639,5
                        1190,0


            Total       Feminino              Masculino
```

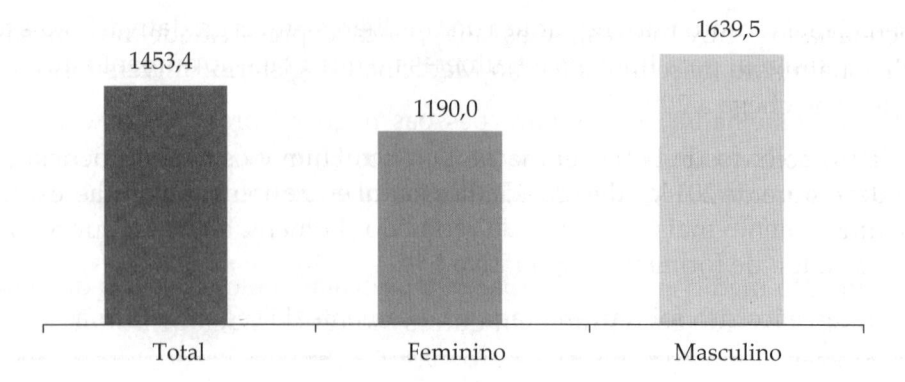

Figura 7. Fonte PNAD/IBGE.[643]

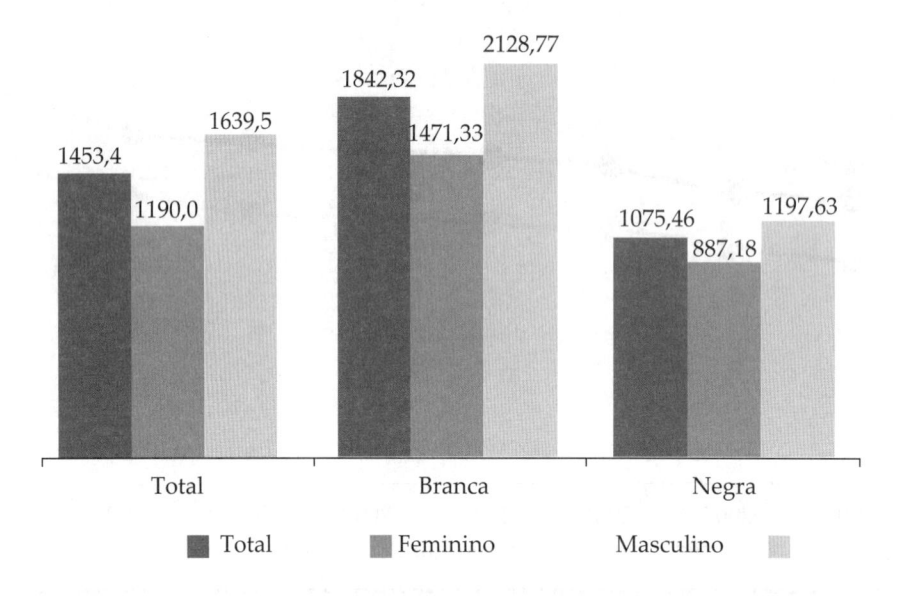

```
                        1842,32     2128,77
                              1471,33
    1453,4      1639,5
          1190,0                       1075,46    1197,63
                                             887,18


       Total              Branca              Negra

    ■ Total        ■ Feminino        Masculino
```

Figura 8. Fonte PNAD/IBGE.[644]

Em explicação analítica, os pesquisadores da Secretaria de Direitos Humanos fizeram os seguintes apontamentos:

As discrepâncias entre homens e mulheres em seu rendimento médio é também evidente. Os dados em série temporal apontam para um fato preocupante: a desigualdade de renda entre os dois grupos está aumentando em razão do fato de que a aceleração da renda dos

---

(643) Fonte: Figura 68. PNAD/IBGE: "Rendimento médio do trabalho principal das pessoas ocupadas, por sexo, durante o ano de 2012. Gráfico em formato de barras. Em linha horizontal, partem três barras. A primeira, preta, representa o total, no valor de mil, quatrocentos e cinquenta e três reais. A segunda, vermelha, representa o sexo feminino, no valor de mil, cento e noventa reais e a terceira, azul, representa o sexo masculino, no valor de mil, seiscentos e trinta e nove reais. Fonte: PNAD/IBGE". Disponível em: <http://snidh.sdh.gov.br/downloads.html>. Acesso em: 15 dez. 2014.

(644) Fonte: Figura 71. PNAD/IBGE: "Rendimento médio do trabalho principal das pessoas ocupadas, por raça/cor e sexo, durante o ano de 2012. O gráfico representa os dados como um conjunto de barras verticais, separadas em grupos de três, com cores diferentes. Cada grupo de três barras representa o total e as raças brancas e negras e é constituído pelo valor total do rendimento médio do trabalho principal das pessoas ocupadas e os valores de homens e mulheres. No primeiro grupo, para o total, a barra de cor preta que representa o Brasil tem o valor de mil, quatrocentos e cinquenta e três reais, para mulheres, na cor vermelha, tem o valor de mil, cento e noventa reais e para os homens, na cor azul, o valor de mil, seiscentos e trinta nove reais. No segundo grupo, para a raça branca, a barra para o total, na cor preta, tem o valor de mil, oitocentos e quarenta e dois reais, a barra para as mulheres, na cor vermelha, tem o valor de mil, quatrocentos e setenta e um reais e a barra para os homens, na cor azul, tem o valor de dois mil, cento e vinte e oito reais. Para o terceiro grupo, para a raça negra, a barra para o total, na cor preta, tem o valor de mil e setenta e cinco reais, a barra para as mulheres, na cor vermelha, tem valor de oitocentos e oitenta e sete reais e a barra azul, para os homens, tem valor de mil, cento e noventa e sete reais. Fonte: PNAD/IBGE". Disponível em: <http://snidh.sdh.gov.br/downloads.html>. Acesso em: 15 dez. 2014.

homens é mais acentuada, enquanto a das mulheres é mais gradativa. O país tem melhorado de forma desigual para homens e mulheres no que tange ao aumento de sua renda.

Tendência semelhante ocorre entre pessoas negras e brancas, em claro detrimento das primeiras. A renda de pessoas negras é sempre inferior à média nacional e a de brancas é sempre superior. A desigualdade de renda entre pessoas negras e brancas também aumentou.

O rendimento médio em zonas urbanas é praticamente o dobro do que em zonas rurais. Mantém-se o padrão encontrado em outros indicadores de que a situação do trabalho em áreas rurais é pior do que em áreas urbanas.

Homens brancos têm renda média mais alta do que mulheres brancas, que têm renda mais alta do que homens negros, que têm renda mais alta do que mulheres negras. Homens brancos ganham, em média, quase três vezes mais do que mulheres negras. Há, claramente, um acúmulo de desigualdades no que tange à média dos rendimentos, onde sexo e raça se sobrepõem para gerar uma situação de desigualdade intensa.

No que tange à desigualdade entre homens e mulheres, esta é mais acentuada em regiões do país onde a renda média é mais alta.[645]

De acordo com a pesquisa divulgada pela Secretaria de Direitos Humanos da Presidência da República, em dezembro de 2014, o crescimento da taxa de emprego diminuiu o número de negros e mulheres não empregados; ao passo que, em períodos de crise econômica e crescimento do desemprego, os negros e as mulheres são desfavoravelmente mais atingidos. De acordo com os dados colhidos em 2013, a combinação de gênero e raça demonstrou que as mulheres negras são as mais afetadas com o desemprego em razão de uma dupla discriminação e preconceitos acumulados.[646]

Outra diferença crucial é o fato de as mulheres ocuparem uma parcela menor dos trabalhos formais existentes no mercado. De 1992 a 2002, o número de mulheres com vínculo de trabalho celetista reduziu para menos de 5%.[647]

Relacionando os indicadores em direitos humanos fornecidos pela Secretaria de Direitos Humanos da Presidência da República e de outras pesquisas sobre a inserção da mulher no mercado de trabalho com os dados apresentados pelas Nações Unidas no esforço para a eliminação da pobreza, é possível concluir que o fato de o maior número de pessoas pobres no mundo ser de mulheres está intrinsecamente ligado à constatação empírica de que as mulheres sofrem um tratamento diferenciado com viés negativo no mercado de trabalho, auferindo em regra remunerações inferiores às dos homens.

Constada a relação entre a *feminização da pobreza* e a desigualdade salarial entre homens e mulheres, torna-se imperativo o estudo sobre o modo como o mercado de trabalho recebe e trata as mulheres e as formas de discriminação e preconceito nele inseridas.

O trabalho da mulher tem papel importante na superação da pobreza na América Latina, pois permite que a renda familiar *per capita* aumente, inclusive porque as mulheres direcionam uma parte maior de sua renda para prover saúde, educação e alimentação dos filhos, se comparadas aos homens.[648]

---

(645) BRASIL. Secretaria de Direitos Humanos da Presidência da República, Brasília, dezembro de 2014. Documento: Sistema Nacional de Indicadores em Direitos Humanos: Trabalho. Disponível em: <http://snidh.sdh.gov.br/downloads.html>. Acesso em: 15 dez. 2014.
(646) *Idem.*
(647) BRUSCHINI, Cristina; LOMBARDI, Maria Rosa. *Op. cit.*, p. 77.
(648) ABRAMO, Laís. Inserção das mulheres no mercado de trabalho na América Latina: uma força de trabalho secundária? In: *Organização, trabalho e gênero*. HIRATA, Helena; SEGNINI, Liliana (Orgs.). Série Trabalho e Sociedade. São Paulo: Senac, 2007. p. 39.

Segundo estudo da OIT, entre as pessoas envolvidas com atividades não remuneradas a maioria é de mulheres, o que dificulta sua inserção no mercado de trabalho em atividades remuneradas e atua como obstáculo para a melhoria nas metas de redução da pobreza e para a promoção da igualdade de gênero.[649]

Nesse sentido, é possível encontrar uma relação entre mulheres e pobreza, uma vez que "as mulheres que são chefes de família enfrentam maiores dificuldades em conciliar trabalho e família e, assim, maiores dificuldades em ter uma renda decente, não por acaso, em sua maioria, são provenientes de lares mais pobres".[650]

Segunda nota da OIT, quando as responsabilidades familiares ficam ao encargo da mulher, o homem passa a representar o "trabalhador ideal" para o mercado, pois pode trabalhar sem as limitações domésticas e familiares e a mulher fica mais restrita ao seu espectro de escolhas possíveis, buscando um trabalho de tempo parcial ou em condições mais precárias, que permita a conciliação com os cuidados com a família.[651]

Para combater essa discriminação feita pelo mercado em razão da construção cultural de responsabilização pelas tarefas familiares, é preciso questionar os papéis tradicionalmente construídos para homens e mulheres na sociedade e na família, incluindo os homens na participação com o cuidado dos filhos e das tarefas domésticas.[652]

A forma como as empresas e empregadores dispõe de medidas para auxiliar seus trabalhadores na divisão do tempo para a realização do trabalho e para o cuidado com suas responsabilidades familiares pode evitar a discriminação de gênero quando essas medidas são oferecidas independentemente do sexo do empregado, como o serviço de creches para deixar os filhos no horário de expediente.[653]

A divisão sexual do trabalho é tão forte ainda nos dias atuais que as mulheres trabalhando ou não remuneradamente acumulam as tarefas domésticas na grande maioria dos casos.[654] Em regra, as mulheres investem mais tempo em atividades domésticas que os homens; entretanto, o número de horas que a mulher gasta com esse serviço diminui à medida que aumenta seu número de anos de estudo.[655]

Assim, observa-se que historicamente a posição das mulheres alterou-se na saída e conquista do mercado de trabalho, sempre acompanhada das responsabilidades familiares, ao passo que o papel do homem na sociedade e na família permanece quase intacto, uma vez que ele não caminhou para dividir as responsabilidades pelas tarefas domésticas com as mulheres, o que faz que em regra as mulheres trabalhem (contanto serviço remunerado e atividades domésticas) mais horas que os homens.

Helena Hirata e Danièle Kergoat explicam que a divisão sexual do trabalho reproduz desigualdades sistemáticas e articula as diferenças atribuídas ao gênero para criar uma hierarquia entre as profissões e atividades. Os estudos da França sobre a divisão sexual do trabalho tiveram como primeiro "ponto de ancoragem" incluir o trabalho doméstico como uma espécie de trabalho, além de desmitificar a ideia de que é uma atribuição "naturalmente" das mulheres. Assim, o trabalho doméstico passou a ser considerado um trabalho tanto quanto o trabalho profissional remunerado e pode-se questionar a tradicional divisão sexual do trabalho.[656]

---

(649) BRASIL. OIT, Notas da OIT, Nota n. 2, Promoção da igualdade de gênero e políticas de conciliação entre o trabalho e a família. Disponível em: <http://www.oitbrasil.org.br/content/nota-2-promoção-da-igualdade-de-gênero-e-pol%C3%ADticas-de-conciliação--entre-o-trabalho-e-fam%C3%ADlia>. Acesso em: 15 dez. 2014.
(650) *Idem.*
(651) *Idem.*
(652) *Idem.*
(653) *Idem.*
(654) *Idem.*
(655) BRUSCHINI, Cristina; LOMBARDI, Maria Rosa. Trabalho, educação e rendimentos das mulheres no Brasil em anos recentes. In: *Organização, trabalho e gênero*. HIRATA, Helena; SEGNINI, Liliana (Orgs.). Série Trabalho e Sociedade. São Paulo: Senac, p. 51.
(656) HIRATA, Helena; KERGOAT, Danièle. Novas configurações da divisão sexual do trabalho. *Cadernos de Pesquisa*, v. 37, n. 132, p. 596-597, set./dez. 2007.

Maria Lombardi e Cristina Bruschini salientam que o trabalho feminino combina tanto a esfera reprodutiva do lar quanto o trabalho no espaço produtivo, mas muitas vezes o trabalho feminino produtivo é visto como "ajuda", e não como trabalho monetarizável. Nos anos 1970 e 1980, por exemplo, o IBGE em suas pesquisas não considerava o trabalho doméstico realizado pelas donas de casa como trabalho, e as catalogava como economicamente inativas, ao lado dos desempregados.[657] Nesse contexto, fazia sentido categorizar as tarefas como trabalho feminino e masculino, além de estar presente uma forte hierarquia ligada às relações sociais.[658] Nos anos 2000, o IBGE passou a considerar a atividade doméstica como um trabalho não remunerado para as donas de casa.[659]

Segundo Laís Abramo, a manutenção das desigualdades entre homens e mulheres no mercado de trabalho é fruto de um contexto cultural que exige maior formação educacional das mulheres para que elas tenham acesso às mesmas oportunidades de emprego que os homens.[660] Além disso, a desigualdade de gênero é reforçada por uma divisão sexual do trabalho, que atribui às mulheres tarefas domésticas com menor valor social, e aos homens, atividades valorizadas do mundo público.[661] Essa divisão impede que as mulheres dediquem mais tempo e energia ao aprimoramento de seu capital humano, o que reforça a subvalorização do trabalho.[662]

O espaço das mulheres no mercado de trabalho vem crescendo nas últimas décadas em decorrência da expansão de sua escolaridade, o que gera um grande impacto de gênero no mundo do trabalho.[663] Entretanto, é curioso observar que ainda há uma prevalência de escolha pelas mulheres de carreiras tradicionalmente femininas, como as áreas de saúde, educação, bem-estar, humanidades e artes, apesar de um sensível crescimento da participação feminina em áreas como negócios, Direito, Engenharias e Medicina, redutos tradicionalmente masculinos e prestigiadas profissões.[664]

Cristina Bruschini e Maria Rosa Lombardi concluem em pesquisa que as mulheres ainda ganham menos que homens, mesmo possuindo maior qualificação ou trabalhando igual ou mais horas; as pesquisadoras constataram que "houve uma diminuição do espaço de desigualdade na remuneração entre homens e mulheres, embora não se deva perder de vista que isso ocorreu também em razão da queda dos ganhos masculinos".[665]

Essa transformação na arquitetura de gênero que compõe o mercado de trabalho atual é fruto, em grande medida, da expansão das universidades públicas e privadas em um movimento que gerou oportunidades de um futuro profissional para as mulheres além do âmbito doméstico.[666] Entretanto, esse crescimento da profissionalização veio acompanhado tanto na Medicina, quanto na Arquitetura e na advocacia de "processos de especialização e assalariamento, em prejuízo da antiga autonomia profissional", "o que repercute no nível de prestígio e *status* atribuído a esses profissionais".[667]

Essa compreensão do papel secundário da mulher no mercado de trabalho e da necessidade de priorização das responsabilidades familiares também refletiu-se por muito tempo na forma como a legislação estruturou-se.

---

(657) BRUSCHINI, Cristina; LOMBARDI, Maria Rosa. *Op. cit.*, p. 49.
(658) HIRATA, Helena; KERGOAT, Danièle. Paradigmas sociológicos e categoria de gênero. Que renovação aporta a epistemologia do trabalho? *Novos Cadernos NAEA*, v. 11, n. 1, p. 42 e 43, jun. 2008.
(659) BRUSCHINI, Cristina; LOMBARDI, Maria Rosa. *Op. cit.*, p. 50.
(660) ABRAMO, Laís. *Op. cit.*, p. 26.
(661) *Idem*.
(662) *Ibidem*, p. 26 e 27.
(663) BRUSCHINI, Cristina; LOMBARDI, Maria Rosa. *Op. cit.*, p. 54 e 55.
(664) *Ibidem*, p. 56.
(665) *Ibidem*, p. 84.
(666) *Ibidem*, p. 59 e 60.
(667) *Ibidem*, p. 60.

Claudia Mazzei Nogueira defende que a inserção da mulher no mercado de trabalho, ao ser acompanhada de condições precárias, acaba por fragilizar toda a classe trabalhadora e destruir os direitos sociais e trabalhistas.⁽⁶⁶⁸⁾

Note-se que as primeiras leis trabalhistas, argumentando pela proteção da mulher, criaram mecanismos que fomentavam a discriminação de gênero no trabalho, cristalizando as desigualdades entre homens e mulheres e restringindo o campo de atuação das mulheres.⁽⁶⁶⁹⁾

Como já visto, é possível observar que muitas vezes o Direito possui um papel de manutenção do *status quo*, confirmando tradições opressoras e desigualdades negativas. Entretanto, as normas jurídicas também possuem um caráter contrafático em momentos de ruptura com a realidade existente. Assim, é possível observar o caráter dialético do Direito com o mundo fático, ao passo que um interfere no outro e é influenciado pelo outro de forma recíproca e constante, em um balanço entre conservação e transformação do jurídico e do mundo da vida.

Em busca de uma regulação jurídica contrafática, a Constituição Federal de 1988 teve como primado a eliminação formal de todas as formas de discriminação contra a mulher, principalmente de forma expressa no art. 5º, inciso I.⁽⁶⁷⁰⁾

Além de a Constituição da República vedar a discriminação em razão do sexo em qualquer âmbito (art. 5º, I), ela também veda a diferença de salários, funções ou critério de admissão por questão de gênero (art. 7º, XXX).⁽⁶⁷¹⁾

Em razão das disposições dos arts. 3º, IV, 5º, *caput*, e 7º, XXX e XVIII, da Constituição Federal, as disposições da CLT que proibiam o trabalho noturno da mulher na indústria, bem como em subterrâneos, nas minerações e pedrarias, nas obras de construção civil e em atividades perigosas e insalubres não foram recepcionadas pela nova estrutura constitucional.⁽⁶⁷²⁾

Nesse sentido, a Lei n. 7.855/89 retirou expliciatamente do ordenamento jurídico brasileiro infraconstitucional as vedações ao trabalho da mulher em subterrâneos, mineração, pedreiras, construções, atividades perigosas ou insalubres e noturnas.⁽⁶⁷³⁾

Também foi inserido na CLT o art. 373-A, que veda o anúncio de vaga de emprego ou a promoção que faça referência ao sexo do candidato, além de proibir que se exija atestado de gravidez ou documento sobre o estado civil para admissão ou permanência no emprego.⁽⁶⁷⁴⁾ Busca-se, assim, eliminar da legislação pátria dispositivos sexistas e garantir maior igualdade jurídica às mulheres.⁽⁶⁷⁵⁾

No mesmo sentido, o art. 389, §§ 1º e 2º, da CLT estabeleceu o dever de os empregadores implementarem creches para os filhos de seus empregados quando tiverem mais de 30 mulheres empregadas, como forma de traduzir sua responsabilidade social pela promoção da igualdade de gênero.⁽⁶⁷⁶⁾

---

(668) NOGUEIRA, Claudia Mazzei. *A feminização do mundo do trabalho: entre a emancipação e a precarização*. Campinas, SP: Autores Associados, 2004. p. 41.
(669) COUTINHO, Maria Luiza Pinheiro. Discriminação no Trabalho: Mecanismos de Combate à Discriminação e Promoção de Igualdade de Oportunidades. Documento: Igualdade Racial, OIT-Brasil. Disponível em: <http://www.oitbrasil.org.br/sites/default/files/topic/discrimination/pub/oit_igualdade_racial_05_234.pdf>. Acesso em: 13 dez. 2014. p. 40.
(670) *Idem*.
(671) BARROS, Alice Monteiro de. Cidadania, relações de gênero e relações de trabalho. In: *Revista dos Tribunais Online, Revista de Direito do Trabalho*, v. 121, p. 9, jan. 2006.
(672) COUTINHO, Maria Luiza Pinheiro. *Op. cit.*, p. 42.
(673) BARROS, Alice Monteiro de. *Op. cit.*, p. 9.
(674) *Idem*.
(675) *Idem*.
(676) GURGEL, Yara Maria Pereira. Discriminação nas relações de trabalho por motivo de gênero. *Constituição e Garantia de Direitos*, v. 1, ano 4, p. 5.

Ainda em âmbito infraconstitucional, as Leis ns. 9.029/95[677] e 9.799/99 regularam os detalhes da vedação a toda prática discriminatória de acesso, manutenção ou promoção no emprego por motivo de sexo, elevando ao *status* de crime (pela Lei n. 9.029/95) a exigência de teste de gravidez ou atestado de esterilização na admissão em emprego, bem como a adoção de qualquer medida que induza ou instigue à esterilização genética ou promova o controle de natalidade, prevendo as penas de prisão e multa, sem prejuízo de sanções administrativas e potencial condenação em danos morais e materiais pela esterilização não autorizada, nos termos da Lei n. 9.263/96.[678]

No âmbito internacional, as convenções ns. 100 e 111 da OIT estabelecem a igualdade de salários e oportunidades, como parte do esforço para a eliminação de todas as formas de discriminação contra a mulher.[679]

A Convenção n. 100 de 1951 da OIT determina a igualdade de remuneração entre homens e mulheres para trabalhos de igual valor, a Convenção n. 111 de 1958 veda a discriminação e estabelece a igualdade de oportunidades no mercado de trabalho, a Convenção n. 127 de 1967 limita o peso máximo de carga que uma mulher pode carregar em atividade laboral e a Convenção n. 156 de 1981 estabelece a promoção de igualdade de oportunidades e de tratamento para homens e mulheres com responsabilidades familiares.[680]

A Convenção n. 111 da OIT foi ratificada pelo Brasil em 1965, estabelecendo o dever de promovermos políticas de igualdade de gênero no mercado de trabalho de modo a eliminar as discriminações; no mesmo sentido é a atuação da Convenção sobre a Eliminação de Todas as Formas de Discriminação contra a Mulher (CEDAW).[681]

A Convenção n. 156 de 1981 da OIT trata de trabalhadores com responsabilidades familiares considerando orientações políticas para que a igualdade de gênero seja alcançada no tocante às oportunidades de inserção no mercado de trabalho, uma vez que a concentração das responsabilidades familiares em um dos gêneros afeta a igualdade de oportunidade e tratamento nas atividades remuneradas.[682]

Em âmbito nacional, a Secretaria Especial de Políticas para as Mulheres, com o apoio da OIT e do Fundo de Desenvolvimento das Nações Unidas para a Mulher, vem promovendo desde setembro de 2004 o Programa Pró-Equidade de Gênero, no intuito de romper com os paradigmas de opressão de gênero e garantir a inclusão das mulheres com equidade no mercado de trabalho.[683] Esse programa oferece o Selo Pró-Equidade de Gênero às empresas que apresentam resultados satisfatórios no cumprimento do plano de ação.[684]

---

(677) A Lei n. 9.029/95, já em seu primeiro artigo, proíbe qualquer medida que impeça ou limite de forma discriminatória o acesso ou a manutenção no emprego por motivo de sexo, origem, raça, cor, estado civil, situação familiar ou idade. Em seguida, tipifica no seu art. 2º como crime a conduta de exigir exame, teste, atestado que comprove esterilização ou estado gravídico, além de promover qualquer programa de esterilização genética ou controle de natalidade, sob pena de detenção de um a dois anos e multa. A lei prevê como sujeitos ativos dos referidos crimes a pessoa física empregadora, o representante legal do empregador e o dirigente direto ou por delegação de órgão público ou entidade da administração direta, indireta e fundacional de qualquer dos poderes da União, dos Estados, do Distrito Federal e dos Municípios. Além disso, a lei ainda sanciona esses sujeitos ativos com multa administrativa no valor de dez vezes o maior salário pago pelo empregador, elevado em cinquenta por cento no caso de reincidência, e proíbe a obtenção de empréstimo ou financiamento junto a instituições financeiras oficiais. O diploma legal ainda faculta à vítima recorrer à justiça pleiteando indenização por dano moral, além de garantir-lhe o direito à readmissão com ressarcimento integral de todo o período de afastamento ou a percepção em dobro da remuneração do período de afastamento.
(678) COUTINHO, Maria Luiza Pinheiro. *Op. cit.*, p. 43.
(679) BARROS, Alice Monteiro de. *Op. cit.*
(680) COUTINHO, Maria Luiza Pinheiro. *Op. cit.*, p. 41 e 42.
(681) GURGEL, Yara Maria Pereira. *Op. cit.*, p. 8.
(682) BRASIL. OIT, Notas da OIT, Nota n. 2, Promoção da igualdade de gênero e políticas de conciliação entre o trabalho e a família. *Op. cit.*
(683) GURGEL, Yara Maria Pereira. Discriminação nas relações de trabalho por motivo de gênero. In: *Constituição e Garantia de Direitos*, v. 1, ano 4, p. 9.
(684) *Idem.*

Posteriormente, acompanhando as alterações legislativas e o surgimento de políticas públicas, a atuação sindical demonstrou ter papel ativo na alteração dos rumos do quadro de gênero.

Para buscar a conciliação entre trabalho e vida familiar, os sindicatos têm buscado inserir em seus quadros de liderança mulheres com responsabilidades familiares de forma a garantir a representatividade desse grupo em seus comitês e atividades para construir negociações coletivas e debates que considerem essas particularidades e promovam a igualdade de gênero inclusive dentro do próprio sindicato.(685)

Após a instituição da política de cotas que exige que no mínimo 30% de cargos de direção nos sindicatos sejam destinados a mulheres, observou-se que 40% dos trabalhadores associados eram mulheres em 2009, no Brasil. Ao passo que nos cargos de direção sindical a presença das mulheres varia entre 8% e 30%, e nas secretarias nacionais esses percentuais aumentaram para 18% a 40%.(686)

Segundo nota da OIT, os sindicatos têm sido precursores em negociar cláusulas que posteriormente são confirmadas pelo legislador nacional, como ocorreu com a licença-paternidade no Brasil. Segundo estudo realizado pela OIT e pelo DIEESE, várias normas coletivas têm primado pela matéria da equidade de gênero. No biênio 2007/2009, 9% das negociações incluíam cláusulas tratando da estabilidade do pai trabalhador na categoria de bancários, químicos, metalúrgicos, comerciários, entre outras. Nessa mesma pesquisa, foi constatado que 80% das cláusulas tratam de abono de faltas para acompanhamento de filhos em internações, consultas médicas, independentemente do sexo do trabalhador.(687)

Essas discussões referentes à busca pelo equilíbrio entre família e trabalho permitem um questionamento sobre a tradicional divisão de tarefas relativas às responsabilidades familiares e aos papéis de homens e mulheres. Como exemplo, tem-se a Confederação Nacional dos Trabalhadores do Ramo Financeiro a qual, desde 2008, vem incluindo propostas de ampliação para seis meses da licença-paternidade de forma a dividir igualitariamente a responsabilidade pela criança após o retorno da mãe ao trabalho.(688)

Assim, apesar de ainda serem passos tímidos e graduais, tanto na seara constitucional e legislativa, quanto na atuação sindical, é possível observar uma movimentação transformadora da realidade que discrimina e exclui as mulheres do mercado de trabalho e de posições de liderança. Aos poucos o cenário vai transformando-se em busca de maior igualdade entre homens e mulheres.

3.2. A divisão sexual do trabalho e a construção de identidades no trabalho

A divisão sexual do trabalho está fortemente relacionada às identidades construídas para cada profissão ou trabalho a partir de categorizações como sendo atividades femininas ou masculinas.

Pierre Bourdieu explica que os conceitos de masculino e feminino adquiriram significados de oposições homólogas, como alto e baixo, dentro e fora, duro e mole, claro e escuro; como se fossem oposições suficientes. Tradicionalmente, firmaram-se divisões arbitrárias entres os sexos, as quais são apresentadas como naturais e evidentes.(689)

> A força da ordem masculina se evidencia no fato de que ela dispensa justificação: a visão androcêntrica impõe-se como neutra e não tem necessidade de se enunciar em discursos que visem a legitimá-la. A ordem social funciona como uma imensa máquina simbólica

---
(685) BRASIL. OIT, Notas da OIT, Nota n. 7, Conciliação entre o trabalho e a vida familiar: ações dos sindicatos. Disponível em: <http://www.oitbrasil.org.br/content/nota-7-conciliação-entre-o-trabalho-e-vida-familiar-ações-dos-sindicatos-0>. Acesso em: 15 dez. 2014.
(686) *Idem.*
(687) *Idem.*
(688) *Idem.*
(689) BOURDIEU, Pierre. *A dominação masculina*. 2. ed. Tradução de Maria Helena Kühner. Rio de Janeiro: Bertrand Brasil, 2002. p. 15-16.

que tende a ratificar a dominação masculina sobre a qual se alicerça: é a divisão social do trabalho, distribuição bastante estrita das atividades atribuídas a cada um dos dois sexos, de seu local, seu momento, seus instrumentos; é a estrutura do espaço, opondo o lugar de assembleia ou de mercado, reservados aos homens, e a casa, reservada às mulheres; ou, no interior desta, entre a parte masculina, com o salão, e a parte feminina, com o estábulo, a água e os vegetais; é a estrutura do tempo, a jornada, o ano agrário, ou o ciclo de vida, com momentos de ruptura, masculinos, e longos períodos de gestação, femininos.[690]

Essas construções arbitrárias sobre o feminino e o masculino também fomentam a divisão sexual do trabalho, as discriminações de gênero e o assédio moral organizacional, como uma expressão da *violência simbólica*. Profissões e tarefas não reconhecidas como femininas são reservadas a homens, e as mulheres que pretendem desempenhá-las são assediadas e discriminadas por isso.

Pierre Bourdieu define como *violência simbólica* aquela que é suave e sensível às suas próprias vítimas, manifestando-se pela linguagem, propriedade corporal, estilo de vida. Também registra que a dominação dos homens sobre as mulheres tem uma dimensão simbólica.[691]

Manuel Castells afirma que o patriarcalismo marca, como estrutura, todas as sociedades contemporâneas, gerando uma autoridade do homem sobre a mulher e os filhos — condição que se projeta desde o âmbito familiar até outras esferas sociais, como a política e a cultura.[692] Inclui-se nessa listagem também a esfera do mundo do trabalho.

Entretanto, a estrutura patriarcal vem sofrendo rupturas em virtude da inserção da mulher no mercado de trabalho remunerado e de sua conscientização política.[693]

No século XIX, a mulher operária era vista como a antítese do feminino, pois saía ao mundo e deixava o espaço doméstico como único reduto de trabalho; e essa diferença de gênero acentuava-se nos períodos de greve em que as reinvindicações das mulheres, principalmente quanto à desigualdade salarial, não eram em regra postas em discussão, o que as levava a greves femininas quebrando o padrão de docilidade esperado.[694]

Nos últimos anos, como resultado dessas rupturas e do ganho de espaço da mulher no mercado de trabalho remunerado, houve um aumento do poder de barganha feminino diante da figura do provedor masculino. Ainda assim, há discriminação perpetrada legal e culturalmente contra as mulheres pelo medo de os homens perderem seus lugares privilegiados de poder.[695]

Helena Hirata relata que durante dezenas de anos inúmeras pesquisas em Sociologia do Trabalho ignoraram o estudo das relações de trabalho sob a perspectiva dos sexos, pois em regra eram feitas "abordagens assexuadas da tecnologia". Essas abordagens eram e são frutos de uma construção social que segrega homens e mulheres no manuseio da tecnologia, definindo os homens como tecnicamente competentes para seu manuseio e, por sua vez, as mulheres como inábeis tecnicamente.[696]

A indústria que primeiro absorveu a mão de obra feminina por considerá-la habilitada e pouco custosa foi a indústria têxtil ao final do século XIX. As mulheres eram responsáveis por tarefas manuais que demandavam destreza e rapidez, ao passo que a manutenção dessas máquinas e o uso de máquinas mais complexas eram destinados aos homens, e toda essa diferenciação passava pelas distinções de qualificação. Os empregos não qualificados em regra eram "feminilizados", indicando que a ausência de qualificação era uma característica feminina.[697]

---

(690) *Ibidem*, p. 17.
(691) *Ibidem*, p. 6-8.
(692) CASTELLS, Manuel. *O poder da identidade*. V. 2: A era da informação: economia, sociedade e cultura. 7ª Reimpressão, Tradução: Klauss Brandini Gerhardt. São Paulo: Paz e Terra, 1999. p. 169.
(693) *Ibidem*, p. 170.
(694) OLIVEIRA, Eleonora Menicucci de. *A mulher, a sexualidade e o trabalho*. São Paulo: CUT, 1999. p. 59 e 60.
(695) CASTELLS, Manuel. *Op. cit.*, p. 170 e 171.
(696) HIRATA, Helena. *Nova divisão sexual do trabalho? Um olhar voltado para a empresa e a sociedade*. Tradução de Wanda Caldeira Brant. São Paulo: Boitempo Editorial, 2012. p. 197-199.
(697) *Ibidem*, p. 199-202.

Nos países que participaram das duas grandes guerras mundiais, incluindo o Brasil na segunda, a saída da mão de obra masculina para a guerra fez que as mulheres saíssem do âmbito doméstico para ocupar posições no mercado de trabalho; entretanto, com o fim da Segunda Guerra Mundial, houve uma preocupação em se retornar à arquitetura anterior. Na Itália, Mussolini chegou a determinar que a mão de obra feminina fosse limitada a 10% dos setores público e privado, como política pública para assegurar mercado de trabalho aos homens, excluindo ideológica e juridicamente as mulheres desse espaço produtivo.[698]

Note-se que ainda hoje perpetua-se uma visão biologicista e funcionalista do corpo da mulher para a gravidez e cuidado do ambiente doméstico, desmerecendo suas atividades, não as considerando produtivas e necessárias. Ainda hoje as mulheres desempenham predominantemente profissões que são consideradas guetos femininos e recebem menos que os homens para realizar as mesmas tarefas, ainda que muitas delas sejam chefes de família.[699]

O ingresso das mulheres no mercado de trabalho na década de 1970 não veio acompanhado de uma progressiva ocupação dos postos de chefia, em razão da renomeação da *divisão sexual do trabalho* pela moderna economia globalizada, que ainda naturaliza a dupla jornada das mulheres. Quando as mulheres são colocadas em situação de escolha, optam pela responsabilidade de cuidado com os filhos, pois não possuem o suporte estatal ou coletivo para permanecerem no trabalho fora do lar.[700]

Helena Hirata explica que com as transformações sociais há também uma mudança nas profissões e tarefas que são qualificadas como femininas e masculinas em cada período histórico; entretanto, registra que "o próprio capital parece se opor a uma transitividade total dos atributos sexuais, mais ou menos rígidos, por oficinas e por postos".[701] A autora aponta essa divisão sexual do trabalho como uma estratégia para diminuir as reinvindicações por igualdade[702], e a tática consiste em desigualar para dividir e enfraquecer a força operária.

São criadas representações sociais para a virilidade e para a feminilidade produzindo prazer pelo menos para os homens, sentimento entendido pela psicopatologia do trabalho como uma "ideologia defensiva".[703]

A *divisão sexual do trabalho* se oculta sob a naturalização de vocações e habilidades femininas para trabalhos que exigem destreza, paciência e docilidade. As novas formas de organização do trabalho exigem qualificação e produtividade em uma arquitetura que direciona as mulheres para atividades menos qualificadas, dificultando a ascensão na carreira profissional.[704]

As situações sociais e familiares de homens e mulheres estão imbricadas e influenciam umas às outras; o desemprego tem significados diferentes para uma mãe solteira e para um jovem solteiro que vive na casa dos pais.[705] Por isso, Helena Hirata propõe um estudo do conflito capital e trabalho também sob a ótica das relações de gênero homem/mulher:

> A meu ver, é preciso questionar a relação capital/trabalho — ou relações entre as classes sociais — como critério exclusivo de uma periodização histórica, e propor que essa periodização leve em conta simultaneamente a evolução das relações sociais entre homens e mulheres.
>
> Ora, essas relações parecem fortemente marcadas pela permanência: assim, pode-se constatar que a divisão sexual do trabalho parece submetida a uma força que leva mais

---

(698) OLIVEIRA, Eleonora Menicucci de. *A mulher, a sexualidade e o trabalho.* São Paulo: CUT, 1999. p. 61.
(699) *Ibidem*, p. 61-63.
(700) *Ibidem*, p. 118.
(701) HIRATA, Helena. *Nova divisão sexual do trabalho?*, p. 268.
(702) *Idem*.
(703) *Ibidem*, p. 268 e 269.
(704) OLIVEIRA, Eleonora Menicucci de. *Op. cit.*, p. 50-52.
(705) HIRATA, Helena. *Nova divisão sexual do trabalho?*, p. 270.

ao deslocamento das fronteiras do masculino e do feminino do que à supressão da própria divisão sexual.⁽⁷⁰⁶⁾

A divisão do trabalho entre homens e mulheres deve ser analisada também sob a perspectiva das relações sociais de sexo em uma dada sociedade para que os movimentos sociais, as estratégias de resistência e as transformações sociais possam ser compreendidas em cada contexto. Helena Hirata, ao comparar suas pesquisas realizadas no Japão, no Brasil e na França, observa que há uma correspondência entre a hierarquia na família, na profissão e na sociedade por conta das relações de poder existentes.⁽⁷⁰⁷⁾

Eleonora Menicucci de Oliveira destaca que, em suas pesquisas realizadas em Milão, na Itália e no Brasil, observou a ausência das dirigentes sindicais de nível universitário mobilizadas pela militância feminista. A autora questiona se negar a militância feminista seria um mecanismo de defesa das mulheres que atingem altos postos de liderança, aumentando a competitividade em espaços masculinos.⁽⁷⁰⁸⁾

Claudia Mazzei Nogueira aponta para a opressão e luta das mulheres inclusive nos espaços sindicais e políticos no combate à naturalização dos papéis de mãe e esposa e a busca por sua emancipação econômica e social por meio de salários iguais.⁽⁷⁰⁹⁾

O fato de muitas mulheres ainda não ocuparem postos de destaque ou profissões valorizadas socialmente reside na crença alimentada inclusive por elas de que "os trabalhos mais simples lhes eram mais apropriados".⁽⁷¹⁰⁾ Entretanto, a realidade demonstra que as atividades tradicionalmente femininas, como cuidar, ensinar, relacionar-se com usuários, demandam alta qualificação profissional e muito esforço, pois são tarefas pesadas. O resultado dessa desqualificação do trabalho gera experiências de depressão.⁽⁷¹¹⁾ Esses efeitos do trabalho à saúde podem gerar consequências positivas se houver uma mobilização coletiva nesse sentido, como explica Eleonora Menicucci de Oliveira:

> Em nosso estudo as mulheres quando se encontram no estado de ansiedade articulado com o sentimento de inutilidade podem rompê-lo, construindo novos espaços de socialização. Como nos ritos de passagem, é na reagregação dessas individualidades cindidas num espaço (fábrica) que as mulheres podem quebrar o isolamento da solidão, mediante a reordenação de emoções e experiências contraditórias, resultantes de intensa desordem própria.
>
> A importância de estratégias coletivas que permitam às mulheres "segurar e socializar as barras" quando estão passando pelos sofrimentos mentais individuais, contribui para reagregá-las, tirando-as da experiência da incomunicabilidade que, sem dúvida, é uma das mais tenebrosas e dramáticas que alguém pode viver.⁽⁷¹²⁾

Nos relatos de pesquisa de 1991 de Eleonora Menicucci de Oliveira, há registros de que as mulheres sentiam-se menos reconhecidas que os homens quando eram casadas e/ou tinham filhos, além de terem a percepção de que precisavam se esforçar mais do que os homens para atingir o mesmo nível de reconhecimento; entretanto, elas destacavam que a convivência coletiva no trabalho com outras mulheres e homens as ajudavam a criar mecanismos de defesa e resistência à ausência de equidade.⁽⁷¹³⁾ Sobre a percepção dos efeitos do processo de trabalho na saúde das trabalhadoras, a autora faz os seguintes apontamentos:

---

(706) *Ibidem*, p. 284 e 285.
(707) *Ibidem*,, p. 286.
(708) OLIVEIRA, Eleonora Menicucci de. *Op. cit.*, p. 87.
(709) NOGUEIRA, Claudia Mazzei. *A feminização do mundo do trabalho*: entre a emancipação e a precarização. Campinas, SP: Autores Associados, 2004. p. 37.
(710) OLIVEIRA, Eleonora Menicucci de. *Op. cit.*, p. 88.
(711) *Idem*.
(712) *Ibidem*, p. 90.
(713) *Idem*.

O reconhecimento de doenças contraídas no decorrer do processo de trabalho aparece em 44% das sindicalistas brasileiras; 30% delas já se acidentaram e 43% percebem no seu ambiente de trabalho condições nocivas à gravidez; 50% não percebem medidas de prevenção na empresa, atestando que saúde não é um valor presente no ambiente e nas práticas do trabalho; uma bancária assim se manifestou: "[...] ao contrário, eu percebo medidas de provocação [...]".[714]

Entre os adoecimentos relatados na pesquisa estão incluídas as doenças mentais, oriundas do estresse em razão de pouca flexibilidade do tempo na realização de tarefas toyotistas. As doenças causadas pelo trabalho geram também reflexos nas relações privadas, dentre elas as familiares, destruindo a qualidade de vida das mulheres. Há também efeitos do caminho reverso, como a forma como as tarefas domésticas são divididas, a idade, a existência de filhos.[715]

Em relatos colhidos de trabalhadoras, Eleonora Menecucci de Oliveira registra ainda que as mulheres em regra, como um processo de defesa, possuem consciência do caráter destrutivo de suas atividades profissionais para a saúde; entretanto, aceitam realizá-las como estratégia de sobrevivência.[716]

O reconhecimento do trabalho, no espaço em que é desenvolvido, pelos seus pares e hierarquia é necessário para a mobilização subjetiva e para a formação da identidade do sujeito (sempre inacabada). Para se protegerem de sofrimentos experimentados no trabalho, homens e mulheres desenvolvem defesas que escondem o sofrimento, e essas defesas também são construídas coletivamente na organização do trabalho na forma de um acordo ou consenso partilhado.[717]

Tanto a resistência quanto a acomodação são resultados de processos que envolvem aspectos culturais, individuais, psicológicos, coletivos e sociais. O ambiente de trabalho é um local onde os indivíduos desenvolvem compreensões, sentimentos, intenções, além de permitir a construção de grupos que favoreçam trocas para aqueles que não conseguem se reproduzir apenas pelo mercado. Assim, a socióloga Johanna Brenner explica que não existe identidade fora de uma prática social, e com a identidade de gênero não é diferente, visto que esta é negociada diariamente nas vivências cotidianas.[718]

Registra-se que essas transformações na condição social da mulher trazem consequências para a estrutura do poder político, mas também influenciam a formação da personalidade dos indivíduos.[719]

Johanna Brenner explica que a formação de identidade se dá dentro e fora do espaço de trabalho:

> As identidades individuais de homens e mulheres como trabalhadores são criadas e depois reproduzidas e solidificadas na vida diária em grupos informais e em organizações formais de trabalhadores, produzindo profundo comprometimento na compreensão de si e dos sentimentos pelos outros. Definir as barreiras entre o "nós" e o "eles" é parte da resistência de todos os dias à autoridade gerencial no emprego e crucial para todos os tipos de desafios confrontadores com a gestão organizacional. Enquanto são necessárias para a proteção, as barreiras de grupo possuem suas próprias inflexibilidades e lados defensivos.[720]

---

(714) Ibidem, p. 90 e 91.
(715) Ibidem, p. 91-92.
(716) Ibidem, p. 93.
(717) BRITO, Jussara Cruz de; NEVES, Mary Yale; OLIVEIRA, Simone Santos; ROTENBERG, Lucia. Saúde, subjetividade e trabalho: o enfoque clínico e de gênero. In: Revista Brasileira de Saúde Ocupacional, São Paulo, 37 (126), 2012. p. 319-320.
(718) BRENNER, Johanna. Women and the politics of class. New York: Monthly Review Press, 2000. p. 85.
(719) CASTELLS, Manuel. Op. cit., p. 171.
(720) BRENNER, Johanna. Op. cit., p. 93. Original: "Men's and women's individual identities as workers are created, then reproduced and solidified, in daily life in informal workgroups and formal workers' organizations, producing deep commitments to ways of understanding oneself and feelings about others. Defining the boundaries of "us" and "them" is part of everyday resistance to managerial authority on the job and certainly crucial to all kinds of confrontationla challenges to management. While necessary for protection, group boundaries have thier own rigidities and defensive sides".

A percepção de que os indivíduos possuem sobre seu acesso ao mercado de trabalho e aceitação no mercado de trabalho é um fenômeno que envolve interações sociais influenciadas por compreensões culturais de gênero. Catherine Taylor argumenta que essa compreensão do mercado de trabalho está ligada a crenças culturais sobre gênero que são feitas para caracterizar a composição dos postos de trabalho. A percepção de apoio no local de trabalho (*workplace support*) tem influência sobre a mobilidade na carreira, a satisfação no trabalho, o acesso à informação sobre o ambiente de trabalho, além de reflexos na saúde.[721]

Johanna Brenner acredita que o atual contexto de hipercompetitividade no mercado de trabalho, a instabilidade econômica e a escassez de serviços públicos têm contribuído para a alteração das relações de gênero em um sentido que não melhora a vida dos trabalhadores homens e mulheres. Como consequência há uma redefinição de identidades que dependerá das escolhas feitas por homens e mulheres em criar uma identidade masculina mais igualitária para as mulheres e a coordenação de interesses em uma perspectiva mais coletiva e menos individualista.[722]

Para Johanna Brenner, é um erro a contraposição entre identidade e política de classe, mas deve haver uma busca por parte dos sindicatos de uma coalizão de interesses políticos para comportar interesses dos diversos grupos oprimidos que se encontram na classe trabalhadora.[723]

Alice Monteiro de Barros ressalta que o trabalho remunerado fora do âmbito doméstico possui um caráter emancipatório para as mulheres, por lhes conferir, em certa medida, independência econômica, mas a autora destaca que as mulheres ainda sofrem assédios moral e sexual também no espaço de trabalho.[724]

> E o trabalho subordinado é, sem dúvida, uma forma para se obter essa condição econômica, que propiciará uma liberdade nas escolhas individuais. Ocorre que a esfera ocupacional é um dos campos em que mais se evidencia a discriminação das mulheres em questões econômicas.[725]

Uma das práticas mais recorrentes para a diferença salarial entre homens e mulheres consiste na segregação horizontal, que consiste em estabelecer estereótipos femininos e masculinos para caracterizar cada tipo de profissão. Como consequência da segregação horizontal, as mulheres em regra recebem menores salários e ocupam em menor porcentagem cargos de chefia e liderança (que se traduz na segregação vertical), tendo seu trabalho menos apreciado. Essas formas de segregação servem como uma proteção aos homens contra a concorrência no mercado de trabalho, garantindo-lhes alguns postos exclusivos sem a competição com as mulheres.[726]

Eleonora Menicucci de Oliveira aponta que a dificuldade de as mulheres crescerem na carreira, ainda que nas profissões tradicionalmente femininas, é devida em grande medida às relações de poder entre os gêneros.[727]

> O significado social da desqualificação da capacidade das mulheres para assumirem cargos de direções ou chefias é tão forte para elas que chega a agir como processos destrutivos na construção de sua identidade, além do fato de que, para serem reconhecidas profissionalmente, são na maioria das vezes obrigadas a esforçarem-se muito mais que os homens que ocupam as mesmas funções que elas.[728]

---

(721) TAYLOR, Catherine J. *Op. cit.*, p. 189-190.
(722) BRENNER, Johanna. *Women and the politics of class.* New York: Monthly Review Press, 2000. p. 96.
(723) *Idem.*
(724) BARROS, Alice Monteiro de. Cidadania, relações de gênero e relações de trabalho. In: *Revista dos Tribunais Online, Revista de Direito do Trabalho*, v. 121, p. 9, jan. 2006.
(725) *Idem.*
(726) *Idem.*
(727) OLIVEIRA, Eleonora Menicucci de. *Op. cit.*, p. 97.
(728) *Idem.*

O homem é tomado como medida de todas as coisas, criando um padrão que desvaloriza a mulher e a caracteriza como inferior.[729]

As diferenças biológicas são traduzidas em diferenças sociais que criam hierarquias entre homens e mulheres, concedendo lugares inferiores às mulheres em um trabalho de construção simbólica.[730]

> Inscrita nas coisas, **a ordem masculina se inscreve também nos corpos por meio de injunções tácitas, implícitas nas rotinas da divisão do trabalho** ou dos rituais coletivos ou privados (basta lembrarmos, por exemplo, as condutas de marginalização impostas às mulheres com sua exclusão dos lugares masculinos). As regularidades da ordem física e da ordem social impõem e inculcam as medidas que excluem as mulheres das tarefas mais nobres (conduzir a charrua, por exemplo), assinalando-lhes lugares inferiores (a parte baixa da estrada ou do talude), ensinando-lhes a postura correta do corpo (por exemplo, curvadas, com os braços fechados sobre o peito, diante de homens respeitáveis), atribuindo-lhes tarefas penosas, baixas e mesquinhas (são elas que carregam o estrume, e, na colheita das azeitonas, são elas que as juntam no chão, com as crianças, enquanto os homens manejam a vara para fazê-las cair das árvores), enfim, em geral tirando partido, no sentido dos pressupostos fundamentais, das diferenças biológicas que parecem assim estar à base das diferenças sociais.[731] (Grifos acrescidos)

Nas "teorizações da negociação conjugal", entende-se a relação entre os cônjuges como uma parceria entre partes equivalentes, ressaltando a natureza contratual do vínculo, negando o caráter opressivo da relação. Já a teoria da *divisão sexual do trabalho*, enquanto conflito, ressalta a dimensão opressiva entre os sexos, demonstrando que ao trabalho masculino em regra é atribuído maior valor que ao feminino, além de existir um desnível de poder na estrutura hierárquica das relações de trabalho.[732]

Nas pesquisas, Eleonora Menicucci de Oliveira observou nos relatos das mulheres entrevistadas que o principal fator para desqualificá-las e retirá-las dos postos de comando no mundo do trabalho são os filhos e os cuidados com a família. A consciência desses elementos qualificadores auxilia na formação de identidade da mulher trabalhadora para o rompimento com as relações de submissão e opressão.[733]

A maternidade apresenta o dilema de realizar o sonho de ser mãe e o sentimento de culpa pelo "crime" de ter filhos diante da empresa. A mulher que tem filhos é vista com desconfiança em razão de um estereótipo criado pela *divisão sexual do trabalho* que confere às mulheres a responsabilidade pela reprodução e criação dos filhos, o que coloca suas outras atividades em segundo plano. Essa discriminação construída culturalmente gera os sentimentos de medo, angústia, vergonha e culpa, acompanhados do receio de perder o emprego e o local de trabalho que permite a socialização fora do ambiente familiar.[734]

As mulheres são vistas como improdutivas quando optam pela maternidade, pois socialmente são responsáveis por arcarem sozinhas com o cuidado dos filhos, o que aumenta a angústia e a ansiedade em relação ao trabalho tanto no espaço doméstico quanto no mercado. Nesse contexto, os trabalhos por tempo parcial mostram-se necessários e úteis para flexibilizar o horário de serviço, permitindo que a mulher concilie o emprego com o trabalho doméstico.[735]

---

(729) BOURDIEU, Pierre. *A dominação masculina*, p. 22 e 23.
(730) *Ibidem*, p. 31 e 32.
(731) *Ibidem*, p. 33.
(732) HIRATA, Helena. Mundialização, divisão sexual do trabalho e movimentos feministas transnacionais. XI Conferencia Regional sobre la Mujer de America Latina y el Caribe. Brasília, 13 a 16 de julio de 2010. Nações Unidas. Disponível em: <http://www.cepal.org/mujer/noticias/paginas/2/38882/PonenciaCompleta_HelenaHirata.pdf>. Acesso em: 27 dez. 2014.
(733) OLIVEIRA, Eleonora Menicucci de. *Op. cit.*, p. 97-98.
(734) *Ibidem*, p. 120 e 121.
(735) *Ibidem*, p. 122.

A maternidade não é vista como um obstáculo quando o empregador vê em uma mulher uma trabalhadora insubstituível; ainda que esse reconhecimento da capacidade não venha acompanhado de um igual reconhecimento salarial. Entretanto, há em regra uma busca pela disciplina da subjetividade do controle do corpo que penaliza as mulheres que decidem exercer um direito assegurado por lei que é a maternidade.[736]

Em pesquisa realizada no Chile, em 1998-1999, entrevistaram-se empresários sobre o desempenho profissional de homens e mulheres. Laís Abramo relata que alguns dos entrevistados responderam à questão dos baixos salários das mulheres como resultado de sua disposição em ganhar menos que os homens, uma vez que o trabalho não seria sua prioridade, mas, sim, a vida familiar. Apenas as mulheres separadas, por serem provedoras de seus lares, eram vistas como "homens".[737] Laís Abramo transcreve um dos relatos de empresário:

> "O primeiro princípio do homem é de trabalho, sem desmerecer sua condição de pai e seu ambiente familiar; e para a mulher, seu princípio primordial é a família, sem desmerecer seu campo de trabalho. É assim que pensa o homem que está no trabalho — que a mulher tem essas prioridades. É um problema fisiológico, já que a mulher que tem os partos e não os homens."[738]

Esse raciocínio fortemente baseado na dificuldade de a mulher dedicar-se ao trabalho na empresa em razão da vida familiar sustenta a concepção da mulher como uma força de trabalho secundária. Nessa mesma pesquisa, empresários relatam que quando as empregadas são convocadas a viajar a trabalho, elas aceitam mas registram que ficarão longe da família o dia todo, o que na visão deles impede que elas se capacitem e cresçam na carreira. Entretanto, Laís Abramo desconstrói esse discurso ao afirmar que as profissões tradicionalmente femininas como enfermeira e telefonista exigem trabalho em horários noturnos, assim como a função das atendentes de trens desmantela o argumento de que viagens seriam um impeditivo para as mulheres.[739]

Das mulheres é demandado o mesmo padrão imposto aos homens, de dedicação exclusiva ao trabalho e completa negligência com relação à família. Tzvetan Todorov critica esse modelo e propõe que os homens aprendam com as mulheres a dedicar tempo à vida familiar.[740]

> Vai à mesma direção a exigência de privilegiar o trabalho sobre todas as outras atividades da pessoa. O "bom" empregado, que receberá uma promoção, é o que se dispõe a sacrificar suas noites para participar de reuniões urgentes, ou seus fins de semana em casa para preparar a documentação do dia seguinte. Sua vida de família é forçosamente prejudicada. Os dois genitores, mas sobretudo os pais, quando têm postos de responsabilidade, só veem os filhos nas manhãs de domingo, o que apresenta um problema para a carreira profissional das mulheres, menos prontas a sacrificar a vida familiar. No entanto, certas feministas as encorajam nesse caminho. Uma jornalista alemã que exerceu altas responsabilidades se interroga sobre as razões pelas quais tão poucas empresas de seu país incluem mulheres em seu quadro de direção, e fica desolada ao constatar: "Mesmo as que são diplomadas e se dizem emancipadas escolhem, por conforto, adequar-se ao modelo de dona de casa, ocupar-se dos filhos".

Tal afirmação subentende que a mulher que sacrifica uma parte da carreira para enriquecer sua vida por outras formas de crescimento não é verdadeiramente emancipada, isto é, livre. Portanto, projeta-se sobre as mulheres um modelo masculino já obsoleto, e até caricato, no

---

(736) *Ibidem*, p. 123-124.
(737) ABRAMO, Laís. *Op. cit.*, p. 31.
(738) *Ibidem*, p. 31 e 32.
(739) *Ibidem*, p. 32-34.
(740) TODOROV, Tzvetan. *Op. cit.*, p. 127 e 128.

qual só importa o sucesso profissional, no qual a liberdade é concebida como uma ausência de apegos, como uma vida afetiva deserta. As mulheres só podem escolher permanecer em casa por preguiça e desânimo, e não porque consideram que a relação com os filhos é um enriquecimento da vida. Enfim, o espantalho da "dona de casa" aí está para estigmatizar o fato de "ocupar-se dos filhos": como se esta última atividade fosse uma condenação à exclusão, e como se se tratasse de um "ou isto ou aquilo" excludente — ao passo que hoje, a maioria das mulheres aspira tanto a trabalhar quanto a conviver com os filhos. **Em vez de estigmatizar as mulheres por algo que, na realidade, é uma sabedoria, seria preferível, parece-me, reprovar os homens por não as imitarem, reduzindo um pouco as reuniões noturnas e a preparação de documentos em casa, para consagrar-se mais à interação com os filhos, experiência de uma riqueza excepcional.**[(741)] (Grifos acrescidos)

Em pesquisa com as enfermeiras, constatou-se que a maioria preferia fazer plantão no horário noturno para conseguir conciliar o trabalho remunerado com as tarefas domésticas no curso do dia; no mesmo sentido foi observado que as mulheres optam por trabalhar como atendentes de *telemarketing*, por ser uma profissão que apresenta jornada diária de seis horas, o que permite conjugar a jornada de trabalho com o trabalho doméstico em casa. Entretanto, a consequência dessa organização conciliatória do tempo tem reflexos na saúde dessas mulheres, que ficam mais cansadas e adoecem com maior frequência pelo pouco tempo que possuem para descansar e dedicar tempo ao lazer.[(742)]

Há também um crescimento de desigualdade não só entre homens e mulheres, mas também entre as próprias mulheres na medida em que algumas mulheres alcançam profissões antes inacessíveis como a Medicina, a Advocacia, a Arquitetura etc., mas à custa da delegação de suas responsabilidades domésticas a outras mulheres que assumem os papéis de cuidadoras, faxineiras, empregadas domésticas, em condições de desigualdade.[(743)]

Esse fenômeno pode ser observado no fato de as mulheres dos países do norte (e as mulheres de classes média e alta do Brasil), ao investirem em suas carreiras profissionais, delegarem as tarefas domésticas e o cuidado com os filhos a mulheres imigrantes ou de pouca instrução e condição financeira, como forma de "externalizar seu trabalho doméstico" e evitar o conflito com o companheiro/esposo/pai dos filhos na divisão das responsabilidades reprodutivas e tarefas domésticas.[(744)]

Como bem definem Danièle Kergoat e Helena Hirata, "a externalização do trabalho doméstico tem uma função de apaziguamento das tensões nos casais burgueses".[(745)] Entretanto, essa estruturação do trabalho doméstico para fomentar o trabalho feminino nas grandes empresas não contribui para o avanço na luta por igualdade, mas apenas mascara e nega uma relação de gênero e de classe.[(746)]

Em razão da inserção da mulher no mercado profissional remunerado, tudo mudou para nada mudar, uma vez que ainda é responsabilidade integral da mulher conciliar sua vida familiar e suas responsabilidades profissionais. Esquece-se que as mulheres que trabalham como delegatárias das que se alçam ao mercado profissional deixam seus filhos com suas mães, sogras, irmãs, tias, e podem causar nessas crianças traumas e sentimento de abandono.[(747)]

Outro ponto importante é que mesmo quando as mulheres delegam as tarefas domésticas a uma outra mulher a responsabilidade por administrar essa delegação é exclusivamente da mulher.[(748)]

---

(741) *Idem*.
(742) BRITO, Jussara Cruz de; NEVES, Mary Yale; OLIVEIRA, Simone Santos; ROTENBERG, Lucia. Saúde, subjetividade e trabalho: o enfoque clínico e de gênero. In: *Revista Brasileira de Saúde Ocupacional*, São Paulo, 37 (126), 2012. p. 324.
(743) HIRATA, Helena. *Mundialização, divisão sexual do trabalho e movimentos feministas transnacionais*.
(744) HIRATA, Helena; KERGOAT, Danièle. *Novas configurações da divisão sexual do trabalho*, p. 601.
(745) *Ibidem*,, p. 602.
(746) *Idem*.
(747) *Ibidem*, p. 604-605.
(748) *Ibidem*, p. 607.

É importante que as políticas públicas não façam uma cisão entre vida no trabalho e vida fora do trabalho, em virtude da inter-relação entre esses dois espaços da vida, uma vez que é possível observar, por exemplo, que os homens, mesmo quando estão desempregados, não se dedicam mais às tarefas domésticas, deixando-as para as mulheres; o que demonstra a necessidade da busca por igualdade de gênero no espaço de trabalho remunerado a partir de mudanças no núcleo familiar, que é considerando um dos espaços mais refratários a transformações sociais nesse sentido.[749]

As mudanças na divisão sexual do trabalho precisam alcançar não só os espaços de trabalho remunerado no mercado, mas também os ambientes domésticos, principalmente em razão de os ambientes empresariais serem em grande parte um reflexo do que acontece nos núcleos familiares. Apenas com uma reformulação na compreensão e valoração das diversas formas de trabalho será possível garantir uma maior igualdade às mulheres.

3.3. Poder empregatício, flexibilização e discriminação de gênero

Considerando que o Brasil vem adotando o modelo de produção toyotista, bem como as fórmulas japonesas de controle de qualidade total, *just in time*, entre outras, cabe analisar as consequências humanas desse modelo japonês, com a devida atenção a respeito das diferenças culturais que distanciam Brasil e Japão.

Helena Hirata relata que, em suas pesquisas sociológicas sobre o trabalho, observou que há uma ideologia naturalista que faz que a organização do trabalho imponha uma concorrência sobre os trabalhadores. Apesar de os trabalhadores terem consciência de que passam por um sistema organizacional que imprime exclusões e individualizações, passam a viver as divisões operárias colocadas pela ideologia organizacional, as quais funcionam como obstáculos à solidariedade, naturalizando os mecanismos de exploração e dominação.[750]

A autora critica a psicopatologia do trabalho por não estudar a forma como o sexo e o gênero do trabalhador estão relacionados à contratação, pois ela entende que a política de gestão das empresas varia quando seu destinatário é homem ou mulher, que se expressa em diferentes formas de controle do homem e da mulher trabalhadora, assim como por meio das representações sociais de virilidade e feminilidade.[751]

Em documento produzido no âmbito da OIT Brasil, Maria Luiza Pinheiro Coutinho define a discriminação em razão do sexo como o fundamento de gênero configurado socialmente que atribui às mulheres papéis femininos por parte de uma hierarquia de poder dominante em que os homens encontram-se em posição de supremacia na *divisão sexual do trabalho*.[752]

Como já analisado, a *violência simbólica* alcança tanto o espaço doméstico quanto o mercado de trabalho remunerado, produzindo segmentações e hierarquias que sobrepõem o masculino ao feminino, as quais são apropriadas pelo sistema capitalista para acentuar a exploração do trabalho. Assim, há um reforço de dominação pelo capital e pela tradição sociocultural do machismo em uma combinação entre classe e gênero.

Apesar de haver uma aproximação por empatia entre homens e mulheres decorrente da precarização de suas trajetórias em virtude da instabilidade das novas configurações das relações

---

(749) BRITO, Jussara Cruz de; NEVES, Mary Yale; OLIVEIRA, Simone Santos; ROTENBERG, Lucia. *Op. cit.*, p. 322.
(750) HIRATA, Helena. *Nova divisão sexual do trabalho*, Op. cit., p. 240-241.
(751) Ibidem, p. 269.
(752) COUTINHO, Maria Luiza Pinheiro. Discriminação no Trabalho: Mecanismos de Combate à Discriminação e Promoção de Igualdade de Oportunidades. Documento: Igualdade Racial, OIT-Brasil. Disponível em: <http://www.oitbrasil.org.br/sites/default/files/topic/discrimination/pub/oit_igualdade_racial_05_234.pdf>. Acesso em: 13.12.2014. p. 40.

de trabalho, ainda prevalece uma certa heterogeneidade decorrente da forma diferenciada como homens e mulheres se inserem no mundo do trabalho.[753]

Em pesquisa sociológica realizada em 2010 nos Estados Unidos por Catherine Taylor, em um contexto em que foram entrevistados homens e mulheres na mesma proporção, constatou-se que as mulheres são mais propensas a relatar incidentes de discriminação de gênero do que os homens, em uma relação de 30% das mulheres e apenas 6% dos homens. Em contrapartida, homens tendem a ocupar mais postos de supervisão e liderança que mulheres, em uma relação de 54% dos homens contra 40% das mulheres. A pesquisa ainda registrou que homens normalmente ocupam posições com média salarial maior e as ocupações das mulheres em regra são em jornada de tempo parcial (*part-time job*); mulheres ocupam posições que requerem maior habilidade verbal e de cuidado, ao passo que homens exercem atividades que exigem maior força física e autoridade, além de habilidades como raciocínio matemático, pensamento analítico e técnico.[754]

Catherine Taylor, com base em suas pesquisas, afirma que mulheres experimentam reações quando violam normas sociais, bem como os estereótipos femininos interferem nas profissões nas quais o gênero do trabalhador fica mais evidente. Além disso, as mulheres em regra possuem menos expectativas positivas sobre as experiências de trabalho se comparadas aos homens, uma vez que elas possuem também um menor sentimento de poder/direito (*sense of entitlement*) de barganhar melhores condições de trabalho. Em consequência dessa postura, em geral, as mulheres declaram maior satisfação com o trabalho do que homens, ainda que ganhem menos do que eles, no ambiente de trabalho em que há um quantitativo equilíbrio entre homens e mulheres. Entretanto, em ambientes de trabalho nos quais as mulheres são minorias, elas se sentem excluídas e sem suporte organizacional.[755]

As mulheres em profissões tradicionalmente masculinas possuem desvantagem em relação à transmissão de informações sobre o trabalho pois há um estereótipo negativo sobre as competências das mulheres em certos trabalhos definidos como tipicamente masculinos, bem como em razão da necessidade que os outros possuem de se afiliarem àqueles que possuem um *status* mais elevado no ambiente de trabalho. É muito forte e presente o estereótipo de que mulheres em profissões dominantemente masculinas possuem pouca competência para desempenhá-las, o que explica o reduzido suporte no ambiente de trabalho direcionado a elas.[756]

Há uma forte crença cultural de que homens possuem *status* de maior valor, influência e competência comparativamente às mulheres, e essa crença é mais forte em profissões tradicionalmente desempenhadas por homens e nas quais o gênero do trabalhador é ressaltado, o que intensifica a redução da rede de contatos e influência que as mulheres podem criar nesses espaços.[757]

Diferentemente, quando homens ocupam funções tradicionalmente desempenhadas por mulheres, eles são levados a ocupar posições superiores de liderança, que são consideradas apropriadas para homens; porém, o mesmo não ocorre com homens negros se comparados a homens brancos. Homens brancos, em trabalhos tradicionalmente masculinos, têm amplo acesso aos supervisores, o que promove altos níveis de sentimento de apoio no ambiente de trabalho, além de serem bem aceitos pelas mulheres colegas de trabalho por estarem conferindo maior *status* a uma atividade tradicionalmente feminina com sua presença masculina.[758]

Em profissões em que há um bom equilíbrio entre homens e mulheres, Catherine Taylor acredita que as mulheres terão a percepção de níveis maiores de apoio que os homens, em razão do menor sentimento de empoderamento que as mulheres possuem.[759]

---

(753) HIRATA, Helena. *Mundialização, divisão sexual do trabalho e movimentos feministas transnacionais*.
(754) TAYLOR, Catherine J. Occupational sex composition and the gendered availability of workplace support. In: *Gender and Society*, v. 24, n. 2 (April 2010), p. 200-201.
(755) *Ibidem*, p. 191-192.
(756) *Ibidem*, p. 194.
(757) *Idem*.
(758) *Ibidem*, p. 195.
(759) *Idem*.

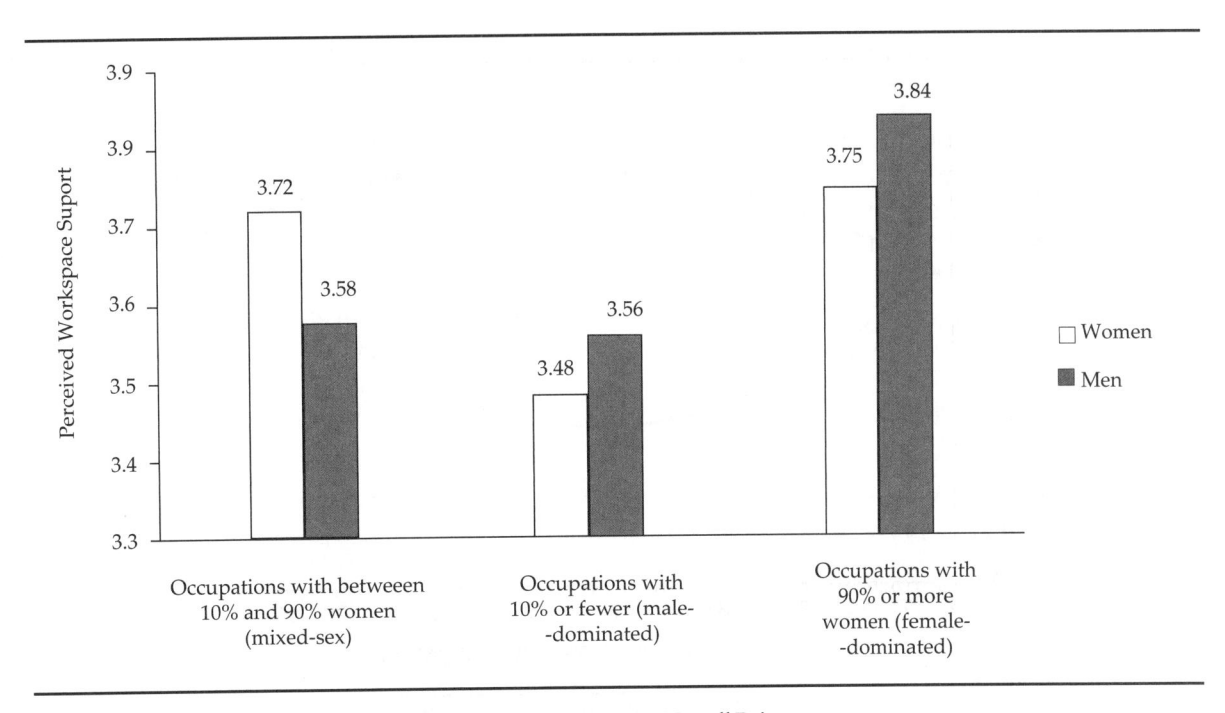

Figure 1: Mean Level of Perceived Workplace support at 10 Percent Cutoff Points
NOTE: Occupational-minority women are represented by the white bar in the middle of the figure, and occupational-minority men are represented by the black bar at the right side of the figure.

Figura 9. Nível de suporte percebido no ambiente de trabalho em 10 pontos percentuais.[760]

Na Figura 4, o eixo Y (vertical) apresenta os níveis de "percepção de apoio organizacional". Ao passo que o eixo X (horizontal) indica as diferentes composições de gênero do ambiente de trabalho. Da esquerda para a direita, tem-se primeiro um ambiente de trabalho misto, com 10% a 90% de mulheres; o segundo mostra um ambiente de trabalho dominantemente masculino, com 10% ou menos de mulheres; por fim, o terceiro indica um ambiente de trabalho dominantemente feminino, com composição de 90% ou mais de mulheres. A cor branca indica mulheres e a cor preta, homens. Assim, é possível observar que a primeira coluna branca da esquerda demonstra que as mulheres percebem 3,72 pontos percentuais de suporte ocupacional em um ambiente misto com 10 a 90% de mulheres, ao passo que nas mesmas condições, os homens percebem 3,58 pontos percentuais de suporte ocupacional. Em sequência, o gráfico demonstra que tanto nos ambientes de trabalho mistos dominantemente masculinos quanto nos mistos com dominância feminina, as mulheres percebem menos suporte organizacional.

---

(760) Figura retirada de; TAYLOR, Catherine J. *Op. cit.*, p. 205.

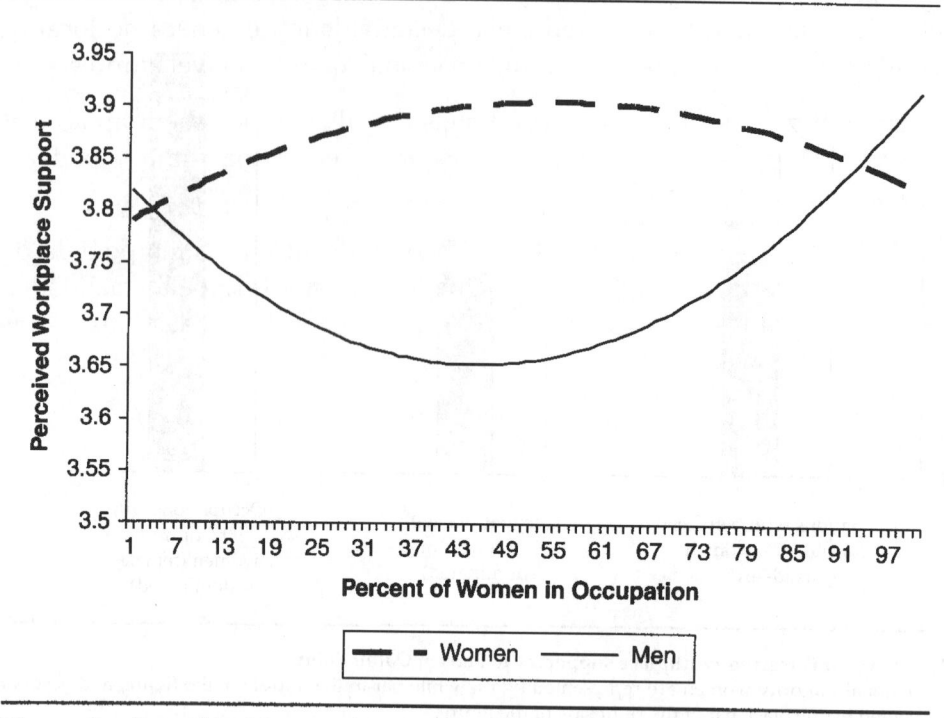

Figure 2: Perceived Level of Workplace Support by Percentage Women

Figura 10. Nível de suporte recebido no ambiente de trabalho por porcentagem de mulheres.[761]

Na Figura 10, é possível observar que o eixo Y (vertical) indica os níveis de percepção de suporte organizacional, ao passo que o eixo X (horizontal) apresenta os percentuais de mulheres desempenhando a profissão/ocupação. A linha pontilhada representa a variação da percepção de suporte pelas mulheres conforme os níveis percentuais de mulheres que desempenham a profissão, cargo ou função, ao passo que os homens são representados pela linha contínua.

Catherine Taylor explica que a *Figura 10* mostra que, em profissões com composição sexual distorcida (em que há predominância ou de homens ou de mulheres), homens percebem mais apoio que mulheres; mulheres, que são minoria ocupacional, percebem menos suporte tanto de seus colegas que são homens, quanto das colegas mulheres que desempenham profissões mistas; ao contrário de homens na mesma situação de minoria, que recebem maior apoio tanto de colegas homens quanto de mulheres. Entretanto, em ocupações em que há uma boa mistura de homens e mulheres, elas percebem um maior nível de apoio se comparadas aos homens.[762]

A socióloga conclui que a relação entre a percepção de apoio/suporte no ambiente de trabalho e a composição de gênero de uma determinada profissão ou trabalho não é linear, uma vez que há uma variação conforme o nível de segregação de gênero em uma determinada profissão. Demonstra com os dados empíricos que há efeitos em ser uma minoria em termos de gênero em uma profissão na percepção de apoio no ambiente de trabalho.[763]

Catherine Taylor acredita que é importante considerar tanto a minoria ocupacional em termos gerais (o estereótipo de certa profissão ou cargo) quanto a condição de minoria em uma determinada empresa ou estabelecimento, uma vez que a segregação ocupacional pode ocorrer ainda que o

---

(761) Figura retirada de: TAYLOR, Catherine J. Occupational sex composition and the gendered availability of workplace support. In: *Gender and Society*, v. 24, n. 2 (April 2010), p. 205.
(762) TAYLOR, Catherine J. *Op. cit.*, p. 206.
(763) *Ibidem*, p. 206-207.

ambiente de trabalho específico seja mais balanceado na composição de gênero.⁽⁷⁶⁴⁾ Conclui que "este estudo fornece evidências de que, para reduzir a desigualdade de gênero no local de trabalho, a segregação sexual deve ser abordada tanto a nível nacional, quanto a nível empresarial".⁽⁷⁶⁵⁾

Além dessas diferenças na forma como homens e mulheres percebem apoio institucional no ambiente de trabalho, também são notáveis as distinções na forma como o poder empregatício direciona-se no controle do trabalho e dos corpos de homens e mulheres.

No processo de controle da produção, há também um controle do tempo e da produtividade pela quantidade direcionado às mulheres trabalhadoras, mais que pela qualidade, exigindo-se metas impossíveis, fiscalizando pelo olhar, não concedendo períodos de descanso, o que produz nas trabalhadoras ansiedade e esgotamento.⁽⁷⁶⁶⁾

Para Eleonora Menicucci de Oliveira, "são as filigranas das redes de poder que atuam sobre o corpo e a subjetividade das trabalhadoras, registrando no âmbito mental a sensação da disciplina e da inutilidade"⁽⁷⁶⁷⁾, em um sentido bastante próximo à *violência simbólica*⁽⁷⁶⁸⁾, que se expressa também pelo controle do corpo. E a forma como as exigências são formuladas diferencia-se caso sejam direcionadas a homens ou a mulheres. Também há diferença de tratamento entre mulheres solteiras e mulheres com família.⁽⁷⁶⁹⁾

As mulheres são discriminadas por seus atributos biológicos relacionados ao seu ciclo vital, como menstruação, gestação, parto, puerpério, amamentação, menopausa etc. A escolha pela maternidade é um "fator obstaculizante" para a progressão na carreira, ainda que a legislação ofereça garantias, proteções e direitos às mulheres nessas condições. A maternidade funciona como estruturante negativa para a construção da carreira das mulheres, diferenciando-as daquelas que não têm filhos. Assim, a maternidade é vista como obstáculo para ações políticas mais organizadas pelas mulheres para a conquista de novos direitos no mundo do trabalho.⁽⁷⁷⁰⁾

Entretanto, pesquisas apontam que o fator crucial para a saída das mulheres do mercado de trabalho não são as responsabilidades familiares em si. Sobre a forma como o ambiente de trabalho influencia na permanência de mulheres no emprego, uma pesquisa realizada no Chile por Guzmán indica que apenas 6% das mulheres chilenas deixam o mercado de trabalho por razões familiares, gravidez, e 45% saem do emprego por conta de más condições de trabalho.⁽⁷⁷¹⁾

Nesse mesmo sentido, Yara Gurgel relata alguns exemplos de discriminação contra a mulher no ambiente de trabalho:

> Alguns dos atos que ensejam discriminação contra a mulher, configurando atentado à intimidade, à honra e à liberdade, são os rodízios de gravidez, a indução à realização de exame de esterilização e gravidez, além da não contratação decorrente da maternidade, da dispensa em razão de matrimônio, do assédio sexual, do não oferecimento de promoções, do acesso a emprego unicamente em cargos de baixo escalão, além da desigualdade salarial e das revistas íntimas.⁽⁷⁷²⁾

---

(764) *Ibidem*, p. 207.
(765) (Tradução livre) Original: "This study provides further and unique evidence that to reduce workplace gender inequality, sex segregation should be addressed at the national level as well as at the firm level". In: TAYLOR, Catherine J. *Op. cit.*, p. 207.
(766) OLIVEIRA, Eleonora Menicucci de. *Op. cit.*, p. 98.
(767) *Ibidem*, p. 99.
(768) BOURDIEU, Pierre. *A dominação masculina*, p. 33.
(769) OLIVEIRA, Eleonora Menicucci de. *Op. cit.*, p. 99-101.
(770) *Ibidem*, p. 112-115.
(771) ABRAMO, Laís. *Op. cit.*, p. 38 e 39.
(772) GURGEL, Yara Maria Pereira. Discriminação nas relações de trabalho por motivo de gênero. In: *Constituição e Garantia de Direitos*, v. 1, ano 4, p. 5.

Além disso, a forma de tratamento que as mulheres sofrem no ambiente de trabalho ainda demonstra a assimetria em relação aos homens, como se observa pela análise de Helena Hirata:

> As novas condições de trabalho no setor de serviços e do comércio em vias de expansão concernem também, majoritariamente, as mulheres. A análise dos resultados da última pesquisa SUMER, em 2002, por Jennifer Bué, mostrou que as trabalhadoras declaram mais que os trabalhadores que elas vivem em situação de risco de agressão verbal e física e declaram com mais frequência esse tipo de agressão. Elas respondem mais frequentemente que os homens que elas são "ignoradas" ou que elas são o objeto de "insultos", que são impedidas de se expressar ou que elas são ridicularizadas em público (cf. Bué, 2005).[773]

Por esse relato é possível observar um assédio moral com viés de gênero e um forte caráter discriminatório contra as mulheres, gerando medo de dispensa e a insegurança quanto à promoção na carreira.

As mulheres são muito mais penalizadas pelo gasto de "tempo morto" no período de trabalho do que os homens, o que as leva a sempre estarem em atividade e a não se sentirem no direito de "perder tempo", pelo receio de serem tratadas como "preguiçosas".[774] A gestão cria uma necessidade de estar sempre em movimento, sob pena de se atingir um sentimento de angústia pela ausência de ação.[775]

A diferença nos mecanismos de disciplina se dá inclusive nas permissões para ida ao banheiro, como demonstra o relato de Eleonora Menicucci de Oliveira:

> Entre as sindicalistas de ramos de atividade mistos, 30% responderam que o controle das mulheres para o uso do banheiro é diferenciado de forma discriminatória e negativa: "Os homens vão ao banheiro sem controle e andam por todas as seções. As mulheres não podem" (metalúrgica).
>
> Esse controle reveste-se de formas humilhantes e acarreta situações constrangedoras tais como fichas, chaves na mesa da chefia, licença de uso duas vezes por dia, por cinco minutos, advertência quanto à demora, falta de espelho, falta de higiene. E incide mais sobre as operadoras das linhas de produção. (...) Entre as metalúrgicas, também encontramos discriminação por função: todas se sentem controladas no uso do banheiro: "Quando demora um pouco, o chefe da seção critica de forma ofensiva".[776]

No mesmo sentido já apontado por Eleonora Menicucci, Helena Hirata e Danièle Kergoat fazem o seguinte relato sobre as condições de trabalho das mulheres:

> As condições de trabalho seguiam essa hierarquia: mais frequentemente que os operários, as operárias trabalhavam na linha de montagem, estavam submetidas a maiores constrangimentos de tempos e movimentos, com interdições mesmo para o uso da palavra. Encontra-se, assim, a situação descrita por Madeleine Guilbert. Estamos diante do primeiro nível da divisão sexual do trabalho: o da categorização social pelo sexo.[777]

Para sobreviver aos controles no uso do banheiro e no cerceamento da palavra, as trabalhadoras usam de subterfúgios e desobedecem às regras de forma não explícita, em um movimento de defesa coletiva em que se socializa a resistência. Quando um colega acoberta o outro nesse processo de mobilização coletiva, há um sentimento de prazer pela solidariedade.[778] A solidariedade permite que surja uma relação identitária de reconhecimento com o grupo.

---

(773) HIRATA, Helena. *Mundialização, divisão sexual do trabalho e movimentos feministas transnacionais*.
(774) HIRATA, Helena. *Nova divisão sexual do trabalho*, p. 258 e 259.
(775) GAULEJAC, Vincent de. *Gestão como doença social*, p. 176 e 177.
(776) OLIVEIRA, Eleonora Menicucci de. *Op. cit.*, p. 102.
(777) HIRATA, Helena; KERGOAT, Danièle. *Paradigmas sociológicos e categoria de gênero*, p. 45.
(778) OLIVEIRA, Eleonora Menicucci de. *Op. cit.*, p. 103-104.

Nesse contexto de questionamento constante das capacidades das mulheres e controle intenso sobre seus movimentos, Helena Hirata faz a seguinte análise das mulheres em relação aos seus grupos de trabalho:

> Chegamos a um problema que me parece essencial, o de que, ao negarem o grupo, as mulheres se negam como sujeitos. As operárias, assim como os operários especializados, desvalorizam seus conhecimentos (vimos isso durante a sessão dedicada à ergonomia), desvalorizam sua experiência e, consequentemente, se autodesvalorizam. O exemplo do robô é constantemente retomado no discurso operário; uma operária me disse que uma criança de seis anos poderia fazer seu trabalho, o que é realmente depreciativo. Fazemos um trabalho besta; portanto, somos umas bestas. Isso é dito tanto pelos homens quanto pelas mulheres.[779]

Ao mesmo tempo em que a fuga ao *trabalho prescrito*[780] para suportar a pressão e o controle dos corpos cria uma rede de solidariedade entre as mulheres, o medo da perda do emprego e da humilhação no espaço de trabalho gera um sofrimento que oscila entre a autoculpabilização e o menosprezo da própria identidade.

Apesar dos sofrimentos psíquico e físico intensos, muitas vezes o assédio não é denunciado pelo medo que a vítima tem de ser culpada pela agressão.[781] Eleonora Menicucci de Oliveira explica que essa culpabilização da vítima serve como "dispositivo de submissão e adestramento às normas que não são explícitas, mas eficazes sob a ótica da subjetividade do indivíduo".[782] O medo de sofrer humilhações inibe a denúncia de situações de violência no espaço de trabalho:

> O exercício do poder em sua forma micro produz processos destrutivos mentais que, na maioria das vezes ocultados e silenciados pela sociedade, atuam como elementos estruturantes da identidade feminina. Outra trabalhadora conta: "[...] não só o sindicato, mas também as empresas devem educar corretamente os próprios empregados e criar mecanismo de vigilância para que não aconteça nada de assédio sexual, que existe, mas não é denunciado por medo...".[783]

Assim, é possível observar nos comportamentos de autoculpabilização das vítimas um reflexo da ausência de suporte institucional para o relato de problemas e dificuldades encontrados na forma de gestão do poder empregatício, em um sentido bastante próximo do que foi apresentado por Catherine Taylor em sua pesquisa sobre níveis de suporte que as mulheres percebem e o seu senso de empoderamento para reivindicar direitos.

A *violência simbólica*, definida por Pierre Bourdieu, que valoriza o masculino e a virilidade em detrimento do reconhecimento do igual valor da mulher, também é apropriada pelo capital de forma a reproduzir opressões de forma combinada com a dominação de classe. Essa apropriação em concreto traduz-se no exercício do poder empregatício sob um viés de inversão de racionalidade ética e subversão de valores, uma vez que a promoção da racionalidade ética significa declarar, afirmar e, sobretudo, concretizar direitos fundamentais.

---

(779) HIRATA, Helena. *Nova divisão sexual do trabalho*, p. 261.
(780) Em psicodinâmica do trabalho, estuda-se que existe o trabalho prescrito, que consiste no planejamento e nas instruções de como o trabalho deveria ser executado, bem como existe o trabalho real, que é aquele efetivamente colocado em prática pelos trabalhadores com artimanhas, truques, macetes em um contexto de cooperação. O trabalho real não corresponde exatamente ao trabalho prescrito, uma vez que, se o trabalho prescrito fosse fielmente implementado, sua execução seria como uma operação tartaruga, reduzindo drasticamente os níveis de produção. O trabalho real conta com a inteligência individual e coletiva dos trabalhadores para organizarem-se em uma mobilização à margem do trabalho prescrito, o que possibilita inclusive sabedoria para lidar com o imprevisto. Sem essa mobilização subjetiva das inteligências, o trabalho paralisa-se. Conferir: DEJOURS, Christophe. *A banalização da injustiça social*, p. 56-57.
(781) OLIVEIRA, Eleonora Menicucci de. *Op. cit.*, p. 107.
(782) *Idem*.
(783) *Ibidem*, p. 108.

Christophe Dejours analisa a inversão da racionalidade ética por meio de uma subversão de valores como consequência de uma ausência de preocupação por parte da filosofia com o sofrimento. Mesmo a filosofia não tratando a virilidade como uma virtude, considera-a um valor, noção que permeia também o senso comum como composição da identidade sexual masculina e expressão de poder sobre outros, ao passo que a mulher encontra-se em uma posição de submissão à violência e à dominação.[784]

Michel Foucault afirma que inicialmente havia uma gestão da vida, que ele denomina de "biopoder", o qual era um poder detido pelo soberano sobre seus servos, controlando a vida e a morte.[785] Com o tempo, o Estado e inclusive o mercado apropriaram-se desse biopoder.

Esse biopoder também foi fundamental para o controle dos corpos necessário ao desenvolvimento do capitalismo, como explica Michel Foucault:

> Esse biopoder, sem a menor dúvida, foi elemento indispensável ao desenvolvimento do capitalismo, que só pôde ser garantido à custa da inserção controlada dos corpos no aparelho de produção e por meio de um ajustamento dos fenômenos de população aos processos econômicos. Mas o capitalismo exigiu mais do que isso; foi-lhe necessário o crescimento tanto de seu reforço quanto de sua utilizabilidade e sua docilidade; foram-lhe necessários métodos de poder capazes de majorar as forças, as aptidões, a vida em geral, sem por isso torná-las mas difíceis de sujeitar; se o desenvolvimento dos grandes aparelhos de Estado, como instituições de poder, garantiu a manutenção das relações de produção, os rudimentos de anátomo e de biopolítica, inventados no século XVIII como técnicas de poder presentes em todos os níveis do corpo social e utilizadas por instituições bem diversas (a família, o Exército, a escola, a polícia, a Medicina individual ou a administração das coletividades), agiram no nível dos processos econômicos, do seu desenrolar, das forças que estão em ação em tais processos e os sustentam, operaram, também, como fatores de segregação e de hierarquização social, agindo sobre as forças respectivas tanto de uns como de outros, garantindo relações de dominação e efeitos de hegemonia; o ajustamento da acumulação dos homens à do capital, a articulação do crescimento dos grupos humanos à expansão das forças produtivas e a repartição diferencial do lucro, foram, em parte, tornados possíveis pelo exercício do biopoder com suas formas e procedimentos múltiplos. O investimento sobre o corpo vivo, sua valorização e a gestão distributiva de suas forças foram indispensáveis naquele momento.[786]

Para Foucault, o capitalismo inseriu a vida na história e, com isso, o controle da vida pela técnicas políticas; o poder passa a se encarregar mais da vida do que da ameaça da morte.[787]

O sexo é um foco de disputa política, um espaço de micropoder sobre o corpo, servindo ao controle do corpo e da espécie.[788]

Nesse contexto, é possível observar que o biopoder também está presente nas manifestações do poder empregatício de forma a garantir o controle dos corpos dos trabalhadores, inclusive com um viés de controle sobre o sexo (entendido como as características biológicas de cada indivíduo).

As organizações criam regras e normas para seus empregados de forma a garantir previsibilidade e uniformidade de comportamento, "procurando sempre a adequação do indivíduo ao cargo e o alcance dos objetivos organizacionais".[789] Nesse processo de ordens e hierarquia, há também uma construção que anula e aliena o indivíduo, com a sua anuência consciente ou inconsciente.[790]

---

(784) DEJOURS, Christophe. *A banalização da injustiça social*, p. 83-84.
(785) FOUCAULT, Michel. *A história da sexualidade. A vontade de saber*. V. 1. Tradução de Maria Thereza da Costa Albuquerque e J. A. Guilhon Albuquerque. Rio de Janeiro: Graal, 1988. p. 130-131.
(786) *Ibidem*, p. 132 e 133.
(787) *Ibidem*, p. 133 e 134.
(788) *Ibidem*, p. 137.
(789) SIQUEIRA, Marcus Vinicius Soares. *Gestão de pessoas e discurso organizacional*: crítica à relação indivíduo-empresa nas organizações contemporâneas. Goiânia: Editora da UCG, 2006. p. 59.
(790) *Idem*.

A gestão por meio da competitividade busca reduzir postos de trabalho para a realização das mesmas tarefas, o que expõe as mulheres a um maior risco de perda do emprego. Entretanto, quando as empresas buscam reduzir o custo da produção garantindo um quadro de empregados mais flexível e dócil, elas optam pela mão de obra feminina, o que aumenta o risco para a saúde das mulheres, agravado por dois fatores discriminantes: o sexismo e o racismo.[791]

As áreas de comunicação e gestão de recursos humanos das empresas são utilizadas como instrumentos normalizadores de conduta, buscando uma homogeneização dos indivíduos de forma a garantir a efetiva distribuição de poder e responsabilidades. Cria-se um poder de direção central que estabelece regras para um exercício de padronização do trabalho que os indivíduos devem seguir, contando com uma rede de "staffs" para que não haja desvios à regra.[792]

As normas disciplinares fixadas pelo empregador, no exercício de seu poder da mando e gestão, atuam como reguladores do corpo e do sexo, traduzindo em regras a gestão da vida dentro e fora do espaço de trabalho, como se observa em casos corriqueiros de restrições ao uso do banheiro e de limitações à gravidez.

Eleonora Menicucci de Oliveira faz a seguinte análise sobre o modelo toyotista e a discriminação de gênero:

> (...) **Adota-se o conceito toyotista de respeito pela dignidade humana que significa eliminar da força de trabalho as pessoas ineptas e parasitas, que não deveriam estar ali; despertar em todos a consciência de que podem aperfeiçoar o processo de trabalho por seu próprio esforço e desenvolver o sentimento de participação.**
>
> Essas características da nova organização do trabalho renomeiam o capitalismo internacional, e surgem os conceitos de globalização e de internacionalização da economia que agregam novos significados ao conceito da divisão do trabalho, como a necessária incorporação da categoria de gênero para pensar a saúde no trabalho.
>
> Nesse contexto, assistimos à erosão da eficácia do papel do Estado que repõe a relação entre os atores considerados globais e nacionais sob a égide do mercado, tornando a negociação cada vez mais desigual entre a sociedade civil e o Estado (SANTOS, 1994).
>
> Além disso, as consequências do avanço tecnológico das últimas décadas como a exigência de qualidade e alta concentração determinam transferência e mudança no perfil epidemiológico dos riscos para a saúde, agregando às tradicionais doenças do mundo do trabalho o sofrimento mental, até hoje não reconhecido como tal. Esse quadro interfere na vida sexual e reprodutiva dos trabalhadores, **sobretudo nas trabalhadoras que são as mais penalizadas, pela clivagem de gênero que as diferenciam sexualmente, ao nascer, viver, adoecer e morrer.**[793] (Grifos acrescidos)

A expansão das políticas neoliberais promovem uma desregulamentação dos direitos trabalhistas, por meio de privatizações, subcontratação, externalização da produção, o que reforça a alocação de mulheres em serviços de baixa remuneração e em tarefas como domésticas e cuidadoras.[794] O capital global acaba por implementar práticas que deixam "sem voz as mulheres das culturas dominadas".[795]

Ao indivíduo cabe conciliar a transgressão com o poder estabelecido de forma a evitar uma ruptura drástica que o leve à perda do emprego. Marcus Vinícius Soares Siqueira afirma que as

---

(791) OLIVEIRA, Eleonora Menicucci de. *Op. cit.*, p. 47-48.
(792) SIQUEIRA, Marcus Vinicius Soares. *Op. cit.*, p. 60.
(793) OLIVEIRA, Eleonora Menicucci de. *A mulher, a sexualidade e o trabalho.* São Paulo: CUT, 1999. p. 64.
(794) HIRATA, Helena. *Mundialização, divisão sexual do trabalho e movimentos feministas transnacionais.*
(795) *Idem.*

organizações, entretanto, sempre favorecerão os "normais" em detrimento dos "desviantes" ou "transgressores". Assim, o controle dos empregados passa a se dar por meio da manipulação do psíquico e a exploração se desenvolve por meio do controle pelo amor. O poder só pode ser exercido a partir do consentimento daquele que sofre seus efeitos, o que ocorre na relação de emprego em razão da interiorização de regras e pelo medo de represálias ao comportamento desviante.[796]

Assim, observa-se um desvirtuamento do poder empregatício para perspectivas que subvertem a ética no tratamento dos empregados, e que ultrapassam qualquer barreira que poderia impedir uma interferência no reduto privado e nas decisões pessoais sobre gestão do corpo das trabalhadoras.

---

(796) *Ibidem*, p. 61-62.

CAPÍTULO 4
ASSÉDIO MORAL ORGANIZACIONAL E DISCRIMINAÇÃO DE GÊNERO: A VIOLÊNCIA INVISÍVEL[797] QUE ADOECE

Na mulher que pensa, os ovários secam. Nasce a mulher para produzir leite e lágrimas, não ideias; e não para viver a vida e sim para espiá-la por trás da persiana. Mil vezes explicaram isso a ela e Alfonsina Stormi não acreditou nunca.
Eduardo Galeano[798]

"Querida, você é uma moça. Está escrevendo sobre um livro que foi escrito por um homem. Seja afável; seja meiga; lisonjeie; engane; use todas as artes e manhas do nosso sexo. Nunca deixe ninguém perceber que você tem opinião própria. E principalmente seja pura". (...) E, segundo o Anjo do Lar, as mulheres não podem tratar de nenhuma dessas questões com liberdade e franqueza; se querem se dar bem, elas precisam agradar, precisam conciliar, precisam — falando sem rodeios — mentir.
(...) É muito mais difícil matar um fantasma do que uma realidade. Quando eu achava que já tinha acabado com ela, sempre reaparecia sorrateira.
Virginia Woolf[799]

4.1. Assédio moral organizacional: definições

Estudiosos nacionais[800] e estrangeiros[801] afirmam que o assédio moral é uma prática tão antiga quanto o próprio trabalho, apenas o olhar para o problema é um fenômeno recente. Desde a colonização do Brasil, índios e, posteriormente, negros foram assediados pelos colonizadores portugueses, tanto moral quanto sexualmente, para a implementação da monocultura latifundiária.[802]

Em 1996, a OIT realizou pesquisa em quinze países da Comunidade Europeia, com 15.800 entrevistados, e identificou entre os comportamentos considerados violentos no ambiente de trabalho o assédio moral. No ano de 2000, essa pesquisa foi refeita e indicou que o fenômeno da violência

---

(797) A expressão "invisível", utilizada para caracterizar a violência oriunda do assédio moral e da própria discriminação de gênero, busca expressar a dificuldade que existe tanto entre os agressores, quanto por parte da chefia, pelas vítimas, pelas testemunhas e até no Poder Judiciário em se reconhecer a violência psicológica como assédio moral organizacional e não como manifestações de meros conflitos interpessoais de menor importância ou mesmo aborrecimentos comuns da lida com o trabalho. Assim, o uso do termo "invisível" não significa que o assédio moral não é percebido por aquele que sofre ou por outras testemunhas, mas que seu reconhecimento como assédio moral organizacional muitas vezes é difícil, por ser a violência confundida com outras manifestações sem relevância para o Direito, a Psicologia, a Medicina e outras áreas da ciência. A expressão "violência invisível" é utilizada inclusive por Roberto Heloani para indicar que o assédio moral não deixa marcas do agressor na vítima. Conferir: HELOANI, Roberto. Violência invisível. *RAE executivo*, v. 2, n. 3, p. 58, ago./out. 2003.
(798) GALEANO, Eduardo. *Mulheres*. Tradução: Eric Nepomuceno. Porto Alegre: L&PM, 2013. p.130.
(799) WOOLF, Virginia. *Profissões para mulheres e outros artigos feministas*. Tradução: Denise Bottmann. Porto Alegre: L&PM, 2012. p. 12-13.
(800) Roberto Heloani também enfatiza que o assédio moral é um problema tão antigo quanto o próprio trabalho, apesar de os estudos que se preocupam com essa violência serem recentes. Conferir: HELOANI, Roberto. *Assédio moral*: um ensaio sobre a expropriação da dignidade no trabalho. RAE-eletrônica, v.3, n.1, art. 10, jan./jun. 2004. Disponível em: <http://www.scielo.br/scielo.php?script=sci_arttext&pid=S1676-56482004000100013>. Acesso em: 27 dez. 2014.
(801) Gabrielle Friedman e James Whitman sinalizam que o assédio moral sempre existiu no ambiente de trabalho, não sendo uma prática nova, apenas sua identificação e intitulação são recentes. Conferir: FRIEDMAN, Gabrielle S.; WHITMAN, James Q. The European transformation of harassment law: discrimination versus dignity. *Columbia Journal of European Law*, v. 9, p. 246, 2003.
(802) HELOANI, Roberto. *Assédio moral*.

moral possui abrangência mundial e os dados colhidos representam apenas a ponta do *iceberg* que é a realidade, atravessando culturas, países, modelos organizacionais.[803]

Seguem dados estatísticos, em perspectiva mundial, sobre o assédio e suas consequências:

> Nos Estados Unidos, por exemplo, em 2000 foram registrados mil casos de homicídios no ambiente de trabalho (a segunda maior causa de mortes, logo após os acidentes de trânsito no percurso trabalho-casa); no Reino Unido, 53% de trabalhadores se disseram vítimas de violência sexual e moral; na Suécia, o assédio moral é considerado responsável por 15% dos suicídios cometidos; na África do Sul, 80% dos entrevistados disseram que já sofreram comportamentos hostis no ambiente de trabalho pelo menos uma vez em sua vida.[804]

Atualmente, o assédio moral pode tomar várias formas como a recusa em se comunicar com o empregado, o não fornecimento de instruções ou instruções contraditórias, a negação de trabalho ou a atribuição excessiva de tarefas, a atribuição de atividades sem sentido ao empregado ou o endereçamento de tarefas superiores à sua competência, ostracismo, críticas incessantes, humilhações, insultos.[805]

Essas práticas foram proibidas pela legislação europeia, por caracterizarem assédio moral, como resposta a um movimento que não se iniciou entre juristas, mas entre psicólogos do trabalho.[806]

Entretanto, toda essa análise começou como teoria psicológica, não como estudo do Direito, e, em razão disso, a solução proposta foi o tratamento com medicamentos em vários países da Europa. Neurologistas alemães criaram *spas* para tratar vítimas de *mobbing* em um programa de seis semanas para exercícios de relaxamento, terapia individual e em grupo.[807]

De acordo com o país, a cultura e os pesquisadores, o assédio moral recebe diversas definições, nomenclaturas e abordagens.

Em 1958, o etnologista austríaco Konrad Lorenz analisou o assédio no behaviorismo animal. Posteriormente, na década de 1970, o psicólogo infantil Dr. Peter-Paul Heinemann passou a aplicar a palavra *mobbing* para descrever o comportamento de crianças do jardim de infância que utilizavam de ridicularizações, insultos, ostracismo e ocasionais atos de violência contra uma criança em particular. O psicólogo indicou que essa forma de violência poderia causar síndromes que poderiam levar a criança a se suicidar.[808]

Em razão desses estudos, o psicólogo do trabalho alemão, Heinz Leymann, passou a desenvolver, na Suécia, pesquisas sobre o comportamento de adultos no ambiente de trabalho. Em virtude de ter recebido o diário de uma mulher de 50 anos que havia se suicidado em razão de assédio moral no trabalho, Heinz Leymann decidiu estudar os efeitos perversos dessa violência no ambiente de trabalho, adotando a expressão "*mobbing*" do jardim de infância para definir o psicoterror organizacional.[809]

A palavra "*mobbing*" vem do verbo inglês "*to mob*", que significa maltratar, atacar, perseguir, sendo que também existe o substantivo "*mob*" para designar "máfia".[810] Para Heinz Leymann, *mobbing* é uma forma grave de estresse psicossocial causada por manobras hostis frequentes e repetidas que visam a degenerar uma mesma pessoa, isolando-a do grupo no local de trabalho.[811]

---

(803) FREITAS, Maria Ester de; HELOANI, José Roberto; BARRETO, Margarida. *Assédio moral no trabalho*. São Paulo: Cengage Learning, 2009. Coleção debates em administração, Coordenadores Isabella F. Gouveia de Vasconcelos, Flávio Carvalho de Vasconcelos, André Ofenhejm Mascarenhas, p. 17.
(804) *Idem*.
(805) FRIEDMAN, Gabrielle S.; WHITMAN, James Q. *Op. cit.*, p. 246 e 247.
(806) *Ibidem*, p. 247.
(807) *Ibidem*, p. 251.
(808) *Ibidem*, p. 247-248.
(809) *Ibidem*, p. 248.
(810) HIRIGOYEN, Marie-France. *Mal-estar no trabalho. Redefinindo o assédio moral.* 7. ed. Rio de Janeiro: Bertrand Brasil, 2012. p. 77.
(811) HEINZ, Leymann *apud* HIRIGOYEN, Marie-France. *Op. cit.*, p. 77 e 78.

Heinz Leymann definiu o assédio moral no ambiente de trabalho, ou *mobbing*, da seguinte forma:

> Terror psicológico ou *mobbing* no ambiente de trabalho envolve comunicação hostil e antiética que é direcionada de forma sistemática contra um ou mais indivíduos, principalmente contra um indivíduo que, em razão do *mobbing*, é empurrado para uma posição indefesa e desamparada e mantido nessa situação pela perpetuação do *mobbing*. Essas ações ocorrem em uma base bastante frequente (definição estatística: ao menos uma vez por semana) e durante um longo período de tempo (definição estatística: ao menos seis meses de duração). Em razão da alta frequência e longa duração do comportamento hostil, o mau-trato resulta em considerável miséria mental, psicossomática e social.
>
> Assim, a definição não foca muito nas atividades em si, mas sobre a pesada tensão mental. A origem do foco nas situações psicológicas no local de trabalho é encontrada nas pesquisas médicas sobre estresse: o pesquisador tenta revelar quando um estressor no local de trabalho pode prejudicar o indivíduo, fazendo que ele ou ela entre em licença médica. A pesquisa empírica sobre assédio moral no local de trabalho revelou estressores psicossociais que causam impacto extremo na saúde da vítima, como pode ser observado por meio do estudo das sequências de curso-de-*mobbing*.
>
> A definição exclui conflitos temporários e foca-se no ponto de ruptura no qual a situação psicológica começa a desencadear condições patológicas de ordem psiquiátrica e psicossomática.[812] (Tradução livre)

Em decorrência das pesquisas de Heinz Leymann, na Alemanha, diversos livros, artigos de revistas e códigos de conduta foram produzidos para se combater o assédio moral.[813]

Na Inglaterra, surgiu o termo "*bullying*" para designar desumanidade e grosseria tirânica por meio de humilhações vexatórias, inicialmente no ambiente escolar, mas depois observadas também nas relações familiares e no mundo do trabalho.[814]

Marie-France Hirigoyen entende a expressão "*bullying*" como um conceito mais abrangente que "*mobbing*", por incluir, além de agressões psicológicas, também as formas de violência física e sexual.[815]

Nos Estados Unidos, surgiu a expressão "*harassment*" em razão de estudos do psiquiatra Carrol Brodsky, desde 1976, com enfoque na observação de ataques repetidos e voluntários contra uma pessoa com o fim de miná-la.[816]

Nos Estados Unidos, B. Carrol lançou a obra "*The harassed worker*" (O trabalhador assediado), descrevendo o assédio moral no trabalho, mas o tema não obteve tanta repercussão política na

---

(812) Original: "Psychological terror or mobbing in working life involves hostile and unethical communication which is directed in a systematic manner by one or more individuals, mainly toward one individual, who, due to mobbing, is pushed into a helpless and defenseless position and held there by means of continuing mobbing activities. These actions occur on a very frequent basis (statistical definition: at least once a week) and over a long period of time (statistical definition: at least six months´ duration). Because of the high frequency and long duration of hostile behavior, this maltreatment results in considerable mental, psychosomatic and social misery. Thus, the definition does not focus too much on the activities themselves, but rather on the heavy mental strain. The origin of this focus on psychological situations in the workplace is found in medical stress research: The researcher attempts to reveal, when a workplace stressor is likely to injure the individual, causing him or her to go on sick leave. The empirical research on mobbing in the workplace has revealed psychosocial stressors that cause extreme impact on the health of the victim, as can be observed by studying the course-of-mobbing sequences. The definition excludes temporary conflicts and focuses on the breaking point where the psychosocial situation begins to result in psychiatrically or psychosomatically pathological conditions." LEYMANN, Heiz. *The mobbing encyclopaedia*. Disponível em: <http://www.leymann.se/English/frame.html>. Acesso em: 1º nov. 2012.
(813) FRIEDMAN, Gabrielle S.; WHITMAN, James Q. *Op. cit.*, p. 248.
(814) HIRIGOYEN, Marie-France. Mal-estar no trabalho. Redefinindo o assédio moral. *Op. cit.*, p. 79.
(815) *Ibidem*, p. 80.
(816) *Ibidem*, p. 81.

cultura norte-americana se comparado ao que ocorreu na Europa, em razão da valorização do esforço individual e do "trabalho duro" que possibilitaram uma interpretação diversa a respeito do fenômeno.[817]

No Japão, o termo "*ijime*" designa um fenômeno muito antigo que é o assédio moral imprimido tanto nas escolas quanto nas empresas nipônicas com o objetivo de formar jovens em um padrão determinado e reprimir elementos perturbadores. Assim, os japoneses eliminam as individualidades, forçando uma adaptação ao grupo por meio de uma forte competitividade. O "*ijime*" é um instrumento de controle social que visa a uma padronização sem individualismos ou personalidades marcantes ou críticas, que permaneceu desde a década de 1970 até os anos 1990. Com a recessão dos anos 1990 e a mudança na forma de gestão, bem como a necessidade de empregados flexíveis e capazes de se adaptarem às constantes mudanças, houve uma mudança do *ijime* para outras formas de assédio moral.[818]

Na França, o assédio moral foi estudado pela psiquiatra Marie-France Hirigoyen, sendo categorizado em três tipos de comportamento: a) comunicação e atos abusivos; b) destruição da imagem da vítima no trabalho; c) tarefas degradantes.[819]

Marie-France Hirigoyen afirma que o assédio moral adquire significado quando as agressões e os ataques são insistentes. O assédio moral é um tipo de agressão capaz de causar distúrbios psicológicos a curto prazo e consequências desestruturantes a longo prazo, cujos sintomas são de difícil diagnóstico pelos médicos do trabalho e os tratamentos nem sempre mostram-se eficazes.[820]

A psiquiatra francesa propõe a seguinte definição de assédio moral:

> (...) o assédio moral no trabalho é definido como qualquer conduta abusiva (gesto, palavra, comportamento, atitude...) que atente, por sua repetição ou sistematização, contra a dignidade ou integridade psíquica ou física de uma pessoa, ameaçando seu emprego ou degradando o clima de trabalho.
>
> Qualquer que seja a definição adotada, o assédio moral é uma violência sub-reptícia, não assinalável, mas que, no entanto, é muito destrutiva. Cada ataque tomado de forma isolada não é verdadeiramente grave; o efeito cumulativo dos microtraumatismos frequentes e repetidos é que constitui agressão. Esse fenômeno, no início, pode ser comparado com o sentimento de insegurança existente nos bairros, resumido no termo "incivilidade". Com a continuação sistemática, todas as pessoas visadas se sentem profundamente atingidas.
>
> (...)
>
> O estilo específico de agressão é variável de acordo com os meios socioculturais e setores profissionais. Nos setores de produção, a violência é mais direta, verbal ou física. Quanto mais se sobe na hierarquia e na escala sociocultural, mais as agressões são sofisticadas, perversas e difíceis de caracterizar.[821]

Para delimitar mais sua definição de assédio moral, Marie-France Hirigoyen o distingue de outras condutas. Para a psiquiatra francesa, o assédio moral não se confunde com o estresse profissional, os conflitos, gestão por injúria, agressões pontuais, violência externa por clientes e imposições profissionais[822], como será adiante mais detalhadamente analisado.

---

(817) FREITAS, Maria Ester de; HELOANI, José Roberto; BARRETO, Margarida. Assédio moral no trabalho. *Op. cit.*, p. 31.
(818) HIRIGOYEN, Marie-France. Mal-estar no trabalho. Redefinindo o assédio moral. *Op. cit.*, p. 83-85.
(819) FRIEDMAN, Gabrielle S.; WHITMAN, James Q. *Op. cit.*, p. 249.
(820) HIRIGOYEN, Marie-France. *Mal-estar no trabalho*. Redefinindo o assédio moral, p. 15-16.
(821) *Ibidem*, p. 17 e 18.
(822) *Ibidem*, p. 19-35.

Em todo caso, o assédio moral não se restringe à relação entre empregador e empregado, ou entre chefe e subordinado, mas também abarca os problemas entre colegas de trabalho. A maioria dos estudiosos do assunto destaca que o *mobbing* não é um problema de evento único, mas pode se perpetuar por meses ou anos. O agressor (*mobber*) é descrito por muitos psicólogos como uma pessoa que possui disfunções sociais, como desordens narcisistas na sua personalidade ou um instinto de dominação do outro.[823]

Entretanto, na pesquisa alemã sobre o tema, constatou-se que o *mobbing* não é um problema exclusivo de uma distinta minoria com certos traços de personalidade, mas é resultado de uma certa estrutura organizacional. Os principais sintomas decorrentes do sofrimento por assédio são problemas derivados de estresse, como desordens no sono, doenças no estômago, depressão severa capaz de levar ao suicídio, ataques de ansiedade e desordens de estresse pós-traumático, por exemplo.[824]

A maioria dos teóricos sobre o *mobbing* afirma que o que os americanos denominam de assédio sexual nada mais é que um tipo de assédio moral. Muito teóricos entendem o assédio como um problema geral que pode atingir todos os trabalhadores, independentemente de seu gênero. Marie-France Hirigoyen, por exemplo, concluiu que o assédio sexual era apenas um passo adiante, um agravamento na prática do assédio moral. Assim, de acordo com a literatura sobre *mobbing*, as mulheres ainda são as mais afetadas por essa forma de violência, apesar de o assédio ser um problema que afeta a todos.[825]

No Brasil, o primeiro estudo acadêmico sobre o assédio moral foi feito por Maria Ester de Freitas, em 2001, em uma clara desconstrução do viés naturalizado do assédio moral como forma de gestão, questionando o papel da empresa e sua responsabilidade por essas práticas de violência moral e os prejuízos que acarreta à saúde dos trabalhadores.[826]

Maria Ester de Freitas defende que, "muito além de uma prática que se situa na esfera dos relacionamentos individuais, o assédio moral é uma prática que penaliza também as organizações e as sociedades, devendo ser objeto de uma ação mais ampla e contundente do que aquela que limita essa infelicidade às desordens comportamentais de indivíduos perversos".[827]

Nesse mesmo caminho, Margarida Barreto e Roberto Heloani são estudiosos que militam pela criminalização do assédio moral tanto na seara acadêmica quanto nos espaços sindicais e até na internet, por meio de um *website*[828] dedicado a tratar do tema.[829]

As estruturas de poder construídas socialmente também se expressam nas relações de trabalho, interferindo na saúde moral dos indivíduos.[830] Roberto Heloani define o assédio moral nos seguintes termos:

> Em nosso entender, o assédio moral caracteriza-se pela intencionalidade; consiste na constante e deliberada desqualificação da vítima, seguida de sua consequente fragilização, com o intuito de neutralizá-la em termos de poder. Esse enfraquecimento psíquico pode levar o indivíduo vitimizado a uma paulatina despersonalização. Sem dúvida, trata-se de um processo disciplinador em que se procura anular a vontade daquele que, para o agressor, se apresenta como ameaça.

---

(823) FRIEDMAN, Gabrielle S.; WHITMAN, James Q. *Op. cit.*, p. 249.
(824) *Ibidem*, p. 250.
(825) *Ibidem*, p. 250-251.
(826) FREITAS, Maria Ester de; HELOANI, José Roberto; BARRETO, Margarida. *Assédio moral no trabalho*, p. 31.
(827) *Idem*.
(828) O *website* desenvolvido por Margarida Barreto, Roberto Heloani e outros profissionais da saúde para tratar do assédio moral é: <http://www.assediomoral.org/spip.php?article372>. Acesso em: 27 jan. 2015.
(829) FREITAS, Maria Ester de; HELOANI, José Roberto; BARRETO, Margarida. *Assédio moral no trabalho*, p. 32.
(830) HELOANI, Roberto. *Assédio moral*: um ensaio sobre a expropriação da dignidade no trabalho.

Essa dose de perversão moral — algumas pessoas sentem-se mais poderosas, seguras e até mesmo mais autoconfiantes à medida que menosprezam e dominam outras — pode levar com facilidade, a nosso ver, ao assédio moral, quando aliada à questão da hipercompetitividade.[831]

Como se observa, os diversos estudiosos do mundo e do Brasil buscam definir o assédio moral sob diversas perspectivas, que serão mais detalhadamente analisadas nos tópicos que se seguem, com o estudo do contexto propício ao surgimento desse tipo de violência psicológica.

4.2. Contexto propício para o surgimento de assédio moral

O mercado, aliado a uma racionalidade instrumental, triunfou nos séculos XIX e XX, buscando os melhores meios e métodos para uma racionalidade econômica, baseada na filosofia de uma liberdade que permitisse a cada indivíduo ser "livre para se vender".[832]

Eugène Enriquez define o mundo atual nos seguintes termos:

> (...) Os antigos valores de mérito, trabalho, honra, prestígio e "a herança histórica, usada pelo capitalismo, inclusive a honestidade, a integridade, a responsabilidade, o cuidado no trabalho, o respeito aos outros" (CASTORIADIS, 1996), foram desvalorizados em prol de um único valor: o dinheiro. **"Tudo se compra e tudo se vende."** O axioma de L. Walras é o de nossa sociedade, de onde deriva a possibilidade de corrupção generalizada, tanto dos grandes como dos pequenos, comportamento perverso por excelência. Um novo impulso foi dado a essa tendência pela predominância contemporânea das estratégias financeiras. O dinheiro deve criar dinheiro, de acordo com a necessidade, sem passar pela mercadoria, e assim criar novas riquezas, passando por cima das estratégias industriais que visam ao desenvolvimento. **Assiste-se a um aumento contínuo das desigualdades internas e externas, a um papel preponderante dos acionistas e dos titulares de fundos de pensão em relação àquele dos administradores e trabalhadores;** à globalização das trocas que beneficiam essencialmente os países ricos — que sabem como se proteger quando lhes parece necessário; os avanços tecnológicos dos países já desenvolvidos (as outras nações se encontram em situação de dependência crescente, apesar das resistências), que se tornam instrumentos das grandes potências. A guerra econômica se intensifica a cada dia.
>
> Consequências ao nível coletivo: dissolução do vínculo social, exclusão ou "desvinculação social" (R. CASTEL, 1995), competição exacerbada, pilhagem do planeta, enfraquecimento dos movimentos sociais, diminuição das lutas sindicais, e, por outro lado, importância crescente das empresas, que querem ser "as instituições divinas", e de suas consequências ao nível individual: **os indivíduos devem se integrar, ou melhor, se identificar às organizações das quais fazem parte, idealizá-las, colocando os valores organizacionais — seu próprio ideal do ego — no lugar dos seus próprios valores, transformar-se em instrumentos submissos, dóceis mesmo, e sobretudo acreditar, se lhe disserem e se eles se sentirem responsáveis enquanto sujeitos, que estão a caminho da autonomia.**[833] (Grifos acrescidos)

Para Eugène Enriquez, nesse contexto, o fracasso da empresa na verdade traduz-se no fracasso do trabalhador, pois é ele que será responsabilizado, o que incrementa a condição de estresse e o medo de ser descartado mesmo após todos os esforços por não ser mais considerado útil. O antigo exército reserva de mão de obra do século XIX hoje não possui mais a esperança de um dia retornar

---

(831) Idem.
(832) ENRIQUEZ, Eugène. O homem do século XXI: sujeito autônomo ou indivíduo descartável. *Revista de Administração de Empresas RAE-eletrônica*, v. 5, n. 1, art. 10, jan./jun. 2006. Disponível em: <http://www.scielo.br/pdf/raeel/v5n1/29568.pdf>. Acesso em: 20 dez. 2014.
(833) Idem.

ao mercado de trabalho, podendo ser excluído de forma definitiva principalmente pelas novas tecnologias que surgem.[834]

Os trabalhadores empregados sofrem com o aumento da carga de trabalho e a violência psicológica dos novos modos de gestão empresarial, mas são coagidos a não expressar publicamente suas angústias por existirem outros em situações piores ou até mesmo pela constante ameaça de dispensa.[835]

As pressões da organização manifestam-se na forma de controle da produção por meio de "índices de desempenho", ritmo de trabalho, ladeadas por um discurso de que o trabalhador foi escolhido para trabalhar na empresa por estar entre os melhores, razão pela qual se espera dele um desempenho excepcional.[836]

Essas formas de gestão engendram uma precarização das relações de trabalho. Christophe Dejours analisa essa precarização da seguinte forma:

• O primeiro efeito da precarização é pois a **intensificação do trabalho e o aumento do sofrimento subjetivo** (sem dúvida, com um índice de morbidade maior porém "exteriorizado" da empresa em virtude das demissões).

• O segundo efeito é a **neutralização coletiva** contra o sofrimento, contra a dominação e contra a alienação.

• A terceira consequência é a **estratégia defensiva do silêncio**, da cegueira e da surdez. Cada um deve antes de tudo se preocupar em "resistir". Quanto ao sofrimento alheio, não só "não se pode fazer nada", como também sua própria percepção constitui um constrangimento ou uma dificuldade subjetiva suplementar, que prejudica os esforços de resistência. Para resistir, portanto, convém fechar os olhos e os ouvidos ao sofrimento e à injustiça infligidos a outrem. Nossa pesquisa mostra que todos, dos operadores aos gerentes, se defendem da mesma maneira: negando o sofrimento alheio e calando o seu.

• O quarto efeito da ameaça de demissão e precarização é o individualismo, o cada um por si. Como disse Sofsky (1993: 358), a partir de certo nível de sofrimento, "**a miséria não une: destrói a reciprocidade**".[837] (Grifos acrescidos)

Esse contexto de precarização, permeado de pressões fomentado pela manipulação gerencial, proporciona o desenvolvimento do medo como norteador de condutas submissas e caracterizadas pela quebra de empatia pelo sofrimento do outro, seja este outro um colega de trabalho, seja um desempregado excluído do sistema.[838]

A flexibilidade e a mobilidade em relação às formas de gestão se tornam normas cogentes para que se possa participar do mundo do trabalho, baseado no discurso do mérito individual e da igualdade de oportunidades.[839]

Vincent de Gaulejac observa que "a fragilização das relações de emprego atinge todas as categorias de assalariados", apesar de a flexibilização atingir de forma diferente as diferentes categorias sociais.[840] A própria identidade dos trabalhadores como profissionais passa por adaptações a essa necessidade de flexibilização; nesse processo a luta coletiva de classes também é atenuada em favor de lutas individuais por ter um lugar, uma posição social, poder.[841]

---

(834) Idem.
(835) DEJOURS, Christophe. *A banalização da injustiça social*, p. 45 e 46.
(836) *Ibidem*, p. 47 e 48.
(837) *Ibidem*, p. 51.
(838) *Ibidem*, p. 52.
(839) GAULEJAC, Vincent de. *Gestão como doença social*, p. 245.
(840) *Ibidem*, p. 247.
(841) *Ibidem*, p. 248.

Entretanto, apesar do discurso da meritocracia e da importância do gerenciamento da própria vida, "as possibilidades de promoção permanecem estritamente dependentes das origens sociais e da herança".[842]

A racionalidade estratégica orientada pelas estratégias financeiras explora e aliena o indivíduo, que se entende autônomo. A cúpula dominante que imprime o processo de dominação é hostil aos indivíduos desviantes que se diferenciam do padrão, podendo ser eliminados física ou psiquicamente.[843]

Eugène Enriquez analisa o período do fim do século XX como o tempo em que o individualismo ganhou espaço de forma a minar o sentimento de pertencimento a um coletivo. Para o psicólogo francês, "jamais o indivíduo esteve tão encerrado nas malhas das organizações (em particular, das empresas) e tão pouco livre em relação ao seu corpo, ao seu modo de pensar, à sua psique".[844] Há uma busca das empresas em emergirem como principais atores sociais, o que tira o protagonismo e a autonomia dos indivíduos.[845]

Nas últimas décadas do século XX, as transformações de ordem política, econômica, cultural, tecnológica e social propiciaram uma crise de identidade que foi remediada por meio do consumo, como instrumento para o esgotamento do indivíduo, em um contexto de enfraquecimento das instituições e vínculos sociais. Essa crise identitária é reflexo de uma sociedade individualista, com vínculos coletivos enfraquecidos, em uma situação de exclusão e negação do diferente em prol da preservação de padrões que instrumentalizam os indivíduos para o consumo, excluindo aqueles que não estão inseridos na produção ou encontram-se desempregados.[846]

Exige-se do indivíduo a postura de herói no enfrentamento das circunstâncias para que sejam aptos a serem cidadãos, ao passo que aqueles que não se conformam com esse padrão passam a participar da "categoria dos desqualificados sociais".[847]

As empresas criam um discurso de apoio às causas de proteção ao meio ambiente e de promoção da educação, além de contribuir para ações sociais; entretanto, essas ações constituem apenas a criação de uma imagem sobre o papel da empresa como encarregada de desenvolver socialmente e civicamente o país. Essa impressão de onipotência da empresa convence seus empregados a aderirem à construção do projeto empresarial que se promete eterno, negando a realidade do tempo. A identidade do empregado passa a ser construída a partir dos projetos e metas da empresa, passando o trabalhador a "ser-pela organização". As organizações passam a oferecer serviços como clube de esportes, orquestra, salão de beleza etc., de modo a criar o sentimento de que a empresa cuida de todas as áreas da vida de seus empregados. Entretanto, a realidade é que as empresas utilizam-se desse discurso instrumental para administrar seus empregados com recursos que podem ser cortados quando necessário.[848]

Quando um empregado é considerado responsável em uma organização significa que sofrerá sanções por suas ações que não corresponderem ao esperado, bem como será culpado por elas. O discurso da teoria da direção participativa indica uma aparência de fim de hierarquias e o surgimento de uma comunidade cooperativa dentro da empresa; entretanto, laços de cooperação sempre existiram entre os empregados de alguma forma e as empresas sempre abrigaram grupos diversos, mas o aparato de poder que orienta o trabalho e o modo de vida dos empregados nunca foi abandonado.[849]

---

(842) *Idem.*
(843) ENRIQUEZ, Eugène. *Op. cit.*
(844) ENRIQUEZ, Eugène. O indivíduo preso na armadilha da estrutura estratégica. *Revista de Administração de Empresas*, São Paulo, v. 37, n. 1, p. 19, jan./mar. 1997.
(845) *Idem.*
(846) FREITAS, Maria Ester de; HELOANI, José Roberto; BARRETO, Margarida. *Op. cit.*, p. 4.
(847) ENRIQUEZ, Eugène. Os desafios éticos nas organizações modernas. *Revista de Administração de Empresas*, São Paulo, v. 37, n. 2, p. 8, abr./jun. 1997.
(848) *Ibidem*, p. 10-11.
(849) *Ibidem*, p. 12.

A ideologia da gestão participativa permite que os empregados empenhem-se em suas atividades para que a empresa alcance maior produtividade.

Nesse contexto, é muito forte o culto da excelência e a busca por qualificação, que impõe a necessidade de "ser brilhante a qualquer preço" para ser um modelo de devoção à empresa a ser imitado pelos demais.[850] Eugène Enriquez observa que nem todos conseguem enquadrar-se no padrão de excelência:

> O único problema é que é impossível que todos sejam vencedores. Em toda a batalha existem vencedores e vencidos. Ninguém acreditará que nas organizações somente se pratiquem jogo à somatória não nula nos quais todos devem ganhar. Os cadáveres, reais ou simbólicos, acumulados há gerações atestam a realidade muitas vezes violenta da vida organizacional.
>
> (...)
>
> Pode-se agora considerar a que ponto o imaginário da comunidade e da excelência é um imaginário ilusório, onde o objetivo é fazer indivíduos conformes que respeitem o ideal da organização. Nesse jogo, os indivíduos perdem cada vez que eles pensam ganhar. O único vencedor é a organização que recebe, assim, um acréscimo de legitimidade, que continua a se acalentar de sonhos de imortalidade e que crê, desta maneira, não ser atingida pela crise que afeta o conjunto das instituições.[851]

O desemprego estrutural acaba por gerar um conformismo naqueles que possuem um emprego que não lhes traz reconhecimento ou satisfação pelo medo de serem excluídos do mercado formal de trabalho. A competição generalizada acirra ainda mais as posturas individualistas e o enfraquecimento dos valores coletivos, fomentando os problemas na formação de identidades e a indiferença em relação ao outro.[852]

Considerando esse contexto, Maria Ester de Freitas, José Roberto Heloani e Margarida Barreto fazem as seguintes considerações sobre o florescimento da prática do assédio moral organizacional:

> A violência expressa no ambiente de trabalho contemporâneo pode ser uma manifestação segmentada de uma violência maior que encontra os seus fundamentos numa sociedade que vê na economia a resposta a todos os seus problemas e em uma organização do trabalho cada vez mais sem compromissos com o ser humano, pois a sua fórmula mágica é enfocada na garantia de ganhos de produtividade crescentes no curto prazo. Trata-se, portanto, de uma violência assumida como um efeito colateral simplesmente, ou seja, uma violência que se quer naturalizada. Assim, é importante alertar sobre a banalização dessas ocorrências, sobre as simplificações organizacionais ou jurídicas em lidar com o fenômeno, bem como sobre as veias oportunistas que se abrem sempre que um tema possa ter grande apelo social.[853]

Nessa mesma linha, Christophe Dejours entende que a banalização do mal é subjacente ao sistema liberal, mas também encontra-se implícita nas vertentes totalitárias. As mudanças que o mundo sofreu desde a década de 1980 alteraram qualitativamente a sociedade e suas formas de reação, influenciando também transformações no mundo do trabalho por meio da adoção de novos métodos de gestão e direção das empresas, questionando-se o Direito do Trabalho e as conquistas sociais. Os novos métodos de gestão são guiados por demissões, brutalidade nas relações trabalhistas, sofrimento e uma crescente tolerância à injustiça.[854]

---

(850) *Ibidem*, p. 13.
(851) *Idem*.
(852) FREITAS, Maria Ester de; HELOANI, José Roberto; BARRETO, Margarida. *Op. cit.*, p. 5.
(853) *Ibidem*, p. XVI.
(854) DEJOURS, Christophe. *A banalização da injustiça social*, p. 22-25.

O capitalismo adotado pelas empresas opta pela primazia da técnica em detrimento do humano, em um processo de perda da alteridade.[855] Nas palavras de Eugène Enriquez, "a empresa (e o modelo que ela institui) parece ter alcançado a vitória, porque ela transformou os seres 'humanos' em seres 'técnicos' ou, dito de outro modo, em puros produtores e consumidores, transformando as relações sociais em relações entre mercadorias".[856]

A partir da década de 1990 fortaleceu-se a crença nas empresas como as fontes responsáveis pelos avanços tecnológicos e civilizatórios que levariam todas as regiões do planeta a elevados índices de produtividade. A necessidade de expandir mercados levou a uma transformação do processo produtivo e a uma modernização dos processos administrativos, as quais enfraqueceram os sindicatos e degradaram as condições de trabalho. A forma como o trabalho passou a se organizar perdeu referências de vínculos duradouras e qualquer relação com o passado, que se traduz materialmente na perda de garantias e proteções aos trabalhadores.[857]

A globalização da economia e a força das novas tecnologias contribuíram para o enfraquecimento dos sindicatos, além de terem sofrido com a dificuldade de representação de grupos específicos de trabalhadores, como mulheres, imigrantes, jovens etc.[858]

O sofrimento no trabalho tem como um de seus desdobramentos o medo da incompetência agravado pela incerteza em saber se a causa das falhas é a incompetência pessoal ou fruto das anomalias do sistema técnico.[859]

Outro fator do sofrimento no trabalho é a pressão para trabalhar mal, ou seja, obstáculos criados por colegas, ambiente de trabalho pesado, sonegação de informações, ausência de cooperação formam pressões sociais no trabalho que impedem a correta execução do trabalho.[860]

Nesse contexto, o trabalhador vivencia a desestruturação dos coletivos sociais e passa a encontrar no trabalho o vínculo para a formação de sua identidade como profissional, ainda que de forma breve e superficial. A falta de um emprego representa a ausência de reconhecimento social, uma vez que a identidade formada pelo olhar do outro e pelo trabalho assume uma centralidade na vida das pessoas a ponto de sua carência gerar um vazio identitário.[861]

Maria Ester de Freitas, Roberto Heloani e Margarida Barreto sintetizam o sentimento de angústia pela falta de reconhecimento ligada ao trabalho:

> **Ora, uma parte substancial da nossa identidade é dada pelo olhar do outro, ou seja, pelo reconhecimento que somos capazes de suscitar no outro.** Esse reconhecimento assume duas formas: a de que fazemos parte de algo maior e a de que somos seres singulares. Na medida em que o trabalho assume cada vez mais centralidade na vida do indivíduo, o seu pertencimento a um grupo, no qual ele possa desenvolver e demonstrar a sua capacidade de criação e realização, torna-se crucial. **Assim, podemos dizer que não existe uma separação entre o mundo objetivo do emprego e o mundo subjetivo do reconhecimento da existência do indivíduo, pois eles se materializam na essência de uma relação dual, na qual a singularidade do fórum interior individual encontra ou não significação no espaço ampliado do mundo do emprego. É preocupante o estreitamento das fontes de reconhecimento, pois sem ele o indivíduo seca, desenvolve patologias e pode até morrer diante do atestado de sua inutilidade para si e para os outros.** A ausência de reconhecimento pode levar à morte, pois o que deixa de ser reconhecido não diz mais respeito a um mero emprego, mas a uma existência que só se valida por ele.[862] (Grifos acrescidos)

---

(855) ENRIQUEZ, Eugène. *Os desafios éticos nas organizações modernas*, p. 8.
(856) *Ibidem*, p. 9.
(857) FREITAS, Maria Ester de; HELOANI, José Roberto; BARRETO, Margarida. *Op. cit.*, p. 5-7.
(858) *Ibidem*, p. 7.
(859) DEJOURS, Christophe. *A banalização da injustiça social*, p. 31.
(860) *Ibidem*, p. 31 e 32.
(861) FREITAS, Maria Ester de; HELOANI, José Roberto; BARRETO, Margarida. *Op. cit.*, p. 8-9.
(862) *Ibidem*, p. 9.

O desemprego para muitas empresas significa não um problema, mas a solução para a alta de suas ações nas bolsas de valores e a redução de custos em detrimento da subsistência dos trabalhadores que perdem seus empregos,[863] e sua referência identitária. As empresas valem-se de violência psíquica para exigir o maior sucesso de seus empregados sob pena de dispensa ou da perda de uma progressão funcional, degradando o humano. A dispensa representa a morte social do indivíduo, gerando uma exclusão e a dificuldade de identificação com o grupo ao qual pertencia.[864]

Como salienta Eugène Enriquez, "toda perda de trabalho provoca uma ferida profunda na identidade", gerando uma desagregação da personalidade em razão do caráter constitutivo do trabalho na vida do ser humano.[865] O trabalho permite que o homem se diferencie dos animais, por poder criar objetos e transformar o mundo ao seu redor.[866]

Em razão das demissões em massa mesmo quando a empresa encontra-se em boa saúde financeira e não há crise econômica, os trabalhadores não são mais importantes para as empresas. Assim, surge uma insegurança quanto à permanência no emprego acompanhada de um sentimento de culpa pela perda do emprego, além de exigir sempre uma maior devoção e lealdade à empresa.[867]

Como consequência, sobrevive-se do trabalho e vive-se do efêmero, como define Eugène Enriquez, pois o futuro torna-se tão imprevisível que já não é mais possível fazer planos e a identidade que se funda na temporalidade esfacela-se.[868]

Nas palavras de Eugène Enriquez, "viver no imediato não nos permite a construção de um projeto verdadeiro", o que acaba por gerar um sentimento de inutilidade, angústia e a perda da auto-estima.[869] As estratégias de defesa, quando a identidade individual e coletiva estão ausentes, passam a ser o álcool, as drogas, a criminalidade.[870]

Christophe Dejours analisa a questão do sofrimento no trabalho em um contexto neoliberal da seguinte forma:

> Partindo da análise do sofrimento nas situações comuns de trabalho, a psicodinâmica do trabalho vê-se hoje impelida a examinar como tantas pessoas de bem aceitam prestar sua colaboração num novo sistema de gestão empresarial que vai constantemente ganhando terreno nos serviços, na administração do Estado, nos hospitais etc., do mesmo modo que no setor privado. Novo sistema que se baseia na utilização metódica da ameaça e numa estratégia eficaz de distorção da comunicação. Sistema que gera adversidade, miséria e pobreza para uma parcela crescente da população, enquanto o país não para de crescer. Sistema que tem, portanto, papel importante nas formas concretas que assume o desenvolvimento da sociedade neoliberal.
>
> Não somente há pouca mobilização coletiva contra a injustiça cometida em nome da racionalidade estratégica, como também as pessoas de bem aceitam colaborar em práticas que no entanto elas reprovam e que consistem principalmente, por um lado, em selecionar pessoas para condená-las à exclusão — social e política — e à miséria; e por outro, em usar de ameaças contra os que continuam a trabalhar, valendo-se do poder de incluí-los nas listas de demissões e de cometer contra eles injustiças em menoscabo da lei.
>
> **(...) O que tentamos dar a conhecer — o processo de banalização do mal pelo trabalho — não é novo nem extraordinário. A novidade não está na iniquidade, na injustiça e no**

---

(863) *Ibidem*, p. 10.
(864) *Ibidem*, p. 10-11.
(865) ENRIQUEZ, Eugène. Perda do trabalho, perda da identidade. *Cadernos da Escola do Legislativo*, Belo Horizonte, 5(9), p. 53 e 54, jul./dez. 1999,.
(866) *Ibidem*, p. 56.
(867) *Ibidem*, p. 64-65.
(868) *Ibidem*, p. 67 e 68.
(869) *Ibidem*, p. 68.
(870) *Idem*.

sofrimento impostos a outrem mediante relações de dominação que lhe são coextensivas, mas unicamente no fato de que tal sistema possa passar por razoável e justificado; que seja dado como realista e racional; que seja aceito e mesmo aprovado pela maioria dos cidadãos; que seja, enfim, preconizado abertamente, hoje em dia, como um modelo a ser seguido, no qual toda empresa deve inspirar-se, em nome do bem, da justiça e da verdade. A novidade, portanto, é que um sistema que produz e agrava constantemente adversidades, injustiças e desigualdades possa fazer que tudo isso pareça bom e justo. A novidade é a banalização das condutas injustas que lhe constituem a trama.[871] (Grifos acrescidos)

No neoliberalismo, o objetivo visado pela banalização do mal destina-se ao lucro e ao poderio econômico, a força e o poder são usados como instrumentos do econômico. O trabalho, que pode ser utilizado como instrumento de emancipação, é utilizado como meio de alienação.[872]

Como explicam Maria Ester de Freitas, Roberto Heloani e Margarida Barreto, esse sistema de gestão baseado na violência acaba por penalizar tanto aqueles que possuem emprego quanto aqueles que se encontram desempregados. Nesse contexto, surge o assédio moral que é identificado com conflitos e com método para desviar a responsabilidade das empresas e psicologizar a situação entre o agressor e a vítima, para eximir qualquer vínculo da violência moral com a forma de gestão organizacional.[873]

Para Vincent de Gaulejac, o assédio moral pode ser observado por três práticas comuns de gestão: a incompatibilidade entre os objetivos e os meios atribuídos, a defasagem entre a prescrição e a prática concreta, a diferença entre as retribuições esperadas e as efetivas.[874] Nesse modelo de gestão, "cada um é convidado a se prejudicar para alcançar seus objetivos", com o latente medo do fracasso e a competição exacerbada.[875]

Segundo Marcus Vinicius Soares Siqueira, o poder manifesta-se por meio do rapto exploratório do indivíduo, que "pode ser considerado, na sociedade moderna, como sendo um trabalho que humilha o indivíduo, que o faz perder a dignidade, a identidade".[876] O rapto é assim a forma como a elite do poder econômico e político explora uma classe dominada, que no passado se identificava como escravos e servos.[877]

Relacionando o poder empregatício com as atuais práticas de gestão, Adalcy Coutinho faz uma distinção entre práticas de assédio moral organizacional e condutas de assédio moral perverso. Para a autora, o *assédio moral organizacional* é aquele que ocorre por uma prática de gestão da empresa, em busca de produtividade e eficiência legitimadas como formas de administração dos interesses da empresa para ser competitiva no mercado; já o *assédio moral perverso* é aquele que se caracteriza por manifestações perversas de exclusão do outro atentando contra a dignidade e integridades física e psíquica da vítima de forma a ameaçar seu emprego.[878]

Na atual forma de gestão, há a construção de um processo de convencimento por meio da ficção de um ambiente empresarial fraterno de modo a "ganhar corações", manipulando-se as emoções para que os objetivos da empresa sejam alcançados. Há também o elemento da fé que serve para tornar os empregados verdadeiros fiéis da empresa, gerando um fenômeno de crença que persuade e os leva a colaborar com a organização.[879]

---

(871) DEJOURS, Christophe. *A banalização da injustiça social*, p. 138 e 139.
(872) *Ibidem*, p. 140-141.
(873) FREITAS, Maria Ester de; HELOANI, José Roberto; BARRETO, Margarida. *Op. cit.*, p. 12-13.
(874) GAULEJAC, Vincent de. *Gestão como doença social*, p. 230 e 231.
(875) *Ibidem*, p. 231.
(876) SIQUEIRA, Marcus Vinicius Soares. *Op. cit.*, p. 62.
(877) *Ibidem*, p. 62 e 63.
(878) COUTINHO, Aldacy Rachid. Meio ambiente do trabalho — a questão do poder empregatício e a violência silenciosa do perverso narcísico. In: *Revista LTr*, v. 77, n. 8, p. 904, ago. 2013.
(879) SIQUEIRA, Marcus Vinicius Soares. *Op. cit.*, p. 63-64.

É preciso ter em mente que os códigos de conduta, as normas e o exercício de poder são estruturais para a vida em sociedade; entretanto, essas estruturas devem permitir a alteração do *status quo* de modo a garantir que haja uma melhora nas condições sociais e um desvendamento dos discursos de poder. A estrutura de poder divide a empresa entre a coordenação e a divisão de tarefas, ao passo que os empregados realizam as tarefas determinadas e são coordenados por aqueles que exercem o poder de dominar e direcionar a produção, e essa dominação está fortemente baseada no saber que se impõe pelo discurso.[880]

A língua compõe um trabalho simbólico que constitui o homem e sua história, e nesse contexto a linguagem não é neutra na medida em que media a relação do indivíduo com a realidade social.[881]

O discurso articula a ideologia e a linguagem, tanto por meio da forma como é proferido, quanto a partir de seu conteúdo que constrói sentido conforme o contexto em que está inserido. Cada palavra carrega contornos ideológicos e sentidos, que muitas vezes passam despercebidos, mas que possuem forte influência sobre a realidade. Assim, o discurso cria significações para o mundo, assumindo um papel político importante capaz de fomentar a manutenção das relações de poder e de dominação. O discurso não é mera transmissão de informações, mas interfere na prática social e na construção da realidade.[882]

Para Marie-France Hirigoyen, a má comunicação é um dos motores para o desenvolvimento do assédio moral, principalmente por meio de um déficit de relacionamento. A perda do diálogo, da escuta e do respeito pelo outro ocorre em ambientes de rígida hierarquia e nos quais as mensagens não circulam.[883]

As empresas exigem que o trabalhador seja um super-homem, com um desempenho acima do razoável por meio de um discurso de "vestir a camisa", que busca garantir um comprometimento do empregado para com as metas e os objetivos organizacionais, facilitando a servidão voluntária. Para garantir a fidelidade, há também a ameaça por parte da empresa de demitir aqueles que não se comprometem com seus objetivos. Assim, as organizações valem-se da "gestão do afetivo" para garantir a lealdade de empregados talentosos e comprometidos, imbuídas de um discurso de comunidade.[884]

Por isso, Roberto Heloani, Maria Ester de Freitas e Margarida Barreto enfatizam a importância de se considerar tanto o aspecto psicológico individual do assédio moral, quanto a responsabilidade das práticas organizacionais perversas assediadoras para que se possa buscar um ambiente de trabalho livre e saudável da violência moral.[885]

Marie-France Hirigoyen faz uma importante análise da responsabilidade da organização do trabalho e dos indivíduos que gerem essas organizações para a ocorrência do assédio moral:

> Considerar a violência apenas como uma consequência da organização do trabalho é correr o risco de livrar os agentes da responsabilidade. É preciso, pois, evitar, por um lado, um psicologismo em excesso e, por outro, tirar a responsabilidade das pessoas, atribuindo o erro unicamente à organização (desumana) do trabalho.
>
> Mesmo que, em um local de trabalho, a violência às vezes esteja ligada à toxidade da organização, ela faz eco à violência gerada por indivíduos, em diferentes níveis.
>
> Claro, existem incontestavelmente sistemas perversos que favorecem a instalação do assédio moral, mas levar em conta os sistemas não impede de levar em conta as pessoas.[886]

---

(880) *Ibidem*, p. 64-65.
(881) *Ibidem*, p. 100.
(882) *Ibidem*,, p. 100-101.
(883) HIRIGOYEN, Marie-France. *Op. cit.*, p. 191-193.
(884) SIQUEIRA, Marcus Vinicius Soares. *Op. cit.*, p. 104-105.
(885) FREITAS, Maria Ester de; HELOANI, José Roberto; BARRETO, Margarida. *Op. cit.*, p. 13.
(886) HIRIGOYEN, Marie-France. *Op. cit.*, p. 185 e 186.

Marie-France Hirigoyen afirma que o assédio moral sempre existiu nos locais de trabalho, a diferença que se observa nos dias atuais é seu recrudescimento.[887]

Nesse sentido, Christophe Dejours e Florence Bègue fazem a seguinte reflexão:

> Ao contrário do que afirmam certos autores, o assédio moral no trabalho não é um fenômeno recente. Mas se, realmente, as vítimas de assédio aumentam consideravelmente, isso não se deve ao assédio em si, mas à solidão. Pois, diante do assédio, diante da injustiça, e mesmo, de maneira mais comum, diante das dificuldades do trabalho ordinário e dos fracassos presentes em toda vida profissional, é diferente enfrentar tais obstáculos com a ajuda e a solidariedade dos colegas ou fazê-lo só, isolado, em um ambiente humano potencialmente hostil.
>
> **A multiplicação da incidência de suicídios no trabalho não é apenas decorrente de injustiças, quedas em desgraça ou assédios morais. Resulta, principalmente, da terrível experiência do silêncio dos outros, do abandono pelos outros, da recusa de testemunho pelos outros**, da covardia dos outros. A injustiça e o assédio que outrora teriam sido considerados experiências árduas ou dolorosas podem, no atual contexto, degenerar brutalmente em crise de identidade.
>
> Ser traído pelo colegas, pelos próximos, é mais doloroso do que o próprio assédio moral. Assediada, mas beneficiando do apoio moral e da atenção dos outros, a vítima resiste muito mais psiquicamente. (...)[888] (Grifos acrescidos)

Vincent de Gaulejac afirma que todo indivíduo pertencente a um grupo estigmatizado vive um duplo conflito: precisa ser diferente do que é, diferenciar-se do grupo ao qual pertence para proteger sua própria identidade, ao mesmo tempo em que é levado a se identificar em um movimento de solidariedade com os que estão na mesma condição.[889] Nesse conflito, a vergonha termina por isolar os indivíduos por meio da rejeição dos semelhantes, "a vergonha une e separa. Leva a reconhecer o outro como semelhante e a rejeitar tudo o que, nele, confere uma imagem ruim ao grupo ao qual pertence".[890] Daí compreende-se como um ambiente de trabalho assediador pode gerar silêncios e solidões tão avassaladores.

Não há como se traçar um perfil das vítimas, mas é possível identificar os contextos mais propícios para o desenvolvimento do assédio moral, como contextos com intenso nível de estresse e má organização, com práticas de gestão pouco claras quanto aos comportamentos e quanto aos métodos, e com abertura para atitudes perversas individuais. Um ambiente sem limites aos poderes do chefe propicia o desenvolvimento de práticas de assédio. Um mundo profissional cheio de pressões, cobranças permite o esquecimento do outro, pois impede o envolvimento emocional entre os atores na relação de trabalho, perdem-se o companheirismo, a solidariedade e a fraternidade, o que impossibilita a percepção do sofrimento do outro.[891]

O mercado de trabalho seleciona os trabalhadores mais operacionais que são definidos como aqueles que não dão espaço para a emoção, intuição ou subjetividade. A organização do trabalho nunca poderá eliminar o estresse da produção, mas é possível precaver seu uso para que não se torne destruidor e perverso.[892] Inclusive porque as organizações também sofrem com o individualismo perverso, que inicialmente lhe foi útil, mas que posteriormente provoca feridas narcísicas que as levam ao fracasso.[893]

---

(887) *Ibidem*, p. 187.
(888) DEJOURS, Christophe; BÈGUE, Florence. *Suicídio e trabalho*: o que fazer. Tradução: Franck Soudant. Brasília: Paralelo 15, 2010. p. 47.
(889) GAULEJAC, Vincent de. *As origens da vergonha*, p. 221-222.
(890) *Ibidem*, p. 222.
(891) HIRIGOYEN, Marie-France. *Op. cit.*, p. 187-189.
(892) *Ibidem*, p. 190-191.
(893) ENRIQUEZ, Eugène. *Os desafios éticos nas organizações modernas*, p. 13 e 14.

O estresse constante impede a criatividade tão demandada pelas organizações, fazendo que os empregados tornem-se medíocres e incapazes de transgredirem a ordem posta.[894]

Assim, observa-se que o atual modelo de gestão munido pelo assédio moral acaba por resultar no oposto do que se propõe. Na busca pela maior produtividade e eficiência, a gestão assediadora acaba por esgotar os trabalhadores, retirando-lhes sua criatividade e tornando-os medíocres. A promessa de retirar o melhor que os trabalhadores têm a oferecer acaba por retirar a vida que pulsa nesses seres humanos e que confere sentido ao trabalho.

4.3. Assédio moral e discriminação de gênero

O século XX foi um período sem precedentes no que diz respeito ao avanço das mulheres no mercado de trabalho e principalmente no desempenho de empregos e trabalhos tradicionalmente masculinos. Muitos homens resistiram a essa entrada massiva de mulheres no mercado de trabalho e nas atividades predominantemente masculinas. É justamente esse contexto histórico que deve ser tomado como premissa no momento em que se analisa o assédio moral contra uma mulher no ambiente de trabalho.[895]

Eleonora Menicucci de Oliveira afirma que muitos estudos sobre saúde no local do trabalho equivocam-se em não considerar as relações de gênero e os diferentes efeitos de políticas de gestão na saúde de homens e mulheres, o que demonstra um desconhecimento da divisão sexual do trabalho como dimensão pelas análises de psicopatologia do trabalho. A negligência dessas análises está em considerar um sujeito masculino universal e a exclusão do "outro sujeito mulher".[896] Por isso, é importante "situar no centro do problema a luta dos dominados — homens e mulheres — para ascender ao universal e para poder pensar em relações de equidade entre os gêneros".[897]

Acadêmicas feministas que estudam o assédio em razão do sexo da vítima, como Susanne Baer, rejeitam a teoria do *mobbing* desenvolvida por Heinz Leymann, por entender que a pesquisa dele é falha ao subestimar a incidência do assédio sexual, na medida em que enfatiza diagnósticos médicos sobre desordens em razão de estresse e acaba por esquecer a maioria dos casos em que as vítimas não apresentam esses sintomas.[898] Susanne Baer afirma que não se pode isolar a economia do ambiente de trabalho de sua interação no contexto social.[899]

Helena Hirata e Danièlle Kergoat defendem a importância em se estudar a psicopatologia do trabalho com o olhar consciente sobre a dimensão da sexualização do mundo do trabalho.[900]

Eleonora Menicucci de Oliveira afirma que "gênero é a categoria que explica a relação de poder entre os sexos e nos dá a dimensão social da desigualdade sexual com base na naturalização e biologização dos sexos".[901]

Inicialmente, o protagonista do trabalho produtivo era o trabalhador masculino, qualificado e branco. A divisão sexual do trabalho funda-se no princípio da separação, segundo o qual há trabalhos femininos e masculinos, e no princípio hierárquico, que estabelece que o trabalho do homem é mais

---

(894) ENRIQUEZ, Eugène. *O homem do século XXI.*
(895) EHRENREICH, Rosa. Dignity and Discrimination: Toward a Pluralistic Understanding of Workplace Harassment. *88 Georgetown Law Journal 1*, p. 16, 1999-2000.
(896) OLIVEIRA, Eleonora Menicucci de. *Op. cit.*, p. 52.
(897) *Ibidem*, p. 55.
(898) FRIEDMAN, Gabrielle S.; WHITMAN, James Q. *Op. cit.*, p. 250.
(899) BAER, Susanne apud FRIEDMAN, Gabrielle S.; WHITMAN, James Q. The European transformation of harassment law: discrimination versus dignity. *Columbia Journal of European Law*, v. 9, 2003. p. 250.
(900) HIRATA; KERGOAT apud OLIVEIRA, Eleonora Menicucci de. *A mulher, a sexualidade e o trabalho.* São Paulo: CUT, 1999. p. 68.
(901) OLIVEIRA, Eleonora Menicucci de. *A mulher, a sexualidade e o trabalho.* São Paulo: CUT, 1999. p. 70.

valoroso que o da mulher. De acordo com Danièle Kergoat e Helena Hirata, é possível observar a presença desses princípios nos mais diversos modelos de sociedade e cultura no tempo e no espaço como base de uma ideologia naturalista, que reduz o gênero ao sexo biológico e as práticas dos papéis sociais consolidados culturalmente.[902]

Em consonância à tradicional divisão sexual do trabalho, às mulheres são destinados trabalhos em tempo parcial, que garantem menores remunerações e são mais flexíveis, para garantir que elas possam dedicar-se às tarefas domésticas e ao cuidado dos filhos. Além disso, observa-se que a maioria dos desempregados são mulheres tanto na França quanto no Brasil, além de ainda haver um desnível que confere desvantagem à proporção de mulheres que ocupam postos de liderança e chefia.[903]

Ann McGinley afirma que mulheres e muitos homens não usufruirão de igualdade no mercado de trabalho até que haja um reconhecimento, pela sociedade, que questões de gênero são parte invisível, mas estruturante das organizações e empresas. Por meio de reações individuais e coletivas, homens e mulheres negociam seus papéis e poderes dentro das instituições, e a maior parte dessas negociações desenvolve-se consciente e inconscientemente com base em normas e expectativas de gênero e é reforçada por práticas de assédio moral que indicam certos trabalhos como masculinos e outros como femininos, desconsiderando habilidades individuais. Em razão desse contexto, Ann McGinley propõe que as Cortes observem a teoria de masculinidades e as pesquisas de gênero para entender que o assédio moral ocorre em grande medida por questões de gênero (*because of sex*).[904]

Para Eleonora Menicucci de Oliveira, a centralidade do trabalho deve considerar os processos de socialização das mulheres e sua relação com a saúde e a enfermidade.[905]

As relações sociais de sexo e de gênero são mediadas pelo poder e permeiam todos os vínculos sociais. As relações familiares, assim como as relações no mercado de trabalho, na educação e no sistema político valem-se das relações de poder entre os gêneros.[906]

Tanto o capital como o Estado apropriam-se da divisão sexual do trabalho no que tange à subordinação da mulher.[907]

> A relação entre os sexos não se esgota na relação conjugal, mas é ativa no lugar de trabalho, ao passo que a relação de classes não se esgota no lugar de trabalho, mas é ativa, na relação com o corpo, ou na relação com as crianças. (...) Como disse Humphery (1987), na empresa se assiste a uma recriação das relações sociais de sexo e não a um simples reflexo do que se passa do lado de fora dela.[908]

Christophe Dejours enfatiza que condutas que no passado eram vistas como faltas morais hoje são entendidas como normas de administração das questões humanas no mundo do trabalho.[909]

A subversão da razão ética ganha espaço publicamente, pois sustenta-se no pretexto da qualidade e eficácia do trabalho, que em última instância visa ao bem público.[910]

A prática do mal é associada em grande medida à virilidade, ou seja, se o empregado é capaz de praticar o mal, então ele é viril.

---

(902) HIRATA, Helena; KERGOAT, Danièle. *Novas configurações da divisão sexual do trabalho*, p. 598-599.
(903) *Ibidem*, p. 600-601.
(904) MCGINLEY, Ann C. Creating masculine identities: bullying and harassment "because of sex". In: *79 University of Colorado Law Review 1151*, 2008. p. 1.160.
(905) OLIVEIRA, Eleonora Menicucci de. *Op. cit.*, p. 73.
(906) *Ibidem*, p. 74.
(907) *Idem*.
(908) *Idem*.
(909) DEJOURS, Christophe. *A banalização da injustiça social*, p. 77.
(910) *Ibidem*, p. 81.

> **Mede-se exatamente a virilidade pela violência que se é capaz de cometer contra outrem, especialmente contra os que são dominados, a começar pelas mulheres.** Um homem verdadeiramente viril é aquele que não hesita em infligir sofrimento ou dor a outrem, em nome do exercício da demonstração ou do restabelecimento do domínio e do poder sobre o outro, inclusive pela força. Está claro que essa virilidade é construída socialmente, devendo-se distingui-la radicalmente da masculinidade, a qual se define precisamente pela capacidade de um homem de distanciar-se, de libertar-se, de subverter o que lhe prescrevem **os estereótipos da virilidade** (DEJOURS, 1998).
>
> No presente caso, fazer o "trabalho sujo" na empresa está associado, para os que exercem cargos de direção — os líderes do trabalho do mal —, à virilidade. **Quem recusa ou não consegue cometer o mal é tachado de "veado", "fresco", sujeito "que não tem nada entre as pernas".** E não ser reconhecido como um homem viril significa, evidentemente, ser um "frouxo", isto é, incapaz e sem coragem, logo, sem "a virtude" por excelência.
>
> (...)
>
> Obviamente, o líder do trabalho do mal é antes de tudo perverso, quando usa do recurso à virilidade para fazer o mal passar por bem. É perverso porque usa o que em psicanálise tem o nome de ameaça de castração como instrumento da banalização do mal. Aqui, como se vê, a dimensão psicoafetiva é central, e a abordagem clínica, esclarecedora. É por mediação da ameaça de castração simbólica que se consegue inverter o ideal de justiça.
>
> A virilidade é algo muito diferente da dimensão do interesse econômico, pessoal ou egoístico, que geralmente se acredita ser o motivo da ação maléfica novamente segundo o modelo do *homo oeconomicus*, agente movido pelo cálculo racional de seus interesses. Essa última proposição é falsa. Trata-se, na análise aqui proposta, de uma dimensão rigorosamente ética das condutas, manipulada por forças propriamente psicológicas e sexuais. A abolição do senso moral passa pela ativação da escolha em função da racionalidade moral-prática. A racionalidade estratégica não constitui aqui uma referência de primeiro plano na gênese das condutas de virilidade.[911] (Grifos acrescidos)

Nessa manipulação do sentido de virilidade, é possível observar um forte conteúdo de gênero, uma vez que historicamente a virilidade foi apresentada como uma característica exclusivamente masculina em contraposição à feminilidade das mulheres. Assim, observa-se que o padrão de virilidade reforça um estereótipo masculino e exclui as mulheres do cenário esperado para um trabalhador tido como exemplar e possuidor da "virtude por excelência".

Além do exercício de uma atividade, trabalhar é uma experiência de viver em comum. Nessa vivência coletiva, o reconhecimento pelos outros ganha papel fundamental. O atributo que deve ser reconhecido no ambiente de trabalho é a coragem viril capaz de infligir violência a outrem sem fraquejar, justificada por uma dimensão de obrigatoriedade e por uma dimensão utilitarista; em contraposição a um discurso feminino que seria castrado.[912]

Christophe Dejours explica a relação entre a virilidade e o assédio a mulheres e homens que não se conformam ao padrão de masculinidade imposto:

> A virilidade defensiva leva ao desprezo ao fraco e não raro, também, ao ódio ao fraco, pois este desfaz um equilíbrio frágil. Ganha-se uma segurança suplementar na luta contra o medo quando, coletivamente, os que pertencem à comunidade dos fortes exercem uma dominação atenciosa sobre os fracos. Tal dominação na verdade produz um corte que os protege de uma osmose, de um contágio ou de uma contaminação pelos fracos, por seus sentimentos, suas reações, suas ideias, seus modos de pensar e de viver.

---

(911) DEJOURS, Christophe. *A banalização da injustiça social*, p. 82 e 83.
(912) *Ibidem*, p. 100-103.

> **Essa dominação pode se exercer principalmente sobre o sexo "frágil", isto é, sobre as mulheres, mas também sobre os homens que carecem de virilidade.**[913] (Grifos acrescidos)

Como se observa dos trechos transcritos de Christophe Dejours, a antítese do símbolo de virilidade é aquela que "não possui nada entre as pernas" e pertence ao "sexo frágil".

Analisando textos de Simone de Beauvoir, é possível observar que a autora indica que as mulheres, as quais durante muito tempo foram historicamente consideradas "o outro" da espécie humana, eram vistas como "castradas" em razão da ausência de um órgão genital masculino entre suas pernas. Simone de Beauvoir afirma que isso ocorre, pois "um simboliza a virilidade, e a outra a feminilidade"; e "a feminilidade significa alteridade e inferioridade que sua revelação é acolhida com escândalo".[914]

Nesse sentido, Marie-France Hirigoyen define o objetivo do assédio moral e sua relação com a questão de gênero e os conceitos de virilidade e feminilidade nos seguintes termos:

> **O objetivo do assédio é desestabilizar o outro, a fim de não ter mais diante de si um interlocutor capaz de responder.** Para isso, instaura-se uma desigualdade ou reforçar-se a que já existe pelo elo de subordinação. Desarma-se o adversário antes do combate. Conscientemente ou não, os agressores evitam críticas puramente profissionais e visam ao íntimo, bem onde machuca.
>
> (...)
>
> **As agressões machistas ou sexistas contra as mulheres se manifestam essencialmente pelos ataques à feminilidade delas: insultos e grosserias designando os órgãos genitais femininos, descrição de atos a que se pode submeter a mulher, pseudocumprimentos sexuais, abusos imitando possibilidades de sedução da mulher.**
>
> Os insultos proferidos aos homens vítimas de assédio moral compreendem muito frequentemente ataques à identidade sexual e à virilidade: "Bicha, veado, mulherzinha...", basta que o homem não participe das brincadeiras obscenas do grupo ou que seja um pouco diferente.[915] (Grifos acrescidos)

O assédio moral compõe uma conduta gravosa de conteúdo moral com viés de perseguição impertinente e constrangedora que degrada o ambiente de trabalho gerando efeitos negativos nas vítimas e refletindo nas metas e resultados. As práticas de assédio moral em regra desrespeitam e humilham a vítima, atingindo sua personalidade, com forte correlação com as relações de poder inerentes à organização do trabalho. Em regra o assédio moral não é identificado como uma violência, pois há uma naturalização das práticas agressivas de gestão pela competitividade.[916] Maria Luiza Pinheiro Coutinho aponta que nesse contexto as mulheres são as maiores vítimas de assédio moral:

> **Como no assédio sexual, a mulher também se apresenta como a maior vítima do assédio moral laboral, que se constitui em situações vexatórias, constrangedoras e humilhantes, em razão das relações de gênero presentes no mundo do trabalho.** Estas vão atuar como mecanismos de controle e sujeição da trabalhadora, e trazem, como efeito, o medo e a insegurança, em razão da submissão às ordens e instruções de superiores hierárquicos, na sua maioria homens. Observa-se, ainda, que todos aqueles trabalhadores vítimas da discriminação (mulheres, negros, homossexuais, pessoas portadoras de deficiência e de HIV/Aids) são também vítimas preferenciais do assédio moral, percebido no tratamento

---

(913) *Ibidem*, p. 105 e 106.
(914) BEAUVOIR, Simone de. *Op. cit.*, p. 56.
(915) HIRIGOYEN, Marie-France. *Op. cit.*, p. 56 e 57.
(916) COUTINHO, Maria Luiza Pinheiro. Discriminação no Trabalho: Mecanismos de Combate à Discriminação e Promoção de Igualdade de Oportunidades. Documento: Igualdade Racial, OIT-Brasil. Disponível em: <http://www.oitbrasil.org.br/sites/default/files/topic/discrimination/pub/oit_igualdade_racial_05_234.pdf>. Acesso em: 13.12.2014. p. 57-59.

desigual, em que é constante a desvalorização de suas pessoas e atividades profissionais, o que gera desigualdades nas condições de trabalho.[917]

(...)

Embora estudado como violência moral, o assédio moral laboral é incluído neste estudo como uma modalidade de discriminação em face do gênero, não apenas porque este se manifesta por meio de relações de gênero, como também aparece fortemente articulado com outras formas de discriminação. Note-se ainda que a violência moral é percebida como instrumento por meio do qual se pratica a discriminação. Muitas vezes, fica difícil distinguir uma conduta de assédio moral de uma conduta discriminatória, já que a primeira, além de provocar desigualdades de oportunidades e tratamento entre trabalhadores, apresenta-se, quase sempre, como um modo manifestação da discriminação.[918] (Grifos acrescidos)

Para Marie-France Hirigoyen, o assédio moral inicialmente busca eliminar uma diferença que surge em um grupo recém-formado e aparentemente homogêneo, manifestando-se em um comportamento no limite da discriminação, como, por exemplo, "propostas sexistas para desencorajar uma mulher a aceitar uma função tipicamente masculina".[919] Destarte, o grupo impõe um nivelamento para apagar as diferenças mais sutis que ele não aceita entre as pessoas.[920]

As próprias empresas, como veremos em outro capítulo, têm dificuldade em suportar funcionários diferentes ou atípicos. As atitudes de assédio visam antes de tudo a "queimar" ou se livrar de indivíduos que não estão em sintonia com o sistema. Na hora da globalização, procura-se fabricar o idêntico, clones, robôs interculturais e intercambiáveis. **Para que o grupo seja homogêneo, esmaga-se aquele que não está no ponto, aniquila-se qualquer especificidade, seja de caráter, comportamento, sexo, raça... Formatar os indivíduos é uma maneira de controlá-los.** Eles devem se submeter para melhorar os desempenhos e a rentabilidade.

Essa formatação é frequentemente retransmitida pelos colegas, pois as empresas, como todo grupo social, geram em seu seio forças de autocontrole encarregadas de recolocar na linha os "alienígenas". Eles têm de aceitar, por bem ou por mal, as regras do jogo. **O assédio moral é um dos meios de impor a lógica do grupo.**[921] (Grifos acrescidos)

Ao analisar a preponderância da prática do assédio moral contra mulheres, Candy Florencio Thome assinala a utilização de subterfúgios discriminatórios, como o argumento de que a vítima passa por "variações hormonais", na forma de estratégias defensivas para perpetuar a opressão na forma de assédio moral.[922]

O assédio moral no trabalho muitas vezes confunde-se com o abuso de poder do empregador por meio de exigência de metas inatingíveis, rigor excessivo no controle de procedimentos e desempenho, críticas em público, uso restrito de sanitários, além de outras limitações desproporcionais. Assim, o assédio moral apresenta-se como prática de gestão que visa ao aumento de produtividade, por meio de mecanismos de pressão e controle que se manifestam na forma de agressão moral buscando enquadrar nos padrões disciplinares da empresa os empregados e eliminar as condições pessoais e autodeterminação do trabalhador, excluindo-se aqueles que não se conformam por meio de humilhações.[923]

---

(917) *Ibidem*, p. 59.
(918) *Ibidem*, p. 60 e 61.
(919) HIRIGOYEN, Marie-France. *Op. cit.*, p. 37.
(920) *Ibidem*, p. 38.
(921) *Ibidem*, p. 39.
(922) THOME, Candy Florencio. *O assédio moral nas relações de emprego*. São Paulo: LTr, 2008. p. 106.
(923) COUTINHO, Maria Luiza Pinheiro. *Op. cit.*, p. 59-60.

As pressões psicológicas servem tanto para moldar os empregados para se adequarem aos padrões da empresa, quanto para eliminar aqueles que não se adaptam ao modelo de gestão empresarial. No caso das mulheres empregadas que engravidam, o assédio moral pode ocorrer após o anúncio do estado gravídico por meio de uma estigmatização da trabalhadora como desidiosa, indisciplinada, insubordinada pela opção de usufruir de seus direitos, levando-a a fazer acordos extrajudiciais para renúncia a direitos trabalhistas e previdenciários.[924]

Maria Aparecida Alkimin explica que as mulheres são uma das maiores vítimas de violência no ambiente de trabalho em razão de uma discriminação construída culturalmente, que vê nas mulheres um sexo frágil que precisa ausentar-se da linha de produção em razão da maternidade. Assim, as empresas priorizam os trabalhadores homens quando buscam produtividade e lucratividade, por basearam-se em estereótipos de gênero.[925]

Sobre a questão do gênero do assediado, Angelo Soares e Juliana Oliveira fazem as seguintes considerações:

> Embora na literatura ainda não haja um consenso sobre o efeito da variável gênero sobre o assédio moral, quando se tenta responder à questão de quem é mais assediado, homens ou mulheres, **vários autores identificam a existência de uma divisão sexual no assédio moral.** Um desses aspectos é a frequência dos gestos que compõem o assédio, que parece ser mais elevada para as mulheres (LEYMANN, 1996; SEMAT, 2000). Enquanto a maioria dos homens declara ser assediado uma vez por semana, as mulheres indicam ser assediadas quase cotidianamente.
>
> (...)
>
> Salin (2003), analisando profissionais da gestão na Finlândia, encontrou diferenças na prevalência e na forma do assédio moral. **O estudo mostra que não só as mulheres são mais assediadas que os homens, como também são obrigadas a trabalhar abaixo do seu nível de competências profissionais. Elas são mais expostas a fofocas, assim como mais ostracizadas. As mulheres também são mais assediadas pelos subordinados comparativamente aos homens.**[926] (Grifos acrescidos)

O agressor muitas vezes é capaz de seduzir as demais testemunhas da violência moral, levando a vítima a ficar desacreditada pelos colegas, o que reforça o sentimento de culpa da vítima pela agressão sofrida.[927]

Marie-France Hirigoyen, com base em suas pesquisas realizadas na França sobre o assédio moral, constatou uma relação entre essa forma de violência moral e o gênero de suas vítimas:

> Nosso estudo mostra uma clara diferença entre a distribuição dos sexos: 70% de mulheres contra 30% de homens. Estes números estão de acordo com os do trabalho do Dr. Chiaroni (73% de mulheres), realizado com o auxílio de médicos do trabalho da região PACA.
>
> Diferem dos resultados obtidos por Béatrice Siler e a associação Mots pour Maux au Travail, em Estrasburgo, que constatam 43,5% de mulheres assediadas contra 56,5% de homens, e por Heinz Leymann, na Suécia, segundo o qual 55% de mulheres são afetadas contra 45% de homens, o que não constitui um afastamento significativo do ponto de vista

---

(924) *Ibidem*, p. 61.
(925) ALKIMIN, Maria Aparecida. *Violência na relação de trabalho e a proteção à personalidade do trabalhador*. Curitiba: Juruá, 2008. p. 117.
(926) SOARES, Angelo; OLIVEIRA, Juliana Andrade. Assédio moral no trabalho. *Revista Brasileira de Saúde Ocupacional*. São Paulo, 37 (126), p. 196, 2012.
(927) COUTINHO, Maria Luiza Pinheiro. *Op. cit.*, p. 62.

estatístico. O estudo de S. Einarsen e A. Skogstad, realizado em 1996 na Noruega, apresenta igualmente números estatisticamente não significativos: 55,6% de mulheres contra 43,9% de homens.

Mas é necessário atribuir tais percentagens ao contexto sociocultural. Os países escandinavos e a Alemanha manifestam uma real preocupação com a igualdade de oportunidades entre os dois sexos. **Nos países latinos ainda reina uma atmosfera machista. Na Itália, na Espanha e na América Latina, muitos homens consideram que cada mulher que trabalha é culpada por um desempregado entre os homens.**

As mulheres não somente são mais frequentemente vítimas, como também são assediadas de forma diferente dos homens: as conotações machistas ou sexistas estão muitas vezes presentes. O assédio sexual não é mais do que uma evolução do assédio moral. Nos dois casos, trata-se de humilhar o outro e considerá-lo um objeto à disposição. Para humilhar, visa-se o íntimo.[928] (Grifos acrescidos)

No Brasil, os dados foram levantados pela médica do trabalho Margarida Barreto. Ela relatou os dados numéricos de sua pesquisa sobre trabalhadores que sofreram humilhações:

> Do universo inicial de 2.072 trabalhadores com que conversei, 42% (870) relataram vivências com situação de humilhação. Consistiam em 494 mulheres e 376 homens e pertenciam a 97 empresas (*vide* anexo 1).[929]

Desse registro da pesquisa de Margarida Barreto realizada no Brasil, em 2006, é possível concluir que do total de trabalhadores que sofreram humilhações, 56,78% eram mulheres, o que indica uma maioria em relação aos homens.[930]

Entre os 870 trabalhadores que sofreram humilhações, a resposta ao questionamento sobre o que sentiram após a violência em regra foi a percepção de si como um objeto, a ausência de valor ou a insignificância.[931] Ainda com o recorte dos trabalhadores humilhados no ambiente laboral, Margarida Barreto colheu os seguintes dados:

> Quanto à faixa etária, as mulheres encontram-se entre 32 e 49 anos, enquanto os homens variam de 29 a 51 anos. Os dados referentes ao estado civil das mulheres revelam predomínio das casadas; quanto aos homens, 70% são casados. Com respeito ao quesito cor, predomina a raça negra (51%) entre mulheres e homens. Das mulheres, 40% possuem primeiro grau incompleto; 30% completaram o primeiro grau; 15% têm o segundo grau incompleto; 10% completaram o segundo grau e o restante (5%) tem superior incompleto. Quanto aos homens, 50% apresentam primeiro grau incompleto, 30% completaram o primeiro grau; 10% têm segundo grau incompleto e 10% segundo grau completo. Quanto ao ramo de atividade, 35% pertencem aos plásticos, seguido dos ramos químico (27%), cosmético (22%), farmacêutico (16%), segundo tabela demonstrativa. A maior quantidade de relatos de humilhações e constrangimentos ocorreram no ramo plástico.[932]

Para Marie-France Hirigoyen, todo assédio é uma forma de discriminação, pois recusa uma diferença ou uma particularidade da vítima. Por encontrar vedação legal, a discriminação acaba transformando-se em assédio moral.[933]

---

(928) HIRIGOYEN, Marie-France. *Op. cit.*, p. 99 e 100.
(929) BARRETO, Margarida Maria Silveira. *Violência, saúde e trabalho*: uma jornada de humilhações. São Paulo: EDUC, 2006. p. 29.
(930) *Idem.*
(931) *Idem.*
(932) *Ibidem*, p. 32.
(933) HIRIGOYEN, Marie-France. *Op. cit.*, p. 103 e 104.

Marie-France Hirigoyen faz a seguinte análise sobre o assédio moral contra mulheres no ambiente de trabalho:

> As mulheres não são educadas para reagir de maneira violenta. Ensinam-lhes a se submeter, a ser doces, "femininas". As condutas de violência e dominação são próprias das normas da virilidade, sendo, pois, contrárias aos cânones da feminilidade. Acostumadas aos elementos de sua educação familiar, elas entram mais facilmente em relações de dominação. Precisam aprender a se opor e a dizer não.[934]

Esses estereótipos comportamentais são explicados por Simone de Beauvoir a partir inicialmente de representações em contos românticos em que o homem desbravava terrenos desconhecidos, matava dragões, enfrentava exércitos e a princesa esperava inerte em uma torre de um castelo à espera de um príncipe que a salvaria. Às mulheres são ensinados um comportamento de passividade e a necessidade de ser bonita para conquistar o coração masculino.[935] Em relação ao comportamento descrito por Marie-France Hirigoyen, o qual não reage ou não enfrenta a opressão em relações de dominação, Simone de Beauvoir faz a seguinte análise:

> Não será com efeito aumentando seu valor humano que ela se valorizará aos olhos dos homens: será moldando-se aos sonhos deles. Quando é ainda inexperiente, ela nem sempre o percebe. Acontece-lhe manifestar a mesma agressividade que os rapazes; tenta conquistá-los com uma autoridade brutal, uma franqueza orgulhosa: essa atitude leva-a quase certamente ao malogro. **Da mais servil à mais altiva todas aprendem que para agradar-lhes é preciso abdicar. Suas mães as aconselham a não mais tratar os rapazes como colegas, a não darem os primeiros passos, a assumirem um papel passivo**. Se desejam esboçar uma amizade, um namoro, devem evitar cuidadosamente parecer tomar a iniciativa; **os homens não gostam de mulher-homem, nem de mulher culta, nem de mulher que sabe o que quer: ousadia demais, cultura, inteligência, caráter, assustam-nos**.[936] (Grifos acrescidos)

Margarida Barreto analisa os estereótipos de gênero criados para a mulher e sua apropriação pelo mercado de trabalho em um movimento de desvalorização:

> (...) As mulheres aprendem desde cedo a ter uma conduta sexualmente tipificada, que inclui o domínio do mundo interior: devem ser boas, amáveis, pacientes, estudiosas, concentradas, dedicadas e possuidoras de habilidades manuais, "atributos" considerados positivos.
>
> Quando admitidas no mercado, são essas qualidades aprendidas ao longo dos anos na família que serão requisitadas para, concomitantemente, serem desvalorizadas e desqualificadas, justificando os salários desiguais, a falta de promoção, o intenso controle do corpo e outras formas de discriminação — reveladoras de relações hierárquicas assimétricas e abuso de poder, predominantes nas organizações.
>
> (...)
>
> É no domínio do "mundo masculino" que as mulheres esperam reconhecimento e valorização, revelando ao olhar do outro que são capazes, qualificadas e úteis. Mobilizam vontade, desejos e necessidades, e intensificam ao máximo o poder de agir e fazer, reafirmando sua autoestima na capacidade de produzir.[937]

---

(934) *Ibidem*, p. 103.
(935) BEAUVOIR, Simone de. *Op. cit.*, p. 33.
(936) *Ibidem*, p. 73.
(937) BARRETO, Margarida Maria Silveira. *Op. cit.*, p. 133 e 134.

Assim, observa-se que o assédio moral que implica uma discriminação de gênero nada mais é que uma perpetuação de estereótipos machistas[938] *que oprimem a mulher e diminuem-nas como seres humanos, mas igualmente oprimem homens*[939] *quando eles não se amoldam ao padrão de masculinidade esperado.*[939A]

Catherine Taylor adota o conceito de Kanter para definir *"tokens"* (mulheres e homens em minoria numérica no ambiente de trabalho) para tratar de minorias no trabalho/minorias ocupacionais[940] (*occupational minority*), como homens que são enfermeiros ou mulheres que são engenheiras. A diferença da terminologia de Catherine Taylor em relação à de Kanter está na consideração de minorias ocupacionais em nível nacional e não apenas no ambiente de trabalho específico em que estão presentes. A minoria ocupacional considera a predominância de um gênero em certo tipo de trabalho ou atividade em virtude de uma composição cultural, de forma que se relaciona uma identidade de gênero com as características de certas ocupações, o que gera repercussões positivas e negativas no apoio entre trabalhadores.[941]

O acesso a informações relevantes sobre o trabalho e o apoio nesse ambiente são fundamentais para uma maior satisfação e sucesso no trabalho, podendo sua falta ou precariedade gerar efeitos psíquicos negativos e até o adoecimento físico e mental. Mulheres que são minoria em um ambiente de trabalho possuem menos apoio organizacional por parte de colegas e supervisores se comparadas a homens brancos na mesma condição. A falta de acesso a informações no ambiente de trabalho limita o acesso a promoções, aumentos salariais e benefícios, limitando a mobilidade de mulheres quando minorias.[942]

Ann McGinley estudou quatro casos que demonstram o vínculo do assédio moral à questão de gênero: um grupo de homens assedia mulheres em trabalhos tradicionalmente masculinos (nesse caso as mulheres seriam *tokens* no conceito de Catherine Taylor); homens assediam um grupo de homens que não se conforma com o padrão normativo de masculinidade imposto pela sociedade; homens assediam homens que acabaram de ingressar no emprego com trotes para estabelecer o perfil de trabalhador da área; e um grupo de homens assedia mulheres com meios que não têm um viés em razão do sexo ou gênero.[943]

No primeiro caso, homens na condição de supervisores ou colegas de trabalho reforçavam o ambiente de segregação em virtude do gênero assediando mulheres com comportamentos baseados no sexo/gênero. Quando homens são submetidos a assédio nas mesmas condições que as mulheres,

---

(938) Margarida Barreto relata que, em sua pesquisa, foi possível notar que os trabalhadores homens que sofriam de adoecimento ocupacional e não conseguiam responder às demandas do trabalho eram humilhados com expressões que os designavam como vagabundos, inúteis, preguiçosos, afeminados, covardes e homossexuais. Conferir: BARRETO, Margarida Maria Silveira. *Violência, saúde e trabalho: uma jornada de humilhações*. São Paulo: EDUC, 2006. p. 131. Por esses relatos, observa-se que o "ser mulher" é colocado como condição que inferioriza e humilha o ser homem, o que evidencia uma discriminação de gênero fortemente presente no conteúdo dos xingamentos. Ser comparado a uma mulher chega ao ponto de ser uma ofensa, levando à compreensão de que o valor da mulher é inferior ao do homem.
(939) O filme norte-americano "Whisplash", no Brasil traduzido para "Whiplash: em busca da perfeição", mostra cinematograficamente cenas em que o professor e regente humilha um baterista que chora ao ser ofendido. As humilhações consistem em chamar o baterista de "menininha", associando o choro a um comportamento do gênero feminino e com viés negativo e diminuto. Para mais informações, verificar a filmografia: *Whisplash*. Roteiro e Direção: Damien Chazelle, 2014. Estados Unidos: Sony Pictures Classics. 1 DVD (103 minutos).
(939A) Conferir: McGINLEY, Ann C. Creating masculine identities: bullying and harassment "because of sex". *Op. cit.*, p. 1165-1166.
(940) O filme norte-americano "Terra Fria" (Original: North Country) retrata mulheres em situação de minoria ocupacional em uma mina e o assédio moral e sexual sofrido no espaço de trabalho tradicionalmente masculino. A filmografia também retrata o adoecimento ocupacional em razão de uma gestão assediadora que exige esforço físico além das capacidades físicas das trabalhadoras e registra a negligência do empregador em fornecer equipamentos de proteção individual. Além disso, a película apresenta a judicialização do assédio moral e da discriminação de gênero com o adoecimento ocupacional. Para mais informações, verificar a filmografia: *North Country*. Direção: Niki Caro. Produção: Nick Wechsler. Roteiro: Michael Seitzman, 2005. Estados Unidos: Warner Bross. 1 DVD (126 minutos).
(941) TAYLOR, Catherine J. *Op. cit.*, p. 190.
(942) *Ibidem*, p. 191.
(943) MCGINLEY, Ann C. Creating masculine identities: bullying and harassment "because of sex". *79 University of Colorado Law Review 1151*, p. 1.155, 2008.

os tribunais entendem que o assédio não tem como motivação o sexo/gênero da vítima e, por isso, não tem como destinatário específico as mulheres.⁽⁹⁴⁴⁾

No segundo caso de homens que sofrem assédio moral por não se conformarem aos padrões normativos de gênero, Ann McGinley relata que esse tipo de comportamento é comum quando os agressores identificam que a vítima não é suficientemente masculina.⁽⁹⁴⁵⁾

A terceira hipótese trata de homens assediando outros homens por meio de trotes de forma a exigir que novatos comprovem sua masculinidade e capacidade para ocupar o posto de trabalho ao lado de veteranos.⁽⁹⁴⁶⁾

A quarta hipótese trata de homens que assediam mulheres com base em comportamento e linguagem neutros em relação ao gênero; o que torna difícil comprovar que o assédio teve como causa a questão de gênero. Nessas situações, o agressor utiliza-se abusivamente de críticas sobre a não conformidade ao padrão de trabalho para agredir as mulheres.⁽⁹⁴⁷⁾

Ressalte-se que, com base no "sexual desire-dominance paradigma" (paradigma de dominância do desejo sexual), a Suprema Corte e outras Cortes Federais norte-americanas concluíram que o assédio sexual e o assédio com base no gênero podem ocorrer ainda que não haja evidência de que o agressor tinha desejo sexual pela vítima.⁽⁹⁴⁸⁾

Para provar que são fortes e poderosos a outros homens, homens subjugam mulheres. Esses surtos de hipermasculinidade normalmente são direcionados contra mulheres que trabalham em serviços tradicionalmente masculinos e homens que não se conformam ao padrão posto, de modo a forçá-los a saírem desses trabalhos para reafirmar seu caráter masculino. Essa situação demonstra que questões de gênero são importante fator nos comportamentos assediadores observados no ambiente de trabalho.⁽⁹⁴⁹⁾

Em sentido contrário, Adriane Reis de Araújo, em suas pesquisas, concluiu que não há uma relação necessária entre assédio moral e discriminação de gênero:

> Ao contrário do que defendem alguns estudiosos, os dados acima, em sua maioria, corroboram a assertiva de que o assédio moral não traduz uma modalidade de discriminação de gênero. Há pessoas de ambos os sexos tanto nos polos ativos quanto passivos. A predominância de mulheres entre as vítimas em algumas pesquisas decorre da cultura local e do fato de elas, majoritariamente, integrarem a força de trabalho mais precária e, por conseguinte, mais sujeita a humilhação. Além do mais, deve ser levada em conta a dificuldade masculina em se reconhecer na posição de vítima, pois o assediado é identificado como uma pessoa frágil dentro do grupo social. Os países escandinavos e germânicos apresentam números muito próximos de homens e mulheres assediados: Estrasburgo: 56,5% de homens e 43,5% de mulheres; Noruega (1996): 43,9% de homens e 55,6% de mulheres. O primeiro levantamento brasileiro, restrito ao Estado de São Paulo, curiosamente também registrou percentuais muito próximos como vimos acima. A pesquisa nacional, por outro lado, apontou a prevalência de mulheres (65%) entre as vítimas.⁽⁹⁵⁰⁾

Dos próprios termos utilizados pela autora em sua conclusão pela ausência de vínculo entre o assédio moral e a discriminação de gênero é possível retirar elementos que demonstram o oposto de sua tese. O fato de ainda hoje as mulheres em sua maioria ocuparem postos mais baixos, com menor

---

(944) *Ibidem*, p. 1.155-1.156.
(945) *Ibidem*, p. 1.156.
(946) *Ibidem*, p. 1.157.
(947) *Ibidem*, p. 1.158.
(948) *Ibidem*, p. 1.159.
(949) *Ibidem*, p. 1.166-1.167.
(950) ARAÚJO, Adriane Reis de. *O assédio moral organizacional*. São Paulo: LTr, 2012. p. 59.

remuneração e exigentes de baixa qualificação já demonstram um desnível de sua posição no mercado de trabalho em relação aos homens, como fruto de uma discriminação decorrente da divisão sexual do trabalho. Além disso, a demonstração de que tanto homens como mulheres atuam no polo ativo do assédio moral apenas aponta para a constatação de que a discriminação de gênero e o machismo possuem caráter estrutural, não sendo impossível que mulheres sejam machistas e discriminem outras mulheres por elas serem mulheres. Por fim, ainda que os registros indiquem poucos pontos percentuais de diferença entre homens e mulheres vítimas de assédio moral, a diferença ainda está presente, o que é um indicativo que requer a busca da causa dessa desigualdade.

Na linha divergente à proteção do mercado de trabalho da mulher pela via legislativa, Richard Posner adota como premissa que as mulheres investem menos em seu capital humano que os homens na média, em razão do tempo investido na criação de filhos, gerando como consequência salários menores. Richard Posner afirma que é cético quanto a essa diferença de investimento no capital humano entre homens e mulheres ser um produto da discriminação de gênero, por acreditar que a criação de filhos é uma área na qual a natureza domina a cultura.[951]

Observa-se no discurso de Richard Posner uma naturalização das atividades ditas femininas, como a criação do filhos, e as tarefas tradicionalmente masculinas, como investir em capital humano para uma boa inserção no mercado de trabalho, em uma evidente divisão sexual do trabalho.

Em uma perspectiva intermediária, Rosa Ehrenreich entende que o assédio, seja sexual ou não, é fundamentalmente um dano à dignidade, uma afronta à personalidade da vítima. Rosa Ehrenreich acredita que um foco excessivo em questões de discriminação no contexto em que o assédio de mulheres ocorre, com a elevada ênfase no Título VII do Ato de Direito Civil norte-americano, acabou criando um conceito de assédio como uma espécie de injúria que mulheres sofrem. Na visão da autora, é importante observar que o assédio organizacional, seja ele sexual ou não, viola os interesses de dignidade das vítimas, independentemente de seu sexo ou do sexo do agressor.[952]

Rosa Ehrenreich propõe uma abordagem pluralista do assédio organizacional que afeta membros de grupos distintos e vulneráveis, enfatizando as particularidades que o assédio organizacional gera para a sistemática exclusão de mulheres de posições de poder nas áreas sociais e econômicas. Essa abordagem pluralista assume que toda pessoa tem o direito de não ser assediada no ambiente de trabalho, independentemente de sua raça, sexo, religião, nacionalidade, por serem esses fatores intrínsecos à definição de sua dignidade.[953]

A abordagem pluralista adota também como premissa que a discriminação social histórica contra certos grupos gera a necessidade urgente de serem adotadas políticas públicas para corrigir essa desigualdade; as mulheres historicamente sofreram e sofrem discriminação no ambiente de trabalho e a hostilidade se dá por sua mera presença nesse espaço ainda hoje. Importante notar que mesmo quando o assédio contra mulheres não é motivado por um impulso discriminatório de forma explícita, o avanço das mulheres no mercado de trabalho sofre um impacto negativo desproporcional.[954]

Rosa Ehrenreich entende que o assédio por motivo de gênero tem como principal objeto de violação a dignidade da vítima, por meio de humilhações, intimidação, pressão e ridicularizações no ambiente de trabalho, desconsiderando a igual consideração e respeito com os quais todo ser humano deve ser tratado.[955] Nesse sentido, Rosa Ehrenreich faz os seguintes apontamentos sobre a relação entre o assédio moral organizacional e a discriminação de gênero:

---

(951) POSNER, Richard A. An Economic Analysis of Sex Discrimination Laws. In: The University of Chicago Law Review, v. 56, n. 4 (Autumn, 1989), p. 1315.
(952) EHRENREICH, Rosa. Dignity and Discrimination: Toward a Pluralistic Understanding of Workplace Harassment. In: *88 Georgetown Law Journal 1*, 1999-2000, p. 3-4.
(953) *Ibidem*, p. 15.
(954) *Ibidem*, p. 15-16.
(955) *Ibidem*, p. 16.

Nem todo o assédio no local de trabalho contra as mulheres é motivado por um desejo — explícito ou implícito — de manter as mulheres fora dos trabalhos predominantemente masculinos. No entanto, a incapacidade de reconhecer que em muitos dos casos — talvez a maioria — o assédio no local de trabalho das mulheres é motivado por atitudes discriminatórias do sexo masculino seria perder o todo pelo detalhe de uma parte. O prejuízo de assédio sexual no local de trabalho é um dano dignitário, mas o contexto em que o dano ocorre é um contexto de discriminação contra as mulheres no local de trabalho.⁽⁹⁵⁶⁾

Rosa Ehrenreich argumenta que foi muito difundido em estudos doutrinários a ideia de que se a vítima de assédio moral toma a ofensa como individual, seu sofrimento será pior, pois se sentirá diminuída como indivíduo e mulher, sentirá a dor de ter atributos os quais não pode mudar; porém, se entender que o assédio se deu por razões discriminatórias, seu sofrimento individual será menor, pois saberá que nada que pudesse ter feito poderia evitar o assédio sofrido, reforçando seu sentimento de luta para que todas as mulheres sejam tratadas com igualdade humana em relação aos homens.⁽⁹⁵⁷⁾

Entretanto, a autora rejeita esse argumento, afirmando que ele pode trazer confusões que prejudicam o avanço prático da doutrina sobre assédio, uma vez que pode acabar por excluir a noção de dano à dignidade. Sugere, então, que seja separado o dano e o contexto em que ele ocorre de modo a definir que o assédio organizacional pode ter viés sexual, ou não, motivos discriminatórios, ou não, e afirmando um paradigma de igual dignidade das mulheres e dos homens ao invés de enfatizar as diferenças das mulheres. Assim, estaria explicada a razão pela qual o assédio organizacional é errado: por sua violação à dignidade, autonomia e personalidade do ser humano. Segundo Rosa Ehrenreich, essa abordagem permite enfatizar o que há de essência comum entre homens e mulheres que sofrem assédio organizacional, em vez de criar um enfoque que coloca homens e mulheres como diferentes e opostos. O assédio organizacional, portanto, não deveria ser confundido com uma violência a um grupo (no caso as mulheres em geral) que é mais sensível e possui direitos diferentes de homens, mas como um dano individual.⁽⁹⁵⁸⁾

A autora acredita que dentro do círculo maior de violação da dignidade humana por meio do assédio moral organizacional existe um círculo que o intercepta referente à discriminação de gênero. Assim, a discriminação de gênero é um tipo de dano à dignidade, mas nem toda violação à dignidade é oriunda de discriminação.⁽⁹⁵⁹⁾

Diferentemente das pesquisas que identificam o assédio moral como neutro em relação ao gênero da vítima, estudos feministas demonstram que muitos comportamentos assediadores no estilo *bullying* estão relacionados com questões de gênero. Estudos escandinavos concluíram que tanto homens quanto mulheres sofrem igualmente de assédio moral, mas registraram que homens são assediados por outros homens, ao passo que mulheres são assediadas tanto por homens quanto por outras mulheres.⁽⁹⁶⁰⁾

Even Stale Einarsen, um *expert* escandinavo em assédio moral, concluiu que sociedades com organizações menos hierárquicas e com menores distâncias entre poderes experimentam menos incidentes de *bullying*.⁽⁹⁶¹⁾ O pesquisador demonstrou que países escandinavos sofrem menos de

---

(956) Original: "Not all workplace harassment of women is motivated by a desire — explicit or implicit — to keep women out of male-dominated jobs. However, failure to recognize that much — perhaps most — workplace harassment of women is motivated by discriminatory male atitudes would be to miss the forest for the trees. The harm of workplace sexual harassment is a dignitary harm, but the context in which the harm occurs is a context of discrimination against women in the workplace". In: EHRENREICH, Rosa. Dignity and Discrimination: Toward a Pluralistic Understanding of Workplace Harassment. In: *88 Georgetown Law Journal 1*, 1999-2000, p. 16.
(957) EHRENREICH, Rosa. *Op. cit.*, p. 19-20.
(958) *Ibidem*, p. 20-21.
(959) *Ibidem*, p. 63.
(960) MCGINLEY, Ann C. *Op. cit.*, p. 1.174.
(961) EINARSEN *apud* MCGINLEY, Ann C. *Creating masculine identities*: bullying and harassment "because of sex". *Op. cit.*, p. 1.175.

assédio moral por serem mais igualitários e femininos, o que permite uma maior igualdade entre os sexos e mediante incentivo a comportamentos não agressivos ou dominadores.[962]

Conclui-se, assim, que quanto maior a igualdade entre os indivíduos de uma sociedade, menor a chance de ocorrerem comportamentos assediadores.

Nesse sentido, estudos norte-americanos demonstram que uma maior percentagem de mulheres americanas sofrem assédio moral se comparado ao índice escandinavo, cerca de 60% das mulheres norte-americanas estiveram submetidas a assédio sexual, ao passo que apenas 27% das mulheres norueguesas passaram pela mesma violência. Isso se dá pois os homens noruegueses são menos agressivos em seu comportamento sexual e as mulheres norueguesas se sentem mais livres para retaliar e denunciar esse tipo de investida sexual indesejada.[963]

Um estudo feito na Grã-Bretanha revelou que mais mulheres em posições de gerência sênior sofreram de assédio moral que seus colegas homens nas mesmas posições (a relação encontrada foi de 15,5% de mulheres para 6,4% de homens). A pesquisa também concluiu que mulheres, quando progrediam na carreira, atingiam uma posição de maior vulnerabilidade ao assédio do que homens na mesma situação.[964]

Um estudo sueco registrou que homens e mulheres sofrem igualmente assédio moral em empregos ou trabalhos temporários, mas mulheres sofrem mais em relações empregatícias mais longas.[965]

Em um estudo norte-americano sobre incivilidade nas Cortes Federais, constatou-se que mais mulheres reportaram o sofrimento por incivilidade do que os homens nas relações entre advogados e juízes, demonstrando que mulheres sofrem discriminação de gênero (brincadeiras sexistas, estereotipização de mulheres etc.), ao passo que homens sofrem maus-tratos de forma geral sem um conteúdo de gênero explícito.[966]

Outros estudos buscaram relacionar o assédio sexual a questões de gênero e o assédio moral a fatores organizacionais. Pesquisas também demonstraram que mulheres identificaram o comportamento assediador como assédio moral, ao passo que homens o caracterizam como técnica de gerência mais forte. A técnica de gerência identificada é caracterizada por *performances* designadas como masculinas, como a dominação, o controle, o poder pessoal; assim, não há como dissociar o *bullying* das questões de gênero.[967]

O discurso masculino de gerência está relacionado aos comportamentos assediadores tanto em sua vertente moral, quanto na sexual. Normalmente o assédio sexual é visto como uma forma de discriminação de gênero; entretanto, o mesmo não ocorre com o assédio moral, o que dificulta a análise desse tipo de comportamento agressor.[968]

A assunção de que o assédio envolve uma questão de gênero permite assumir o entendimento de que a violência moral ocorreu em virtude do sexo da vítima. A premissa de que o assédio moral é uma questão de gênero possibilita observar que as estruturas organizacionais reproduzem o poder masculino por meio dos métodos seletivos de recrutamento de empregados e promoção na carreira, por exemplo. Os referidos métodos atuam com base em expectativas fundadas em estereótipos de gênero que, caso não sejam atendidos, eliminam as possibilidades de promoção na carreira. Uma

---

(962) MCGINLEY, Ann C. *Op. cit.*, p. 1.175.
(963) *Ibidem*, p. 1.175-1.176.
(964) *Ibidem*, p. 1.176-1.177.
(965) *Ibidem*, p. 1.177.
(966) *Idem*.
(967) *Ibidem*, p. 1.178-1.180.
(968) *Ibidem*, p. 1.180.

mulher muito agressiva e pouco feminina foge ao padrão estereotipado designado para si, da mesma forma que homens que não sejam provedores, o que pode gerar dificuldades para a promoção na carreira por não atender às expectativas do empregador.[969]

Deborah Lee, em estudo de Psicologia na Inglaterra, registra que afastar a questão de gênero do estudo do assédio moral é problemático; mesmo considerando que tanto homens quanto mulheres podem ser vítimas de *bullying*, isso não retira a qualificação do problema como uma questão de gênero.[970]

Carol Jones, uma psicóloga feminista britânica, critica a abordagem que define o assédio moral como neutro em relação à questão de gênero, ou mesmo estudos que definem o assédio moral como o gênero para espécies de assédio como o sexual, o por gênero, o racial. Carol Jones demonstra que estatisticamente mulheres sofrem mais assédio moral que homens, o que demonstra que não é apenas o poder organizacional o responsável por essa diferença.[971] As pesquisas da teoria de masculinidades indicam que homens utilizam-se de abordagens sexuais, discriminação de gênero e instrumentos neutros para reafirmar sua identidade masculina, criando uma unidade que exclui mulheres e homens que não se conformam ao padrão de masculinidade, gerando uma segregação da força de trabalho no esquema da divisão sexual do trabalho.[972]

O Título VII do Ato de Direito Civil norte-americano proíbe tanto o assédio sexual quanto o assédio em virtude do gênero, um exemplo deste último consiste em testar a "identidade masculina" da vítima. Uma prática comum de assédio para afirmação da identidade masculina é o trote (*hazing*), o qual, em muitas ocasiões, resultou em sérios danos e até morte das vítimas. Nesse contexto de trote, muitas vezes são estimulados comportamentos como estupro de mulheres em situação de embriaguez, bem como toda forma de dominação sexual da mulher que demonstre que o homem está em uma situação de poder e prestígio. Esses comportamentos adotam como premissa a condição de mulheres como passivas e dependentes de um padrão masculino. A identidade masculina é afirmada com as qualidades de provedor e conquistador sexual, ao passo que mulheres são vistas como objetos sexuais. A masculinidade dos homens se afirma no ambiente doméstico pela capacidade de comprar bens de alto valor e não permitir que sua parceira saiba de todos os seus ganhos financeiros.[973]

Segundo uma pesquisa realizada em 2000 pelos professores Carbado e Gulati, nos Estados Unidos, a criação da identidade masculina surgia no ambiente de trabalho, ainda que no ambiente doméstico ela não se afirmasse conforme os requisitos acima relatados. Além disso, havia uma tensão entre uma cultura informal e um sistema de bônus coletivo, a cultura informal encorajava uma resistência solidária ao controle gerencial ao passo que o sistema de bônus coletivo estimulava o aumento de produtividade para que os homens alcançassem o *status* de provedores, fazendo-se piadas daqueles que não atingiam as metas. Essa combinação tornou o controle hierárquico desnecessário.[974]

O trote ou "*hazing*" assegurou que novos membros se conformassem ao ambiente e à identidade estabelecida, fixou normas de comportamento masculino, bem como serviu como forma de resistência e luta à forma de opressão imposta como prova de uma identidade masculina. Homens que não se comportavam em casa de acordo com essa identidade masculina eram forçados a realizarem *performances* de hipermasculinidade no ambiente de trabalho de forma a se adequarem ao padrão esperado. A consequência dessa *performance* foi um quadro depressivo e de estresse pós-traumático em 44% das vítimas de *bullying* estudadas.[975]

---

(969) *Ibidem*, p. 1.180-1.181.
(970) LEE *apud* MCGINLEY, Ann C. Creating masculine identities: bullying and harassment "because of sex". *Op. cit.*, p. 1.182.
(971) JONES *apud* MCGINLEY, Ann C. Creating masculine identities: bullying and harassment "because of sex". *Op. cit.*, p. 1.182.
(972) MCGINLEY, Ann C. *Op. cit.*, p. 1.182.
(973) *Ibidem*, p. 1.183-1.187.
(974) *Ibidem*, p. 1.188.
(975) *Ibidem*, p. 1.190.

O fato de as mulheres também adotarem um comportamento assediador baseado em um padrão masculino de comportamento não significa que o assédio moral não envolva uma questão de gênero. Segundo a teoria de masculinidades, práticas masculinas de assédio no ambiente de trabalho agridem tanto homens quanto mulheres, mas o impacto sobre as mulheres é muito maior.[976]

Deborah Lee argumenta que é necessária a visão de que o assédio é uma questão de gênero, além de também possuir um viés racial — o que muitas vezes é desprezado por acadêmicos por parecer que as vítimas precisam de um tratamento especial. Isso ocorre porque uma abordagem neutra sobre o assédio moral em relação a questões de gênero é vista como mais segura, podendo teoricamente ser aplicada a todas as formas de abuso de poder, além de não exigir um *status* privilegiado. Entretanto, é preciso considerar que esse tipo de abordagem "neutra" não deixa de ser uma opção política.[977]

Esse posicionamento neutro levou ao desenvolvimento de propostas legislativas que buscavam demonstrar que as Cortes haviam falhado na interpretação e aplicação do Título VII e buscavam também criar uma base de neutralidade em relação a questões de gênero em casos em que ambos os sexos ou gêneros eram vítimas da violência moral.[978] Entretanto, Ann McGinley afirma que essa abordagem negligencia o fato de homens construírem sua identidade no ambiente de trabalho às expensas de mulheres e de homens que não compactuam do comportamento assediador.[979]

Assim como mulheres são assediadas por homens para que o padrão de masculinidade do trabalho seja confirmado e a competência feminina minada, homens também assediam outros homens que não se conformam de modo satisfatório ao padrão de masculinidade esperado.[980]

O assédio passa a ser uma forma de discriminação de gênero. O princípio da igualdade indaga se a vítima sofreria o assédio se fosse do sexo oposto, para confirmar essa tese.[981]

Kathryn Abrams argumenta juridicamente que o assédio no ambiente de trabalho é problemático, pois o ambiente de trabalho tradicionalmente é hostil às mulheres, limitando os papéis que elas podem desempenhar e criando obstáculos para seu progresso profissional. O trabalho pode promover um ambiente com um potencial liberador da mulher e com resistência à discriminação, por isso o assédio no ambiente de trabalho é tão destrutivo, seja ele intencional ou não, de forma a retirar mulheres do mercado de trabalho e preservar o controle masculino sobre o trabalho.[982]

O assédio moral contra mulheres no ambiente de trabalho transmite a mensagem de que mulheres não pertencem àquele ambiente ou àquele ramo profissional.[983]

Alguns exemplos de comportamentos sexistas que não são direcionados particularmente a mulheres específicas é a utilização, no ambiente de trabalho, de calendários e cartazes com fotos de mulheres como objetos sexuais, bem como a prática de comentários que diminuam as mulheres em geral. Esse tipo de comportamento estava presente antes mesmo de as mulheres ingressarem de forma massiva no mercado de trabalho. Após seu ingresso, essa forma de conduta passou a transmitir a mensagem primeiramente de que elas não eram bem-vindas naquele espaço, principalmente se buscavam subverter o padrão de estereótipo sexual estabelecido e esperado delas. Mesmo que nem todas as mulheres se sintam ofendidas, o comportamento é assediador na medida em que altera as condições de trabalho para as mulheres que ingressam no mercado se comparada à situação dos homens.[984]

---

(976) *Ibidem*, p. 1.192.
(977) LEE *apud* MCGINLEY, Ann C. Creating masculine identities: bullying and harassment "because of sex". *Op. cit.*, p. 1.193.
(978) MCGINLEY, Ann C. *Op. cit.*, p. 1.193.
(979) *Ibidem*, p. 1.194.
(980) *Ibidem*, p. 1.202.
(981) *Idem*.
(982) ABRAMS *apud* MCGINLEY, Ann C. Creating masculine identities: bullying and harassment "because of sex". *Op. cit.*, p. 1.204.
(983) *Idem*.
(984) *Ibidem*, p. 1.207-1.208.

Ambientes de trabalho saturados de comentários e comportamentos misóginos, sejam eles especificamente direcionados a mulheres ou não, dificultam o cumprimento do trabalho pelas mulheres. Isso ocorre pois nesses ambientes hostis as mulheres não são vistas como colegas ou trabalhadoras competentes, mas como intrusas inferiores porque são mulheres, o que dificulta o sucesso delas no trabalho. A presença de mulheres no ambiente de trabalho permite aos homens afirmarem sua masculinidade para outros homens, não apenas demonstrando o que há de comum entre os homens, mas realçando as diferenças entre homens e mulheres, para reafirmar o caráter masculino do trabalho, desestimulando mulheres que queiram ingressar ou permanecer nessa atividade.[985]

Em 1996, os sociólogos Margaret e David Collinson fizeram uma pesquisa sobre assédio contra mulheres em posição de gerência em negócios de venda de seguros. Os sociólogos constataram que se as mulheres respondiam ao assédio enfrentando-o, ignorando-o ou agindo como um dos colegas (*one of the guys*), elas sempre eram culpadas por sua reação à violência moral. Também concluíram que quanto menor a proporção histórica de mulheres em uma profissão, maior a força da cultura masculina e sua solidariedade.[986]

A teoria das masculinidades (*masculinities theory*) demonstra que em ambientes de trabalho predominantemente masculinos homens utilizam-se de linguagem que define o feminino como inferior para denegrir a imagem de mulheres e de homens que não se conformam ao padrão de gênero.[987]

Quando homens assediam mulheres, esse comportamento combina uma agressão sexualizada e discriminatória em razão do gênero.[988]

Ann C. McGinley registra que o comportamento assediador neutro quanto a questões de gênero ocorre de forma mais comum nos trabalhos do colarinho branco, nos quais o assédio se dá de forma mais sofisticada e encobre a discriminação de gênero, seja em relação às mulheres subordinadas, seja em relação aos colegas ou superiores.[989] Ann C. McGinley cita pesquisa nesse sentido:

> Cortina explicou que as mulheres juristas sofriam de um tratamento diferenciado no sistema judicial. As mulheres afirmaram que foram excluídas das conversas entre advogados do sexo masculino. Elas também observaram que os advogados do sexo masculino e juízes questionaram ou minaram competência profissional das mulheres, por meio de um menosprezo do gênero, fizeram comentários sobre a aparência das mulheres, e confundiram-nas com não advogados. Oito por cento das mulheres afirmaram terem recebido de advogados homens ou juízes atenção sexual indesejada. Em entrevistas, as mulheres explicaram que, embora muito do comportamento não seja explícito anti-mulheres, elas acreditam que ocorre por causa do gênero. Ironicamente, outras mulheres insistiram que o comportamento não ocorre por causa de gênero. Cortina concluiu que em qualquer dos casos, as mulheres sofrem algo que os homens não experimentam. Elas estão constantemente tentando descobrir se o gênero está afetando o comportamento dos outros em relação a elas, uma tarefa que impõe uma carga cognitiva em mulheres.[990]

---

(985) MCGINLEY, Ann C. *Op. cit.*, p. 1.216-1.217.
(986) COLLINSON apud MCGINLEY, Ann C. Creating masculine identities: bullying and harassment "because of sex". *Op. cit.*, p. 1.218.
(987) McGINLEY, Ann C. *Op. cit.*, p. 1.223.
(988) *Ibidem*, p. 1.230.
(989) *Ibidem*, p. 1.231.
(990) Original: "Cortina explained that women lawyers suffered from differential treatment in the court system. The women stated that they were excluded from conversations between male lawyers. They also noted that male lawyers and judges questione or undermined the women's professional competence, engaged in gender disparagement, made comments on women's appearance, and mistook them for non-lawyers. Eight percent of the women stated that they had received unwanted sexual attention form male lawyers or judges. In interviews, the women explained that although much of the behavior is not explicit anti-female, they believe it occurs because of gender. Ironically, other women insisted that the behavior does not occur because of gender. Cortina concluded

Ann C. McGinley afirma que as pesquisas recentes sobre assédio moral demonstram que mulheres estão mais sujeitas a assédio neutro em questão de gênero do que homens, bem como indicam que supervisores e chefes homens burlam a estrutura protetora do sistema para assediar mulheres. Nesse mesmo sentido, mulheres sofrem mais assédio quando progridem na carreira se comparadas aos homens, uma vez que é mais difícil proteger mulheres que ocupam posições no alto escalão, assim, elas sofrem inclusive assédio por parte de seus subordinados.[991]

O assédio moral com viés discriminatório em virtude do gênero lesiona não só as mulheres, mas também os homens, as organizações de trabalho e a sociedade.[992]

O comportamento agressivo e competitivo, caracterizado como tipicamente masculino, é muitas vezes visto como o motor para a produtividade e o bom desempenho das empresas; entretanto, a eliminação de comportamentos masculinos destrutivos no trabalho tem efeitos positivos não só para relações de trabalho, mas também em termos de eficiência e produtividade.[993]

É importante ter em mente que devem ser criadas estruturas e políticas que eliminem as formas danosas de masculinidade no ambiente de trabalho, sem condenar os traços de masculinidade que não violentam os indivíduos, as organizações nem a sociedade.[994]

Robin Ely e Debra Meyerson sugerem que treinamentos instituídos pelo empregador estabelecendo alvos para seu grupo de empregados podem reduzir drasticamente o índice de assédio em razão do gênero entre trabalhadores manuais (*blue-collar workers*).[995]

Para construir um ambiente de trabalho justo, é necessário eliminar as construções de gênero destrutivas, evitando que mulheres continuem a sofrer discriminação de gênero tanto em aspectos econômicos quanto emocionais. Essa necessidade atende não só as mulheres, mas também os homens que não se conformam a certos padrões de competitividade e agressividade tidos por masculinos.[996]

Em razão desse contexto, a Resolução A5-0284/2001 do Parlamento Europeu sobre assédio no local de trabalho identificou que a incidência desse tipo de violência é mais comum em contratos a termo e precários, bem como as mulheres são as maiores vítimas de assédio moral.[997]

Maria Aparecida Alkimin afirma que, além de serem as que mais sofrem violência no ambiente de trabalho, as mulheres são as maiores vítimas de assédio moral e sexual organizacional. Essa realidade tornou-se preocupação em âmbito internacional, fato que levou à edição da Convenção Interamericana para Prevenir, Punir e Erradicar a Violência contra a Mulher, ratificada pelo Brasil em 27.11.1995, também conhecida como "Convenção de Belém do Pará".[998]

Em 1979, a ONU editou a Convenção sobre a Eliminação de Todas as Formas de Discriminação da Mulher, que foi adotada pelo Brasil na forma do Decreto n. 4.377/02, vedando toda distinção, exclusão ou restrição que impeça o reconhecimento e exercício de direitos humanos e liberdades fundamentais pelas mulheres.[999]

---

that in either event, women suffer something men do not. They are constantly trying to figure out whether gender is affecting the behavior of other toward them, a task which imposes a cognitive burden on women." In: MCGINLEY, Ann C. Creating masculine identities: bullying and harassment "because of sex". *79 University of Colorado Law Review 1151*, p. 1.231-1.232, 2008.
(991) McGINLEY, Ann C. *Op. cit.*, p. 1.232.
(992) *Ibidem*, p. 1.233.
(993) *Ibidem*, p. 1.236.
(994) *Ibidem*, p. 1.239.
(995) *Ibidem*, p. 1.160.
(996) *Ibidem*, p. 1.239.
(997) NASCIMENTO, Sônia Mascaro. *Assédio moral*. São Paulo: Saraiva, 2011. p. 47.
(998) ALKIMIN, Maria Aparecida. *Violência na relação de trabalho e a proteção à personalidade do trabalhador*. Curitiba: Juruá, 2008. p. 117-118.
(999) *Ibidem*, p. 118.

4.4. Assédio moral organizacional: perspectivas

O tratamento do assédio moral envolve movimentações nas áreas psicológica, econômica e jurídica da empresa.[1000] Por isso, a seguir serão apresentadas as mais recorrentes áreas de estudo que se dedicaram à análise do assédio moral no ambiente de trabalho.

4.4.1. Assédio moral organizacional na perspectiva psicológica

Konrad Lorenz[1001], ganhador do prêmio Nobel da Medicina em 1973, fez um estudo etológico (pesquisa interdisciplinar da Biologia que analisa comportamentos de animais) com espécies animais, identificando em seus comportamentos práticas que entre humanos denominamos de assédio ou *mobbing*.[1002]

Lorenz concluiu que o *mobbing* teria um papel importante na preservação das espécies, pois garante que predadores não se aproximem e torna "a vida impossível para o inimigo" no caso de interações entre espécies diferentes. Em relação a interações dentro da mesma espécie, Konrad Lorenz observou comportamentos semelhantes aos que se observam entre humanos. Identificou que mesmo dentro da mesma espécie os indivíduos sofrem competição para garantir sua sobrevivência, mas a forma como o desvio do padrão imposto é punido entre os seres humanos se traduz em uma perseguição agressiva e cruel, considerando o "não conformista" como um *"outsider"*.[1003]

Nesse mesmo sentido como observa Leandro Queiroz Soares, foram as observações que Heinz Leyman, Marie-France Hirigoyen e, especificamente no contexto escolar, Heinenmann relataram em suas pesquisas.[1004]

A pesquisa sobre o assédio moral inicialmente foi realizada no ambiente escolar e teve seu enfoque em aspectos individuais dos agressores e das vítimas; em uma fase posterior, o estudo do assédio moral dirigiu-se para sua análise no ambiente organizacional e a atenção foi direcionada para os aspectos institucionais ensejadores do *bullying*.[1005]

Segundo relata Ann McGinley, o *bullying* observado nas escolas tem como característica agressores com desordem psíquica e caráter antissocial, e o perfil das vítimas era de crianças fisicamente fracas ou com características diferentes do grupo dominante que reagiam à agressão afastando-se dos autores da violência e sofrendo de depressão, mas a pesquisadora relata que essa descrição das vítimas já foi questionada por estudos posteriores que afirmaram que muitas delas eram crianças com raciocínio sofisticado e inteligentes.[1006]

Um estudo etnográfico feito nos Estados Unidos sugere que meninas e meninos experimentam *bullying* de forma diferente, a maioria das meninas percebe que o *bullying* tem como fundo uma questão de gênero, ao passo que uma minoria de meninos vítimas de *bullying* tem a mesma percepção. Uma das meninas salientou que um menino vítima de *bullying* era tratado pelos demais meninos como se fosse uma menina. Segundo a percepção das vítimas, meninos que não reagiam a agressões estavam mais sujeitos a sofrerem *bullying*. A reação da criança vítima de *bullying* de se afastar e de se excluir reforça o comportamento do agressor e abre espaço para a reincidência, mas o estudo

---

(1000) HELOANI, Roberto. A dança da garrafa: assédio moral nas organizações. *GV Executivo*, v. 10, n.1, p. 53, jan./jun. 2011.
(1001) LORENZ, Konrad. *Here am I:* Where are you? The behavior of the greylag goose. Translated by Robert D. Martin. Munique: Harcourt Brace Jovanovich, 1991.
(1002) SOARES, Leandro Queiroz. *Interações socioprofissionais e assédio moral no trabalho:* "ou você interage do jeito deles ou vai ser humilhado até não aguentar mais". São Paulo: Casa do Psicólogo, 2008. p. 90 e 91.
(1003) LORENZ apud SOARES, Leandro Queiroz. Interações socioprofissionais e assédio moral no trabalho: "ou você interage do jeito deles ou vai ser humilhado até não aguentar mais". *Op. cit.*, p. 91-93.
(1004) SOARES, Leandro Queiroz. *Op. cit.*, p. 93.
(1005) McGINLEY, Ann C. *Op. cit.*, p. 1.168.
(1006) *Ibidem*, p. 1.169-1.170.

não se aprofundou na estrutura organizacional do ambiente escolar para averiguar os fatores que alimentavam esse tipo de comportamento agressivo.[1007]

Enquanto as pesquisas sobre o assédio moral nas escolas estudaram as características pessoais do agressor e da vítima, os psicólogos organizacionais identificaram o ambiente e as estruturas de trabalho como definidores do assédio moral; Ann McGinley conclui que tanto fatores pessoais como estruturais contribuem para comportamentos assediadores.[1008]

Os acadêmicos escandinavos, alemães e britânicos passaram a estudar o *bullying* no ambiente de trabalho, ampliando os estudos feitos anteriormente nas escolas. Inicialmente os acadêmicos definiram o *bullying* como o comportamento negativo no ambiente de trabalho que se perpetua no mínimo seis meses de forma a dificultar a defesa da vítima e macula sua reputação ou habilidade de se relacionar com colegas de trabalho ou de realizar o trabalho.[1009]

O *bullying* pode ser protagonizado tanto por um indivíduo como por um grupo, também pode ocorrer por comportamento ativo ou passivo que permita que ele se instale; muitas vezes, ainda que o assediador seja individual, o grupo contribui para a violência com seu silêncio, seja por medo, seja como forma de proteção.[1010]

Cristophe Dejours enfatiza que o medo como forma de gestão é utilizado como motor do sistema para paralisar e quebrar o moral do coletivo; porém, para adquirir efetividade, o medo deve ser combinado com formas de recompensa e reconhecimento pelo trabalho prestado, mesmo que por meio de um discurso distorcido de falsas recompensas. Por meio de uma estratégia de distorção comunicacional, os empregados contribuem para a distorção sem se sentirem responsáveis por ela, partindo dos níveis superiores em direção aos subordinados e permeando todo o sistema.[1011]

Margarida Barreto, Maria Ester de Freitas e Roberto Heloani indicam como elementos constitutivos do assédio moral a temporalidade, a intencionalidade, a direcionalidade, a repetitividade e a habitualidade, os limites geográficos e a degradação deliberada das condições de trabalho:[1012]

Temporalidade: há sempre um evento que desencadeia e ancora o processo.

Intencionalidade: o assédio visa a forçar o outro a desistir do emprego, mudar de setor, de empresa, sujeitar-se, calar-se, ser dominado.

Direcionalidade: constituída pelo lado subjetivo que pertence tanto ao âmbito individual como coletivo — permeado por dúvidas como: "por que eu, por que faz, o que fiz. Ele não presta, traz prejuízos à organização, incomoda, desestabiliza o grupo; é um mau exemplo para o coletivo, dificulta alcançarmos o grupo; é um mau exemplo para o coletivo, dificulta alcançarmos a meta etc.".

Repetitividade e habitualidade: ocorrem várias vezes durante a jornada variadas táticas com o mesmo fim, ou seja, forçar a vítima a desistir do emprego, pedir transferência de setor ou sujeitar-se sem reclamar.

Limites geográficos ou territorialidade: ocorre no lugar das práticas cotidianas, da reprodução cultural, do domínio das tarefas dos laços de amizades e identificação; pode ocorrer em determinado setor como administração ou produção, o que possibilita identificar agressores e vítimas.

(1007) *Ibidem*, p. 1.170-1.171.
(1008) *Ibidem*, p. 1.174.
(1009) *Ibidem*, p. 1.171-1.172.
(1010) *Ibidem*, p. 1.172.
(1011) DEJOURS, Christophe. *A banalização da injustiça social*. p. 58-59.
(1012) FREITAS, Maria Ester de; HELOANI, José Roberto; BARRETO, Margarida. *Op. cit.*, p. 53.

Degradação deliberada das condições de trabalho: os atos repetitivos perturbam o trabalho do coletivo, expondo todos ao risco; interferem na produtividade, causando problemas à saúde dos que estão expostos; a repetição dos atos degradam as relações laborais e o ambiente de trabalho, colocando em risco a segurança, a saúde, o bem-estar e o desempenho profissional de todo o coletivo.[1013] (Grifos no original)

Entre os elementos caracterizadores do assédio moral, Angelo Soares e Juliana Oliveira entendem que a intencionalidade não é característica necessária para definir o assédio moral, uma vez que a agressão pode se dar mesmo sem uma intenção específica de gerar o dano; além da dificuldade que existe em se provar o elemento intencional.[1014]

A intencionalidade na prática do assédio moral só pode ser identificada nas pessoas que dirigem ou tiram partido de sistemas. Para Marie-France Hirigoyen, não se pode vislumbrar essa intencionalidade em um sistema ou uma instituição em si, mas apenas nas pessoas que o/a compõem. A intencionalidade daquele que agride psicologicamente o assediado não exime de responsabilidade aqueles que testemunharam a violência de forma omissa.[1015]

Entretanto, a própria psiquiatra francesa admite que o assédio moral é perverso, seja ele perpetrado por um indivíduo, seja por um sistema organizacional, pois "permite que o homem seja manipulado à custa do desprezo por sua liberdade, com o único propósito de fazer com que outros aumentem poder e vantagens".[1016]

> Devemos levar em conta o outro. Nos procedimentos perversos, a violência começa pela negação da própria existência do outro, cujos sentimentos passam a importar pouco quando deixa de ser um interlocutor.[1017]

Para Adriane Reis de Araújo, o assédio moral não precisa ser necessariamente uma conduta intencional ou consciente para restar configurado o terror psicológico organizacional. Toda pessoa pode vir a ser um assediador, por ser uma postura de defesa em uma situação de risco.[1018]

A inabilidade dos trabalhadores de monitorar seu próprio trabalho, a ausência de metas claras e a ausência de uma liderança construtiva são fatores que propiciam o surgimento de assédio moral no ambiente de trabalho.[1019]

Roberto Heloani cita alguns exemplos de práticas assediadoras em empresas brasileiras, sob um olhar da psicologia do trabalho:

> Como exemplos comumente observados em empresas brasileiras, é possível citar situações vexatórias ou obscenas, como a "dança da garrafa", ou insultos como o de obrigar funcionários a vestir-se de mulher ou maquiar-se como tal; fazer flexões recebendo xingamentos; aceitar ser chicoteado ou ganhar chicotes de presente do chefe; vestir camisetas com dizeres ofensivos; usar como pingente uma tartaruga ou âncora visível à distância, sugerindo que aquele trabalhador é "lento" ou afundará a empresa; entre muitos outros. São rituais, enfim, que atingem a dignidade do trabalhador e podem colocar em risco a sua integridade emocional e profissional.[1020]

Aquele que não se utiliza da força e da violência contra os outros é considerado covarde, sendo colocado em uma situação psicológica perigosa pois é excluído da comunidade de homens. Para

---
(1013) *Idem*,
(1014) SOARES, Angelo; OLIVEIRA, Juliana Andrade. Assédio moral no trabalho. In: *Revista Brasileira de Saúde Ocupacional*. São Paulo, 37 (126), 2012. p. 196.
(1015) HIRIGOYEN, Marie-France. *Op. cit.*, p. 64-65.
(1016) *Ibidem*, p. 67.
(1017) *Ibidem*, p. 66.
(1018) ARAÚJO, Adriane Reis de. *O assédio moral organizacional*. São Paulo: LTr, 2012. p. 73-74.
(1019) McGINLEY, Ann C. *Op. cit.*, p. 1.173.
(1020) HELOANI, Roberto. *A dança da garrafa*, p. 51.

suportar psiquicamente a prática do mal por meio desses comportamentos viris, homens e mulheres adotam ideologias defensivas que racionalizam o mal, bem como desenvolvem estratégias coletivas de defesa. Entre as estratégias defensivas, passa-se a entender a prática do mal ou o "trabalho sujo" como legítimo para uma seleção positiva de competências demitindo os empregados "parasitas" e "improdutivos". O trabalho sujo cria uma cultura de desprezo para com os excluídos da empresa no processo de enxugamento de pessoal ou para com aqueles que não cumprem as metas ou são demasiadamente temperamentais, por considerá-los frágeis e incapazes de lutar na guerra econômica.[1021]

Muitas vezes os trabalhadores que foram discriminados no ambiente empresarial passam a reproduzir o discurso elitista, racista e desdenhoso dos líderes e colaboradores do "trabalho sujo", por intermédio de uma subversão da racionalização, o que permite um engano do senso moral sem aboli-lo. Por meio de uma distorção comunicacional, fomenta-se a sensação de ausência de responsabilidade pelo "trabalho sujo" praticado, pois o empregado entende-se como apenas um subalterno obediente e zeloso sem poder de controle sobre o sistema.[1022]

Hannah Arendt analisa Eichmann e percebe que ele apresenta uma sensibilidade em relação ao mundo intersubjetivo imediato e próximo de si; porém, é indiferente quanto ao mundo distal em um grau em que homens e coisas possuem o mesmo *status* e só tem espaço a racionalidade instrumental. Assim, Eichmann é definido como um normopata, no sentido de ser conformista em relação às normas de comportamento social e profissional.[1023] "As vítimas estão mais afastadas e podem ser relegadas ao segundo mundo, ao mundo distal, por meio da clivagem do ego".[1024]

Christophe Dejours, por sua vez, relaciona a normopatia de Eichmann às condutas observadas no mundo do trabalho:

> (...) essa perspectiva aberta por Hannah Arendt encontra *a posteriori* um eco possante na questão que deu origem ao presente ensaio, a saber: de um lado, a indiferença e a tolerância crescente, na sociedade neoliberal, à adversidade e ao sofrimento de uma parcela de nossa população; de outro, a retomada, pela grande maioria de nossos concidadãos, dos estereótipos sobre a guerra econômica e a guerra das empresas, induzindo a atribuir o mal à "causalidade do destino"; enfim, a falta de indignação e de reação coletiva em face da injustiça de uma sociedade cuja riqueza não para de aumentar, enquanto a pauperização atinge simultaneamente uma parcela crescente da população.
>
> Em outras palavras, encontram-se aqui, no nível dos membros de toda uma sociedade, as três características da normopatia: indiferença para com o mundo distal e colaboração no "mal tanto por omissão quanto por ação"; suspensão da faculdade de pensar e substituição pelo recurso aos estereótipos economicistas dominantes propostos externamente; abolição da faculdade de julgar e da vontade de agir coletivamente contra a injustiça.[1025]

A banalização do mal também ganha espaço por meio da manipulação política por meio de ameaças de precarização e exclusão social, gerando em muitos trabalhadores a angústia de estar sendo manipulado.[1026]

A estrutura estratégica exige que todos sejam líderes e tenham espírito guerreiro e heroico, valorizando a *performance* sob a estrutura capitalista sem preocupações éticas. Nesse modelo, há um forte controle sobre a psique de forma sutil, além de um controle sobre o corpo e sobre o modo de pensar, que se conseguisse abranger mais áreas da vida e atingir um totalitarismo seria próximo do que ocorreu em campos de concentração.[1027]

(1021) DEJOURS, Christophe. *A banalização da injustiça social*, p. 85-91.
(1022) *Ibidem*, p. 93 e 94.
(1023) ARENDT, Hannah apud DEJOURS, Christophe. A banalização da injustiça social. *Op. cit.*, p. 115.
(1024) DEJOURS, Christophe. *A banalização da injustiça social*, p. 121.
(1025) *Ibidem*, p. 117.
(1026) *Ibidem*, p. 119 e 120.
(1027) ENRIQUEZ, Eugène. *O indivíduo preso na armadilha da estrutura estratégica*, p. 23 e 24.

Como estratégia defensiva, recorre-se ao argumento de que não se sabia o fim último de violência de seus atos, ou mesmo que não era responsável pois estava apenas cumprindo ordens; assim, busca-se ser eximido de toda responsabilidade.[1028]

> (...) Como são possíveis a generalização e a unificação das clivagens pela sociedade? Como se pode chegar a uma normopatia defensiva setorial, monolítica, coordenada, de massa?
>
> Para responder a essa questão, é preciso levar em conta que o setor clivado (aquele onde é suspenso o senso moral) se caracteriza pela suspensão da faculdade de pensar. Sabe-se que o setor a ser excluído do pensamento é o mesmo para todos: o do medo da adversidade socialmente gerada pela manipulação neoliberal da competição pelo emprego, à qual demos o nome de "precarização". Precarização que não concerne apenas ao emprego, mas também a toda a condição social e existencial. Nessa configuração psicológica bastante peculiar, a zona do mundo que é negada pelo sujeito, e onde é suspensa a faculdade de pensar, é por sua vez ocupada pelo recurso aos estereótipos. O sujeito substitui o pensamento pessoal por um conjunto de fórmulas feitas, que lhe são dadas externamente, pela opinião dominante, pelas conversas informais. Nessa zona, há uma suspensão da capacidade de julgar. A questão está decidida. A unificação dos estereótipos, das fórmulas feitas, dos lugares-comuns empregados, para além das diferenças sociais e políticas, só se torna compreensível quando nos lembramos de como funciona a estratégia da distorção comunicacional (cujo papel é decisivo na fabricação dos estereótipos) que nos propusemos analisar no capítulo 4. É sobretudo pela generalização da tolerância ao mal em toda a sociedade que podemos medir a força do impacto político das distorções produzidas na descrição da realidade das situações de trabalho, quando elas são difundidas pelos diversos meios de "comunicação".[1029]

A competitividade internacional serve para justificar a gestão fundada na violência que exige o individualismo e degrada o ambiente de trabalho. Há uma naturalização da violência que enfraquece os vínculos sociais e quebra a confiança e a solidariedade no espaço de trabalho. A luta pelo e no emprego torna-se uma verdadeira guerra de todos contra todos em uma busca constante por reconhecimento, tornando o trabalho precário e um espaço de sobrevivência.[1030]

O contexto de neoliberalismo reforça as práticas individualistas, as críticas constantes e acirradas, o egoísmo e a incerteza de manutenção do emprego. O adoecimento é silenciado por um constrangimento em expor o sofrimento aos outros, o que afeta a dignidade e a identidade dos trabalhadores.[1031]

A mentira organiza-se de forma coerente gerando um discurso que ganha o *status* de opinião dominante distorcendo a comunicação e fomentando a banalização do mal para neutralizar a mobilização coletiva contra a injustiça. Diferentemente de regimes totalitários que se utilizam da violência por meio do terror e do extermínio, o neoliberalismo produz medo utilizando meios de intimidação que não atingem necessariamente o corpo físico, o que dificulta a resistência.[1032]

A coragem é colocada como elemento da virilidade que se caracteriza pela capacidade de neutralizar o próprio medo e suportar o próprio sofrimento, bem como pela capacidade de infligir sofrimento a outrem. Em nome do trabalho, legitima-se o dever de violência, como símbolo da virilidade que neutraliza a consciência moral sobre a violência praticada. A virilidade é vista como o mal ligado a uma virtude, banalizando a noção do mal por meio de uma ideia de que os fins justificam os meios, a qual é transmitida por meio de uma distorção comunicacional. A mentira fomenta o

---

(1028) DEJOURS, Christophe. *A banalização da injustiça social*, p. 123.
(1029) *Ibidem*, p. 124 e 125.
(1030) FREITAS, Maria Ester de; HELOANI, José Roberto; BARRETO, Margarida. Assédio moral no trabalho. *Op. cit.*, p. 35-36.
(1031) *Ibidem*, p. 65.
(1032) DEJOURS, Christophe. *A banalização da injustiça social*, p. 125-126.

exercício do mal e da violência, mas para gerar impacto político escora-se em processos psicológicos mobilizados pela virilidade.[1033]

Entre os motores do assédio moral, em oposição à coragem, encontra-se o medo, que pode gerar violência como forma de autoproteção de um perigo, contribuindo para uma uniformização e um enquadramento dissimulado. O medo ganha importância principalmente nas organizações que têm como forma de gestão do pessoal o terrorismo, gerando reações de legítima defesa e induções ao assédio moral pelo que se imagina que uma pessoa seja e não pelo que ela é de fato. A pessoa que sente medo acaba por excomungar o outro, por meio de sentimentos agressivos ao se sentir ameaçada.[1034]

Esse contexto é desencadeador do assédio moral, que expõe os trabalhadores a condições humilhantes e constrangedoras durante a jornada de trabalho de forma a desestabilizar seu emocional e manipular seu comportamento em prol de uma competitividade desenfreada em busca da qualidade total.[1035] Daí observa-se a importância do trabalho e como sua gestão pode gerar resultados tão díspares desde a formação da identidade até sua desestruturação completa.

Nesse sentido, Roberto Heloani e Cláudio Capitão fazem os seguintes apontamentos:

> O trabalho como regulador social é fundamental para a subjetividade humana, e essa condição mantém a vida do sujeito; quando a produtividade exclui o sujeito podem ocorrer as seguintes situações: reatualização e disseminação das práticas agressivas nas relações entre os pares, gerando indiferença ao sofrimento do outro e naturalização dos desmandos administrativos; pouca disposição psíquica para enfrentar as humilhações; fragmentação dos laços afetivos; aumento do individualismo e instauração do pacto do silêncio coletivo; sensação de inutilidade, acompanhada de progressiva deterioração identitária; falta de prazer; demissão forçada; e sensação de esvaziamento.
>
> As condições laborais, bem como as relações diretas entre os trabalhadores, influenciam diretamente a qualidade de vida. Essa, portanto, torna-se, nessa perspectiva, estratégica para a sobrevivência e desenvolvimento futuro das organizações.[1036]

Marie-France Hirigoyen caracteriza o assédio moral como a patologia da solidão por vislumbrar entre as pessoas isoladas o maior alvo dessa forma de violência psicológica. Para a psiquiatra francesa, em uma época marcada pelo individualismo e pelas rupturas de coletivos profissionais, há uma crescente importância em se estabelecer vínculos de relacionamento, uma vez que o assediador busca isolar a vítima de obter solidariedade de outros no ambiente de trabalho. A compartimentalização do trabalho favorece o isolamento e o afastamento progressivo da vítima do assédio moral, gerando um silêncio e um vazio que se fecham em torno da pessoa marcada e fazendo reinar o "cada um por si".[1037]

Marie-France Hirigoyen define como situações kafkanianas aquelas em que as empresas assediam seus empregados por meio da retirada dos meios necessários para que realizem o trabalho exigido. Assim, as tarefas dos setores de serviços propiciam mais o assédio que tarefas nos setores de produção, em razão de naqueles setores haver uma maior elasticidade quanto ao resultado do trabalho. Outra forma de assediar por meio do trabalho é exigir objetivos impossíveis ou tarefas inúteis ou absurdas. Destarte, a vítima experimenta um sentimento de nulidade e incompetência.[1038]

Há uma teatralidade que exige a aparência triunfante em todos os momentos, mesmo que não corresponda à realidade. A estrutura estratégica exige indivíduos narcisos, que demandam

---

(1033) *Ibidem*, p. 130-134.
(1034) HIRIGOYEN, Marie-France. *Op. cit.*, p. 45.
(1035) HELOANI, José Roberto; CAPITÃO, Cláudio Garcia. Saúde mental e psicologia do trabalho. *São Paulo em Perspectiva*, 17(2), 2003. p. 106.
(1036) *Idem*.
(1037) HIRIGOYEN, Marie-France. *Op. cit.*, p. 51-54.
(1038) *Ibidem*, p. 54-55.

sua identidade com foco em si mesmos e com caráter múltiplo capaz de se adaptar a todas as circunstâncias. Na organização da estrutura estratégica, é preciso saber que não se pode contar com aliados, pois eles sempre serão temporários e podem transformar-se em adversários.[1039]

A identificação com a empresa não impede a dispensa de dirigentes e empregados, principalmente quando as empresas são compradas e sofrem cisões.[1040] Surge um estresse constante, como define Eugène Enriquez:

> Atualmente, as empresas de estruturas estratégicas não podem levar seus trabalhadores senão a uma usura mental provocada pela carga psíquica desmesurada dedicada à manutenção da função ocupada, e que os coloca em um *double-bind* constante que faz com que, não importa o que cumpram a longo prazo (salvo para alguns eleitos), eles terão errado. Os colaboradores são, pois, submetidos a constante "stress profissional", e não se podem manter senão graças à absorção massiva de psicotrópicos. Eles tornam-se, então, "indivíduos sob perfusão".[1041]

O assédio moral acaba por gerar uma perda de sentido para a pessoa que é colocada à margem, uma vez que a humilhação e o afastamento que sofre não estão relacionados a um motivo claro, não há uma acusação explícita, principalmente porque o sistema ou o agressor negam a violência e culpabilizam a vítima, levando esta a duvidar de sua saúde mental.[1042]

Note-se que a grande dificuldade da identificação das consequências psíquicas e físicas do assédio moral com a forma de gestão e o trabalho é a forma como são rapidamente relacionadas a questões religiosas, doenças hereditárias e genéticas, problemas de personalidade, crise de identidade, etc.[1043] Por isso, ouvir a vítima é um dos passos mais necessários para o tratamento do assédio moral na empresa, pois permite uma humanização do sofrimento e o conhecimento das causas e efeitos da violência sofrida.[1044]

Marie-France Hirigoyen descreve as consequências imediatas do assédio moral sobre a saúde da vítima, que são inicialmente muito próximas às do estresse, quais sejam perturbações funcionais como cansaço, nervosismo, distúrbios do sono, enxaquecas, distúrbios digestivos, dores na coluna, os quais são formas de autodefesa do organismo nesse tipo de situação. Acrescido a essas perturbações funcionais está o sentimento de impotência e humilhação.[1045]

Algumas vítimas gravam involuntariamente na mente a situação de violência e ficam com impressões repetidas na memória em uma busca pelo sentido daquilo que lhes sucede; entretanto, em regra, o assédio moral não ocorre por uma lógica de bom senso, e o relato dessa violência pela vítima a outros é difícil. As vítimas expressam um sentimento de solidão e têm dificuldade para falar da violência inesperada que sofreram e a qual não sabem exatamente definir os contornos.[1046]

As consequências mais específicas do assédio moral são um sofrimento acompanhado de vergonha e humilhação, e uma vontade de se retirar do mundo.[1047]

Marie-France Hirigoyen alerta que, após passar por essa forma de agressão, a vítima sairá modificada, seja de forma positiva com um aprendizado, seja de forma negativa com desconfiança de todos. No caso de um efeito negativo, a vítima pode desenvolver uma neurose traumática e um

---

(1039) ENRIQUEZ, Eugène. *O indivíduo preso na armadilha da estrutura estratégica.* p. 24-26.
(1040) *Ibidem*, p. 28.
(1041) *Ibidem*, p. 29.
(1042) HIRIGOYEN, Marie-France. *Op. cit.*, p. 58 a 60.
(1043) FREITAS, Maria Ester de; HELOANI, José Roberto; BARRETO, Margarida. *Op. cit.*, p. 47 e 48.
(1044) HELOANI, Roberto. *A dança da garrafa*, p. 53.
(1045) HIRIGOYEN, Marie-France. *Op. cit.*, p. 159.
(1046) *Ibidem*, p. 167.
(1047) *Ibidem*, p. 172.

estado depressivo crônico, que a impedem de se desvencilhar da dominação gerada pelo assediador prendendo-a ao passado, imobilizando-a psiquicamente.[1048]

Em outros casos, a pessoa assediada sofre uma rigidificação de sua personalidade e aparecem traços paranoicos com sentimento de perseguição.[1049]

Como reação às críticas e adjetivos que o assediador desfere contra sua vítima, esta pode passar a se tornar efetivamente aquilo que dizem dela; assim, "a pessoa se transforma naquilo de que é acusada".[1050] Dessa forma, as palavras transformam o outro.[1051]

a) Vítimas e agressores: oscilações

Com essa análise sobre as formas como o assédio moral se manifesta no ambiente empresarial, Marie-France Hirigoyen descreve as modalidades e nomenclaturas de assédio moral organizacional.

O assédio moral pode ocorrer de diversas modalidades. Há o *assédio moral vertical descendente*, que é aquele exercido pelo superior hierárquico a um subordinado, com o objetivo de apenas prejudicar o outro, ou com o fim de fazê-lo pedir demissão para reduzir as verbas rescisórias, ou ainda como forma de gestão do conjunto do pessoal. O *assédio horizontal*, por sua vez, é aquele que ocorre entre colegas de trabalho, frequentemente quando ambos disputam um cargo ou promoção. Observa-se também o *assédio misto* quando há uma combinação entre o *assédio vertical descendente* com o *assédio horizontal*, ou mesmo quando o assédio horizontal conta com a omissão da chefia ou do superior hierárquico. Por fim, há o *assédio moral ascendente*, pelo qual o grupo de subordinados assedia um superior por não aceitá-lo.[1052]

Marie-France Hirigoyen afirma que a vítima do assédio não se limita a um único indivíduo (preferencialmente mais frágil que o agressor), mas, nas grandes empresas, "esse abuso pode transmitir-se em cascata, da mais alta chefia ao menor chefe na escala".[1053]

Nesse mesmo sentido, Vincent de Gaulejac faz a seguinte análise sobre a dificuldade de se determinar um responsável pelo assédio moral:

> Sabemos que a prática da dupla linguagem pode produzir loucura. Quando o conjunto do sistema de organização se torna paradoxal, quando ele se apresenta como perfeitamente racional, os empregados "enlouquecem" [lit. *Pètent les plombs*]. Convém, portanto, analisar essa "loucura" como uma violência e não tanto como uma patologia. **O sofrimento psíquico e os problemas relacionados são os efeitos dos modos de gerenciamento. A noção de cerco moral tende a focalizar o problema sobre o comportamento das pessoas, mais do que sobre os processos que os geram, Quando o assédio, o estresse, a depressão ou, mais geralmente, o sofrimento psíquico se desenvolvem, é a própria gestão da empresa que deve ser questionada. Na maioria dos casos, o cerco não é o fato de uma pessoa particular, mas de uma situação de conjunto.**
>
> Os empregados, em sua maioria, sentem-se individualmente assediados porque são coletivamente submetidos a uma pressão intensa. Todavia, por não poder intervir sobre as falas cometidas pela organização do trabalho, eles se agridem mutuamente, até se ferindo, como nas experiências de Henri Laborit. Quando um rato, fechado em uma gaiola, recebe

---

(1048) *Ibidem*, p. 175 e 176.
(1049) *Ibidem*, p. 176 e 177.
(1050) *Ibidem*, p. 181 e 182.
(1051) *Ibidem*, p. 182.
(1052) *Ibidem*, p. 112-115.
(1053) HIRIGOYEN, Marie-France. *Assédio Moral:* a violência perversa no cotidiano. 10. ed. Tradução de Maria Helena Kühner. Rio de Janeiro: Bertrand Brasil, p. 82 e 83.

uma descarga elétrica, ele agride seu "colega". Se estiver sozinho, desenvolve perturbações psicossomáticas (*Laborit*, 1999). Por não poder agir sobre as causas do sofrimento, no caso o experimentador que provoca as descargas, ele volta suas armas contra ele. No mundo do trabalho, os mesmos processos encontram-se em ação. Aqui, porém, o experimentador é uma figura abstrata. Podemos acusar "o capitalismo", "o liberalismo", "o sistema", mas não temos nenhum meio de agir contra ele. **A hierarquia, assim como os colaboradores e os subordinados, são também pegos em uma pressão permanente que não conseguem controlar. Cada um tenta descarregar sua agressividade sobre o outro, contribuindo assim para reforçar a lógica do "salve-se quem puder".**[1054] (Grifos acrescidos)

Marie-France Hirigoyen alerta que não se pode separar as pessoas em grupos de vítimas e mal--intencionados:

> **Mesmo sem má-fé todos nós podemos, em determinados contextos e diante de certas pessoas, adotar atitudes perversas.** O que se transforma num problema não é o indivíduo propriamente dito, mas um certo tipo de comportamento que, sim, precisa ser denunciado.
>
> (...)
>
> O objetivo do assédio é controlar e dominar o oponente, usurpando seu território psíquico. Não se trata de descarga de agressividade de um indivíduo submetido a excesso de estresse ou a condições de trabalho adversas. Não é uma perda de autocontrole, mas, ao contrário, é uma vontade de dominar o outro. (...) Nossa experiência com essas situações nos conduz a dizer que, se certos contextos podem ser desestabilizantes para todo o mundo, **qualquer um pode se tornar assediador**. Certos perfis psicológicos estão mais predispostos. Outros conseguem resistir, provavelmente porque seus valores morais são mais sólidos.[1055] (Grifos acrescidos)

Christophe Dejours compara o sistema nazista com as formas de organização e gestão empresariais dos dias de hoje. No nazismo, o sistema não funciona somente pela atuação dos chefes e líderes superiores, mas sua eficácia contava com a atuação maciça de executores, os quais em suas atuações individuais, fomentavam o sistema.[1056]

Nesse modelo, cada indivíduo alterna entre as posições de assediador e assediado; assim, torna-se difícil imputar a responsabilidade pelo comportamento assediador a apenas uma pessoa (apesar de ser a solução mais tranquilizadora). Vincent de Gaulejac alerta que o assédio moral não é um problema comportamental, ainda que gere efeitos psicológicos, mas é necessário "lutar contra políticas de gestão dos recursos humanos que geram o assédio".[1057]

Segundo pesquisa realizada no Brasil em 2005 por Margarida Barreto, a maioria dos casos de assédio moral ocorre do superior hierárquico em relação a um subordinado, apenas 6% dos casos são uma combinação de agressões de chefe e subordinados contra a vítima e 2,5% das ocorrências de assédio moral dão-se apenas entre colegas, ao passo que o assédio de subordinados contra chefe corresponde a 1,5% dos casos.[1058]

Marie-France Hirigoyen alerta para o perigo em se criar caricaturas para os protagonistas envolvidos no assédio moral, uma vez que é perigosa a construção de uma imagem maniqueísta, já que cada pessoa pode oscilar entre as posições de assediador e vítima, a depender da construção e da mudança no contexto do ambiente de trabalho. No caso do assédio moral, a violência não pode

---

(1054) GAULEJAC, Vincent de. *Gestão como doença social*, p. 229 e 230.
(1055) HIRIGOYEN, Marie-France. *Mal-estar no trabalho*, p. 247 e 248.
(1056) DEJOURS, Christophe. *A banalização da injustiça social*, p. 55 e 56.
(1057) GAULEJAC, Vincent de. *Gestão como doença social*, p. 230.
(1058) FREITAS, Maria Ester de; HELOANI, José Roberto; BARRETO, Margarida. *Op. cit.*, p. 55.

ser caracterizada como estritamente individual, pois possui um caráter fortemente coletivo reforçado pelo sistema da organização e sua hierarquia, nos quais até as testemunhas omissas desempenham um papel.[1059]

O assédio moral é uma noção subjetiva, pois demanda uma percepção de quem o sofre, a qual dependerá de sua história de vida, educação, temperamento. O assediador, quando atua individualmente, acredita que a vítima merece a violência moral infringida, e a vítima em muitos casos não tem certeza de não ter culpa por estar sofrendo.[1060]

Marie-France Hirigoyen defende que não há uma especificidade que permita uma tipificação do perfil da vítima. Entretanto, um dos fatores desencadeadores do assédio moral é a dificuldade em se aceitar a diferença do outro, seja este outro um grupo ou um indivíduo. Assim, a figura do assédio moral aproxima-se da discriminação, colocando sua vítima em uma posição de solidão, privando-a da solidariedade dos colegas.[1061]

Apesar de se recusar a traçar um perfil das vítimas, Marie-France Hirigoyen cita como grupos mais discriminados pessoas atípicas (aquelas cuja personalidade ou fenótipo divergem do grupo), pessoas excessivamente competentes ou que ocupam espaço de destaque, aqueles que resistem à padronização, os trabalhadores que não possuem uma forte rede de alianças no ambiente laboral, os assalariados protegidos (como aqueles que possuem estabilidade provisória), pessoas "menos produtivas" (aquelas possuem um ritmo de trabalho diferente) e pessoas temporariamente fragilizadas (com problemas pessoais).[1062]

O assédio moral faz que a vítima perca sua autoconfiança à medida que a fragiliza por meio de críticas, indicações de suas fraquezas e erros, em um contexto de uma sociedade narcisista que valoriza extremamente a aparência.[1063]

Pessoas psicologicamente mais frágeis são mais suscetíveis a essas formas de ataque, principalmente aquelas que tomam como críticas pessoais os comentários que se destinam a sua função profissional, essencialmente quando o investimento emocional na carreira ganha proporções excessivas e há uma expectativa de reciprocidade nesse sentido.[1064]

Marie-France Hirigoyen entende que é mais fácil sofrer com o assédio moral no trabalho quando se investe muito afeto na vida profissional com um espírito idealista se comparado a uma pessoa interessada apenas no retorno financeiro que o trabalho pode lhe proporcionar.[1065]

Pessoas comprometidas com a ética, de forma a não aceitar arranjos desvirtuados do grupo, também são alvos de assédio moral, por se diferenciarem do coletivo e de suas normas implícitas; o mesmo ocorre com os empregados muito dedicados a suas tarefas. Os trabalhadores mais sensíveis, que sentem as humilhações com maior intensidade, são constantemente vítimas de assédio moral decorrente de uma fragilidade de personalidade que exacerba as agressões.[1066]

Para resistir aos ataques de assédio moral, é necessário ter uma autoconfiança estabelecida que garanta uma verdadeira autoestima.[1067]

Entre alguns fatores capazes de agravar a violência moral, Marie-France Hirigoyen cita o pertencer a uma minoria étnica ou o ser mulher em um ambiente predominantemente masculino.[1068]

(1059) HIRIGOYEN, Marie-France. *Mal-estar no trabalho*, p. 215-216.
(1060) *Ibidem*, p. 216-217.
(1061) *Ibidem*, p. 219-223.
(1062) *Ibidem*, p. 219 a 225.
(1063) *Ibidem*, p. 228 e 229.
(1064) *Ibidem*, p. 229 e 230.
(1065) *Ibidem*, p. 233.
(1066) *Ibidem*, p. 234-237.
(1067) *Ibidem*, p. 238.
(1068) *Ibidem*, p. 244 e 245.

Essas indicações demonstram que o racismo e o machismo são fatores agravantes para o fomento de uma maior suscetibilidade diante de injúrias.

Em contraponto, Adriane Reis de Araújo alerta para o risco em se traçar um perfil da vítima de assédio moral, uma vez que esse tipo de discurso é capaz de culpabilizar a vítima e inferiorizá-la como fraca ou merecedora da violência moral sofrida. Estudiosos como Heiz Leymann eliminam a possibilidade de se definir características de personalidade e comportamento para vítimas de assédio moral.[1069] Assim, conclui-se que "a vítima não precisa ter nenhuma qualidade em especial para ser eleita", uma vez que o assédio moral organizacional pode atingir qualquer um e todos.[1070]

Margarida Barreto, Roberto Heloani e Maria Ester de Freitas entendem o assédio moral como um processo de violência, não apenas um ato, e que possui a intencionalidade de agredir amparado em uma estrutura de poder para desorganizar a resistência psicológica da vítima.[1071]

Roberto Heloani denomina o assédio moral de "violência invisível".[1072] Alerta para a dificuldade em se punir o assédio moral em razão de sua invisibilidade e seu alto grau de subjetividade, por ser uma violência que "não deixa as digitais do agressor".[1073]

Entre o trabalho prescrito e o trabalho real, existe uma convivência impulsionada pelo diálogo que envolve argumentações técnicas, subjetivas e sociáveis, que permite a realização do ego no ambiente de trabalho.[1074]

Quando o real do trabalho é negado tendo como base uma distorção comunicacional, há também uma negação do sofrimento no trabalho e uma supervalorização da concepção e do gerenciamento adotados pela empresa, levando a uma interpretação dos fracassos no trabalho como resultados de incompetência, desleixo, incapacidade.[1075]

O trabalho é resultado da aplicação dos fatores humanos pelos trabalhadores aos métodos e organizações prescritos, e não a execução perfeita da organização prescrita. Entretanto, essa aplicação de fatores humanos em uma forma de cooperação para executar o trabalho vem sofrendo com a forma de gestão marcada pela concorrência entre os empregados, o silêncio do sofrimento próprio e alheio, a sonegação de informações aos colegas por medo.[1076]

Sobre essa relação entre o prescrito e o real, Christophe Dejours tece as seguintes reflexões:

> (...) À falta de *feedback*, enquanto reina o silêncio sobre o real do trabalho, reconstroem-se aqui e ali descrições do trabalho e da organização do trabalho que deturpam a realidade e que são falazes e mentirosas.
>
> Assim, cada qual é chamado a contribuir para a valorização e a mentira que ela implica. Por outro lado, cada qual só recebe informações sobre os demais serviços por meio de documentos e práticas discursivas igualmente cheios de distorções.
>
> Em breve, impõe-se a todos uma disciplina, que consiste em defender e sustentar a mensagem de valorização, bem como abster-se de qualquer crítica, em nome da perenidade do serviço e da solidariedade em face da adversidade e da concorrência. Desse modo, a prática discursiva da publicidade acaba por ganhar todos os setores da empresa. Compreende-se

---

(1069) ARAÚJO, Adriane Reis de. *Op. cit.*, p. 75.
(1070) *Ibidem*, p. 76.
(1071) FREITAS, Maria Ester de; HELOANI, José Roberto; BARRETO, Margarida. *Op. cit.*, p. 61.
(1072) HELOANI, Roberto. *Violência invisível.* p. 58.
(1073) HELOANI, Roberto. *Assédio moral:*.
(1074) DEJOURS, Christophe. *A banalização da injustiça social*, p. 62.
(1075) *Ibidem*, p. 63.
(1076) *Ibidem*, p. 63-64.

assim como um discurso — visando primeiramente ao exterior, à clientela, ao mercado — chega a atingir todos os atores convocados a adotar o princípio do clientelismo generalizado. De modo que a mentira pode concorrer eficazmente com a discussão e a deliberação sobre o real do trabalho e sobre o sofrimento dentro da empresa.[1077]

Para ser efetiva no ambiente de trabalho, a distorção constitucional conta com a ação não só dos chefes e superiores hierárquicos, mas também com a cooperação dos subordinados, por meio de uma "racionalização da mentira". A responsabilidade de cada um pela participação na mentira e no apagamento de vestígios provoca na maioria das pessoas um mal-estar psicológico que se instala no dilema entre o medo de perder o emprego e a angústia de perder a própria dignidade e trair seus valores.[1078]

A gestão por injúria caracteriza-se por um comportamento injurioso dispensado à coletividade dos empregados de uma categoria, realizado às claras e notado por todos, podendo desencadear uma prática de assédio moral.[1079]

Há também a transmissão do estresse do superior aos seus subordinados em cascata, permitindo que cada um se esconda por trás da pressão que recebe do superior e, assim, exima-se da responsabilidade pela intolerância com que age contra os outros, não enxergando em si um reprodutor de um comportamento violento. Esse contexto facilita uma naturalização da violência, pois justifica-se maltratar os outros por ter sido antes humilhado, reproduzindo-se em cadeia a violência.[1080]

Há também aqueles que protagonizam um comportamento violento, não porque sofreram no ambiente de trabalho, mas em decorrência de uma ansiedade neurótica de fundo emocional.[1081]

Marie-France Hirigoyen descreve alguns tipos de personalidade mais propícias em assediadores, são elas: a ansiedade neurótica (que envolve agressividade como medo do outro), paranoia com o sentimento de controle da verdade e a necessidade de centralizar poder e dominar tudo, personalidades obsessivas (que vivem com ideias fixas acompanhadas de uma frieza de sentimentos e de grande necessidade de controle).[1082]

Personalidades narcisistas também ganham papel de destaque em situações de assédio moral. Indivíduos narcisistas são descontroladamente preocupados com seu ego, carecendo do reconhecimento vindo do olhar dos outros em razão de uma insegurança e uma fraqueza. Os narcisistas agem sem afetividade de forma racional e operacional, evitando o conflito aberto, por isso são o perfil procurado por várias empresas que desejam líderes sem senso crítico e facilmente moldáveis. Indivíduos narcisistas utilizam-se da manipulação para dominar os outros e destruir a identidade destes, por considerá-los inimigos.[1083]

Roberto Heloani descreve a personalidade dos agressores como narcisista e paranoica. Registra que eles sofrem de insegurança sobre sua competência profissional e, por isso, valem-se do trabalho alheio para sua promoção pessoal. Em consequência, o medo de denunciar das vítimas acaba por fomentar essas formas de violência, as quais vêm acompanhadas de ameaças de dispensa ou rebaixamento de cargo. Outro fator para omitir-se a violência reside na ciência de que as denúncias em regra aumentarão a repercussão da humilhação sofrida pela vítima. Em regra, os agressores buscam desqualificar as vítimas, caracterizando-as como doentes e fracas; mas Roberto Heloani descreve o perfil das vítimas como pessoas fortes e questionadoras, que podem vir a adoecer em virtude do assédio moral.[1084]

(1077) *Ibidem*, p. 66.
(1078) *Ibidem*, p. 71 e 72.
(1079) HIRIGOYEN, Marie-France. Mal-estar no trabalho, p. 256.
(1080) *Ibidem*, p. 257.
(1081) *Ibidem*, p. 259.
(1082) *Ibidem*, p. 258 a 268.
(1083) *Ibidem*, p. 275-278.
(1084) HELOANI, Roberto. *Assédio moral*.

Marie-France Hirigoyen descreve a relação de personalidades narcisistas com o mundo do trabalho:

> Numa época em que o mundo do trabalho está se tornando cada vez mais implacável, ocorre uma espécie de seleção natural que coloca os perversos narcisitas em postos estratégicos. Por serem frios, calculistas e desprovidos de crises de consciência, saberão privilegiar os elementos racionais sem se deixar comover com as suscetibilidades alheias. De um modo geral, são indivíduos que sabem construir a própria carreira nas empresas e no serviço público, pois são hábeis e sedutores. Sabem utilizar, no seu interesse exclusivo, o vínculo de subordinação para manipular o outro. A empresa, como todos os locais de poder, tem tendência a atraí-los e lhes dar bastante espaço. Sua periculosidade não está exclusivamente relacionada à forma de agir, mas também ao poder de sedução: sabem como levar um grupo à perversidade.[1085]

Diferentemente do abuso de poder (que busca vítimas mais fragilizadas), as manobras perversas criam fragilidades na vítima para impossibilitá-la de se defender; assim, o perverso almeja alcançar o poder, mascarando sua própria incompetência, independentemente de preocupações sobre o mal que esteja instituindo para alcançar seus fins. Nesses termos, Marie-France Hirigoyen relaciona a atuação do perverso com o que Christophe Dejours denomina de "banalização social do mal", ou seja, a necessidade do perverso em alcançar os objetivos impostos por uma autoridade faz que ele se torne um agente atroz em processo de destruição.[1086]

Para agravar a situação, a pessoa visada para ser o alvo das condutas hostis acaba obedecendo por medo, mas também por um conformismo dos colegas que "não querem ver o que se passa em torno deles".[1087] Marie-France Hirigoyen explica a razão dessa ausência de empatia:

> É o que se dá no atual reinado do individualismo, do "cada um por si". Quem está em torno teme, caso se mostre solidário, ser estigmatizado e ver-se jogado na próxima onda de demissões. Em uma empresa, não se pode levantar ondas. É preciso vestir a camisa da firma e não se mostrar demasiado diferente.[1088]

Nessas atuações de manobra perversa, Marie-France Hirigoyen relata que o interesse não é apenas no poder que subjugar o outro trará, mas também em "um enorme prazer em usar o outro como objeto, como uma marionete".[1089] A vítima passa a ser vista como um objeto, sua identidade é negada e não lhe é reconhecido qualquer direito a sentimentos e emoções.[1090]

Em uma análise realista na perspectiva da psicanálise, Christophe Dejours afirma que no mundo do trabalho há pessoas desonestas e indolentes, mas a maioria dos trabalhadores são pessoas esforçadas e investem pessoalmente no seu emprego. Assim, quando o trabalhador passa despercebido no ambiente de trabalho por indiferença dos outros ou tem seu reconhecimento negado pelos outros, sua saúde mental sofre com uma desestabilização de sua identidade.[1091]

Estudos de psicanalistas indicam que a violência é uma forma que algumas pessoas encontram de expressarem-se diante do outro e está relacionada com uma identificação com o agressor por parte da vítima que sofre a violência em razão de um sentimento de autodestruição.[1092]

Roberto Heloani, Margarida Barreto e Maria Ester de Freitas alertam para o perigo de esse tipo de análise da violência acabar por culpabilizar a vítima e desviar o foco da responsabilização

---
(1085) HIRIGOYEN, Marie-France. *Mal-estar no trabalho*, p. 281.
(1086) HIRIGOYEN, Marie-France. *Assédio Moral*, p. 86.
(1087) *Ibidem*, p. 87.
(1088) *Idem*.
(1089) *Ibidem*, p. 90.
(1090) *Idem*.
(1091) DEJOURS, Christophe. *A banalização da injustiça social*, p. 34.
(1092) FREITAS, Maria Ester de; HELOANI, José Roberto; BARRETO, Margarida. *Op. cit.*, p. 49 e 50.

das empresas e organizações diante do assédio moral. Os autores apontam para o perigo de uma psicologização e uma patologização exacerbada dos agressores fortalecer o discurso que afasta a gestão organizacional como causa para o assédio moral.[1093]

Há como método de gestão a cobrança de metas inatingíveis como forma de excluir os menos produtivos do grupo; assim, o próprio grupo é induzido a isolar os empregados indesejados por um sentimento de confiança na direção, o que permite uma sensação individual de não ser responsável pela perversidade transmitida.[1094]

Muitas vezes a organização empregatícia não é capaz de evitar ou mesmo tratar o problema do assédio moral, a solução final é encaminhar a vítima para um tratamento psiquiátrico. Neste caso, o problema converte-se de social em médico, psiquiatrizando-se a situação como forma de descartar o indesejado, nos termos de Michel Foucault.[1095]

É importante ter a consciência de que não se pode eximir a organização empresarial pela ocorrência do assédio moral, tampouco negligenciar a existência de desvios de pessoas, além de contextos profissionais favorecedores do assédio. Assim, para evitar o assédio moral é preciso que os dirigentes empresariais adotem práticas de prevenção e repúdio a qualquer tipo de assédio moral. Táticas de prevenção são instrumentos inclusive que podem auxiliar em um aumento de produtividade e uma redução da rotatividade, uma vez que um ambiente de trabalho sem assédio moral promove a saúde e a motivação dos trabalhadores.[1096]

Assim, em virtude de ocorrer dentro do espaço empresarial e estruturar-se de acordo com os papéis atribuídos pela própria organização, a empresa é corresponsável pelas práticas de assédio moral perpetradas em seu estabelecimento. As organizações podem criar ambientes e estruturas que fomentam ou inibem, por ação ou omissão, o assédio moral, por isso podem ser responsabilizadas pelas ocorrência de violência.[1097]

A omissão representa um grande fator por parte de muitos dirigentes empresariais responsáveis pelas práticas de assédio moral organizacional, seja por meio de negligência no estabelecimento de regras de conduta que proíbam o assédio ou por falta de apuração dos episódios de violência moral.[1098]

> Analisando as organizações como palcos de interpretações e de ações de indivíduos e de grupos, é possível explicitar algumas dessas condições e situações organizacionais que facilitam a emergência de comportamentos violentos, abusivos e humilhantes. Ambientes em que vigoram uma cultura e um clima organizacionais permissivos tornam o relacionamento entre os indivíduos desrespeitoso e estimula a complacência e a conivência com o erro, o insulto e o abuso intencionais. Rituais degradantes e ofensivos podem ser desenvolvidos e justificados para punir os profissionais que não atingem as suas metas ou aqueles que têm a sua admissão ou permanência protegida legalmente (portadores de necessidades especiais, gestantes, acidentados em reinserção, estrangeiros etc.). A criatividade mórbida e repetitiva sugere que essas organizações são sádicas, estimulando rituais que podem assumir diferentes formas: o funcionário "pagar" com exercícios de flexões de braço enquanto é xingado pelos colegas, ser obrigado a vestir-se e a maquiar-se como uma mulher, usar camisetas com dizeres ofensivos, fazer coreografias vexatórias e com gestos obscenos, aceitar ser chicoteado ou ganhar um chicote de presente do chefe, ser açoitado enquanto escuta mensagens ofensivas e cruéis etc.[1099]

(1093) *Ibidem*, p. 50.
(1094) HIRIGOYEN, Marie-France. *Mal-estar no trabalho*, p. 273.
(1095) *Ibidem*, p. 301.
(1096) *Ibidem*, p. 313-315.
(1097) FREITAS, Maria Ester de; HELOANI, José Roberto; BARRETO, Margarida. *Op. cit.*, p. 37.
(1098) *Ibidem*, p. 38.
(1099) *Ibidem*, p. 39 e 40.

Roberto Heloani, Margarida Barreto e Maria Ester de Freitas relatam que esses episódios citados são muitas vezes considerados "normais" e passam a ser naturalizados por muitas empresas como "tradição gerencial", não sendo considerados assédio moral.[1100]

Marie-France Hirigoyen afirma que o "psicoterror" no ambiente de trabalho só ganha força e se mantém quando a empresa o ignora ou mesmo o encoraja.[1101] Nesse sentido, faz a seguinte análise:

> Há diretores que sabem tomar medidas autoritárias quando um funcionário não é competente, ou quando seu rendimento é insuficiente, mas não sabem repreender um empregado desrespeitoso ou inconveniente em relação a um(a) colega. "Respeitam" o domínio privado, não se metem nele, alegando para resolver tudo sozinhos, mas não respeitam o próprio indivíduo.
>
> Se a empresa é assim condescendente, a perversão gera a emulação entre indivíduos que não são propriamente perversos, mas que perdem seus referenciais e se deixam persuadir. Não acham mais chocante que um indivíduo seja tratado de maneira injuriosa. Não se sabe onde está o limite entre o fato de criticar ou censurar seguidamente alguém para estimulá-lo e o fato de persegui-lo. **A fronteira corresponde ao respeito pelo outro, mas, em um contexto de competição, todos os direitos — e até o sentido primeiro desse termo, inscrito na Declaração dos Direitos do Homem — são esquecidos.**
>
> A ameaça de perder o emprego permite erigir a arrogância e o cinismo como métodos de gerenciamento. **Em um sistema de concorrência desenfreada, a frieza e a dureza tornam-se a norma**. A competição, sejam quais forem os meios utilizados, é considerada válida e os perdedores são deixados de lado. Os indivíduos que temem o confronto não usam procedimentos diretos para obter o poder. Eles manipulam o outro de maneira sub-reptícia ou sádica a fim de obter sua submissão. **Realçam sua própria imagem desqualificando o outro.**[1102] (Grifos acrescidos)

Marie-France Hirigoyen explica que, quando a empresa justifica os meios pelos fins que pretende alcançar, ela pode acabar tornando-se um sistema perverso. No nível de organização da empresa, o processo perverso serve de instrumento para o desenvolvimento da empresa, como meio para obter o melhor rendimento.[1103]

> As empresas são complacentes em relação aos abusos de certos indivíduos desde que isso possa gerar lucro e não dar motivo a um excesso de revolta. Em vez de permitir que as pessoas progridam, essas empresas muitas vezes não fazem mais que quebrá-las.[1104]

Marie-France Hirigoyen demonstra que a prática do assédio moral pode ser resultado de uma má organização empresarial ou de um conflito entre pessoas; entretanto, em ambos os casos, se o assédio permanece é porque a empresa assim o admite. Sempre será possível a intervenção da empresa para coibir e buscar soluções para o assédio moral, sob pena de prejuízos, inclusive econômicos, para o empreendimento, uma vez que essa forma de violência é capaz de diminuir a qualidade do trabalho e aumentar seus custos.[1105]

Assim, é importante destacar que, por mais que seja importante observar as particularidades psicológicas que definem vítimas e agressores, é essencial sempre uma atenção às formas de gestão do trabalho.

(1100) *Ibidem*, p. 40.
(1101) HIRIGOYEN, Marie-France. Assédio Moral, p. 93.
(1102) *Ibidem*, p. 93 e 94.
(1103) *Ibidem*, p. 98.
(1104) *Ibidem*, p. 101.
(1105) *Ibidem*, p. 102.

A violência moral, independente das características de personalidade de agressores e vítimas, somente se perpetuará caso o ambiente organizacional seja propício, fértil e estimulante a um reforço de discriminações, preconceitos e desrespeito ao outro em sua inteira diferença.

b) A psicologização do assédio moral e a atuação sindical

Marie-France Hirigoyen assinala que os sindicatos têm permanecido ausentes e distantes da problemática do assédio moral, uma vez que estão mais treinados a lidar com reivindicações coletivas, tentando tratar o assédio por meio de uma dimensão social.[1106]

Os sindicatos temem que o assédio moral ganhe uma dimensão extremamente individual e que, assim, o coletivo se perca.[1107] Por isso, o foco da atuação sindical tem se concentrado na negociação de questões patrimoniais, considerando os demais problemas, como o assédio moral, acessórios.

Entretanto, uma ação coletiva por meio de redes de solidariedade é essencial para o combate ao assédio moral.[1108]

Christophe Dejours, psiquiatra francês, entende que as organizações sociais, como sindicatos e organizações políticas, negligenciaram as relações entre subjetividade e trabalho antes mesmo de a crise do emprego eclodir. As questões relativas à saúde mental, ao sofrimento psíquico no trabalho, à alienação, à crise do sentido do trabalho foram rejeitadas e desqualificadas nas análises políticas e sindicais, em grande medida em razão de a abordagem desses problemas por médicos, psiquiatras e psicólogos sempre ganhar um viés individual que tolhia a ação coletiva.[1109]

Para suprir a omissão dos sindicatos nessas questões, as empresas criaram os "recursos humanos" na década de 1980, com enfoque na cultura empresarial, nos projetos institucionais, minando a capacidade de resistência e de ação coletiva das organizações sindicais.[1110]

Ao negligenciar a análise do sofrimento e da subjetividade no trabalho, as organizações sindicais acabaram por desqualificar o problema do sofrimento, criando uma tolerância à dor subjetiva e, inclusive, uma tolerância para com o sofrimento dos desempregados.[1111] Diante da omissão dos sindicatos no tratamento da questão do sofrimento no trabalho, as inovações gerenciais e econômicas ganharam espaço para criar utopias que satisfizessem à angústia pelo sofrimento no trabalho.

> O erro de análise das organizações político-sindicais no tocante à evolução das mentalidades e das preocupações com relação ao sofrimento no trabalho deixou o campo livre para as inovações gerenciais e econômicas. Os que especulavam, que concediam inusitados benefícios fiscais aos rendimentos financeiros do trabalho, que organizavam uma redistribuição desigual das riquezas (que aumentaram consideravelmente no país, ao mesmo tempo em que surgia uma nova pobreza), esses mesmos que geravam a adversidade social, o sofrimento e a injustiça eram também os únicos a se preocuparem em forjar novas utopias sociais. Essas novas utopias inspiradas pelos Estados Unidos e pelo Japão, sustentavam que a promessa de felicidade não estava mais na cultura, no ensino ou na política, mas no futuro das empresas. (...)
>
> Hoje, afora seu objetivo principal — o lucro —, o que caracteriza uma empresa não é mais sua produção, não é mais o trabalho. O que a caracteriza é sua organização, sua gestão,

---

(1106) HIRIGOYEN, Marie-France. *Mal-estar no trabalho*, p. 290 e 291.
(1107) *Ibidem*, p. 291.
(1108) *Idem*.
(1109) DEJOURS, Christophe. *A banalização da injustiça social*, p. 37-38.
(1110) *Ibidem*, p. 39.
(1111) *Ibidem*, p. 40.

seu gerenciamento. Propõe-se, assim, um deslocamento qualitativamente essencial. O tema da organização (da empresa) substitui-se ao tema do trabalho nas práticas discursivas do neoliberalismo.[1112]

Como analisado no Capítulo 2, a quebra dos vínculos de solidariedade entre os trabalhadores em um contexto de assédio moral acabou por enfraquecer o sentimento de colaboração nos jogos estratégicos de enfrentamento ao poder empregatício violento.

Quando se transplanta essa mesma análise para o nível sindical, observa-se também uma dificuldade de essas entidades coletivas mobilizarem-se pela luta contra o assédio, muitas vezes porque um ambiente de trabalho livre dessas formas de violência não é monetarizável previamente, além de seus efeitos serem difusos caso seja fixado na forma de norma coletiva. Entretanto, a ação sindical é fundamental para que haja um real enfrentamento da questão como problema social por seus atores coletivos.

Para entender historicamente a razão pela qual as organizações sindicais aceitaram as condições de desigualdade das mulheres trabalhadoras e, quando se associaram a elas, não buscaram acabar com as diferenças salariais, é preciso ter em mente como as pessoas compreendem seus próprios interesses e percebem as possibilidades existentes em um momento histórico.[1113]

Johanna Brenner utiliza o conceito de "projeto de sobrevivência" (*survival projects*) para designar a forma como as pessoas se agrupam para viver em uma sociedade capitalista, tomando formas diferentes a partir de sua perspectiva individual e também em relação à ação coletiva. Segundo a autora, as escolhas estratégicas nesse projeto de sobrevivência podem ser feitas de forma consciente ou inconsciente, mas sempre serão escolhas feitas com o fim de garantir necessidades básicas da vida e são fundamentais para definir os limites de solidariedade entre as pessoas e sua posição em relação aos outros em uma visão de mundo, incluindo sua concepção de identidade de gênero.[1114]

Johanna Brenner afirma que é possível observar diferentes tipos de organizações sindicais a partir das práticas e identidades adotadas, que representam o que significa pertencer àquela classe de trabalhadores.[1115] Para tanto, é importante considerar a Teoria dos Jogos. Na Teoria dos Jogos, cada jogada é planejada de acordo com o que o jogador pensa que os outros jogadores pensam, na busca por um equilíbrio.[1116]

Trabalhadores em condição mais privilegiada podem optar por defender a causas raciais e de gênero no espaço de trabalho, mas essa escolha vai depender da vontade de os empregadores acomodarem a particular distribuição de privilégios e, em consequência, os grupos marginalizados terem condições de desafiar essas estratégias.[1117]

As responsabilidades de cuidado das mulheres providenciaram recursos para a construção de relações sociais, bem como serviram para construir a identidade das mulheres; no passado e nos dias atuais, as redes de contatos permitem que as mulheres que são mães consigam realizar trabalho remunerado, o que se explica pelas redes de relações fora do mercado de trabalho que, baseadas na divisão sexual do trabalho, garantem as condições de vida. Essas redes de relações permitem a formação de vínculos de solidariedade e a militância política na comunidade e nos sindicatos.[1118]

(1112) *Ibidem*, p. 41.
(1113) BRENNER, Johanna. Women and the Politics of Class. *Op. cit.*, p. 83.
(1114) *Ibidem*, p. 84.
(1115) *Ibidem*, p. 88.
(1116) ALMEIDA, Fábio Portela Lopes. *A teoria dos jogos*.
(1117) BRENNER, Johanna. *Op. cit.*, p. 89.
(1118) *Idem*.

Johanna Brenner entende que quanto mais centralizado, burocratizado e translocal for um sindicato, mais fácil será o monopólio do poder decisório pelos homens e a consequente marginalização das mulheres, em razão do modelo cultural de autoridade masculina e exclusão das mulheres da esfera pública. A responsabilidade por cuidado da casa e dos filhos ainda é um dos fatores que afastam as mulheres das posições de liderança e isso reflete-se também nas organizações sindicais que possuem lideranças femininas, que são em sua maioria mulheres solteiras, sem filhos ou com filhos crescidos. Mulheres solteiras, mães solteiras e mulheres casadas adotaram diferentes estratégias de sobrevivência, o que influenciou nas suas relações com a família e o trabalho assalariado, em razão dos diferentes interesses nas causas políticas.[1119]

Retomando a Teoria dos Jogos, o jogo da coordenação dispõe de dois equilíbrios: um de cooperação mútua e um de não cooperação mútua; esse jogo pode ser exemplificado com o caso de dois amigos que combinam de fazer um corte de cabelo brega no último dia de aula e podem cumprir ou não o combinado, e a cooperação mútua, que é o escolhido pelos jogadores, é o ótimo de Pareto, pois a cooperação e a racionalidade caminham juntas. O jogo da coordenação, apesar de incentivar a cooperação, tem um estímulo à não cooperação.[1120]

Aplicando a Teoria dos Jogos às relações sindicais, é possível observar que em muitos casos, como relatado por Johanna Brenner, os sindicatos não optaram por cooperar como classe trabalhadora com as peculiaridades requeridas pelas mulheres trabalhadoras, por terem medo de enfraquecer a luta por outras demandas e prejudicar outros grupos também representados pelo mesmo sindicato. Em certa medida, não há ainda uma disposição para a formação de uma identidade múltipla dos trabalhadores que englobe as diversas demandas dos mais variados grupos que são representados por uma entidade sindical.

O resultado dessa formação identitária depende de quais e quantos recursos estão envolvidos no processo, sabendo-se que as coações e as oportunidades estão fortemente relacionadas com o sistema capitalista. No sistema capitalista, os trabalhadores são mais fortemente afastados das ações coletivas, vivendo em um dilema de reconhecimento de sua condição comum de trabalhadores que é confrontado com a competição individualista que o mercado de trabalho lhes inflige. Assim, Johanna Brenner explica que os trabalhadores sofrem com tendências individualistas que os cegam para as verdadeiras dificuldades que devem ser enfrentadas.[1121]

Uma análise das escolhas estratégicas e das relações de gênero deve considerar esse contexto de pressão pela competitividade individualista que mina a solidariedade e divide o grupo de trabalhadores. Embora os sindicatos tentem reunir os trabalhadores, sua atitude busca uma atuação estreita que trata os trabalhadores como um grande grupo, buscando vantagens econômicas imediatas, sem desafiar as estruturas do empregador no longo prazo, o que propiciou historicamente a formação de uma identidade masculina dos trabalhadores que excluiu as demandas das mulheres.[1122]

Em um jogo de coordenação, os sindicatos precisam unir os trabalhadores de forma cooperativa para ganharem força na negociação com o empregado ou o sindicato da categoria econômica. Entretanto, a coordenação dos diversos interesses e demandas entre os grupos de trabalhadores que são representados pelo sindicato, apesar de tender à cooperação, pode também sofrer estímulos à não cooperação. Um exemplo de não cooperação pode surgir com a crença de que apoiar direitos das mulheres e enfrentar a questão de gênero possam compor uma conduta que dificulte a conquista de outros direitos que sejam compartilhados por mais trabalhadores.

(1119) *Ibidem*, p. 90.
(1120) PIMENTEL, Elson L. A. *Op. cit.*, p. 78-79.
(1121) BRENNER, Johanna. *Op. cit.*, p. 86-87.
(1122) *Ibidem*, p. 87.

Masculinidades[1123] de certos tipos, como homens brancos ou nacionais, foram criadas para unir homens e justificar suas estratégias de exclusão de outros homens e de mulheres.[1124]

Entretanto, esse tipo de coordenação não cooperativa não observa, em regra, que a questão de gênero não afeta apenas as mulheres, mas tem grande influência também sobre a forma como os homens são tratados. Como já citado anteriormente, Ann McGinley[1125] demonstra que a conduta assediadora em razão do sexo da vítima, fortemente baseada em estereótipos de masculinidade e feminilidade, agridem tanto homens quanto mulheres, além de reforçarem discriminações sobre homens que não atendem ao padrão masculino demandado tradicionalmente.

4.4.2. Assédio moral organizacional: perspectiva econômica e análise econômica do direito

Kaushik Basu afirma que, segundo o princípio da livre contratação (*principle of free contract*), utilizado por economistas, quando dois adultos concordam em firmar um contrato que não tenha externalidades negativas para indivíduos não relacionados com o contrato, o Estado não pode intervir ou proibir a transação. O princípio da livre contratação fundamenta-se no *Princípio de Pareto* e na soberania do consumidor.[1126]

Segundo o *Princípio de Pareto*, uma decisão de mudança será desejável se a melhoria que ela trouxer a uma parte não causar prejuízo às demais; por sua vez, o princípio da soberania do consumidor afirma que cada indivíduo adulto é o árbitro de seu próprio bem-estar.[1127]

Se os trabalhadores pudessem escolher firmar um contrato de emprego com ou sem assédio, analisando pelo *Princípio de Pareto* ainda que essa possibilidade de escolha traga algum benefício para certos trabalhadores, não é possível concluir que tais contratos deveriam ser permitidos legalmente.[1128]

Considerando um mercado em que todo trabalhador e toda empresa/empregador é um tomador de preço e que o assédio ocorre por parte do empregador (ainda que seja um empregado assediando outro, o empregador será responsabilizado) contra um empregado sem uma proibição legal para tanto, desde que haja previsão contratual autorizando o assédio, surgirão dois tipos de contratos no mercado: os que admitem assédio e os livres de assédio. Considerando que "q" é o valor da "gratificação perversa" que o empregador terá de arcar para ter um contrato com assédio, W_n é o salário do contrato livre de assédio e W_h, o salário do contrato com assédio, tem-se: $W_h - q = W_n$.[1129]

Kaushik Basu afirma que, em uma situação de equilíbrio, as empresas serão indiferentes em relação aos dois tipos de contrato, uma vez que a gratificação para o assédio é compensada pelo salário mais elevado. Adota-se $D(W_n)$ para designar a demanda agregada de trabalhos sem assédio com salário W_n.[1130]

(1123) Johanna Brenner explica que um sentimento comum que perpassou os séculos XIX e XX nas reuniões sindicais foi a ideia de que o ingresso das mulheres no mercado de trabalho teria causado uma redução nos salários dos homens e teria gerado um ataque à masculinidade e à identidade sexual e social dos homens; as mulheres no trabalho remunerado desafiaram e transformaram a forma como os empregados lidavam com o emprego e construíam sua rede de solidariedade e sindicatos. A identidade de grupo dos trabalhadores foi posta em questionamento pela presença da diferença de gênero no espaço de trabalho e surgiu uma obsessão pela afirmação da masculinidade como técnica de controlar as novas ansiedades surgidas, mas para Johanna Brenner essa defesa da masculinidade era apenas uma das estratégias possíveis e foi a escolhida. Conferir: BRENNER, Johanna. *Op. cit.*, p. 93.
(1124) BRENNER, Johanna. Women and the politics of class. *Op. cit.*, p. 87.
(1125) Ver: MCGINLEY, Ann C. *Op. cit.*, p. 1.151-1.241.
(1126) BASU, Kaushik. The Economics and Law of Sexual Harassment in the Workplace. *The Journal of Economic Perspectives*, v. 17, n. 3 (Summer, 2003), p. 145-146.
(1127) *Ibidem*, p. 146.
(1128) *Idem*.
(1129) *Ibidem*, p. 146-147.
(1130) *Ibidem*, p. 147.

Os trabalhadores consideram o assédio doloroso, mas cada trabalhador sente essa dor em maior ou menor grau, e a gratificação ora será superior ora será inferior a título de compensação pela dor sofrida. Adotando-se C_{max} e C_{min} como os níveis máximo e mínimo de dor sentidos, tem-se: C_{max} > q C_{min}.[1131]

Quando mulheres ingressam em um trabalho conscientes de que poderão sofrer assédio moral, há um sentimento de insatisfação no trabalho que não chega a gerar o desejo de pedir demissão. O salário líquido da trabalhadora que escolhe um emprego com assédio é menor, pois ela deve deduzir o custo do assédio do salário bruto (Wh — Ci). Em uma sociedade que passa a proibir o assédio moral organizacional, o salário passa a flutuar em uma média entre o salário com gratificação de assédio e o salário de trabalho livre assédio, na seguinte fórmula: w* > Wh* — Ci > Wn* (o asterisco * simboliza o contexto em que o assédio é proibido por lei). Assim, a proibição do assédio organizacional beneficia os trabalhadores que já tinham optado por um trabalho livre de assédio e beneficia um grupo daqueles que escolheram contratos que previam assédio. Proibir o assédio moral por lei não gera um equilíbrio de Pareto inferior se comparada a uma situação sem a referida lei, mas cria uma situação em que gera uma compensação entre grupos que se beneficiam e grupos que sofrem; assim, não é possível ser contra a proibição do assédio com base em Pareto.[1132]

Kaushik Basu defende dois tipos de preferências em sua análise econômica do Direito: as preferências sustentáveis (*maintainable preferences*) e as preferências invioláveis (*inviolable preferences*). Uma preferência é sustentável quando a pessoa tem direito a ela, ainda que tenha de pagar um preço por essa escolha (ex: escolher trabalhar apenas duas horas por semana, ainda que acarrete um salário menor); por sua vez, uma preferência é inviolável quando a escolha por ela não demanda um preço a ser pago.[1133]

Kaushik Basu define o direito de não ser assediado no trabalho como uma preferência inviolável, uma vez que ninguém pode pagar um preço para ter direito a escolher ser assediado no trabalho, não sendo possível quantificar em um *ranking* baseado nos limites de Pareto. Essa análise permite uma abordagem moral das preferências.[1134]

De igual modo, o princípio da soberania do consumidor não se aplica à relação empregatícia, uma vez que as partes contratantes não são igualmente "árbitras de seu bem-estar", visto que há uma relação de subordinação jurídica e uma dependência do empregado ao empregador. Além disso, na grande maioria das vezes o trabalhador encontra-se em uma posição de hipossuficiência econômica, o que torna a relação de emprego uma necessidade para a sobrevivência e não uma escolha de consumo possível ou descartável.

O modelo econômico do assédio sugere que, mesmo que o assédio fosse permitido de forma contratual e aceito por ambas as partes contratantes, a sociedade teria razões para proibi-lo em virtude do prejuízo que causa àqueles que escolhem contratos livres de assédio.[1135]

Kaushik Basu questiona se trabalhos perigosos deveriam ser uma opção para trabalhadores que consideram a pobreza mais severa que a dor de um trabalho de risco (perigoso), ou deveriam as empresas tomar medidas de segurança para prevenir o risco dessas atividades, considerando não só os atuais trabalhadores que atuam nessas áreas para os futuros trabalhadores pobres que buscarão esses empregos de risco. Sugere-se que esses trabalhadores não escolherão um trabalho arriscado que pague salário maior em detrimento de um trabalho seguro com remuneração inferior, mas prefeririam um trabalho seguro com um salário médio.[1136]

(1131) *Ibidem*, p. 147.
(1132) *Ibidem*, p. 147-149.
(1133) *Ibidem*, p. 149.
(1134) *Ibidem*, p. 149-150.
(1135) *Ibidem*, p. 153.
(1136) *Ibidem*, p. 154.

Comparando analogicamente essa análise da permissão/proibição de trabalhos de risco com uma compreensão do assédio moral, é importante ressaltar que, em virtude da ampla difusão de práticas de gestão assediadoras, muitas vezes não há opção de o trabalhador escolher um emprego livre de assédio. Assim, corre-se o risco de, ao deixar a definição da prática de assédio moral a uma disputa entre oferta e demanda dos trabalhadores por posições no mercado de trabalho, não ser possível encontrar um ambiente de trabalho sequer livre da violência moral.

Isso porque quando as empresas são omissas sobre a violência psíquica criam a premissa para seus funcionários de que os limites de respeito ao outro são flexíveis e não há resistência que impeça a prática do assédio moral.[1137] Logo, não havendo uma proibição legal explícita ao assédio moral no ambiente de trabalho, a entrada para essa opção torna-se franca e larga para os empregadores e seus modelos de gestão, ao passo que o rol de opções dos trabalhadores estreita-se a uma única possibilidade real e assediadora.

Além da ausência de regras que impeçam o assédio moral, a omissão organizacional em punir os excessos fomentam a crença de que o assédio moral é meio viável e possível como gestão empresarial para acirrar a competição e a produtividade. Além disso, a cultura de que a hierarquia e as posições dos chefes intocáveis são inquestionáveis torna os comportamentos decentes e democráticos desvios a serem combatidos.[1138]

Mudanças na estrutura organizacional, como fusões, cisões, incorporações e parcerias, transferências e terceirizações, feitas sem a devida transparência, são capazes de criar um ambiente hostil e suscetível a ofensas e rivalidades.[1139]

Maria Ester de Freitas considera que o assédio moral é um fenômeno com repercussões a níveis individual, organizacional e social. Na esfera individual, a vítima de assédio moral atinge a personalidade, a identidade, a autoestima, gerando desordens psíquicas e problemas de saúde de natureza psicossomática com reflexos na perda de concentração, depressão e riscos à vida e ao emprego. A nível organizacional, o assédio moral provoca o aumento das taxas de absenteísmo e afastamento por problemas de saúde, alta rotatividade, desconcentração, queda de produtividade, queda da qualidade do ambiente de trabalho, aumento de custos judiciais com indenizações por danos morais e materiais e imagem negativa da empresa frente ao público. Por fim, no âmbito social, o assédio moral pode gerar a incapacitação precoce, aumento de despesas médicas e previdenciárias nos tratamentos de saúde, aumento do número de suicídios e aposentadorias precoces. Não bastasse, o que se observa é que todos os custos econômicos sofridos pela empresa com as consequências do assédio são repassados aos consumidores na forma de aumento dos preços de produtos e serviços.[1140]

O assédio moral é fortemente prejudicial para as empresas, pois reduz o tempo de produtividade, que é consumido pelas práticas assediadoras.[1141]

a) Análise econômica do direito e discriminação de gênero

Em uma perspectiva um pouco diversa e peculiar, encontra-se Richard Posner. Ele assume que tanto homens quanto mulheres são seres racionais no sentido econômico, agindo na busca pela maximização de seus benefícios privados e pela redução de seus custos. Posner também admite que a maioria dos homens são misóginos e mal informados.[1142]

(1137) FREITAS, Maria Ester de. Quem paga a conta do assédio moral no trabalho? RAE-eletrônica, Fundação Getúlio Vargas, Escola de Administração de Empresas de São Paulo, v. 6, n.1, art. 5, jan/jun 2007. Disponível em: <http://www.scielo.br/scielo.php?script=sci_arttext&pid=S1676-56482007000100011>. Acesso em: 26.12.2014.
(1138) *Idem.*
(1139) *Idem.*
(1140) *Idem.*
(1141) SOARES, Angelo; OLIVEIRA, Juliana Andrade. Assédio moral no trabalho. In: *Revista Brasileira de Saúde Ocupacional*. São Paulo, 37 (126), 2012. p. 197.
(1142) POSNER, Richard A. An Economic Analysis of Sex Discrimination Laws. In: The University of Chicago Law Review, v. 56, n. 4 (Autumn, 1989), p. 1315.

Richard Posner entende que a lei norte-americana que proíbe a discriminação de gênero no trabalho não foi o fator determinante para que houvesse uma diminuição da ocorrência de discriminações, tampouco contribuiu para a melhoria do bem-estar agregado das mulheres. Ele acredita que a complexidade da distributividade que surge das utilidades interdependentes entre homens e mulheres e o conflito entre diferentes grupos de mulheres sobre a capacidade de a lei garantir mais bem-estar (especialmente entre donas de casa que não trabalham e mulheres solteiras trabalhadoras) não endossam uma legislação que proteja as mulheres contra a discriminação, ainda que elas sejam a maioria dos eleitores.[1143]

Por ter escrito o artigo em 1989, Richard Posner afirma que as mulheres dessa época, quando jovens, teriam investido menos em seu capital humano resultando em salários menores na meia-idade em comparação aos homens. A previsão de Posner era de que, com o passar do tempo, com o aumento da expectativa entre mulheres jovens de trabalharem, elas investiriam mais em seu capital humano, obtendo no futuro melhores salários, o que demonstra que a diferença salarial não é produto da discriminação de gênero e a lei que proíbe a discriminação e o assédio não está relacionada com a mudança do quadro fático.[1144]

Richard Posner acredita que um aumento no salário do marido ou outro parente do sexo masculino é capaz de proporcionar um maior benefício para a mulher, mesmo que ela não consuma diretamente parte desse aumento, uma vez que a maioria do consumo em uma casa é compartilhada. Entretanto, ele reconhece que o aumento de mulheres solteiras contribui para a maior independência entre os sexos, já que o casamento seria a forma de se criar a interdependência entre homens e mulheres.[1145]

Para o jurista norte-americano, muitas vezes o empregador não investe em políticas preventivas e remédios reparadores de práticas de assédio moral e sexual, pois o custo que terá com esse investimento supera o valor que despenderá com o ressarcimento de empregadas assediadas. Richard Posner entende que se o empregador perceber que seus clientes não gostam de serem atendidos por mulheres, tampouco seus empregados gostam de trabalhar com colegas mulheres, ele reduzirá o número de empregadas, tendo em vista que não quer ter uma acréscimo de custo, tampouco uma redução de produtividade e lucros. Muitas vezes as escolhas de contratação de homens ou mulheres se dão com base em estatísticas discriminatórias ou má compreensão sobre as aptidões, qualidades e desvantagens de cada um dos gêneros.[1146]

Richard Posner conclui que não há nenhuma razão teórica capaz de sustentar que a discriminação de gênero traria ineficiência para o mercado de trabalho americano, uma vez que o custo de se administrar uma lei que proíbe a discriminação de gênero é um peso morto do ponto de vista econômico, o qual poderia, sim, gerar ineficiências.[1147]

O juiz da Suprema Corte acredita que a discriminação de gênero pode em certa medida ser eficiente, assim como pode declinar mesmo sem uma lei proibindo-a. A mão de obra feminina cresceu no mercado de trabalho americano desde 1947 e a causa desse aumento não decorre de uma proibição legal da discriminação de gênero, segundo Richard Posner.[1148]

Para o jurista norte-americano, a diminuição da mortalidade infantil, o desenvolvimento de eletrodomésticos e o surgimento de métodos contraceptivos diminuíram o tempo que mulheres gastavam na criação de filhos e nas tarefas domésticas, o que abriu espaço para atuarem no mercado de trabalho, que começou a ampliar o setor de serviços; assim, houve uma redução na dependência

---

(1143) *Ibidem*, p. 1312.
(1144) *Ibidem*, p. 1315-1316.
(1145) *Ibidem*, p. 1.316-1.317.
(1146) *Ibidem*, p. 1.318-1.320.
(1147) *Ibidem*, p. 1.321.
(1148) *Ibidem*, p. 1.321-1.322.

das mulheres em relação aos homens e as vantagens do casamento diminuíram. Posner entende que o aumento de mulheres no mercado de trabalho é capaz de diminuir a discriminação de gênero por si só, uma vez que permite que empregadores e colegas de trabalho desconstruam seus preconceitos e passem a ver as mulheres empregadas com a empatia que veem suas mães, esposas, irmãs e filhas. Posner também argumenta que, em um mercado de trabalho com mulheres, os empregadores que atuam conforme práticas misóginas têm custos maiores que empregadores não misóginos, pois a misoginia restringe suas opções de contratação. Assim, a queda na discriminação geraria uma redução na diferença salarial entre homens e mulheres.[1149]

Richard Posner defende que a lei que proíbe discriminação de gênero no trabalho não necessariamente será eficiente a ponto de eliminar a discriminação. Posner entende que mesmo com uma diminuição dos casos de discriminação de gênero no trabalho vem aumentando o número de processos nos tribunais tratando dessa matéria em virtude do aumento de mulheres no mercado de trabalho e em postos de mais alta remuneração.[1150]

Para o jurista norte-americano, há a possibilidade de a lei que proíbe discriminação de gênero no trabalho ser entendida como uma taxa sobre a misoginia, e o empregador reagirá a isso reduzindo o número de mulheres contratadas, apenas empregando mulheres em trabalhos que não sejam iguais aos dos homens, ou até criando condições de trabalho que não sejam atraentes às mulheres para desestimulá-las a ingressar no emprego. Posner pontua que o *"Equal Pay Act"* (lei norte-americana que proíbe a diferença salarial entre homens e mulheres que desempenham a mesma atividade para um empregador) pode causar um aumento de desemprego ainda que não seja desrespeitado, uma vez que o Ato funciona como um encargo social que aumenta com o número de empregados, levando o empregador a optar por contratar menos trabalhadores. Posner entende que o *"Equal Pay Act"* é capaz de levar empregadores a pagarem o mesmo salário inclusive a empregados com diferentes desempenhos pelo medo de discriminar; assim, para reduzir os custos, todos os salários seriam reduzidos para que todos os empregados ganhem o mesmo valor e, com isso, as donas de casa sofreriam uma redução em seu bem-estar pois o salário de seus maridos seria reduzido.[1151]

Outro fator aventado por Richard Posner é que empregadores evitam empregar pessoas que processam seus empregadores. Assim, a possibilidade de se criar uma classe de ações que acusam um empregador de discriminar mulheres daria mais confiança a outras empregadas a processarem esse mesmo empregador e, então, o número de ações no Judiciário seria representativo da realidade de ocorrências discriminatórias.[1152]

Sobre o efeito do ato que proíbe a discriminação de gênero no trabalho, Richard Posner faz a seguinte análise econômica:

> Uma vez que algumas formas de discriminação de gênero ilegais são eficientes, litígios versando sobre o Título VII reduzem a eficiência com que os empregadores usam o trabalho, e esse resultado dar-se-á em menores salários médios e preços dos produtos mais elevados. Os custos diretos dos litígios envolvendo o Título VII — os honorários dos advogados, o tempo de execução, e assim por diante — vão trabalhar na mesma direção. Donas de casa em tempo integral arcarão com uma parcela desproporcional desses custos, uma vez que os salários de seus maridos vão cair e os preços que elas e seus maridos vão pagar por bens e serviços vão aumentar. Por outro lado, as únicas mulheres que trabalham tendem a beneficiar, salvo na medida em que os empregadores estão relutantes em contratar mulheres em primeiro lugar por medo de que o Título VII vá restringir sua capacidade

---

(1149) *Ibidem*, p. 1.322-1.323.
(1150) *Ibidem*, p. 1.324-1.325.
(1151) *Ibidem*, p. 1.326-1.327.
(1152) *Ibidem*, p. 1.329.

de demitir um empregado do sexo feminino que tenha desempenho insatisfatório sem convidar a uma ação judicial.⁽¹¹⁵³⁾

Richard Posner acredita que se os salários das profissões tradicionalmente femininas aumentarem, as mulheres terão mais interesse em ocupar tais postos e logo, em virtude da regra da oferta e da demanda, os salários cairão.⁽¹¹⁵⁴⁾

Para o autor, é difícil definir uma política pública que beneficie todas as mulheres, em razão da sua diversidade como grupo, salvo políticas que visem ao aumento do bem-estar social por meio do fortalecimento do livre mercado.⁽¹¹⁵⁵⁾ Richard Posner conclui sua análise econômica nos seguintes termos:

> Em razão da heterogeneidade das mulheres como uma classe econômica e sua interdependência em relação aos homens, as leis destinadas a combater a discriminação sexual são mais suscetíveis de beneficiar grupos específicos de mulheres, em detrimento de outros grupos em vez de mulheres como um todo. E na medida em que o efeito global da lei é reduzir o bem-estar social agregado, por causa dos custos de alocação e administrativas da lei, as mulheres como um grupo estão se ferindo com os homens. (...) De qualquer forma, é importante saber o que custam as leis de discriminação sexual; a etiqueta de preço para um aumento na autoestima das mulheres, se conhecida, pode ser muito cara para a sociedade.⁽¹¹⁵⁶⁾

John Donohue refuta as proposições de Richard Posner, demonstrando que o Título VII do ato de direito civil norte-americano pode promover eficiência ao eliminar a discriminação de gênero, aumentando a produtividade e reduzindo as ineficiências que a discriminação causa.⁽¹¹⁵⁷⁾

Ao promulgar o Título VII, a sociedade rejeitou de forma clara a legitimidade de preferências misóginas, retirando toda a utilidade e eficiência desse tipo de escolha discriminatória.⁽¹¹⁵⁸⁾ John Donohue representa graficamente como a implementação da lei que proíbe discriminação de gênero no trabalho pode gerar benefícios que superam seus custos de aplicação⁽¹¹⁵⁹⁾:

(1153) Original: "Since some forms of unlawful sex discrimination are efficient, Title VII litigations will reduce the efficiency with which employers use labor, and this swill result in lower average wages and higher product prices. The direct costs of Title VII litigation — lawyers' fees, executive time, and so forth — will work in the same direction. Full-time housewives will bear a disproportionate share of these costs, since their husbands' wages will fall and the prices they and their husbands pay for goods and services will rise. Conversely, single working women will tend to benefit, except to the extent that employers are reluctant to hire women in the first place out of fear that Title VII will restrict their ability to fire an unsatisfactory female employee without inviting a lawsuit. In: POSNER, Richard A. An Economic Analysis of Sex Discrimination Laws." *The University of Chicago Law Review*, v. 56, n. 4 (Autumn, 1989), p. 1329.
(1154) POSNER, Richard A. *Op. cit.*, p. 1.331.
(1155) *Ibidem*, p. 1.333-1.334.
(1156) Original: "Because of the heterogeneity of women as an economic class and their interdependence with men, laws aimed at combating sex discrimination are more likely to benefit particular groups of women at the expense of other groups rather than women as a whole. And to the extent that the overall effect of the law is to reduce aggregate social welfare because of the allocative and administrative costs of the law, women as a group are hurt along with men. (...) In any event it is important to know what the sex discrimination laws cost; the price tag for an increase in women's self-esteem, if known, might be thought too high by society." In: POSNER, Richard A. An Economic Analysis of Sex Discrimination Laws. *The University of Chicago Law Review*, v. 56, n. 4 (Autumn, 1989), p. 1.334-1.335.
(1157) DONOHUE, John J. Prohibithing Sex Discriminaiton in the Workplace: An Economic Perspective. In: *The university of chicago law review*, v. 56, n. 4 (Autumn, 1989), p. 1341.
(1158) *Ibidem*, p. 1.343.
(1159) *Ibidem*, p. 1.344.

Figure II:
Beneficial Supply shifts Induced
By Sex Discrimination Laws

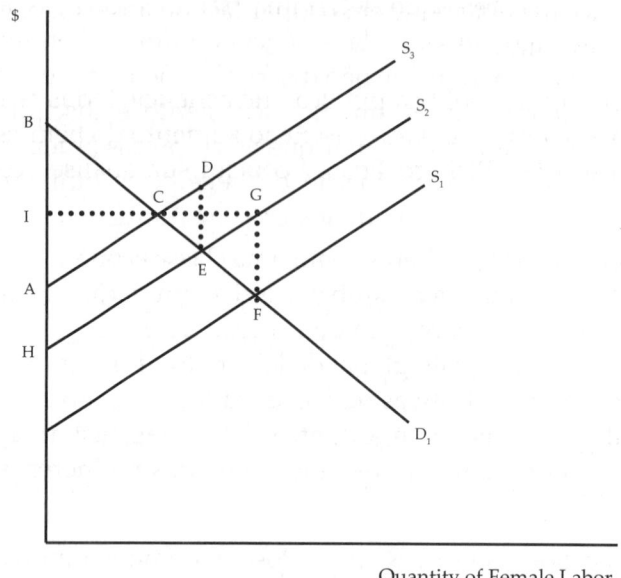

Quantity of Female Labor

Figura 11. Mudanças na curva de oferta induzida pela lei antidiscriminação de gênero.[1160]

John Donohue faz a seguinte análise sobre o gráfico acima:

> O equilíbrio *laissez-faire* em um mundo com misoginia ocorre na intersecção da curva de demanda D1 e curva de oferta S3. O espaçamento na curva de oferta D1 na ausência de discriminação contra a mulher seria S2, o que implica que o custo psíquico adicional de contratação de um empregado do sexo feminino é a distância vertical entre as curvas de oferta S2 e S3 (DE). Na análise apresentada na subseção (2) acima, a vigência da lei de discriminação simplesmente induz a realização do equilíbrio não discriminatório — aqui, a interseção de D1 e S2 no ponto E — levando a uma redução no bem-estar social do estado de laissez-faire, porque os custos de contratação de mão de obra feminina adicional além do ponto A (como dado por S2), excedem os benefícios de sua produção (dado por D1).
>
> Agora, suponha que a lei induza simultaneamente uma melhoria nas condições de trabalho e autoestima para os funcionários do sexo feminino, o que provoca um deslocamento para baixo da curva de oferta de trabalho. O deslocamento para baixo da curva de oferta implica que as condições de trabalho melhoram e mais mulheres estarão dispostas a trabalhar por qualquer salário oferecido. Para simplificar ainda mais a análise gráfica, devemos assumir que a queda na curva de oferta é igual em distância para o tamanho do custo psíquico de discriminação por funcionário. Isso indica que o novo equilíbrio de mercado não discriminatório que a lei tenta impor é a interseção de D1 e S1 no ponto F, embora o total de custo social (monetário mais psíquico) de contratação desses trabalhadores é a curva de oferta S2 (adotando GF = DE por suposição). Assim, o bem-estar social por força da nova lei é agora medida por área (HBE-EGF). Considerando que a área HACE é maior do que a área de EGF, a lei aumentou o bem-estar social. Os benefícios sociais decorrentes do deslocamento para baixo da curva de oferta, que são baseados em uma melhoria nas

---

(1160) Tradução livre. Fonte: DONOHUE, John J. Prohibithing Sex Discrimination in the Workplace: An Economic Perspective. *Op. cit.*, p. 1.350.

condições de trabalho para as mulheres, superam a ineficiência de substituir as preferências dos empregadores discriminadores.[1161]

John Donohue afirma que uma lei proibindo a discriminação de gênero é mais eficaz que um programa privado de uma empresa que determina tratamento igualitário a seus empregados ou a promessa de um contrato sem assédio. Na ausência de uma lei proibindo a discriminação, o empregador que não cumpre seu programa de não discriminação pode se beneficiar de um aumento de produtividade sem incorrer em gastos em monitoramento e disciplina de comportamentos misóginos, por isso o Estado deve agir para evitar que as empresas atuem dessa forma parasitária. Quando existe uma lei proibindo a discriminação de gênero, as mulheres fora do mercado de trabalho também beneficiam-se da igualdade de gênero e nenhuma empresa tem o incentivo para tratar mulheres com desigualdade.[1162]

Em pesquisa realizada nos Estados Unidos, em 1988, John Donohue relata que a combinação entre o deslocamento para cima da curva de demanda (aumento de produtividade) e o deslocamento para baixo da curva de oferta (redução do custo do trabalho) foi de apenas 1%, e a lei proibindo a discriminação de gênero no trabalho gerou um benefício anual de aproximadamente 6,66 bilhões de dólares, valor que supera os estimados 400 milhões de dólares gastos na aplicação da lei. Essa pesquisa demonstra que mesmo pequenas mudanças geradas pelo Título VII foram capazes de gerar grandes benefícios.[1163]

O Juiz Richard Posner acredita que os empregadores têm um incentivo para coibir o assédio e a discriminação, uma vez que o tratamento desigual reduz a produtividade; entretanto, John Donohue afirma que, apesar da aparente força desse argumento, ele falha em explicar problemas de informação associados ao assédio. Se mulheres soubessem que ao ingressarem em um determinado trabalho sofreriam assédio, as mulheres evitariam esse tipo de trabalho ou demandariam salários maiores que compensassem os danos do assédio, em ambos os casos os custos de um empregado seriam elevados, prejudicando o empregador. Ocorre que no mundo real informações completas e perfeitas não existem, nenhum empregador avisará às mulheres dos possíveis danos que elas sofrerão caso sejam contratadas, e mulheres que já foram vítimas do assédio organizacional não possuem incentivo para fornecer informação sobre sua situação, uma vez que revelar a violência sofrida pode ser constrangedor ou pode trazer censura de outros. Na ausência de proteção legal contra o assédio organizacional, as opções para a vítima serão suportar a violência ou sair do emprego, nenhuma das duas é capaz de gerar informações úteis para o empregador ou para futuros empregados. A lei, então, é um forte aliado do mercado para eliminar organizações que promovem assédio em um contexto de ausência de transmissão perfeita de informações.[1164]

(1161) Original: "The laissez-faire equilibrium in a world with some misogyny occurs at the intersection of demand curve D1 and supply curve S3. The spacing on D1 supply curve in the absence of discrimination against women would be S2, which implies that the psychic cost form hiring an additional female employee is the vertical distance between supply curves S2 and S3 (DE). In the analysis presented in the subsection (2) above, passage of the discrimination law simply induced the achievement of the nondiscriminatory equilibrium — here, the intersection of D1 and S2 at point E — leading to a reduction in social welfare from the laissez-faire state because the costs of hiring additional female labor beyond point A (as given by S2) exceed the benefits of their production (given by D1).

Now suppose that the law simultaneously induces an improvement in working conditions and self-esteem for female employees, which causes a downward shift in the supply curve of labor. The downward shift of the supply curve implies that as working conditions improve more women will be willing to work for any offered wage. To further simplify the graphical analysis, assume that the fall in the supply curve is equal in distance to the size of the per-employee psychic cost of discrimination. This indicates that the new nondiscriminatory market equilibrium that the law tries to enforce is the intersection of D1 and S1 at point F, although the total (monetary plus psychic) social cost of hiring these workers is the supply curve S2 (since GF=DE by assumption). Thus, social welfare under the new law is now measured by area (HBE-EGF). As long as area HACE is greater than area EGF, the law has increased social welfare. The social benefits derived from the downward shift in the supply curve, which are based on an improvement in working conditions for women, outweigh the inefficiency of overriding the preferences of discriminatory employers." Ver: DONOHUE, John J. Prohibiting Sex Discriminaiton in the Workplace: An Economic Perspective. In: *The University of Chicago Law Review*, v. 56, n. 4 (Autumn, 1989), p. 1.350-1.351

(1162) DONOHUE, John J. *Op. cit.*, p. 1.353-1.354.
(1163) *Ibidem*, p. 1355.
(1164) *Ibidem*, p. 1.355-1.356.

O juiz Richard Posner acredita que uma a proibição de estatísticas discriminatórias é ineficiente, uma vez que há diferenças entre homens e mulheres que são relevantes para a produtividade da empresa, e é infrutífero para o empregador ignorá-las, pois impede que as empresas remunerem cada trabalhador pelo seu valor.[1165]

Diferentemente, John Donohue entende que "atuar conforme dados estatísticos pode aumentar os lucros de empresas, mas pode ser ineficiente para a sociedade".[1166]

A produtividade e as condições de trabalho precarizam-se em um contexto de discriminação contra mulheres. Sem uma lei que proíba a discriminação de gênero no trabalho, mulheres têm suas chances de contratação reduzidas e seus salários são menores, o que leva à conclusão de que o uso de estatísticas discriminatórias aumenta a ineficiência no investimento em capital humano das mulheres por elas próprias e pelo mercado. Quando um sistema jurídico possui leis proibindo a discriminação de gênero no trabalho, há um aumento de eficiência pois elevam-se a produtividade e a autoestima das mulheres, melhorando as condições de trabalho e os investimentos em capital humano das mulheres.[1167]

John Donohue registra que os custos de aplicação da lei que veda a discriminação de gênero é muito inferior se comparados ao benefício que a lei traz para o bem-estar social.[1168]

O custo foi medido pelo pesquisador como sendo composto por esforços administrativos do Office of Federal Contract Compliance Programs (OFCCP), aproximadamente 30.000 reclamações à comissão Employment Opportunity Commission (EEOC) e 3.000 casos nas Cortes Federais alegando discriminação de gênero no trabalho, o que gerou um custo total de 200 milhões de dólares por ano, somados a custos não mensuráveis relacionados à não contratação de mulheres pelo medo de o empregador ser processado (que foram considerados como possuindo o mesmo valor dos custos administrativos, ou seja, 200 milhões de dólares por ano), o que representa um total de oito dólares por mulher que trabalha, valor inferior ao aumento de eficiência e bem-estar social obtido com a vigência da lei.[1169]

Nos Estados Unidos, empresas com cem ou mais empregados precisam apresentar relatórios anuais sobre a porcentagem de mulheres e negros contratados e empregados. Uma pesquisa feita pelo economista Finis Welch demonstrou que empresas que eram obrigadas a apresentar tais relatórios (EEO-1 e EEOC) tiveram um aumento na contratação de mulheres e negros, se comparadas a empresas que não possuem o dever legal de produzir os mesmos relatórios, em virtude da obrigação legal e da fiscalização estatal sobre as empresas vinculadas a eles.[1170] A tabela a seguir representa o resultado da pesquisa:

Table I:
Representation of Protected Groups in Firms Reporting to the EEOC*

	1966	1970	1974	1978	1980
Black Men	91.8	112.5	123.1	128.4	126.4
Black Women	91.5	118.7	141.2	144.8	154.4
White Women	90.1	93.4	95.8	97.6	96.7

* Figures are percentages of protected workers in EEO-1 reporting firms divided by the corresponding percentages for white men. Ratios are multiplied by 100. Black women were almost 10% less likely to work in reporting compared to non-reporting firms in 1966, and were almost 55% more likely to work in reporting firms in 1980. Welch, *Affirmative Action and Discrimination* at 176 (cited in note 66).

Figura 2. Representação de grupos protegidos em registros de empresas ao EEOC.[1171]

(1165) *Ibidem*, p. 1.356.
(1166) *Ibidem*, p. 1.357.
(1167) *Ibidem*, p. 1.357-1.358.
(1168) *Ibidem*, p.1.359.
(1169) *Ibidem*, p. 1.360.
(1170) *Ibidem*, p. 1.361.
(1171) *Idem*.

A tabela representa as porcentagens de grupos de trabalhadores protegidos pelo EEO-1, divididas pela correspondente porcentagem de homens brancos, tendo o resultado multiplicado por 100. A primeira linha trata de homens negros, a segunda, de mulheres negras, e a terceira, de mulheres brancas. Cada coluna indica o ano em que os dados foram colhidos, mostrando a mudança temporal.

A pesquisa demonstra que uma intensa atuação estatal no sentido de proibir a discriminação de gênero e uma fiscalização do cumprimento da lei são capazes de aumentar a demanda por trabalhadores negros e mulheres.[1172]

O Juiz Richard Posner argumenta que a lei que proíbe discriminação de gênero não beneficia o bem-estar de todas as mulheres, mesmo que tenha de certa forma reduzido a discriminação, partindo da premissa de que um aumento no salário das mulheres leva a uma redução no salário dos homens, o que prejudica as mulheres que são donas de casa e vivem do salário de um parente ou companheiro homem. John Donohue alega que o argumento de Posner parte da premissa de que as mulheres se casam por serem discriminadas pelo seu gênero no mercado de trabalho e, por isso, são financeiramente dependentes dos homens; entretanto, se a discriminação for reduzida, também cairá a dependência das mulheres em relação aos homens, o que mina o argumento de Posner. Mesmo que todas as mulheres fossem casadas e todo o consumo fosse compartilhado com seus companheiros, nem sempre as preferências de consumo delas coincidem com as dos maridos. Uma diminuição no salário das mulheres é prejudicial não só para as mulheres trabalhadoras, mas também para os filhos dessas mulheres; e até outros maridos poderiam ser prejudicados caso suas esposas trabalhadoras recebessem salários inferiores.[1173]

Outro ponto importante é que a não discriminação de gênero no tocante à remuneração permite que as mulheres tenham condição de escolha e tenham opções economicamente viáveis para decidir se vão permanecer em casa ou se sairão para atuar no mercado de trabalho. Em um contexto de discriminação salarial baseado no gênero do trabalhador, ao se fazer um balanceamento entre custos e benefícios/ganhos com o trabalho fora de casa, muitas vezes os custos superam os ganhos, impossibilitando a escolha.

John Donohue argumenta que os ganhos de eficiência gerados pela lei que proíbe discriminação de gênero no trabalho são suficientes para aumentar o bem-estar de mulheres que trabalham sem reduzir o bem-estar de outros grupos.[1174]

A lei que proíbe discriminação de gênero no trabalho produz eficiência na medida em que retira de forma mais rápida do mercado organizações e empresas que trabalham sob uma gestão discriminatória, aumenta a produtividade e aperfeiçoa condições de trabalho, protegendo os trabalhadores das preferências e ânimos discriminatórios do empregador,[1175] e do mercado em geral.

Nessa perspectiva sobre a desvantagem econômica em se ter uma gestão norteada pelo assédio moral, é possível utilizar o Direito como mecanismo que proporcione a intervenção do Estado no mercado de modo a regular as condutas do poder empregatício, restringindo abusos violentos e arbitrários.

Analisando os tempos desde o fim da Guerra Fria até o momento atual, Michael Sandel afirma que o mercado despontou como norteador de mecanismos de gestão, inclusive de Estados.[1176]

> Nenhum outro mecanismo de organização da produção e distribuição de bens tinha se revelado tão bem-sucedido na geração de afluência e prosperidade. Mas enquanto um

---

(1172) *Ibidem*, p. 1.362.
(1173) *Ibidem*, p. 1.362-1.364.
(1174) *Ibidem*, p. 1.365.
(1175) *Ibidem*, p. 1.366.
(1176) SANDEL, Michael J. *O que o dinheiro não compra*: os limites morais do mercado. Tradução de Clóvis Marques. Rio de Janeiro: Civilização Brasileira, 2012. p. 11.

número cada vez maior de países em todo o mundo adotava mecanismos de mercado na gestão da economia, algo mais também acontecia. **Os valores de mercado passavam a desempenhar um papel cada vez maior na vida social. A economia tornava-se um domínio imperial.** Hoje, a lógica da compra e venda não se aplica mais apenas a bens materiais: governa crescentemente a vida como um todo. Está na hora de perguntarmos se queremos viver assim.[1177] (Grifos acrescidos)

Entretanto, a crise financeira de 2008 colocou em questão a capacidade de o mercado se autorregular sem a intervenção do governo para gerar prosperidade, como proclamavam os governos de Ronald Reagan e Margaret Thatcher nos anos 1980. Além da dúvida em relação à capacidade do mercado de gerir seus próprios riscos com eficiência, a crise mostrou que a moral e o mercado encontram-se dissociados e é preciso restabelecer esse vínculo. O mercado e seus limites morais passam pela necessidade de serem repensados, uma vez que existe a impressão de que na sociedade atual tudo está à venda.[1178]

Michael Sandel aponta dois problemas em se ter tudo à venda. O primeiro problema é que em uma sociedade que coloca todas as coisas à venda há a instalação de uma desigualdade baseada na capacidade econômica das pessoas, aumentando a defasagem entre ricos e pobres com a mercantilização de todos os bens, serviços e atividades. Outro problema é que a mercantilização de tudo que existe na vida em sociedade gera distorções e corrosões na forma como as pessoas lidam com bens e atividades, alterando, inclusive, a forma de se valorizar cada elemento.[1179]

> **Os economistas costumam partir do princípio de que os mercados são inertes, de que não afetam os bens neles trocados. Mas não é verdade. Os mercados deixam sua marca.** Às vezes, os valores de mercado são responsáveis pelo descarte de princípios que, não vinculados aos mercados, devem ser respeitados.
>
> Naturalmente, pode haver discordância em torno dos princípios que valem a pena e das motivações a respeito. Assim, para decidir o que o dinheiro pode — e não pode — comprar, precisamos saber quais valores governarão as diferentes áreas da vida cívica e social.[1180] (Grifos acrescidos)

A valoração dos bens é uma questão de ordem moral e política, não meramente econômica; entretanto, o triunfalismo de mercado levou à criação de uma sociedade de mercado, pautada na mercantilização de cada atividade humana de forma a moldar as relações sociais à imagem do mercado. Michael Sandel propõe a utilização do debate público como meio para a discussão sobre os limites morais do mercado.[1181]

Para exemplificar, Michael Sandel menciona o caso em que uma creche passou a cobrar um valor aos pais que se atrasassem para buscar seus filhos no fim dia, o resultado não foi uma redução nos atrasos, mas um aumento.[1182]

> (...) a introdução de uma multa para os pais que se atrasam ao buscar os filhos não reduziu o número de atrasos, antes o aumentou. Na verdade, a incidência de atrasos quase dobrou. Os pais passaram a encarar a multa como uma taxa que se dispunham a pagar. E não apenas isso: quando as creches eliminaram a multa, passados cerca de três meses, o índice de atrasos persistiu. Uma vez que a obrigação moral de chegar na hora fora corroída pelo pagamento monetário, ficou difícil recobrar o antigo senso de responsabilidade.[1183]

(1177) *Idem.*
(1178) *Ibidem*, p. 12-14.
(1179) *Ibidem*, p. 14.
(1180) *Ibidem*, p. 15.
(1181) *Ibidem*, p. 16-18.
(1182) *Ibidem*, p. 117.
(1183) *Ibidem*, p. 117 e 118.

A introdução do dinheiro em um contexto diverso do mercado é capaz de alterar o comportamento das pessoas e seu empenho moral e cívico, podendo o mercado corroer de tal forma as relações que o preço inicialmente estabelecido passe a ser insuficiente para se produzir o efeito pretendido inicialmente.[1184] "Muitos economistas reconhecem atualmente que o mercado altera o caráter dos bens e das práticas sociais por ele governados".[1185]

Fred Hirsch, economista britânico que atuou como assessor do Fundo Monetário Internacional, questionou se a atribuição de valor a um bem tem o mesmo efeito sendo estabelecido pelo mercado ou por outro fator, ao tratar do "efeito de comercialização". Fred Hirsch denomina de "efeito de comercialização" a oferta de produtos ou atividades de forma predominantemente comercial, ao invés de substituir a mercantilização por uma troca na forma de altruísmo ou amor, acreditando-se que o processo de comercialização não terá qualquer influência sobre o produto ou atividade.[1186]

Michael Sandel cita outros economistas comportamentais que também criticam o efeito de comercialização, demonstrando que o dinheiro pode adquirir um caráter corrosivo enfraquecendo motivações ao invés de fomentá-las.[1187]

Seguindo esse raciocínio proposto por Michael Sandel, é importante questionar os efeitos da mercantilização sobre as reparações dos danos gerados pelo assédio moral. Em razão da impossibilidade de se restaurar a situação existente antes da ocorrência do dano moral e em virtude da necessidade de se punir o agressor e compensar de algum modo a vítima, a reparação do dano moral sofreu o efeito da comercialização. A Justiça do Trabalho deve, portanto, considerar que ao arbitrar o valor da indenização deve fixar um valor que não seja irrisório a ponto de levar a empresa ou o empregador a considerar a condenação como uma taxa a ser paga para que possa continuar a praticar assédio moral, mas que entenda o valor da indenização como uma punição por uma conduta considerada repugnante pelo ordenamento jurídico.

Adriana Goulart de Sena Orsini destaca a importância de o Poder Judiciário evidenciar os conflitos existentes na realidade e não meramente pacificá-los na forma de negação do embate instalado, uma vez que os conflitos muitas vezes são necessários para o alcance de patamares mais dignos e coerentes com a justiça.[1188] A mera pacificação dos conflitos cedendo ao poder do mais forte economicamente não traduz uma atuação pedagógica e punitiva por parte do Poder Judiciário.

O argumento de que a indenização é incapaz de restaurar a condição anterior ao dano moral é um argumento frágil, uma vez que mesmo na hipótese de dano material a reparação patrimonial nunca será exatamente capaz de restituir a situação anterior ao dano.[1189]

A dificuldade com relação à prova do dano moral é aventada por muitos; entretanto, é preciso considerar as provas indiretas que indicam a ocorrência do dano, "os fatos mesmos que dizem da existência do dano moral".[1190]

Outro argumento colocado contra a possibilidade de reparação pecuniária do dano moral é a tese de que a responsabilidade pecuniária geraria um enriquecimento sem causa da vítima. Entretanto, como Luiz de Pinho Pedreira da Silva coloca, esse argumento não se mostra válido em uma sociedade em que a ordem jurídica tutela bens morais e estabelece responsabilidade civil por danos morais.[1191]

(1184) *Ibidem*, p. 118.
(1185) *Ibidem*, p. 119.
(1186) *Idem*.
(1187) *Ibidem*, p. 120.
(1188) ORSINI, Adriana Goulart de Sena. Conflitos, solução e efetividade dos direitos social e processual do trabalho: possibilidades e desafios. In: SENA, A. G. O.; ANDRADE, Oyama K. B.; CORRÊA COSTA, Mila B. L. DA (Orgs.). *Justiça do Século XXI*. São Paulo: LTr, 2014. v. 1, p. 293.
(1189) SILVA, Luiz de Pinho Pedreira da. *A reparação do dano moral no direito do trabalho*. São Paulo: LTr, 2004. p. 31 e 32.
(1190) *Ibidem*, p. 32.
(1191) *Ibidem*, p. 33.

O "enriquecimento" oriundo da indenização tem como causa o próprio dano moral, não havendo como se argumentar a ausência de justificação.

No caso do dano oriundo de assédio moral, a reparação patrimonial mostra-se como uma maneira de comunicar às organizações empresariais que as formas de gestão pela incitação e pelo sofrimento psicológico, as quais são empregadas com a crença de que promoverão maior produtividade e eficiência aumentando inclusive os lucros, na verdade terão como fim último uma perda desse suposto ganho financeiro que o assédio moral tenha contribuído para produzir. Se a única linguagem que as empresas entendem é a linguagem financeira, somente uma resposta que afete suas finanças e resultados patrimoniais será capaz de comovê-las a ponto de repensar sua forma de gestão de pessoal.

É possível observar a Teoria dos Jogos na teoria política de Hobbes, quando ele entende que o Estado é a instituição que garante e obriga os homens a cooperarem entre si pelo bem comum, deixando o comportamento egoísta, deixando o estado de natureza em que todos lutam contra todos. Em todos os jogos há o conflito entre racionalidade e cooperação; em jogos com dois agentes em regra a cooperação prevalece sobre a racionalidade e se alcança o bem comum de forma altruísta; já em jogos com muitos agentes a possibilidade do carona (*free-rider*) deve ser reprimida, considerando que a cooperação em regra não é voluntária, prevalecendo o interesse individual sobre o coletivo e as vantagens de curto prazo sobre as de longo prazo.[1192]

Assim, a existência de leis que proíbem o assédio moral organizacional e a certeza por parte das empresas e empregadores de que o Estado fiscalizará seu cumprimento e punirá os infratores gera a crença de que a melhor opção é zelar por um ambiente de trabalho livre de assédio moral. Em um típico dilema do prisioneiro, considerando como jogadores o empregador e o trabalhador, o agente empregador sabe que caso ele implemente uma gestão por assédio e o trabalhador denuncie a violência sofrida aos órgãos competentes do governo, sofrerá necessariamente uma penalização em alto valor monetário; diferentemente, se sua conduta for cooperativa com os ideais de dignidade e direitos fundamentais trabalhistas, não sofrerá uma sanção financeira.

Na hipótese de o empregado vítima de assédio moral processar seu empregador, a jurisprudência que condena os empregadores ao pagamento de altos valores monetários a título de dano moral contribui para a crença de que, em termos financeiros, o lucro imediato obtido por uma gestão assediadora não compensa os elevados custos de reparação moral exigidos pelo Judiciário Trabalhista. Ao passo que condenações ínfimas permitem um cálculo que inclua uma gestão por assédio nos custos produtivos da empresa, que posteriormente serão repassados ao consumidor na forma de um valor maior da mercadoria ou serviço.

Elson Pimentel destaca que, mesmo que se presuma que o comportamento inteligente dos jogadores é calculado com base nas vantagens que terão a depender de qual opção adotem, muitas vezes as escolhas não se limitam às próprias preferências, podendo ser influenciadas por uma responsabilidade social, com um objetivo que inclua o bem-estar do outro.[1193]

Desse modo, ainda que o trabalhador empregado não denuncie a violência do assédio moral, tampouco processe seu empregador, a fiscalização pelo órgão estatal competente e a consciência de responsabilidade social por um ambiente de trabalho saudável são fatores que podem influenciar nas escolhas de políticas de gestão. A importância da atuação institucional do Estado Democrático de Direito no combate às práticas de violência organizacional reside principalmente na questão da anomia. Isso ocorre e porque o empregador conta com a anomia dos empregados no sentido de não ajuizarem reclamações trabalhistas demandando a reparação pelo assédio moral sofrido, em razão do medo de comporem "listas sujas" e não conseguirem uma nova posição no mercado de trabalho

---

(1192) PIMENTEL, Elson L. A. *Op. cit.*, p. 61 e 62.
(1193) *Ibidem*, p. 67-68.

remunerado. Assim, as instituições estatais de fiscalização dos espaços de trabalho possuem papel fundamental no controle das formas de gestão, ainda que o Poder Judiciário não seja instado a fazê-lo.

Em um dilema do prisioneiro repetido, os jogadores sempre têm a expectativa de voltarem a se encontrar no jogo, por isso é mais fácil sustentar estratégias de comportamento cooperativas, uma vez que não há uma previsibilidade do fim do jogo.[1194] Em razão dessa distribuição de resultados no tempo, deve ser incluído nos cálculos o "fator de desconto", "o qual representa a diminuição de valor que o jogador atribui no presente às utilidades que são esperadas no futuro".[1195]

Para Elson Pimentel, "uma taxa de desconto alta reduz significativamente o valor presente dos futuros ganhos de cooperação", levando o jogador a adotar como prática a confissão reiterada; por outro lado, uma taxa de desconto baixa leva o jogador a considerar que a cooperação reiterada no presente poderia no longo prazo gerar maiores ganhos no futuro.[1196]

Aplicando esse entendimento à prática do assédio moral nas relações de emprego, é possível considerar que as empresas utilizam o assédio moral como método de gestão de seus empregados pensando em benefícios de maior produtividade a curto prazo. Entretanto, os empregadores desconsideram que a médio e longo prazos seus empregados podem adoecer e até chegar ao suicídio em razão dessas formas de violência psicológica. Assim, o assédio, por ser uma prática não cooperativa, pode gerar ganhos no curto prazo que não compensam os custos a médio e longo prazos, tanto custos humanos, quanto custos econômicos. Isso porque o empregado doente precisa se afastar do trabalho para tratamento, o que acarreta a perda desse capital humano, bem como o custo de contratação e treinamento de outro trabalhador para o desempenho das funções deixadas pelo adoentado.

O empregador conta que o empregado se conduzirá por um comportamento cooperativo em relação aos propósitos da empresa, tendo em vista que em regra ele é hipossuficiente e precisa do emprego para sua subsistência. Tendo essa certeza da cooperação do jogador empregado por meio de lealdade ao empregador, o jogador empregador sente-se mais confiante para adotar estratégias nãocooperativas em busca do melhor resultado para si, que, consequentemente, entregará o empregado ao pior resultado.

Por isso, é importante que o Direito seja utilizado com as instituições estatais para modelar os comportamentos do mercado, que naturalmente não são cooperativos para com os trabalhadores, em direção a um maior bem-estar para a sociedade e seus trabalhadores.

4.4.3. Assédio moral organizacional: perspectiva jurídica

Maria Ester de Freitas aponta que estudos da OIT demonstram um crescimento na violência psíquica nos espaços de trabalho e alerta para o perigo de sua "normalização" resultar em um aumento da violência já existente.[1197]

Em todos os países ocidentais, o assédio moral organizacional é atualmente considerado um problema.[1198]

Na Suécia, foi criada uma legislação *antimobbing* por meio de uma regulação burocrática, ao passo que na Alemanha a lei foi criada com base na racionalidade jurídica, e na França por meio da iniciativa política. Em grande parte, a regulação do *mobbing* foi tratada como uma questão de saúde dos trabalhadores, mas entre os advogados europeus o *mobbing* tornou-se uma questão de saúde

---

(1194) *Ibidem*, p. 72.
(1195) *Idem*.
(1196) *Ibidem*, p. 73.
(1197) FREITAS, Maria Ester de. *Op. cit.*
(1198) FRIEDMAN, Gabrielle S.; WHITMAN, James Q. *Op. cit.*, p. 241.

e de dignidade do empregado. Na Europa continental, há um enfoque jurídico no tratamento do *mobbing* muito mais sobre a dignidade do que sobre a saúde do empregado.[1199] Isso significa que a Europa Ocidental não trata do assédio moral como um problema de saúde, apenas internando os trabalhadores que adoecem em razão dessa violência, mas regula o fenômeno juridicamente.

Em 1993, a Suécia promulgou um estatuto autorizando o Ministério Nacional de Saúde Ocupacional e Segurança a supervisionar ambientes de trabalho de forma a garantir que práticas preventivas contra o *mobbing* fossem implementadas pelos empregadores, na forma de uma *"soft law"* sueca. A definição legal de *mobbing* era ampla, abrangendo insultos e comportamentos degradantes, o que incluiria o assédio sexual.[1200]

Psicólogos do Trabalho passaram a aplicar a etnologia animal para compreender o comportamento humano na prática do *mobbing*. Como consequência, o tipo de dano que encontraram foram danos à saúde e perda de eficiência na organização laboral, o que foi traduzido na legislação sueca como dano à integridade por ausência de respeito à personalidade do trabalhador, o que propiciou o surgimento de pesquisas que tratam do problema do assédio moral e do assédio sexual.[1201]

No caso alemão, as Cortes passaram a criar direito para os casos de *mobbing*, uma vez que não há nenhuma lei ou código definindo o conceito de *mobbing*; entretanto, há uma enorme quantidade de pesquisas e livros tratando do tópico tanto na literatura jurídica quanto em outras áreas, razão pela qual juristas alemães entenderam que seria fácil conceituar *mobbing* como um problema jurídico que viola a dignidade. Duas particularidades do direito alemão, a tradicional concepção do contrato de trabalho e a proteção à personalidade balizaram o tratamento do *mobbing* adotando também como premissa a desigualdade das partes na relação empregatícia e a relativa liberdade do trabalhador.[1202]

Segundo o entendimento norte-americano, o assédio define-se como toda forma de discriminação ou tormento contra um grupo minoritário, que impede a mobilidade social pelo trabalho. Inicialmente, o foco do assédio era a discriminação racial, hoje o tema mais recorrente de assédio é o assédio sexual, imprimido com frequência contra mulheres em razão do sexo.[1203]

Na jurisprudência norte-americana, a expressão "assédio sexual" foi "descoberta" em 1974 em discussões em um curso sobre mulheres e trabalho na Universidade de Cornell. Antes disso, desde 1964, já existia o Ato de Direitos Civis de 1964, mas as cortes se recusavam a entender o assédio sexual como uma forma de discriminação no trabalho. Até que com o caso *Barnes v. Costle* em 1977, as Cortes passaram a entender que o pedido de favores sexuais ou abordagens sexuais feitas sob ameaça de dispensa ou perda de promoção na carreira era uma forma de assédio no modo *"quid pro quo"* (equivalente, retribuição igual). As Cortes também passaram a identificar o assédio por ambiente de trabalho hostil (*hostile environment*), que toma forma quando há um abuso sexual na linguagem ou por meio de gestos que humilham e discriminam o trabalhador.[1204]

Segundo o Título VII do Ato de Direitos Civis de 1964, o autor da ação deve comprovar que o ambiente de trabalho hostil era severo o suficiente para alterar os termos e as condições de trabalho e a agressão se dava em virtude do sexo da vítima. Incialmente, as cortes norte-americanas trataram o assédio sexual como a busca de uma vantagem sexual de um superior em relação a sua subordinada na forma de uma discriminação de gênero.[1205]

Outra interpretação que surgiu para o termo "assédio sexual" foi o fato de o assédio não estar necessariamente relacionado com interesses sexuais, mas ser caracterizado pela escolha da vítima em

---

(1199) *Ibidem*, p. 252.
(1200) *Idem*.
(1201) *Ibidem*, p. 254.
(1202) *Idem*.
(1203) *Ibidem*, p. 241.
(1204) BASU, Kaushik. *Op. cit.*, p. 144-145.
(1205) MCGINLEY, Ann C. *Op. cit.*, p. 1152.

razão de seu sexo. Uma terceira corrente interpreta a expressão "em razão do sexo" (*"because of sex"*) para incluir o conceito de "gênero" (*gender*).⁽¹²⁰⁶⁾

No caso *Price Waterhouse v. Hopkins*, a Suprema Corte norte-americana concluiu que o termo "em razão do sexo" incluiria a discriminação de uma pessoa que não se conformava ao estereótipo de gênero previsto para si culturalmente. Nesse sentido, a Suprema Corte entendeu que o Título VII proíbe mais que uma discriminação baseada no sexo biológico da vítima, mas proíbe a discriminação de gênero como a referência de expectativa por parte da sociedade em virtude do sexo biológico do indivíduo.⁽¹²⁰⁷⁾

O direito de responsabilidade civil norte-americano (que no Brasil seria o equivalente ao Direito Civil) adota o conceito de dano à dignidade, considerando esse dano uma ofensa a interesses de personalidade como humilhações, tormentos, intimidações, pressão, ultraje, injúria, invasão de privacidade, difamação, calúnia.⁽¹²⁰⁸⁾

As Cortes norte-americanas presumem que os indivíduos possuem uma dignidade humana intrínseca que lhes confere direito de não sofrerem danos, quer por parte do Estado, quer por parte de particulares, o que inclui a proteção contra o assédio moral no ambiente de trabalho.⁽¹²⁰⁹⁾

A dignidade humana pressupõe que os indivíduos tem direito a definir limites de não intervenção em sua existência física e moral, protegendo-se de assaltos e agressões por parte de outros. Assim, busca-se garantir um controle sobre a personalidade, a qual se torna intangível por outros.⁽¹²¹⁰⁾

Quando empregados estão no ambiente de trabalho, esperam ser arguidos e julgados sobre as prescrições de seu trabalho, e não com base em sua atratividade, gênero, raça ou qualquer outra característica íntima alheia ao trabalho. Assume-se que, mesmo que se façam amizades no ambiente de trabalho, os colegas de trabalho não devem fazer perguntas sobre assuntos pessoais como um estranho não seria bem-vindo ao fazê-las.⁽¹²¹¹⁾

Rosa Ehrenreich acredita que a melhor forma de regular o assédio moral organizacional seria por meio da responsabilidade civil (Direito Civil). A autora acredita que a abordagem feita pelo Título VII, ao proibir a discriminação de gênero, é capaz de criar apenas uma igualdade formal. Por meio do Direito Civil, pode-se provar que a discriminação no emprego é resultado da política adotada pelo empregador.⁽¹²¹²⁾

Para Rosa Ehrenreich, a responsabilidade civil permite separar a natureza do objeto ferido pelo assédio, qual seja, a dignidade, do contexto em que esse dano se dá, um contexto de discriminação de gênero. Isso porque a abordagem de responsabilidade civil trataria do assédio com motivações sexuais ou não como violações à dignidade, regulando abusos no ambiente de trabalho.⁽¹²¹³⁾

Na jurisprudência norte-americana, criou-se uma série de fatores/requisitos para analisar a gravidade dos comportamentos a serem considerados como assédio sexual, entre esses fatores incluem-se: 1) abuso de poder em uma relação de aparente autoridade; 2) repetidos incidentes de assédio formando um padrão; 3) ofensa não solicitada ou conduta física não autorizada; 4) retaliação por recusar ou relatar comportamentos ou agressões com motivação sexual. O fator "abuso de poder" mostra-se o mais problemático, uma vez que os danos à dignidade ocorrem no ambiente de trabalho, um local em que o empregado já se encontra em situação de subordinação e dependência de seus superiores e colegas de trabalho (os quais são igualmente poderosos).⁽¹²¹⁴⁾

(1206) *Ibidem*, p. 1.152-1.153.
(1207) *Ibidem*, p. 1.153.
(1208) EHRENREICH, Rosa. Dignity and Discrimination: Toward a Pluralistic Understanding of Workplace Harassment. In: *88 Georgetown Law Journal 1*, 1999-2000, p. 22-23.
(1209) *Ibidem*, p. 25.
(1210) *Ibidem*, p. 25-26.
(1211) *Ibidem*, p. 28-29.
(1212) *Ibidem*, p. 32-37.
(1213) *Ibidem*, p. 39-44.
(1214) *Ibidem*, p. 44-45.

Legalmente é dever dos empregadores que garantam um ambiente de trabalho seguro e livre da acidentes físicos, com adequada proteção contra toxinas químicas, danos de maquinário etc. No mesmo sentido, os empregadores devem garantir que o ambiente laboral esteja livre de discriminação, adotando políticas que coíbam práticas discriminatórias e punindo as ocorrências que surgirem, propiciando um ambiente de trabalho sem abusos e violações à dignidade humana, com respeito que elimine intimidações e práticas humilhantes de assédio moral.[1215]

Assim, o empregador tem a obrigação de investigar e aplicar as sanções necessárias (como a transferência ou aplicação de medida disciplinar ao agressor) caso um empregado relate que um supervisor ou colega de trabalho agiu abusivamente.[1216] A responsabilidade civil oferece uma solução prática ao problema, uma vez que permite que as empregadas demonstrem a discriminação contra mulheres como contexto para o assédio.[1217]

Na jurisprudência norte-americana, no caso de assédio entre colegas, as Cortes questionam se o empregador sabia ou deveria saber do assédio e fracassou em tomar medidas razoáveis para prevenir ou punir a conduta, para então determinar a responsabilidade do empregador. No caso de assédio entre um superior e um subordinado, as Cortes americanas questionam se o empregador tomou medidas necessárias para prevenir e punir a conduta abusiva e se a vítima (autora da ação) não conseguiu auferir benefício dessa política organizacional sem motivo relevante.[1218]

Já os estudiosos europeus definem assédio sexual como o uso de meios sexuais para perpetrar violência contra a vítima na tentativa de obter vantagem sexual; nessa análise europeia não há um foco no sexo ou gênero da vítima como estímulo para o assediador. Diferentemente, a Suprema Corte norte-americana entende que o assédio sexual não se define apenas pelo termo "meios sexuais", tampouco a definição de assédio ilegal limita-se a vantagens sexuais indesejadas. Uma série de tribunais americanos consideram que é ilegal o assédio motivado pela incapacidade da vítima em atender ao estereótipo de gênero esperado pela sociedade.[1219]

O Título VII do Ato de Direitos Civis de 1964 proíbe a discriminação no emprego em virtude da raça, cor, religião, sexo ou nacionalidade do indivíduo, e apesar de a norma não mencionar a expressão "assédio", as Cortes interpretaram o termo "discriminação" de forma a incluir o assédio que altera as condições do ambiente de trabalho e a relação de emprego. Em 1986, no caso *Meritor Savings Bank, FSB v. Vinson*, a Suprema Corte norte-americana entendeu que a criação de um ambiente de trabalho hostil constituía discriminação de gênero, nos termos do Título VII.[1220]

O caso norte-americano *Oncale* admitiu, a partir do Título VII, que a vítima sofra assédio em razão de seu gênero por pessoa do mesmo sexo; em seguida, o caso *Price Waterhouse* reconheceu como ilícita qualquer conduta discriminatória em virtude do gênero. No caso *Price Waterhouse*[1221], Ann Hopkins teve a condição de sócia negada pela empresa por ter um comportamento muito masculino e agressivo, incompatível com sua condição de gênero feminino que exigiria um andar e uma fala mais femininos, o uso de maquiagem, um estilo de cabelo e o uso de joias. Nesse caso, a Suprema Corte entendeu que o Título VII proíbe estereotipar a mulher de forma a excluí-la da competitividade no ambiente de trabalho. Outras Cortes passaram a entender, com base no precedente *Price Waterhouse*, que o Título VII proíbe qualquer assédio sexual ou de gênero que se direcione contra o indivíduo em razão de seu não conformismo ao padrão ou normas de gênero impostas por estereótipos.[1222]

(1215) *Ibidem*, p. 51-52.
(1216) *Ibidem*, p. 52.
(1217) *Ibidem*, p. 52 e 54.
(1218) *Ibidem*, p. 56.
(1219) MCGINLEY, Ann C. *Op. cit.*, p. 1.172-1.173.
(1220) *Ibidem*, p. 1.194-1.195.
(1221) No caso Price Waterhouse v. Hopkins, a Suprema Corte norte-americana entendeu que a autora que foi discriminada por não atender ao estereótipo de aparência física e comportamento esperados de uma mulher tinha sofrido assédio nos termos do Título VII. Conferir: EHRENREICH, Rosa. Dignity and Discrimination: Toward a Pluralistic Understanding of Workplace Harassment. In: *88 Georgetown Law Journal 1*, 1999-2000, p. 10.
(1222) MCGINLEY, Ann C. *Op. cit.*, p. 1.198-1.201.

Em análise jurídica, Vick Schultz afirma que muitas vezes as Cortes ignoram que comportamentos aparentemente neutros em relação à questão de gênero ocorreram em virtude do sexo/gênero da vítima. A autora registra que os tribunais muitas vezes não reconhecem que recusar treinar mulheres, sabotar seu trabalho e forçar mulheres a desempenhar atividades com estereótipo feminino são formas de assédio em virtude de seu sexo. Muitos trabalhos são segregados em razão de estereótipos de gênero, existindo uma divisão sexual do trabalho na medida em que trabalhos tradicionalmente masculinos são vistos com maior prestígio, possuem maior remuneração, ao passo que trabalhos tradicionalmente femininos são menos prestigiados e possuem remuneração inferior.[1223]

Outro problema é o comportamento aparentemente neutro em relação a questões de gênero que é infligido em razão do gênero da vítima, em virtude da dificuldade de se fazer prova.[1224] Esse tipo de comportamento neutro pode ser exemplificado com o caso do controle de uso de banheiros mais acirrado em relação às mulheres trabalhadoras do que em relação aos homens trabalhadores. Aparentemente, o controle do uso do banheiro não possui um viés de gênero, por ser medida neutra aplicável a todos os trabalhadores. Entretanto, a forma como ele é implementado acaba gerando um resultado discriminatório em relação às mulheres, que são mais fiscalizadas e controladas do que os homens.

Depois do *leading case Oncale*, os tribunais norte-americanos passaram a entender que, se tanto homens quanto mulheres são vítimas de uma ofensa sexual na forma de comportamentos ou comentários e a conduta não foi direcionada especificamente a um dos sexos, a ofensa não pode ser considerada motivada pelo sexo da vítima.[1225]

No caso *Petrosino v. Bell Atlantic*, o Tribunal do Segundo Circuito norte-americano assumiu que mesmo o comportamento assediador atingindo homens e mulheres e colocando, inclusive homens, em situações de ridicularização, a principal mensagem transmitida era a de que mulheres estavam disponíveis para serem exploradas sexualmente por homens, dificultando o relacionamento das mulheres com seus colegas de trabalho.[1226]

No caso *EEOC v. National Education Association*, o ambiente de trabalho era predominantemente feminino e as empregadas alegavam que estavam submetidas a um ambiente de trabalho hostil. O Tribunal do Nono Circuito concluiu que, em um contexto de maioria de mulheres empregadas, o diretor interino sentia-se mais à vontade para assediar moralmente mulheres do que os homens. A Corte concluiu que havia provas suficientes que demonstravam que as mulheres eram tratadas de forma mais dura que os homens e, como consequência, havia efeitos subjetivos diferentes para as mulheres.[1227]

A análise da jurisprudência sobre a aplicação do Título VII sugere, segundo Ann McGinley, que para definir se o comportamento assediador tem alguma relação com questões de gênero não é necessário que haja uma motivação consciente de discriminação, e a consciência não é um requisito para a configuração da discriminação de gênero, basta que o efeito seja discriminatório. Os estereótipos de gênero podem se reproduzir de forma consciente ou inconsciente pelo assediador.[1228]

Diferentemente, o direito continental europeu sempre teve seu foco direcionado a toda forma de assédio contra empregados em geral, sem uma preocupação particular em proteger grupos minoritários, como o direito norte-americano faz.[1229]

(1223) SCHULTZ apud MCGINLEY, Ann C. Creating masculine identities: bullying and harassment "because of sex". *Op. cit.*, p. 1.201-1.202.
(1224) MCGINLEY, Ann C. *Op. cit.*, p. 1206-1207.
(1225) *Ibidem*, p. 1.209.
(1226) *Ibidem*, p. 1.213.
(1227) *Ibidem*, p. 1.214.
(1228) *Ibidem*, p. 1.215-1.216.
(1229) FRIEDMAN, Gabrielle S.; WHITMAN, James Q. *Op. cit.*, p. 242.

O direito continental europeu entende que as vítimas de assédio moral não são apenas mulheres, minorias ou outros grupos desprivilegiados, mas os empregados de forma geral, reforçando a problematização do tema em torno da dignidade humana em vez de questionar especificamente as relações discriminatórias.[1230]

Em contraste ao paradigma europeu da dignidade, o direito norte-americano tem como paradigma a antidiscriminação. Importante ressaltar que o direito continental europeu importou do direito norte-americano a ideia de que o assédio organizacional deveria ser proibido, o que não significa que a forma de regular o assédio organizacional tenha sido igualmente importada.[1231]

A lei sobre assédio nos Estados Unidos da América foi concebida sem uma limitação de seu objeto ao assédio sexual (*sexual harassment*).[1232]

A noção de assédio sexual para o direito norte-americano busca proibir discriminações, em moldes semelhantes à vedação da discriminação racial, com um foco maior nas condições de contratação, término da relação de emprego e promoção na carreira, ao passo que o direito europeu, ao focar na dignidade do trabalhador, ocupa-se com maior preocupação na continuidade da relação de emprego.[1233]

O Título VII do Ato de Direito Civil de 1964 (*Title VII of the Civil Rights Act of 1964*) torna ilegal a prática por parte do empregador de qualquer discriminação contra um indivíduo com relação a condições e privilégios no emprego em razão de sua raça, cor, religião, sexo ou nacionalidade.[1234]

Importante salientar aqui que a expressão "*sexual harassment*" deve ser compreendida não apenas como o assédio em busca de favores sexuais, mas principalmente na concepção de forma de violência moral em razão do sexo ou gênero da vítima.

Gabrielle Friedman e James Whitman ressaltam que muitos autores apontaram com estranheza para a identificação do assédio sexual (*sexual harassment*) com a discriminação em virtude do sexo (*form of sex discrimination*), o que seria uma discriminação de gênero. Para o direito norte-americano, a discriminação seria a criação de obstáculos que impedem as pessoas de alcançarem postos de trabalho e formas de vida (nas palavras da Suprema Corte americana, "*allowed to work and making a living*").[1235]

Alguns estudiosos questionaram que seria estranho entender que o assédio sexual é uma forma de discriminação em relação ao sexo da vítima, uma vez que a discriminação no trabalho seria impedir que alguém seja contratado e tenha meios de trabalhar para sobreviver, ao passo que o assédio tem uma essência de violência ou dano que coloca a vítima em uma situação de humilhações e insultos, ainda que essas ofensas não a impeçam de conseguir um trabalho ou ascender na carreira. A lei americana preocupa-se mais com problemas na contratação, demissão/dispensa e progressão na carreira do que com condições de trabalho em uma relação de emprego estável.[1236]

No *leading case* "*Harris v. Forklift Systems*", a Suprema Corte norte-americana ressaltou que o assédio que torna um ambiente de trabalho hostil é abusivo, mesmo que não haja imediato prejuízo econômico ou ainda que a discriminação não seja tangível, uma vez que esse tipo de ambiente hostil desencoraja o empregado a permanecer no trabalho ou o impede de avançar na carreira. Essa compreensão da Suprema Corte é entendida pelos teóricos como resultado de um mercado de trabalho dinâmico, no qual os empregados rotineiramente mudam de emprego ou são promovidos na carreira.[1237]

(1230) *Idem.*
(1231) *Ibidem*, p. 243.
(1232) *Idem.*
(1233) *Ibidem*, p. 244.
(1234) *Idem.*
(1235) *Idem.*
(1236) *Idem.*
(1237) *Ibidem*, p. 244-245.

Já o direito europeu continental inicialmente adotou as mesmas premissas do direito norte-americano para regular o assédio; entretanto, mudou de rumo ao produzir legislação com enfoque na proteção da dignidade individual. A lei europeia sobre assédio teve como objeto a dignidade no trabalho, mais do que a igualdade em um mercado de trabalho dinâmico.[1238]

No direito norte-americano, houve um foco na discriminação; o interesse na dignidade da mulher no ambiente de trabalho sempre foi uma preocupação primária no direito europeu, mas em seguida houve uma ampliação para garantir a dignidade de qualquer pessoa no ambiente de trabalho, sem nenhuma ênfase em particular em relação ao gênero ou à identidade racial da vítima.[1239]

No direito continental europeu, o assédio moral foi denominado de *"mobbing"* ou de *"moral harassment"*, expressões que para os americanos seria o equivalente a *"workplace bullying"*.[1240]

Diferentemente do direito norte-americano, as leis trabalhistas alemãs assumem que o ambiente de trabalho é estável. Segundo a doutrina alemã, o empregado tem o dever de lealdade para com seu empregador, que consiste no dever de obedecer a ordens, ao passo que o empregador tem o dever de cuidado para com o empregado, de forma a garantir que nada de mau ocorra ao empregado. Assim, os alemães tratam do assédio moral por meio da lei de proteção à personalidade, traduzida na forma de direito à privacidade e de direito ao desenvolvimento da sua própria personalidade. Para o direito alemão, a verdadeira liberdade inclui a proteção da privacidade e o controle da imagem pública da pessoa. No art. 2 da Seção 1 da Lei Básica Alemã, está escrito que toda pessoa tem o direito a um livre desenvolvimento de sua personalidade desde que não viole o direito de outrem, que deve ser interpretado em conjunto com a determinação de que a dignidade humana é inviolável por ser parte do direito de personalidade.[1241]

A noção de proteção ao direito de personalidade no direito alemão está fortemente relacionada ao direito de estar livre de insultos, o que resultou na criminalização de ofensas por meio de insultos e tratamentos desrespeitosos.[1242]

A lei alemã de sexualidade é também uma lei que trata da autodeterminação da sexualidade. Em 1930, já havia proteção jurídica aos empregados contra insultos no ambiente de trabalho, o que permaneceu no período pós-guerra com o acréscimo de que o empregador passou a ser obrigado a garantir desenvolvimento da personalidade de seus empregados no ambiente de trabalho, como um desdobramento de seu dever de cuidado e de respeito ao empregado como pessoa. Assim, os juristas tratam o *mobbing* como uma violação ao direito de personalidade no ambiente de trabalho.[1243]

O direito do trabalho alemão tem poucos dispositivos tratando do assédio sexual, mas detalha criteriosamente o *mobbing*.[1244]

Gabrielle Friedman e James Whitman destacam que o que mais espanta os estudiosos norte-americanos sobre a legislação alemã que trata do assédio moral é o caráter unilateral da responsabilidade do empregador que não garante um ambiente de trabalho livre de *mobbing* para seus empregados. No sistema alemão, o fracasso em garantir um ambiente de trabalho respeitoso é equivalente ao não pagamento de verbas trabalhistas.[1245]

Apesar de parecer radical essa posição, se a Corte não se convencer de que a condição de trabalho era desrespeitosa à personalidade do trabalhador, o empregado sofrerá penalidades pelas ausências

---

(1238) *Ibidem*, p. 245.
(1239) *Ibidem*, p. 245 e 246.
(1240) *Ibidem*, p. 246.
(1241) *Ibidem*, p. 255-256.
(1242) *Ibidem*, p. 256 e 257.
(1243) *Ibidem*, p. 257.
(1244) *Idem*.
(1245) *Ibidem*, p. 258.

ao serviço pelo alegado assédio, na forma de dispensa por justa causa. Entretanto, ainda assim os tribunais alemães condenam as empresas em valores de indenizações muito inferiores aos padrões norte-americanos.[1246]

Na França, a lei *antimobbing* foi produto de movimento político construído com base na ideia de dignidade humana desenvolvida desde o fim da II Guerra Mundial. Em 1990, houve um revigoramento intelectual fundado na dignidade que impulsionou a energia política para incluir no Código Penal francês a noção de ofensa à dignidade de uma pessoa, abarcando a discriminação e exploração sexual. No fim da década de 1990, acadêmicos e magistrados passaram a direcionar o olhar para a questão da dignidade dos empregados franceses no ambiente de trabalho, com seu ápice em 1998 quando houve a publicação do livro de Marie-France Hirigoyen. Considerando que a esfera pública na França é reduzida, eventos intelectuais podem se transformar em eventos políticos e gerar leis, e foi exatamente isso que ocorreu no caso do assédio moral (*mobbing*). Houve uma emenda tanto no Código de Trabalho quanto no Código Penal para regular a questão do assédio moral organizacional.[1247]

Inicialmente, o Código Penal francês criminalizou o assédio sexual, posteriormente, ampliou o tipo penal para criminalizar também o assédio moral, de forma a abranger toda violência que ferisse o direito à dignidade de qualquer empregado.[1248]

Ressalte-se que, em toda a Europa continental, há leis proibindo tanto o assédio em razão do sexo, quanto o assédio racial e uma expansão dessa proteção a todos os empregados, o que impõe uma obrigação de os empregadores não humilharem seus empregados, mas também regula a forma como colegas de trabalho tratam uns aos outros, proibindo também o assédio moral horizontal.[1249]

No direito europeu, o assédio sexual vem sendo estudado como uma das formas de assédio, mas não é considerado a mais importante ou a única forma de violência existente.[1250] Há apenas um ajuste de foco, que anteriormente era direcionado especificamente a mulheres e agora passa a ser ajustado para a proteção de todos os trabalhadores.[1251]

Na França, o Judiciário definiu algumas condutas como práticas de assédio moral, entre elas humilhações, medidas disciplinares desproporcionais ou sem razão, privação dos meios para a execução do trabalho, desvio do poder de direção e organização.[1252]

A cultura norte-americana, desde o início da sua construção jurisprudencial sobre o tema, teve a compreensão de que em geral mulheres sofrem mais assédio moral no ambiente de trabalho do que os demais empregados. Em 1999, David Yamada publicou um livro defendendo a criação de uma ação judicial de responsabilidade civil para tratar de ambientes de trabalho hostis, que tinham práticas assediadoras caracterizadas como *mobbing*. Robert Post construiu a ideia de que o direito de responsabilidade civil (*tort law*) e o direito constitucional norte-americanos teriam condições de proteger o trabalhador do assédio moral de forma semelhante ao conceito europeu de dignidade. Entretanto, tal ideia não foi suficiente para produzir leis, pois nos EUA não houve uma mobilização capaz de capturar a atenção pública para o desenvolvimento de projetos políticos.[1253]

Ainda em solo norte-americano, o juiz Posner e Gertrud Fremling entendem que a dignidade é um conceito muito vago para lidar com algo tão concreto quanto o assédio e sua regulação

---

(1246) *Idem.*
(1247) *Ibidem*, p. 259-260.
(1248) *Ibidem*, p. 243.
(1249) *Idem.*
(1250) *Idem.*
(1251) *Idem.*
(1252) ARAÚJO, Adriane Reis de. *O assédio moral organizacional*. São Paulo: LTr, 2012. p. 64.
(1253) FRIEDMAN, Gabrielle S.; WHITMAN, James Q. *Op. cit.*, p. 263-264.

jurídica.[1254] Essas posições contribuem para que seja firmado o conceito norte-americano de discriminação como a chave para a compreensão do assédio, com um foco em mulheres e minorias e não em empregados em geral.[1255] Os norte-americanos firmaram o paradigma da discriminação, ao passo que os europeus centraram-se no paradigma da dignidade.

Por ser menos dinâmico e mais estável, o mercado de trabalho europeu possui uma menor ocorrência de contratações e extinções de contratos de trabalho.[1256]

O conceito norte-americano de discriminação não está relacionado apenas às questões de raça e de gênero, mas também está fortemente vinculado à tradição de um mercado de trabalho dinâmico e maleável. Inicialmente, a noção de discriminação esteve vinculada à questão racial em virtude do fim da escravidão, em seguida essa mesma concepção foi adotada para proteger mulheres contra o assédio; essas preocupações norte-americanas não estiveram presentes da mesma forma na Europa continental.[1257]

A questão da discriminação sempre foi mais relevante nos EUA também em virtude da arquitetura do mercado de trabalho americano. A estabilidade no mercado de trabalho europeu demandou que fosse garantida uma qualidade de vida no ambiente de trabalho em razão da duração da relação de emprego que exigiria por parte do empregador um dever de cuidado e, em contrapartida, um dever de lealdade do empregado. Quando existe uma cultura de permanência no emprego e baixa rotatividade nos postos de trabalho, há uma maior demanda por boas condições de trabalho; um exemplo é a lei francesa contra o assédio que visava à redução do número de demissões.[1258]

Os americanos vivem o paradigma do livre emprego (*at-will employment*), que se caracteriza pela rotineira saída de trabalho e mudança de emprego, com constantes migrações de uma região à outra do país, o que levou o foco da legislação a regular as contratações, as demissões e as promoções na carreira, ao invés de questões sobre a manutenção de condições de dignidade na relação empregatícia. Presume-se, no direito norte-americano, que os trabalhadores estão sempre em uma condição de movimento, ou seja, não se pensa em relações de trabalho perenes e de longo prazo; assim, busca-se analisar nos tribunais se determinado empregado está gerando condições de progressão na carreira e não a manutenção da condição de subordinado ao mesmo empregador.[1259]

Gabrielle Friedman e James Whitman acreditam que uma sociedade dinâmica prima mais pela ausência de discriminação, ao passo que sociedades mais estáveis preocupam-se com a dignidade.[1260]

No contexto europeu, a dignidade é a consequência de uma preocupação com os direitos humanos internacionais, em busca de que todas as pessoas sejam tratadas com respeito. Essa abordagem é resultado de um histórico em que pessoas de classes de alto *status* inferiorizavam e insultavam seus subordinados que compunham a maior parte da população. As reações legislativas a essa forma de comportamento ocorreram com a regulação de insultos, discurso de ódio e *mobbing* nas relações de emprego.[1261]

Já nos Estados Unidos da América, não há, em regra, a preocupação em conter uma classe que subjuga todas as demais, mas há um grande cuidado em proteger grupos historicamente desfavorecidos (como os negros, que foram escravizados). Os norte-americanos acreditam que

---

(1254) POSNER, FREMLING apud, FRIEDMAN, Gabrielle S.; WHITMAN, James Q. The European transformation of harassment law: discrimination versus dignity. *Op. cit.*, p. 264-265.
(1255) FRIEDMAN, Gabrielle S.; WHITMAN, James Q. *Op. cit.*, p. 264-265.
(1256) *Ibidem*, p. 265.
(1257) *Ibidem*, p. 266.
(1258) *Ibidem*, p. 266-267.
(1259) *Ibidem*, p. 267.
(1260) *Idem*.
(1261) *Idem*.

dignidade é uma palavra vaga que almeja um grande conteúdo, o que leva a seu enfraquecimento como um termo necessário para definir respeito a todos. Essa compreensão reflete-se na legislação norte-americana que possui diversas previsões antidiscriminatórias, mas pouco trabalha a questão da dignidade; diversamente da legislação alemã.[1262]

As sociedades continentais europeias têm pouca tolerância à dor física, o que levou à abolição de penas que implicavam punições que infligiam dor e violência nas prisões, bem como levou à proibição de empregadores baterem em seus empregados. Essa intolerância com a dor avançou também para a legislação *antimobbing*, abrangendo não só a dor física mas também a dor psíquica, na Europa continental.[1263]

Em âmbito de regulação internacional contra a discriminação no mercado de trabalho, a Convenção n. 111 da OIT, em seu art. 1º, define o princípio da não discriminação, nos seguintes termos:

ART. 1º

1. Para fins da presente convenção, o têrmo "discriminação" compreende:

a) Tôda distinção, exclusão ou preferência fundada na raça, côr, sexo, religião, opinião política, ascendência nacional ou origem social, que tenha por efeito destruir ou alterar a igualdade de oportunidades ou de tratamento em matéria de emprêgo ou profissão;

b) Qualquer outra distinção, exclusão ou preferência que tenha por efeito destruir ou alterar a igualdade de oportunidades ou tratamento em matéria de emprêgo ou profissão, que poderá ser especificada pelo Membro Interessado depois de consultadas as organizações representativas de empregadores e trabalhadores, quando estas existam, e outros organismos adequados.

2. As distinção, exclusões ou preferências fundadas em qualificações exigidas para um determinado emprêgo não são consideradas como discriminação.

3. Para os fins da presente convenção as palavras "emprêgo" e "profissão" incluem o acesso à formação profissional, ao emprêgo e às diferentes profissões, bem como as condições de emprêgo.[1264]

Sônia Mascaro Nascimento ressalta que as desigualdades existentes no ambiente de trabalho, fundadas em situações legítimas, como as autorizadas por lei, não podem ser consideradas hipóteses de assédio moral, como definem os arts. 1º e 2º da Convenção n. 111 da OIT. Para a autora, o assédio moral produz juridicamente o dano moral, que é caracterizado por afetar o atributo da personalidade do ofendido, violando direito personalíssimo.[1265]

A OIT ainda aprovou a Convenção n. 156, que trata "sobre a igualdade de oportunidades e de tratamento para trabalhadores e trabalhadoras com responsabilidades familiares", com o intuito de garantir que essas trabalhadoras e esses trabalhadores não sofram restrições ou discriminações no ingresso ou na promoção de uma carreira profissional em razão de responsabilidades familiares, sejam esses familiares filhos dependentes ou outros parentes. Nessa mesma direção, a Convenção n. 156 da OIT proíbe que a causa de término de uma dispensa sejam as responsabilidades familiares da(o) empregada(o).[1266]

Tendo em mente as diferentes abordagens jurídicas feitas sobre o assédio moral nos Estados Unidos e na Europa continental e escandinava, cabe direcionar o olhar para o tratamento do fenômeno pelo ordenamento jurí-

---

(1262) *Ibidem*, p. 267-268.
(1263) *Ibidem*, p. 269.
(1264) BRASIL. Decreto n. 62.150 de 19 de janeiro de 1968. Promulga a Convenção n. 111 da OIT sobre discriminação em matéria de emprego e profissão. Disponível em: <http://www.planalto.gov.br/ccivil_03/decreto/1950-1969/D62150.htm>. Acesso em: 29 dez. 2014.
(1265) NASCIMENTO, Sônia Mascaro. Assédio moral e *bullying* no ambiente de trabalho. *Revista de Direito do Trabalho*, RDT, v. 38, n. 145, p. 198. 2012.
(1266) OIT, BRASIL, *Convenção n. 156*. Sobre a igualdade de oportunidades e de tratamento para trabalhadores e trabalhadoras com responsabilidades familiares. Disponível em: <http://www.oitbra.org/sites/default/files/topic/discrimination/pub/convençao_156_228.pdf>. Acesso em 29 dez. 2014.

dico brasileiro. Como se verá, é possível encontrar no Direito brasileiro pontos de contato com os modelos jurídicos anteriormente analisados.

No Brasil, inicialmente estudos apontaram que o assédio moral configura-se em hipóteses de instruções confusas e imprecisas, bloqueio na execução do trabalho, atribuição de erros inexistentes, desconsideração do trabalhador como se não existisse, exigência de resultados acima ou abaixo da capacidade ou função do empregado, designação de trabalho em excesso.[1267]

Além das hipóteses acima elencadas, entendeu-se que também é possível que o assédio moral dirija-se apenas indiretamente ao trabalhador, como ocorre com cartas ameaçadoras enviadas às famílias dos empregados grevistas, além de condutas mais sutis como intimidações diretas ao próprio empregado para encobrir desrespeitos à legislação.[1268]

A dificuldade em se definir todas as hipóteses do assédio moral está na impossibilidade de se esgotar a matéria sob pena de omitir abusos que também configuram o assédio; por isso, entre os juristas brasileiros entende-se que é necessário considerar que o tipo engloba toda conduta que cause vexame, constrangimento ou humilhação ao trabalhador.[1269]

Considerando que "o posicionamento do trabalhador na organização espelha o reconhecimento de seu valor dentro do ambiente de trabalho", o assédio muitas vezes traduz-se na realocação geográfica dos empregados considerados desajustados em setores de menor prestígio.[1270]

O Direito brasileiro prevê como punições disponíveis ao exercício do poder empregatício a advertência, a suspensão e a dispensa por justa causa; qualquer outra punição ou o uso inadequado das previstas em lei podem configurar assédio moral.[1271]

Os assédios morais horizontal e vertical ascendente também decorrem do poder, mas em uma versão pulverizada de poder da empresa. Os Círculos de Qualidade Total fazem que colegas de trabalho imponham uns aos outros metas de produção e, nesse processo, práticas de assédio moral são implementadas para elevar a produtividade do grupo em que se encontram, uma vez que o grupo acredita ser um empreendedor da empresa.[1272]

A dignidade da pessoa humana, protegida juridicamente tanto pela Constituição Federal de 1988, em seu art. 5º, V, quanto pelo Código Civil, no art. 186, comporta tanto a honra subjetiva, ou seja, a forma como a pessoa tem consciência de sua dignidade, quanto a honra objetiva, aquela que se refere à reputação social da pessoa.[1273] Entre as diversas formas de violência contra a dignidade e a honra dos trabalhadores encontram-se as discriminações e o assédio moral.

Por ser responsabilidade da empresa empregadora, o assédio moral organizacional é tema da competência da Justiça do Trabalho, ao passo que o *bullying* que ocorre em escolas é da competência da Justiça Comum.[1274]

Não há uma lei que regule a prática do assédio moral no Brasil, o que faz que seja necessário recorrer a regulamentações da OIT, à Constituição da República, ao Código Civil, ao Código Penal e à CLT.[1275]

(1267) ARAÚJO, Adriane Reis de. *O assédio moral organizacional*. São Paulo: LTr, 2012. p. 65.
(1268) *Ibidem*, p. 66.
(1269) *Ibidem*, p. 67.
(1270) *Ibidem*, p. 80.
(1271) *Ibidem*, p. 81.
(1272) *Ibidem*, p. 85.
(1273) ALKIMIN, Maria Aparecida. *Violência na relação de trabalho e a proteção à personalidade do trabalhador*. Curitiba: Juruá, 2008. p. 101 e 102.
(1274) NASCIMENTO, Sônia Mascaro. *Assédio moral e bullying no ambiente de trabalho*, p. 205.
(1275) *Ibidem*, p. 206.

A responsabilidade penal do agressor se dá na forma dos crimes de calúnia, difamação e injúria, devidamente tipificados nos arts. 138, 139 e 140 do Código Penal, além de ainda ser possível configurar o assédio moral na forma de crime de constrangimento e crime de ameaça, respectivamente descritos nos arts. 146 e 147 do Código Penal.[1276]

Na forma do art. 932, inciso III, do Código Civil, é possível a responsabilização trabalhista da empresa ou de seu preposto por assédio moral contra empregado com condenação à indenização por danos morais.[1277]

Ainda é possível juridicamente que a empresa demita por justa causa o empregado assediador, por força do art. 482, b e j, da CLT; e ajuíze ação de regresso contra ele com base no art. 934 do Código Civil.[1278]

Registre-se que há projetos de lei em tramitação no Congresso Nacional que buscam a tipificação do assédio moral, além de estabelecer sanções a essa prática.[1279]

Além de diversos estudiosos, como Marie-France Hirigoyen, Margarida Barreto e Márcia Novaes Guedes, militarem pela tipificação jurídica do assédio moral, há um forte trabalho parlamentar propondo projetos de lei nesse sentido, como os Projetos de Lei ns. 4.591/2001, 2.369/2003, 2.593/2003, 4.326/2004, 5.887/2001, 4.742/2001 e 4.960/2001.[1280]

Em alguns municípios brasileiros, já foram editadas leis tipificando o assédio moral no ambiente de trabalho com o fim de proteger servidores públicos contra o terror psicológico na Administração Pública. Entretanto, igual medida ainda não foi tomada pelo legislador federal com relação aos empregados regidos pela CLT.[1281]

Luiz de Pinho Pedreira da Silva explica que o ordenamento jurídico brasileiro não possui a tipificação de todas as condutas que caracterizam assédio moral, mas fixa algumas sanções a certos comportamentos de assédio.[1282] O jurista lista como exemplos as seguintes condutas como práticas de assédio moral:

> São exemplos de *mobbing* consignados abusivos em projetos de lei a sujeição do empregado a reiterados e injustificáveis processos disciplinares, o desconhecimento dos seus méritos, o envio de repetidas visitas de controle de enfermidade que assuma vexatória, a proibição aos colegas da vítima de com ela se comunicarem, a execução de serviço em cubículo, comportamentos difamatórios e zombaria por parte de colegas com o objetivo de denegrir o assediado, tratamento injurioso deste por superior hierárquico, o desvio contínuo da correspondência, a ociosidade foçada, a alteração das atribuições e a designação para a realização de serviços humilhantes.
>
> (...)
>
> Passando à tipificação do *mobbing*, podem ser mencionados como casos dele o pedido de demissão forçado, a atribuição de tarefas superiores às possibilidades profissionais à condição física e de saúde do empregado, maus-tratos verbais, a supressão das suas perspectivas de promoção, a injustificada retirada de encargos que lhe foram confiados, a exclusão de informações relevantes para o desenvolvimento de sua atividade, a desvalorização dos resultados obtidos, a proibição de acesso aos instrumentos de trabalho (telefone, *fax*, computador), a ridicularização de defeitos físicos ou de seu físico, inclusive

---

(1276) Idem.
(1277) Idem.
(1278) Idem.
(1279) Idem.
(1280) ARAÚJO, Adriane Reis de. O assédio moral organizacional. São Paulo: LTr, 2012. p. 142.
(1281) BARROS, Alice Monteiro de. Proteção à intimidade do empregado. 2. ed. São Paulo: LTr, 2009. p. 192-193.
(1282) SILVA, Luiz de Pinho Pedreira da. A reparação do dano moral no direito do trabalho. São Paulo: LTr, 2004. p. 101.

pela imitação, agressão física, ainda que de forma leve, mediante empurrões ou batidas de porta em seu nariz, gritos, agressão sexual, com gestos ou expressões, propositada ignorância de seus problemas de saúde.[1283]

Em pesquisa sobre o tratamento jurisprudencial do assédio moral no Brasil, Sônia Mascaro Nascimento identificou algumas condutas que já foram consideradas assédios morais pelos tribunais brasileiros, são elas: deixar empregados sem trabalho ou em locais isolados dentro da empresa por longo período, atribuir funções incompatíveis com o cargo ou função que o empregado ocupa, impedir que o empregado participe de reuniões, atribuir metas inalcançáveis.[1284]

Adriane Reis de Araújo advoga por uma concepção ampla de assédio moral que permita ao julgador incluir diversas formas de abuso do poder empregatício sem que um texto normativo ao tipificar condutas exclua da proteção legal outras hipóteses igualmente reprováveis e danosas.[1285]

A discriminação é a expressão negativa da igualdade, na medida em que viola direitos e garantias fundamentais do ordenamento jurídico. No contexto da relação de emprego natural e materialmente desigual, a discriminação imprime uma desigualdade formal do empregado frente ao empregador.[1286] Maria Aparecida Alkimin define discriminação nos seguintes termos:

> Deve-se entender, portanto, por discriminação toda prática arbitrária que vise a distinguir, excluir ou preferir por motivo de raça, cor, sexo, religião, estado civil, opinião política, origem social ou nacionalidade; que constitua fator impeditivo para que a pessoa ou determinado grupo tenha acesso à igualdade de oportunidades, de tratamento e de resultados no emprego, desde que não existam razões objetivas e critério razoável, haja vista que há hipóteses reais e particulares em que se justifica um tratamento diverso do concedido a situações equiparáveis, portanto, o princípio da igualdade pode exigir desigualdade de tratamento; logo, o princípio da igualdade pode exigir desigualdade de tratamento; logo, o princípio da igualdade e a não discriminação, à luz da justiça distributiva, significam tratar de modo idêntico os que se acham em situação idêntica e de modo desigual, aqueles que se acham em situação desigual.[1287]

No âmbito nacional, o art. 5º, incisos I, XXX e XXXI, da Constituição Federal estabelece a igualdade perante a lei entre homens e mulheres no que tange a direitos e deveres, além de garantir a proibição de diferenças de salários e de admissão em serviço ou função em razão de sexo, idade, cor, estado civil.

Luiz de Pinho Pedreira da Silva entende que a responsabilização pelo assédio moral encontra amparo no ordenamento jurídico inicialmente no art. 5º, inciso X, da Constituição da República, o qual declara a inviolabilidade da intimidade, vida privada, honra, imagem, assegurando o direito à indenização pelo dano material ou moral por qualquer dano que viole tais direitos. No âmbito infraconstitucional, a reparação do assédio moral encontra respaldo no art. 927 do Código Civil.[1288]

Adriane Reis de Araújo reconhece a relação entre assédio moral e discriminação, compreendendo que a perseguição psicológica pode estar fundada em condicionantes discriminatórias.[1289] Assim esclarece:

> **Quando a vítima está inserida em um grupo minoritário, fica difícil a distinção entre o assédio e a discriminação.** Ocorre que o assédio tem como finalidade o engajamento

---
(1283) Ibidem, p. 101 e 102.
(1284) NASCIMENTO, Sônia Mascaro. *Assédio moral*, p. 50-56.
(1285) ARAÚJO, Adriane Reis de. *Op. cit.*, p. 142 e 143.
(1286) ALKIMIN, Maria Aparecida. *Violência na relação de trabalho e a proteção à personalidade do trabalhador*. Curitiba: Juruá, 2008. p. 113.
(1287) Ibidem, p. 114.
(1288) SILVA, Luiz de Pinho Pedreira da. *Op. cit.*, p. 102.
(1289) ARAÚJO, Adriane Reis de. *Op. cit.*, p. 86 e 87.

subjetivo do grupo de trabalhadores (seu controle e disciplina) às metas de produção e regras de administração, podendo igualmente se prestar a corroborar uma norma interna implícita de discriminação: "nessa empresa a diretoria somente é composta por homens", "nessa empresa mulheres loiras podem apenas ser assistentes, mas jamais coordenadoras ou ocupantes de um cargo superior", "nessa empresa pessoas doentes são dispensadas". Todo discurso com esse teor claramente é um discurso discriminatório.[1290] (Grifos acrescidos)

Maria Luiza Pinheiro Coutinho faz interessante análise sobre a baixa recorribilidade ao Poder Judiciário para denúncia e busca por reparação pelos danos causados pela discriminação de gênero, e aponta o assédio moral como uma dessas formas de discriminação:

> Um dado curioso é que a discriminação em face do sexo não costuma ser objeto de ações judiciais. Encontram-se nos tribunais somente umas poucas demandas por prática de discriminação racial e, nos anos mais recentes, questões relativas aos portadores de HIV/Aids, ao assédio sexual e à revista íntima da empregada. Talvez isso se dê por serem essas questões manifestações aparentes da discriminação decorrente das relações de gênero, que se encontra imbricada com as demais formas de discriminação.[1291]
>
> (...)
>
> Também o assédio moral pode ser tomado como uma conduta discriminatória com forte conteúdo de gênero, já que a perversão moral observada no mundo do trabalho parece ter origem nas relações de poder que se desenvolvem no modo como se organiza o trabalho.[1292]

Sônia Mascaro Nascimento alerta para o fato de que as marcas cravadas no psiquismo em razão do assédio moral são em regra invisíveis, o que dificulta sua prova; assim como o ofensor em regra cria um sentimento de culpa na vítima e uma concepção nas demais testemunhas de que a vítima exagera em suas queixas.[1293]

A Lei n. 9.029/95 veio combater a discriminação da mulher no mercado de trabalho, proibindo a exigência de atestado de gravidez e esterilidade para admissão ou promoção no trabalho, além de vedar outras práticas discriminatórias. Nessa mesma toada, para combater essa segregação horizontal fruto da divisão sexual do trabalho que vem acompanhada de discriminação, foi promulgada a Lei n. 9.799/99, que regulou o trabalho da mulher inserindo dispositivos na CLT, como o art. 373-A.[1294]

O meio ambiente do trabalho, por orientar comportamentos e ter um papel simbólico forte na organização da produção, deve ser reconhecido como direito fundamental. O ambiente de trabalho deve ser compreendido por uma perspectiva não monetarista que permita seu reconhecimento como parte do direito à vida saudável e ao pleno desenvolvimento das potencialidades profissionais, sociais e psicológicas.[1295]

O assédio moral também pode ser decorrente de uma prática de assédio sexual ou de uma investida sexual frustrada.[1296] No Brasil, o assédio sexual é crime tipificado no art. 216-A do Código Penal.

O assédio moral estabelece-se no limite entre o poder diretivo do empregador e a subordinação jurídica do empregado. O atual modelo de gestão organizacional exige dos empregados alto grau

---
(1290) Ibidem, p. 87.
(1291) COUTINHO, Maria Luiza Pinheiro. Op. cit., p. 45.
(1292) Idem, p. 46.
(1293) NASCIMENTO, Sônia Mascaro. Assédio moral, p. 145.
(1294) GURGEL, Yara Maria Pereira. Discriminação nas relações de trabalho por motivo de gênero. In: Constituição e Garantia de Direitos, v. 1, ano 4, p. 2-4.
(1295) COUTINHO, Aldacy Rachid. Meio ambiente do trabalho — a questão do poder empregatício e a violência silenciosa do perverso narcísico. In: Revista LTr, v. 77, n. 8, p. 903, ago. 2013,.
(1296) ARAÚJO, Adriane Reis de. Op. cit., p. 86.

de qualificação e comprometimento com a empresa, em certa medida inclusive atribuindo-lhes responsabilidade pelo sucesso do empreendimento. Entretanto, essas atribuições não vêm acompanhadas de influência nos processos decisórios da empresa, tampouco de participação nos lucros e resultados auferidos pela organização. Nesse contexto adverso que exige sem oferecer uma contrapartida vantajosa, o assédio moral insere-se como o mecanismo de garantir "entusiasmo" no trabalho com a constante ameaça de dispensa.[1297]

O poder diretivo encontra limites na legislação constitucional e infraconstitucional que fixa parâmetros mínimos que devem ser respeitados, vedando exigências ilícitas, nocivas ou vexatórias, assim como é proibido demandar a prestação de serviços incompatíveis com o objeto do contrato e a qualificação do empregado.[1298]

Os limites infraconstitucionais ao poder empregatício estão positivados nos arts. 483, 468 e 469 da CLT. O Código Civil, em seu art. 157, trata do instituto da lesão, que torna inválido o negócio realizado em extrema desproporção para uma das partes e que tenha sido celebrado em razão de premente necessidade ou seja resultado de inexperiência da parte lesada. O contexto fático exigido para a configuração da lesão é intrínseco à relação de emprego, em que há historicamente um desnível entre empregado e empregador.[1299]

O assédio moral, por alterar e eliminar a igualdade de oportunidades ao emprego, é ato ilícito que pode ensejar tanto a dispensa por justa causa do empregado que assedia outro colega ou superior nos termos do art. 482, b, da CLT, enquadrando-se como mau procedimento ou incontinência de conduta; bem como pode ensejar rescisão indireta no caso de ser o próprio empregador o assediador, nos termos do art. 483, a, b, c, d, e, da CLT, além de a vítima poder pleitear indenização por danos morais e materiais sofridos.[1300]

Em hipótese de assédio moral horizontal, o agressor pode ser demitido por justa causa com base no art. 483, alíneas b, j e k, da CLT.[1301]

Além dessas hipóteses previstas na CLT, ainda é possível enquadrar o assédio moral organizacional como crime de constrangimento ilegal, previsto no art. 146 do Código Penal, enquanto não surge uma tipificação mais específica como existe na Suécia, Alemanha e França.[1302]

Sobre a rescisão indireta em virtude de assédio moral, Maria Aparecida Alkimin faz a seguinte análise:

> Quaisquer das violências apontadas (assédio sexual ou moral, discriminação etc.) torna degradante o ambiente do trabalho, tornando insuportável a manutenção do vínculo empregatício ante os constrangimentos e humilhações dirigidos ao trabalhador, o qual tem a faculdade de promover a resolução do contrato de trabalho, tanto nos casos dos atos patronais como de seus subordinados que desmereçam a dignidade do trabalhador ou no caso de qualquer outro descumprimento grave das obrigações contratuais.[1303]

O assédio moral gera dano moral que deve ser indenizado por força dos arts. 186 e 927 do Código Civil de 2002, por tratar de ilícito civil que gera responsabilidade.[1304]

(1297) Ibidem, p. 122-123.
(1298) Ibidem, p. 125.
(1299) Ibidem, p. 129-130.
(1300) COUTINHO, Maria Luiza Pinheiro. Op. cit., p. 65.
(1301) ALKIMIN, Maria Aparecida. Violência na relação de trabalho e a proteção à personalidade do trabalhador. Curitiba: Juruá, 2008. p. 150.
(1302) COUTINHO, Maria Luiza Pinheiro. Op. cit., p. 65.
(1303) ALKIMIN, Maria Aparecida. Op. cit., p. 168.
(1304) Ibidem, p. 150.

O contrato de emprego envolve o poder de gestão, direção e comando do empregador tanto sobre o conteúdo patrimonial, ou seja, a força de trabalho do empregado, quanto sobre o conteúdo pessoal que compõe o empregado, ou seja, sua dignidade, personalidade, honra, integridade, imagem etc. O dano moral surge do excesso desse poder de direção sobre o conteúdo pessoal do empregado, daí decorrendo o dever de indenizar. O ato ilícito que causa dano moral foi tipificado civilmente no art. 187 do Código Civil.[1305]

Na relação empregatícia, o dano moral pode surgir seja na fase pré-contratual, na qual o provável futuro empregador questiona o candidato a empregado sobre sua vida privada, opiniões pessoais ou qualquer ato ofensivo à dignidade, seja na fase de execução do contrato ou na fase de rescisão contratual.[1306]

O assédio moral organizacional pode gerar, além do dano moral individual, um dano moral coletivo. Nesse caso, serão aplicadas a Lei n. 8.078/90 (Código de Defesa ao Consumidor), que em seu art. 81 define os tipos de interesses e direitos metaindividuais, e a Lei n. 7.347/85, que prevê a ação civil pública como remédio judicial para a defesa de interesse coletivo e a responsabilização pelo dano moral.[1307]

A dificuldade em se aferir, por meio da análise de decisões judiciais, o número de violações a direitos de trabalhadores, seja na esfera patrimonial ou moral, está no receio de ingressar com reclamação trabalhista com o vínculo de emprego ainda em curso, em razão de ameaças e riscos de dispensa. Para contornar esse risco, o Ministério Público do Trabalho pode ajuizar ação civil pública em benefício do grupo de trabalhadores que sofre de violência no ambiente de trabalho, na defesa de direitos coletivos e difusos dos trabalhadores, nos termos do art. 129, III, da Constituição da República. Os sindicatos também podem atuar no mesmo sentido.[1308]

A indenização por dano moral não busca reparar o dano e garantir ao ofendido o restabelecimento da situação anterior, como ocorre no caso de indenização por dano material, mas busca, em certa medida, compensar a vítima e punir o ofensor de forma pedagógica.[1309]

Os parâmetros para a fixação da indenização por dano moral não são precisamente estabelecidos por lei; entretanto, construções jurisprudenciais já afastaram a possibilidade de aplicação da Lei de Imprensa como parâmetro de tarifação por meio da Súmula n. 281 do Superior Tribunal de Justiça. Com base no art. 7º, IV, da Constituição da República, também foi afastada a possibilidade de vinculação do salário mínimo para o cálculo de indenização por dano moral.[1310]

Maria Aparecida Alkimin sustenta que o valor indenizatório do dano moral deve ser fixado seguindo os seguintes parâmetros: intensidade do sofrimento da vítima, gravidade e natureza da lesão, intensidade do dolo ou grau da culpa do ofensor, personalidade e condição econômica do ofensor para evitar que não seja tão irrisório o valor arbitrado, o tempo de serviço prestado na empresa, o cargo e a posição hierárquica ocupados na empresa, a permanência temporal dos efeitos do dano.[1311]

Alguns civilistas, como Maria Helena Diniz, propõem que o órgão judicante, ao fixar o arbitramento da indenização pelo dano moral, deverá evitar um valor simbólico e a geração de um enriquecimento sem causa da vítima.[1312] A civilista defende a seguinte tese sobre a avaliação do dano moral:

(1305) *Ibidem*, p. 178-179.
(1306) *Ibidem*, p. 179.
(1307) *Ibidem*, p. 184.
(1308) *Ibidem*, p. 188-190.
(1309) *Ibidem*, p. 180 e 181.
(1310) *Ibidem*, p. 181.
(1311) *Ibidem*, p. 182 e 183.
(1312) DINIZ, Maria Helena. O problema da liquidação do dano moral e dos critérios para a fixação do "quantum" indenizatório. In: *Atualidades jurídicas 2*. São Paulo: Saraiva, 2001. p. 266 e 267.

> (...) A indenização não poderá ter valor superior ao dano, nem deverá subordinar-se à situação de penúria do lesado; nem poderá conceder a uma vítima rica uma indenização inferior ao prejuízo sofrido, alegando que sua fortuna permitiria suportar o excedente do menoscabo.[1313]

Por sua vez, Carlos Roberto Gonçalves considera que, além da condição econômica da vítima, o arbitramento da indenização por dano moral deve apreciar também a situação econômica do ofensor, em virtude do caráter punitivo da indenização.[1314]

Para a valoração da indenização por dano moral, existem teorias subjetivas que defendem que o valor deve ser arbitrado com fundamento na condição econômica das partes, bem como em outras circunstâncias pessoais da vítima, como sua condição familiar, econômica, nível de sensibilidade, caráter, ânimo, entre outras. Por sua vez, o método objetivo propõe uma valoração em abstrato que aprecia o dano com base na conduta do homem médio em comparação a tabelas e critérios preestabelecidos.[1315]

A colocação do problema relativo ao valor da indenização por danos decorrentes do assédio moral deve considerar o efeito que se deseja alcançar com a condenação. Se o intuito é coibir as práticas de assédio moral, uma condenação baseada apenas na condição econômica da vítima com preocupações em evitar seu enriquecimento ilícito poderá transformar-se, como no caso da taxa pelo atraso em buscar os filhos na creche, em um custo para se adotar o assédio como método de gestão.

Considerando que os danos psicológicos e até físicos em decorrência de efeitos psicossomáticos gerados pelo assédio moral jamais poderão ser compensados por meio de uma indenização monetária, a condenação pecuniária, além de atuar como forma de reconhecimento do sofrimento infligido à vítima, possui uma função punitiva primordial, como forma de demonstrar que essa forma de violência não é admitida pelo ordenamento jurídico. Destarte, o valor arbitrado deve ser suficiente para causar desconforto ao equilíbrio dos resultados financeiros da organização que tolera ou adota expressamente o assédio moral como método de gestão de seu pessoal.

Caso contrário, o raciocínio a ser fomentado será o de que o custo de uma gestão que adota o assédio moral é apenas um pouco maior que aquela em que não se admite essa prática, podendo as empresas considerarem viável arcar com o custo a depender dos resultados imediatos que pretendam alcançar.

Por todo o exposto, parece mais razoável fixar o valor da indenização com base nas condições econômicas do agressor ao invés de utilizar como base a capacidade econômico-financeira da vítima.

O trabalhador que tiver seu direito de personalidade ameaçado ou violado pode recorrer ao Poder Judiciário, pleiteando medida cautelar com ordem liminar, com fulcro no art. 12 do Código Civil. Se sofrer interferência indevida em sua vida privada poderá demandar judicialmente nos termos do art. 21 do Código Civil.[1316]

Considerando que os danos morais dificilmente são apagados completamente após sua reparação, medidas preventivas devem ser adotadas. Luiz de Pinho Pedreira da Silva propõe duas formas de prevenção:

> (...) uma de caráter geral, consistente na ameaça efetiva de uma consequência legal, em face da produção de uma atividade determinada, outra, específica, realiza-se mediante a imposição de deveres especiais a certos sujeitos destinados a controlar e minorar os riscos da atividade por eles exercida, mediante a adoção de mediadas de segurança adequadas

---

(1313) Idem.
(1314) GONÇALVES, Carlos Roberto. *Direito civil brasileiro, volume 4. Responsabilidade civil.* 6. ed. São Paulo: Saraiva, 2011. p. 404.
(1315) SILVA, Luiz de Pinho Pedreira da. *A reparação do dano moral no direito do trabalho.* São Paulo: LTr, 2004. p. 105-106.
(1316) ALKIMIN, Maria Aparecida. *Violência na relação de trabalho e a proteção à personalidade do trabalhador.* Curitiba: Juruá, 2008. p. 156.

ou de mecanismos orientados no sentido de impedir a consumação do dano ou a deter os efeitos de uma ação danosa já iniciada.[1317]

A justificação das punições aplicadas às respectivas faltas disciplinares dos empregados permite que possa haver uma avaliação sobre a proporcionalidade e adequação do poder disciplinar exercido pelo empregador.[1318]

As vítimas de assédio moral podem ainda recorrer à ajuda dos seus respectivos sindicatos, bem como formular denúncia junto à Delegacia Regional do Trabalho ou ao Ministério Público do Trabalho, os quais poderão adotar medidas extrajudiciais e judiciais adequadas.[1319]

Além da atuação coletiva por meio dos sindicatos, as vítimas de assédio moral podem recorrer aos Núcleos de Promoção de Igualdade e Oportunidades e de Combate à Discriminação em Matéria de Emprego e Profissão, instituídos pelo Ministério do Trabalho e Emprego desde o ano de 2000, que possuem competência para propor estratégias e ações para eliminar formas de discriminação e garantir a dignidade dos trabalhadores, além de acolherem denúncias e encaminharem ao Ministério Público do Trabalho.[1320]

O número de empresas preocupadas com o meio ambiente de trabalho livre de assédio moral ainda é reduzido, mas para buscar a mudança desse cenário os trabalhadores podem denunciar essas práticas de violência psicológica às Delegacias Regionais do Trabalho e Emprego.[1321]

Para amenizar a omissão do legislador nacional, Alice Monteiro de Barros sugere a utilização de Convenções Coletivas como instrumentos para conceituar o assédio moral, bem como estabelecer sanções para evitar essa forma de violência.[1322]

4.5. Assédio moral organizacional e adoecimento ocupacional

Roberto Heloani e Cláudio Capitão explicam que o trabalho em si não pode ser visto como o responsável pelos surtos psicóticos e a formação de neuroses, mas a forma como o ambiente de trabalho estrutura-se pode contribuir para o desencadeamento de doenças mentais.[1323]

O trabalho influencia de forma decisiva a forma como se vive, razão pela qual o estudo da saúde está tão relacionado com as formas de trabalho. A saúde está associada à capacidade do corpo de produzir novas formas de vida, de expandir-se dadas as condições em que se vive, além da ausência de doenças.[1324]

Freud explica que o bebê percebe o mundo como uma extensão do seu ego e somente à medida que vai crescendo percebe que existem outras subjetividades e reconhece o outro que se diferencia de si. Assim, o amadurecimento do ego permite o surgimento das relações do eu com o mundo e, nesse processo, o trabalho auxilia no desenvolvimento da identidade do sujeito gerando sofrimento e prazer que tencionam o aparelho psíquico. O sofrimento divide-se em *sofrimento criador*, que permite a elaboração produtiva, e *sofrimento patogênico*, que se traduz em frustração; razão pela qual o trabalho pode mediar tanto a saúde quanto a doença.[1325]

(1317) SILVA, Luiz de Pinho Pedreira da. *A reparação do dano moral no direito do trabalho*. São Paulo: LTr, 2004. p. 34.
(1318) ARAÚJO, Adriane Reis de. *O assédio moral organizacional*. São Paulo: LTr, 2012. p. 147.
(1319) *Idem*, p. 148.
(1320) NASCIMENTO, Sônia Mascaro. *Assédio moral*, p. 150.
(1321) COUTINHO, Maria Luiza Pinheiro. *Op. cit.*, p. 64.
(1322) BARROS, Alice Monteiro de. *Proteção à intimidade do empregado*, p. 193.
(1323) HELOANI, José Roberto; CAPITÃO, Cláudio Garcia. *Op. cit.*, p. 102.
(1324) BRITO, Jussara Cruz de; NEVES, Mary Yale; OLIVEIRA, Simone Santos; ROTENBERG, Lucia. Saúde, subjetividade e trabalho: o enfoque clínico e de gênero. In: *Revista Brasileira de Saúde Ocupacional*, São Paulo, 37 (126), 2012. p. 317 e 318.
(1325) HELOANI, José Roberto; CAPITÃO, Cláudio Garcia. *Op. cit.*, p. 106-107.

A gestão que evidencia que o trabalhador pode ser dispensado a qualquer momento, o desprezo, a competitividade, as exigências por qualificação influenciam na qualidade de vida e no psiquismo do ser humano, podendo levar ao aviltamento de si mesmo.[1326]

A pressão para ser um herói na empresa e a busca do sucesso no trabalho são capazes de produzir ansiedade e estresse, além de poderem levar os empregados às drogas e à bebida, destruindo seus relacionamentos dentro e fora do ambiente de trabalho de forma nefasta. Nesse contexto, a preocupação da empresa com a saúde de seus empregados permanece apenas no âmbito do discurso, tendo pouco ou nenhum contato com a realidade, o que aumenta a angústia e o temor dos empregados.[1327]

Um dos elementos que tem contribuído para a degradação da saúde no ambiente de trabalho é o assédio moral.[1328] Marcus Vinicius Soares Siqueira faz a seguinte análise:

> Nesse sentido, cabe levantar alguns temas fundamentais nesse discurso de saúde. O primeiro deles refere-se à questão do assédio moral que está mais presente nas organizações atuais, ou, ao menos, está sendo mais percebido do que anteriormente. (...) **É o abuso do poder, de manipulação realizada de maneira extremada, de modo a minar as resistências dos indivíduos, humilhando-os e os tornando mais frágeis.** (...) Como se disse, essa agressão sutil e constante vai minando as resistências dos indivíduos, também os deixando na defensiva, acuados. Da mesma forma, o assediado é depreciado, ignorado e ridicularizado, passando não raras vezes a ser visto como problemático e de relacionamento difícil, sem que as pessoas saibam, muitas vezes, o que realmente está acontecendo. O ponto é que o indivíduo começa a viver um pesadelo, um estado de terror que se aprofunda cada vez mais, sem que ele saiba como escapar e, ao fim, como a única saída, o pedido de demissão. Do seu lado, o perverso sabe manejar eficientemente o sarcasmo e o desprezo, sendo estes, mecanismos utilizados para desestabilizar o outro.
>
> **O assediado não sabe como se contrapor a esse processo de degradação, que só tende a piorar ao longo do tempo. O agressor, de sua parte, abusa do poder que detém na organização**, aterrorizando as pessoas, de modo a compensar suas fraquezas e ineficiências.[1329] (Grifos acrescidos)

Como consequência desse abuso de poder, o assediado sofre de medo, dúvidas, estresse e confusão, perdendo a confiança em si mesmo.[1330]

As organizações valem-se de seu poder diretivo, disciplinar e de fiscalização para imprimir violência psicológica no ambiente de trabalho; entretanto, as consequências resultam no adoecimento dos trabalhadores em razão do sofrimento psíquico, gerando problemas como depressão, distúrbios psicológicos, hipertensão, doenças no sistema digestivo, suicídio (*bulicídio*).[1331]

Por isso, Adriane Reis de Araújo afirma que o limite do poder empregatício está na função social da empresa[1332]:

> O poder do empregador de gerir a máquina produtiva está limitado pela função social da empresa, a qual não tem apenas um cunho negativo, mas também positivo, ou seja, exige "um compromisso positivo do seu titular com o atendimento dos interesses sociais,

---

(1326) *Ibidem*, p. 103.
(1327) SIQUEIRA, Marcus Vinicius Soares. *Op. cit.*, p. 169.
(1328) *Ibidem*, p. 170.
(1329) *Ibidem*, p. 170 e 171.
(1330) *Ibidem*, p. 171.
(1331) COUTINHO, Maria Luiza Pinheiro. *Op. cit.*, p. 63.
(1332) ARAÚJO, Adriane Reis de. *Op. cit.*, p. 117.

resgatando a responsabilidade e a intersubjetividade que devem caracterizar o exercício dos direitos subjetivos".[1333]

Quando o poder empregatício não encontra limites para sua expressão na função social da empresa e nos direitos fundamentais dos empregados, o resultado é a busca desenfreada pela produtividade e pelo lucro imediatos ao custo do adoecimento de seu quadro de trabalhadores e da degradação do meio ambiente de trabalho.

A maior dificuldade nos casos de adoecimento por assédio moral é relacionar o surgimento ou agravamento da doença com a violência psicológica sofrida, e quando essa relação é constatada e a vítima recorre a alguma ajuda, ela é aconselhada a buscar outro emprego, o que leva a aumentar o sentimento de culpa pelo fracasso profissional. Além disso, o assédio moral é responsável por altos índices de absenteísmo, queda na produtividade em virtude dos adoecimentos e da alta rotatividade da mão de obra, reduzindo os lucros da empresa.[1334] Isso demonstra que a maior promessa de curto prazo que move a gestão organizacional por assédio moral na verdade é a maior causa do fracasso das empresas no longo prazo.

As empresas demandam indivíduos que tenham certo grau de resiliência, como a capacidade de enfrentar adversidades e de não se tornar vulnerável criando mecanismos de proteção emocional. Para alcançar esse padrão exigido pelas empresas, muitos trabalhadores recorrem a drogas[1335] lícitas e ilícitas, o que muitas vezes é tolerado pelas empresas em prol de maior lucratividade, não há uma preocupação com a saúde dos indivíduos. A preocupação de muitas empresas com a saúde de seus empregados só surge quando o trabalhador torna-se irritado, diminui a produtividade, tem alta taxa de absenteísmo no trabalho; ao passo que quando o funcionário trabalha de 12 a 14 horas por dia, está em elevada produtividade e com desempenho criativo em alta; mesmo esse desempenho sendo possível apenas mediante uso de drogas, a empresa não vê problema a ser tratado.[1336]

As organizações contemporâneas apresentam de forma unânime um discurso pela valorização da qualidade de vida de seus empregados; entretanto, na prática demonstram o contrário, o que fica evidente com a busca pela redução das conquistas sociais.[1337]

Sobre as formas de gestão organizacional e a qualidade de vida, Maria Ester de Freitas, Roberto Heloani e Margarida Barreto fazem a seguinte análise:

> O que chamamos de qualidade de vida no ambiente de trabalho não é um mero conceito, mas algo que diz respeito às condições objetivas e subjetivas próprias do cotidiano de políticas e práticas organizacionais, fornecidas ou negligenciadas pelo aparato normativo, estrutural e cultural que preside as decisões nas organizações. Toda decisão ou omissão tem impactos em maior ou menor grau, e todos os líderes sabem disso. Não podemos esquecer que o capitalismo funciona com base em dois mecanismos contraditórios e complementares: a competição e a colaboração. Parece que o segundo termo está sendo esquecido. **Entendemos que analisar a violência, pelo seu desdobramento de assédio moral, como um problema das organizações, pode abrir espaço para o resgate de um ambiente mais colaborativo, mais honesto e mais saudável para as pessoas e os negócios.**
> O ambiente empresarial precisa de certo nível de credibilidade para fazer vigorar os

---

(1333) Idem.
(1334) COUTINHO, Maria Luiza Pinheiro. Op. cit., p. 63.
(1335) O filme "O lobo de Wall Street" retrata como os trabalhadores do mercado de ações da Bolsa de Valores de Wall Street fazem uso de drogas, como a cocaína, para conseguirem o ritmo de produtividade e o alcance das metas de venda de ações, sem descanso ou pausas. Conferir a filmografia: O Lobo de Wall Street (The Wolf of Wall Street). Direção e produção: Martin Scorsese. Roteiro: Terense Winter, 2013. 1 DVD (179 minutos).
(1336) SIQUEIRA, Marcus Vinicius Soares. Op. cit., p. 172-174.
(1337) HELOANI, José Roberto; CAPITÃO, Cláudio Garcia. Op. cit., p. 105.

seus planos, seus acordos, suas alianças, despertar a fidelidade de seus consumidores e a dedicação de todos os seus membros; caso contrário, esse ambiente vai aos poucos se tornando mortífero e atentará contra os seus próprios interesses mais caros. Além do mais, nenhuma organização, particularmente empresa, pode prescindir de legitimação social.

Entendemos que é preciso ter em mente que o assédio moral é em si um problema organizacional simplesmente porque ocorre dentro do ambiente de trabalho, entre pessoas que são parte da estrutura organizacional.[1338] (Grifos acrescidos)

O resultado desse discurso pela qualidade de vida dissociado da prática é o surgimento de doenças profissionais como a LER/DORT, que se espalha como se fosse uma doença contagiosa entre milhares de trabalhadores, afetando predominantemente mulheres entre 18 e 35 anos, gerando um sentimento de luta pela sobrevivência nesses trabalhadores.[1339]

Além das doenças no corpo físico por esforço repetitivo e a ausência de pausas para necessidades fisiológicas, o assédio moral contamina todo o ambiente de trabalho, provocando o adoecimento não só das vítimas diretas, mas também dos colegas que são testemunhas da violência moral e sofrem com o medo e pânico diante das cobranças e da ameaça de serem a próxima vítima, podendo desenvolver estresse pós-traumático, depressão, ansiedade, TOC (transtorno obsessivo compulsivo), acidentes de trabalho, abuso de substâncias psicotrópicas, pânico, entre outras doenças psicossomáticas.[1340]

O assédio moral é o mecanismo utilizado pelo poder disciplinador para internalizar normas de conduta no trabalhador com o fim de direcionar a produção.[1341]

Adriane Reis de Araújo explica que o assédio moral funciona como "método de homogeinização do comportamento, ou seja, controle da subjetividade dos trabalhadores, já que em sua maioria as pessoas assediadas são consideradas fora do padrão almejado pela empresa".[1342] Assim, o assédio moral é utilizado como sanção normalizadora de comportamentos dos empregados, saneando o ambiente de trabalho, valendo-se de estruturas de poder para tanto.[1343]

O assédio moral contra os empregados que sofrem de doenças decorrentes do trabalho ou que acabam de retornar de benefício previdenciário em razão de adoecimento tem dupla função: eliminar esses trabalhadores por meio de pedidos de demissão e pedagogicamente imprimir nos demais empregados o sentimento de obrigação no cumprimento das metas impostas, por meio do medo de também sofrerem a violência moral.[1344]

Leonardo Mello e Silva denomina o assédio moral de "gestão pela incitação". Os empregados são chamados de "colaboradores" para embutir, já no discurso, uma maior carga de responsabilidade por sua *performance* no cumprimento das metas da empresa, sempre gerando um sentimento de dúvida se o trabalhador é capaz de alcançar o objetivo esperado.[1345]

Além do estresse e de seus efeitos perversos na saúde, os trabalhadores em excesso de competitividade e na busca por um aperfeiçoamento continuado e alta produtividade sofrem mais acidentes de trabalho em razão do cansaço e exaustão. Ao passo que as empresas fornecem cursos de prevenção de acidentes e instalam tecnologias preventivas apenas quando o custo com os acidentes supera sua lucratividade. Daí surge a importância de uma legislação trabalhista capaz de garantir proteção aos empregados e onerar os empregadores que não zelem por sua segurança e saúde.[1346]

(1338) FREITAS, Maria Ester de; HELOANI, José Roberto; BARRETO, Margarida. *Op. cit.*, p. 37.
(1339) HELOANI, José Roberto; CAPITÃO, Cláudio Garcia. Saúde mental e psicologia do trabalho. In: *São Paulo em Perspectiva*, 17(2), 2003. p. 105.
(1340) ARAÚJO, Adriane Reis de. *Op. cit.*, p. 77.
(1341) *Ibidem*, p. 78.
(1342) *Ibidem*, p. 68.
(1343) *Idem*.
(1344) *Ibidem*, p. 70 e 71.
(1345) SILVA, Leonardo Mello e. Gestão pela incitação. *Folha Sinapse*, n. 37, p. 15, 26 jul. 2005.
(1346) SIQUEIRA, Marcus Vinicius Soares. *Op. cit.*, p. 176-177.

A perda do emprego e a dificuldade em conseguir uma nova posição no mercado de trabalho promovem o sofrimento por atingirem os alicerces da identidade. A ameaça dessa exclusão engendra um sentimento de medo e desconfiança entre as pessoas, minando a rede de solidariedade.[1347]

Christophe Dejours registra que quando há uma associação entre o sofrimento alheio e a convicção de que esse sofrimento é injusto, floresce um movimento de solidariedade, inclusive por meio de mobilização política e com o levantamento da questão da justiça.[1348]

Por outro lado, aqueles que dissociam a percepção do sofrimento alheio de um sentimento de indignação pela injustiça do sofrimento infligido a outrem encontram-se resignados, considerando a crise do emprego e os problemas do mundo do trabalho como fatalidades sobre as quais não podem exercer nenhuma influência.[1349] Assim, sofrem tanto os que trabalham, quanto os que não têm trabalho, como relata Christophe Dejours:

> Querem nos fazer acreditar, ou tendemos a acreditar espontaneamente, que o sofrimento no trabalho foi bastante atenuado ou mesmo completamente eliminado pela mecanização e a robotização, que teriam abolido as obrigações mecânicas, as tarefas de manutenção e a relação direta com a matéria que caracterizam as atividades industriais. (...)
>
> Por trás da vitrina, há o sofrimento dos que trabalham. Dos que, aliás, pretensamente não mais existem, embora na verdade sejam legião, e que assumem inúmeras tarefas arriscadas para a saúde, em condições pouco diferentes daquelas de antigamente e por vezes mesmo agravadas por frequentes infrações das lei trabalhistas (...).
>
> Enfim, por trás das vitrinas, há o sofrimento dos que temem não satisfazer, não estar à altura das imposições da organização do trabalho: imposições de horário, de ritmo, de formação, de informação, de aprendizagem, de nível de instrução e de diploma, de experiência, de rapidez, de aquisição de conhecimentos teóricos e práticos (DESSORS & TORRENTE, 1996) e de adaptação à "cultura" ou à ideologia da empresa, às exigências do mercado, às relações com os clientes, os particulares ou o público etc.[1350]

Esse sofrimento produz estresse. Para Marie-France Hirigoyen, "o estresse só se torna destruidor pelo excesso, mas o assédio é destruidor por si só".[1351] O repouso é reparador para o tratamento do estresse; já no caso de assédio moral, mesmo um afastamento das atividades pode não ser suficiente para reparar o atentado contra a dignidade, nem mesmo pode ser capaz de remover a vergonha e a humilhação que a vítima sente.[1352]

A gestão por meio do estresse busca produzir mais e melhor, de modo a melhorar o desempenho dos trabalhadores sem destruí-los; a dosagem errada na gestão pelo estresse poderá levar a alterações imprevistas sobre a saúde dos trabalhadores, mas a princípio não há uma intencionalidade maldosa. Entretanto, em relação ao assédio moral, há a intenção consciente de prejudicar o assediado, com o fim de se livrar de uma pessoa que incomoda por alguma razão, sem que haja um propósito útil à organização ou à boa administração da empresa.[1353]

Angelo Soares e Juliana Oliveira apontam para o perigo de o assédio moral ser banalizado em razão de cada ato ou gesto isolado não representar uma violência, podendo assim ser menosprezado, ao passo que o conjunto representa uma agressão considerável.[1354]

(1347) DEJOURS, Christophe. *A banalização da injustiça social*, p. 19.
(1348) *Ibidem*, p. 9.
(1349) *Ibidem*, p. 20.
(1350) *Ibidem*, p. 27 e 28.
(1351) HIRIGOYEN, Marie-France. *Mal-estar no trabalho*, p. 20.
(1352) *Ibidem*, p. 23.
(1353) *Idem*.
(1354) SOARES, Angelo; OLIVEIRA, Juliana Andrade. Assédio moral no trabalho. In: *Revista Brasileira de Saúde Ocupacional*. São Paulo, 37 (126), 2012. p. 195.

A questão do sofrimento no trabalho tem pouquíssimo espaço nos discursos, gerando situações dramáticas como suicídios no espaço de trabalho, como expressão de um impasse psíquico gerado pela falta de um interlocutor sobre o problema, agravado por uma tolerância ao sofrimento em razão da dificuldade sindical em considerar a subjetividade dos trabalhadores.[1355]

Esse contexto propicia, assim, a construção de uma tolerância ao próprio sofrimento que inevitavelmente leva a uma dificuldade de percepção do sofrimento alheio, inclusive gerando uma ausência de empatia por aquele que sofre pela falta do emprego. Cria-se, destarte, uma intolerância afetiva para com a própria emoção e para com os outros.[1356]

No âmbito individual, o assédio moral é um dos maiores estressores que prejudicam a saúde do indivíduo, gerando consequências psicossomáticas, como dores de cabeça, gastrites, insônia, tontura, depressão, ansiedade, maior risco de doenças cardiovasculares, baixa satisfação profissional.[1357]

Os sintomas de estresse provocados pelo assédio moral, com o decorrer do tempo, são capazes de desencadear distúrbios psíquicos, gerando na maioria dos casos uma desestabilização permanente que pode inclusive alterar a personalidade da vítima. A pessoa que sofre o assédio moral permanece com um sentimento de desvalorização mesmo afastada de seu agressor, o que a torna frágil psicologicamente, medrosa e descrente de tudo e de todos.[1358]

O estresse pós-traumático é mais comum nos casos de assédio moral que isolam a vítima, deixando-a sozinha contra todos, se comparados às situações em que o assédio é uma forma de gestão por injúria geral, em que a solidariedade dos companheiros auxilia na neutralização do sofrimento.[1359]

O assédio moral funciona como estratégia de manipulação de emoções, gerando sentimentos como culpa, solidão, angústia, raiva, vergonha, em um processo de abuso de poder e discriminação no espaço de trabalho.[1360]

Em pesquisa realizada em 2005 com todos os Estados brasileiros, Margarida Barreto identificou que 75% dos entrevistados em algum momento da vida já tinham sofrido assédio moral no trabalho, e 40% relataram ter sofrido ameaças verbais.[1361]

Segundo a pesquisa, os processos de assédio moral tiveram como duração o lapso temporal de três meses a três anos. No serviço público, o período de permanência sob condições de violência psicológica foi maior, durando por mais de três anos em 60% dos casos, ao passo que nos empregos privados, 80% dos casos tiveram duração inferior.[1362]

O assédio moral, como sanção normalizadora, pune todo ato ou característica pessoal tida como prejudicial à produção. Uma das sanções frequentemente relatadas é a limitação ao uso de sanitários, que caso excedida é punida com humilhações públicas e até ameaças de dispensa concretizadas.[1363]

Adriane Reis de Araújo relata o caso da Ação Civil Pública interposta pelo Ministério Público da 18ª Região tratando de atendentes de *call center*, que, em razão da atividade, precisavam ingerir grandes quantidades de água pelo uso contínuo da voz e tinham o uso ao banheiro restringido, o que

---

(1355) DEJOURS, Christophe. *A banalização da injustiça social*, p. 44 e 45.
(1356) *Ibidem*, p. 45-46.
(1357) SOARES, Angelo; OLIVEIRA, Juliana Andrade. Assédio moral no trabalho. In: *Revista Brasileira de Saúde Ocupacional*. São Paulo, 37 (126), 2012. p. 197.
(1358) HIRIGOYEN, Marie-France. *Mal-estar no trabalho*, p. 164.
(1359) *Ibidem*, p. 165.
(1360) FREITAS, Maria Ester de; HELOANI, José Roberto; BARRETO, Margarida. *Op. cit.*, p. 52.
(1361) *Ibidem*, p. 70.
(1362) *Ibidem*, p. 71.
(1363) ARAÚJO, Adriane Reis de. *O assédio moral organizacional*. São Paulo: LTr, 2012. p. 79.

ocasionou cistite (inflamação na bexiga urinária) nas empregadas. Observa-se, nesse caso, um abuso do poder empregatício em uma violação ao tratamento digno dos trabalhadores.[1364]

O assédio moral organizacional também é utilizado em casos de fusões e aquisições, quando a empresa entende necessário reduzir o quadro de empregados, mas não deseja arcar com o ônus da demissão, mas opta por implementar Planos de Demissão Voluntária, cuja adesão é estimulada pelo assédio moral. Esse tipo de conduta foi bastante comum no período de privatizações de empresas públicas no Brasil nos anos 1990.[1365]

Adriane Reis de Araújo relata o processo ocorrido no Banco do Estado da Bahia, que implementou Plano de Demissão Voluntária conjugado com assédio moral como meio de coagir a adesão, o que resultou em 22 suicídios entre os anos de 1995 e 1996, além de mais de 50% dos empregados terem recorrido a consultas a psiquiatras, cardiologistas e alergologistas.[1366]

O assédio moral ainda é capaz de gerar estresse pós-traumático[1367], como resultado da vivência de uma situação de estado de terror e impotência, gerando problemas de memória, distúrbios no sono, dificuldade de concentração, entre outros. O estado de estresse pós-traumático decorrente do assédio moral é capaz de produzir alterações na personalidade da vítima, levando-a a um estado depressivo ou obsessional.[1368]

A vítima de assédio moral organizacional deve procurar ajuda psicológica, para restaurar seu estado psíquico, e ajuda jurídica para denunciar o ocorrido e evitar que outras pessoas venham a sofrer do mesmo fenômeno, pois o assédio moral viola direitos civis irrenunciáveis da vítima.[1369]Uma das consequências mais graves do assédio moral detectada pelos estudiosos é o suicídio da vítima.[1370]

Selma Venco e Margarida Barreto apontam que as novas formas de gestão do trabalho impactam a construção do "eu" e do "outro", alterando a identidade de si e levando a um sofrimento que pode culminar com o suicídio. Entretanto, há um esforço por parte das organizações em não divulgar que o trabalho é a possível causa de suicídio, preferindo-se o silêncio sobre o assunto.[1371]

Selma Venco e Margarida Barreto afirmam que "a organização do trabalho e suas revistadas formas de gestão, baseadas na concorrência e na introjeção de práticas individualizantes crescentes, encontram-se na base de sustentação da decisão do suicídio ocasionado pelo trabalho".[1372]

Note-se que apesar de o trabalho apresentar um caráter social, as patologias dele decorrentes são analisadas sob um viés individual.[1373]

No Brasil, ainda luta-se para que o adoecimento decorrente do assédio moral seja reconhecido para fins de afastamento previdenciário, ou para tratamento de saúde, ou para aposentadoria por invalidez, apesar de ainda haver forte resistência pelos órgãos previdenciários nesse sentido.[1374]

O INSS (Instituto Nacional de Seguridade Social) instituiu o Nexo Técnico Epidemiológico, que serve para caracterizar acidentes de trabalho de acordo com o ramo de atividade segundo o Cadastro Nacional de Atividades Econômicas (CNAE), o que permitiu um aumento das notificações de doenças e acidentes do trabalho, inclusive no caso de doenças mentais decorrentes do trabalho.[1375]

(1364) *Ibidem*, p. 80.
(1365) *Ibidem*, p. 83-84.
(1366) *Ibidem*, p. 84.
(1367) A síndrome de estresse pós-traumático corresponde ao que pessoas que sofreram um sequestro ou um acidente automobilístico passam após o ocorrido. Ver: NASCIMENTO, Sônia Mascaro. *Assédio moral*, p. 147.
(1368) SOARES, Angelo; OLIVEIRA, Juliana Andrade. Assédio moral no trabalho. In: *Revista Brasileira de Saúde Ocupacional*. São Paulo, 37 (126), 2012. p. 197-198.
(1369) NASCIMENTO, Sônia Mascaro. *Assédio moral*, p. 148.
(1370) SOARES, Angelo; OLIVEIRA, Juliana Andrade. *Op. cit.*, p. 198.
(1371) VENCO, Selma; BARRETO, Margarida. O sentido social do suicídio no trabalho. *Revista do Tribunal Superior do Trabalho*, ano 80, n. 1, p. 295-296, jan./mar. 2014.
(1372) *Ibidem*, p. 296.
(1373) HIRATA, Helena. *Nova divisão sexual do trabalho?*, p. 265.
(1374) ARAÚJO, Adriane Reis de. *Op. cit.*, p. 92.
(1375) NASCIMENTO, Sônia Mascaro. *Assédio moral*, p. 150 e 151.

a) O adoecimento, o assédio moral e a questão de gênero

Os condicionantes de gênero, que também estão presentes no mercado de trabalho, influenciam fortemente na saúde dos trabalhadores e, em especial, das mulheres, sendo muitas vezes causa de sofrimento mental e determinante na qualidade de vida das mulheres.[1376]

A organização da família e do trabalho gravada pela hierarquia de gênero é responsável por doenças que resultam em sofrimento mental, além de assumir proporções preocupantes quanto aos índices de adoecimento no mundo do trabalho.[1377]

Eleonora Menicucci de Oliveira afirma que seu estudo sobre gênero e trabalho demonstrou que "os impactos da divisão sexual do trabalho na saúde das trabalhadoras têm sido, marcadamente, no nível do sofrimento mental, comprometendo a qualidade de vida".[1378]

O espaço de trabalho é o local onde as trabalhadoras investem e dedicam a maior parte de seu tempo diário e não necessariamente é um local que pode ser apropriado pela subjetividade, o que gera o desenvolvimento de morbidades, destruindo a saúde das trabalhadoras. No espaço de trabalho, as fronteiras são organizadas pelos limites da hierarquia de mando e poder que expressam quais atividades são mais valorizadas. O sofrimento mental gerado por essa construção do espaço de trabalho pode levar à solidão, mas também é capaz de gerar estratégias de sobrevivência como meios de resistência para aliviar a dor cotidiana do trabalho. A forma como cargos e funções são divididos demonstram que a organização do trabalho busca tratar com coisas e não com seres humanos, em uma sensação de que as matérias-primas são as pessoas e os humanos são as coisas, o que cria uma "identidade dos trabalhadores(as) como sujeitos coisificados".[1379]

Um dos grandes marcos de importância da pesquisa de Christophe Dejours[1380] consiste em desvendar a dimensão do sofrimento mental no trabalho, que antes era desconhecida, e indicar que esse sofrimento pode resultar em um *sofrimento criativo*, que fomenta a produção e é benéfico à saúde, ou em um *sofrimento patogênico*, que prejudica a saúde.[1381]

Eleonora Menicucci de Oliveira propõe um olhar da organização do trabalho e da construção da subjetividade pela perspectiva da relação de gênero e sua hierarquia entre os sexos. A autora propõe que se observe o sujeito concreto e sensível de Dejours fora de um padrão universalizável, pois as vivências são "marcadas pela divisão sexual" do trabalho.[1382]

As relações de poder de gênero estruturam o mercado de trabalho e influenciam o processo saúde-trabalho; assim, o estudo do sofrimento e do prazer no trabalho precisa considerar os diferentes tipos de controle, direção e disciplina a que homens e mulheres estão sujeitos, as experiências são distintas e a percepção do medo também o é. Essa estruturação de poder reflete-se nas oportunidades de qualificação e de ascensão na carreira para as mulheres.[1383]

O medo tem significados diferentes para homens e mulheres, o que se reflete também no espaço de trabalho e na forma como cada um reage ao medo. É muito comum que a experiência depressiva

---

(1376) OLIVEIRA, Eleonora Menicucci de. *Op. cit.*, p. 74 e 75.
(1377) *Ibidem*, p. 51.
(1378) *Ibidem*, p. 47.
(1379) *Ibidem*, p. 95-96.
(1380) Eleonora Menicucci de Oliveira faz uma crítica aos estudos sobre o sofrimento mental no âmbito da Psiquiatria e Medicina social, como as pesquisas de Christophe Dejours, uma vez que em regra eles analisam o processo saúde-trabalho nos espaços da fábrica e privados; considerando o humano como o ser masculino, não fazem uma abordagem de gênero. Entretanto, a autora utiliza-se dos conceitos de desgaste mental dominado de Dejours para abordar a dimensão do gênero, considerando a divisão sexual do trabalho na subjetividade dos trabalhadores. Ver: OLIVEIRA, Eleonora Menicucci de. *A mulher, a sexualidade e o trabalho*, p. 77 e 78.
(1381) OLIVEIRA, Eleonora Menicucci de. *Op. cit.*, p. 78 e 79.
(1382) *Ibidem*, p. 79.
(1383) *Ibidem*, p. 81-82.

leve homens ao suicídio mais que as mulheres, ainda que estas sofram mais com a discriminação para o acesso à carreira. Entretanto, as mulheres sofrem um sentimento de insatisfação no mundo do trabalho, o que mina sua autoestima, levando-as a assumir um risco residual quando elas se organizam coletivamente para enfrentar o problema do assédio por parte de colegas e chefia.[1384]

Eleonora Menicucci de Oliveira faz a seguinte análise sobre os novos métodos de gestão e as consequências para a saúde das mulheres:

> O assédio e o abuso sexual em suas mais diferentes manifestações, como uma das formas de dominação e opressão no mundo do trabalho, provocam depressões, angústias, medo de perda do emprego, humilhações que comprometem a saúde das trabalhadoras.
>
> Segundo Dejours (1988), podemos considerar o assédio e o abuso sexual dentro e fora do local de trabalho com "risco residual", isto é, aqueles em que as pessoas, neste caso as mulheres, têm de buscar resolver, individualmente, por não serem assumidos e tampouco resolvidos e/ou prevenidos pela organização social do trabalho, marcada por traços visíveis da hierarquia de gênero.
>
> As pesquisas epidemiológicas existentes até hoje são marcadas pela discriminação de gênero quando tendem a considerar as mulheres como sujeitos muito complicados, as quais podem confundir as análises das causas de determinadas doenças. Na maioria dos casos a escolha mais fácil tem sido não estudá-las (sic), porque são consideradas "portadoras de doenças nervosas" e, consequentemente, somatizam. Essas abordagens reforçam o olhar masculinizante e biologicista que insiste em considerar as mulheres somente do ponto de vista da gravidez.[1385]

Para Eleonora Menicucci de Oliveira, as relações sociais são também relações de poder. O dominante utiliza mecanismos econômicos e ideológicos para constranger material e fisicamente.[1386]

A desvalorização das mulheres quanto ao próprio sexo implica uma desvalorização de si mesmas que vai além de sua desvalorização como trabalhadora, "a personalidade é quebrada, fragmentada, e a dor assim produzida só pode ter consequências sobre a saúde mental".[1387] Há uma interiorização da opressão e da violência pelas vítimas tanto no âmbito individual quanto no nível de grupo.[1388]

Eleonora Menicucci de Oliveira relata que nos depoimentos de muitas trabalhadoras foi possível perceber o uso da palavra "arma" como se elas estivessem em uma situação de guerra em virtude da desigualdade de gênero, o qual gera sofrimento mental que se apresenta na forma de dores de cabeça, enjoos, fadiga, insônia, distúrbios hormonais, ansiedade, depressão etc.[1389]

A autora aponta a LER (lesão por esforço repetitivo) como uma doença que atinge predominantemente mulheres como consequência de uma divisão sexual do trabalho que destina às mulheres atividades monótonas e que exigem esforço repetitivo somada a uma pressão, ansiedade e medo, além da dupla jornada de trabalho das mulheres (no trabalho remunerado e no serviço doméstico). E a resposta à LER, dada por médicos, é que é uma doença da mulher e alguns a relacionam com "lerdeza", apropriando-se de um trocadilho com sigla da doença. Os movimentos repetitivos causadores da LER criam uma disciplina no movimento do corpo e ao mesmo tempo um ritmo de silêncio que vai desde o local de trabalho até a vida familiar das trabalhadoras, em uma deterioração de sua saúde mental.[1390]

(1384) Ibidem, p. 105-106.
(1385) Ibidem, p. 52.
(1386) Ibidem, p. 83.
(1387) HIRATA, Helena. Nova divisão sexual do trabalho, p. 262.
(1388) Idem, ibidem.
(1389) OLIVEIRA, Eleonora Menicucci de. Op. cit., p. 109.
(1390) Ibidem, p. 83-85.

Essas consequências para a saúde são reflexos de "múltiplos aspectos que interferem subjetivamente na eficácia dos controles formais".[1391] Além disso, a ocorrência de LER é mais comum em atividades que, socialmente desqualificadas, são confiadas às mulheres.[1392]

Como relata Eleonora Menicucci de Oliveria em suas pesquisas, as formas de gestão fundadas em um modelo que pressiona por produtividade e controla os movimentos do corpo, além do assédio moral, produzem como resultado na saúde de trabalhadoras grávidas abortos espontâneos, em razão da sobrecarga física e psíquica de trabalho. Além disso, a socióloga também relata os casos em que mulheres foram pressionadas por sua chefia a abortarem como condição para a manutenção do emprego.[1393]

Sobre a relação entre aborto e trabalho feminino, a socióloga faz os seguintes apontamentos:

> Outras situações que provocam abortamentos espontâneos são as das trabalhadoras de setor público ou de serviços constantemente submetidas à pressão da chefia, ao aumento de sobrecarga de trabalho e ao fato de trabalharem em pé. Essas situações nos indicam os processos destrutivos da saúde psicofísica das trabalhadoras.[1394]

A pesquisadora relata um caso no setor químico de São Paulo, no qual "uma trabalhadora foi obrigada pela chefia imediata a abortar a fim de não prejudicar seu desempenho funcional, objetivando não interferir na produtividade".[1395]

Observa-se que a discriminação de gênero no mercado de trabalho não gera apenas uma desigualdade de caráter remuneratório e financeiro, na forma de salários menores para as mulheres ou dificuldade de ascensão na carreira, mas também acarreta lesões que degradam sua saúde física e psíquica a ponto de levar ao adoecimento ocupacional e, em casos mais graves, ao aborto e até ao suicídio.

Assim, a busca pela igualdade da mulher no mercado de trabalho mostra-se urgente, tanto para que haja a promoção dos direitos humanos fundamentais, quanto para que seja preservada a saúde das mulheres trabalhadoras.

(1391) *Ibidem*, p. 85.
(1392) *Ibidem*, p. 86.
(1393) *Ibidem*, p. 49.
(1394) *Idem*.
(1395) *Idem*.

CAPÍTULO 5
A REGULAÇÃO DO ASSÉDIO MORAL ORGANIZACIONAL E DA DISCRIMINAÇÃO DE GÊNERO PELO TRIBUNAL SUPERIOR DO TRABALHO: UMA ANÁLISE JURISPRUDENCIAL

> *Mas talvez não seja muito provável que as páginas aqui impressas consigam exprimir tudo isso para aqueles que não podem complementar a palavra escrita com a lembrança dos rostos e o som das vozes.*
> Virginia Woolf[1396]

5.1. Metodologia

Por mais que os números em estatísticas sejam incapazes de representar a importância que cada indivíduo possui como ser humano, eles são necessários para lançar luz sobre as proporções quantitativas de pessoas afetadas por um fenômeno, ainda que cada uma com suas particularidades e importância incomparáveis. Os dados estatísticos podem ser vistos como a multiplicação do valor incalculável de uma vida humana pelos números graficamente representados.

O relato de casos concretos pode ser capaz de desvendar os contornos e preciosidades da subjetividade humana, ao passo que os dados estatísticos demonstram o volume de subjetividades afetadas. Passa-se, assim, do particular ao geral, do indivíduo ao grupo.

Kaushik Basu afirma que as ações judiciais que tratam de assédio no ambiente de trabalho são apenas a ponta do *iceberg* que é o grande problema dessa forma de violência organizacional.[1397] É preciso ter em mente que a pesquisa jurisprudencial a seguir apresentada representa justamente essa ponta de *iceberg* dos casos reais de *assédio moral organizacional* no Brasil.

Essa pesquisa jurisprudencial busca fazer tanto uma análise quantitativa, quanto uma análise qualitativa dos Recursos de Revista que são julgados pelo Tribunal Superior do Trabalho e que tratam de assédio moral organizacional, adoecimento ocupacional, discriminação de gênero e controle gestacional.

Mauricio Godinho Delgado e Gabriela Neves Delgado afirmam que a Justiça do Trabalho possui um duplo papel em um Estado Democrático de Direito: solucionar os conflitos oriundos do mundo do trabalho, conforme o ordenamento jurídico vigente, e dar sentido à ordem jurídica para a construção de uma sociedade democrática constitucionalizada, retirando a mercantilização do ser humano no contexto econômico e reconhecendo-lhe dignidade.[1398]

Como pontua Adriana Goulart de Sena Orsini, a atuação do Poder Judiciário deve ter um caráter pedagógico "em busca do 'empoderamento' e autonomia do sujeito de direitos 'castrado'".[1399] Nesse

---

(1396) WOOLF, Virginia. *Profissões para mulheres e outros artigos feministas*. Tradução: Denise Bottmann. Porto Alegre: L&PM, 2012. p. 92.
(1397) BASU, Kaushik. The Economics and Law of Sexual Harassment in the Workplace. In: *The Journal of Economic Perspectives*, v. 17, n. 3 (Summer, 2003), p. 144.
(1398) DELGADO, Mauricio Godinho; DELGADO, Gabriela Neves. O Papel da Justiça do Trabalho no Brasil. In: *Constituição da República e direitos fundamentais*: dignidade da pessoa humana, justiça social e direito do trabalho. São Paulo: LTr, 2012. p. 150 e 160.
(1399) ORSINI, Adriana Goulart de Sena; COSTA, Mila Batista Leite Corrêa da. Judicialização das relações sociais e desigualdade de acesso: por uma reflexão crítica. In: SENA, A. G. O.; ANDRADE, Oyama K. B.; CORRÊA DA COSTA, Mila B. L. (Orgs.). *Justiça do século XXI*. São Paulo: LTr, 2014. v. 1, p. 62.

sentido, Judiciário possui a missão de "auxiliar no reconhecimento das diferenças" como forma de contribuir para a construção da democracia.[1400] Assim, o Poder Judiciário é um ator social em um espaço de disputas sociais e econômicas.[1401]

Mais do que uma instituição para a pacificação social, o Poder Judiciário tem a responsabilidade de tornar explícita a "consciência do conjunto de condições psicológicas, culturais e sociais que levaram ao choque de atitudes e interesses" que deu origem à lide, emancipando o jurisdicionado.[1402]

Assim, é fundamental para o Poder Judiciário "compreender o meio semiótico em que pessoas se definem e são definidas, percebendo a parte e o todo, simultaneamente".[1403]

É justamente o cumprimento desses papéis da Justiça do Trabalho que são investigados nas análises processuais que seguem.

A análise dos processos sofreu um recorte temporal, sendo definido o período de 5.1.2005 a 6.1.2015 como o espectro de estudo. A escolha do lapso temporal decorreu da observação de mudanças implementadas com a edição da Emenda Constitucional n. 45 de 2004, a qual ampliou a competência da Justiça do Trabalho, incluindo de forma explícita na redação do art. 114 da Constituição Federal de 1988 a competência para julgar casos de dano moral, que são o coração dessa pesquisa, uma vez que o assédio moral organizacional é um dos maiores causadores de danos morais nas relações trabalhistas, com o adoecimento ocupacional.

Nessa mudança, a Emenda Constitucional n. 45/2004 alterou a redação do art. 114, incluindo no inciso VI a competência de forma mais explícita da Justiça do Trabalho para processar e julgar causas que tratem de dano moral decorrente da relação de trabalho.[1404]

Esse recorte temporal foi inspirado em outras pesquisas de análise jurisprudencial, que seguiram raciocínio semelhante.[1405]

Quanto ao recorte temático, o estudo de casos foi dividido em três partes: pesquisa quantitativa sobre assédio moral e adoecimento ocupacional, análise qualitativa sobre casos de discriminação de gênero e, por fim, estudo de caso de programa de política gestacional no âmbito intraempresarial.

O recorte temático foi eleito com base no desenvolvimento teórico apresentado primordialmente nos Capítulos 3 e 4 deste livro, que retratam por meio do registro de pesquisas de sociólogos, psicólogos, administradores, médicos do Trabalho e juristas os efeitos do assédio moral organizacional na saúde dos trabalhadores, bem como a constante e presente discriminação contra as mulheres nas relações de trabalho. Assim, buscou-se selecionar os acórdãos identificando sempre a questão de gênero e sua intersecção com o assédio moral organizacional.

Em um primeiro momento, essa análise foi feita com um espectro de acórdãos mais amplo, buscando observar tanto as proporções de mulheres e homens na condição de Reclamante de uma reclamação trabalhista, quanto esses percentuais no que tange à condição de vítima de assédio moral e aos níveis de adoecimento ocupacional. Portanto, os três recortes inter-relacionados em diversas combinações foram: gênero, assédio moral organizacional e adoecimento ocupacional.

Ainda com o respaldo teórico desenvolvido no Capítulo 3, foram analisados casos sobre discriminação de gênero no trabalho, com e sem a concomitante identificação judicial do assédio moral. Esse espectro mostrou-se

---

(1400) Idem.
(1401) Ibidem, p. 63.
(1402) Ibidem, p. 64.
(1403) Idem.
(1404) ALKIMIN, Maria Aparecida. *Violência na relação de trabalho e a proteção à personalidade do trabalhador.* Curitiba: Juruá, 2008. p. 192 e 193.
(1405) Ver: DUTRA, Renata Queiroz. *Do outro lado da linha*: poder judiciário, regulação e adoecimento dos trabalhadores em *call centers*. São Paulo: LTr, 2014.
DELGADO, Mauricio Godinho; DELGADO, Gabriela Neves. *Tratado jurisprudencial de direito constitucional do trabalho.* Coleção tratado jurisprudencial de direito do trabalho, v. 1. São Paulo: Revista dos Tribunais, 2013.

essencial para averiguar casos concretos que indicassem como a Justiça do Trabalho, por meio de sua mais alta Corte, lida com essas manifestações discriminatórias no ambiente de trabalho.

Por fim, foi analisado um caso emblemático sobre controle gestacional, alimentado pelo assédio moral organizacional, como forma de estudar empiricamente a combinação de assédio moral organizacional com viés discriminatório contra mulheres. A importância desse estudo revela-se no desvelamento de como a empresa foi capaz de implementar uma gestão organizacional que controla o corpo das trabalhadoras a ponto de restringir seus direitos reprodutivos e sua liberdade de escolha sobre quando engravidar.

Desse modo, os três recortes feitos justificam-se pela construção teórica elaborada nos capítulos anteriores, com o fim de produzir dados que reflitam como a Corte Superior Trabalhista brasileira tem respondido e regulado os casos de assédio moral organizacional e de discriminação contra as mulheres.

Na composição da tabela (Anexo 1), dos gráficos e dos estudos analíticos dos casos, não constam os nomes das partes, testemunhas, prepostos ou qualquer outra pessoa mencionada, mas seus nomes foram substituídos por siglas formadas por suas iniciais. As demais referências e transcrições são fiéis aos originais.

5.2. Análise jurisprudencial: assédio moral e adoecimento ocupacional

A primeira parte da pesquisa consiste em uma análise quantitativa de Recursos de Revista que apresentavam em suas ementas as expressões "assédio moral" e "doença". A busca dos acórdãos com essas expressões foi feita a partir do sítio do Tribunal Superior do Trabalho, no campo "Consulta Unificada"[1406], mais especificamente no local indicado para busca de termos das ementas dos acórdãos. É importante salientar que a pesquisa teve um caráter impessoal, uma vez que não foram selecionados acórdãos de ministros relatores específicos ou turmas do TST especiais, mas todos os casos apresentados pelo sítio de busca do Tribunal Superior do Trabalho com os termos indicados foram estudados com a mesma atenção e cuidado.

Como resultado, foram encontrados 193 (cento e noventa e três) acórdãos, sendo que 103 (cento e três) consistiam em julgados de Recursos de Revista (RR), Agravos de Instrumento em Recurso de Revista e Recursos de Revista (conhecidos pelas siglas "ARR" ou "AIRR e RR"). Inicialmente, foram analisados os 103 acórdãos por meio de uma tabela com as seguintes colunas: a) "número do processo", b) "data de publicação no Diário de Justiça", c) "gênero do reclamante", d) "ramo econômico da Reclamada", e) "configuração de assédio moral", f) "tipo de assédio moral alegado pela vítima", g) "configuração de doença ocupacional", h) "doença ocupacional alegada pela vítima", i) "reconhecimento judicial do nexo de causalidade entre o assédio moral e a doença ocupacional", j) "discriminação de gênero identificada em juízo", k) "manutenção ou reforma do acórdão do TRT", l) "condenação por dano moral", m) "condenação por dano material".

Do estudo detalhado dos 103 acórdãos, foi verificado que 13 não apresentavam os dados necessários para o preenchimento da tabela, por indicarem que a pretensão relativa ao assédio e/ou à doença estava prescrita, ou em razão de a discussão versar sobre julgamento *extra petita* ou negativa de prestação jurisdicional. Assim, esses casos foram eliminados da tabela final, por não atenderem ao fim colimado, restando 90 acórdãos na composição mais lapidada dos dados da tabela.

Dos dados e das informações compiladas na tabela, foram elaborados 15 gráficos, relacionando as colunas entre si, de forma a buscar entender como os recursos são julgados na instância superior e como tem se formado o entendimento do Tribunal Superior do Trabalho sobre as questões do assédio moral e o adoecimento no trabalho. A tabela foi elaborada no programa Excel e, posteriormente, os dados ali depositados foram convertidos nos gráficos a partir do programa "Mathematica 8.0".

(1406) A consulta pode ser feita pelo seguinte *website:* <http://www.tst.jus.br/consulta-unificada>.

O **Gráfico 1** relaciona o gênero do reclamante pelo total de 90 acórdãos analisados. Importante salientar que o gênero foi definido unicamente pelo nome da parte indicado no relatório do acórdão, não existindo qualquer pesquisa ou análise de como a parte entende ou apresenta seu gênero socialmente. Assim, observou-se que 51,69% dos reclamantes são mulheres, ao passo que 48,31% são homens.

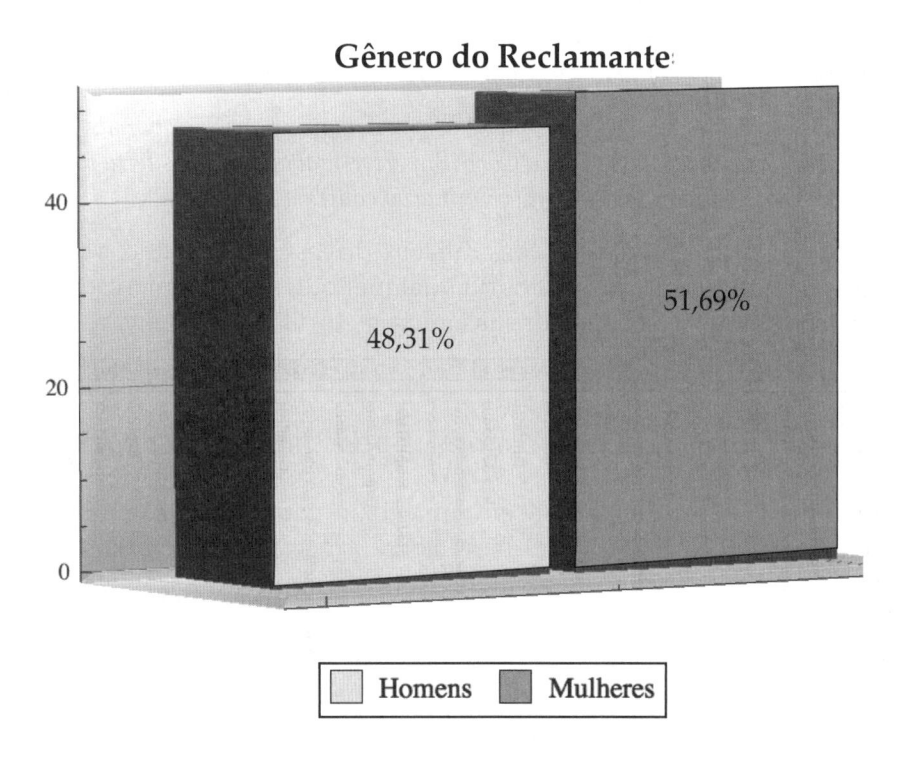

Gráfico 1 — Gênero do Reclamante

O **Gráfico 1** demonstra, assim, que as mulheres ajuízam mais reclamações trabalhistas tratando concomitantemente sobre assédio moral organizacional e adoecimento ocupacional que alcançam o Tribunal Superior do Trabalho em grau de recurso, ainda que não seja possível afirmar que o número de recursos ao TST seja diretamente proporcional às reclamações trabalhistas e estas às ocorrências de assédio moral e adoecimento ocupacional na realidade extrajudicial.

O **Gráfico 2** indica o ramo econômico das reclamadas, ou seja, quais são os empregadores mais processados e que, por meio da recorribilidade judicial, têm seus casos julgados pelo Tribunal Superior do Trabalho. O resultado encontrado indica que os bancos aparecem em primeiro lugar (27, 47%), seguidos de empresas automobilísticas (24,17%) e empresas de *telemarketing* e telecomunicações (9,89%). Vale ressaltar que os casos envolvendo as empresas de telecomunicações e *telemarketing* foram condensados, considerando que em todos os casos estão presentes as empresas de *telemarketing* que prestam serviços terceirizados e possuem como tomadoras dos serviços em regra as empresas de telecomunicações. Assim, o agrupamento deve ser entendido como resultado da junção de todos os casos envolvendo empresas de *telemarketing* e seus respectivos tomadores de serviços, com destaque para as empresas de telecomunicações. Os ramos que apresentam percentual de 1,09% no gráfico representam a ocorrência de apenas um caso em um total de 90 acórdãos analisados.

Ramo da Reclamada (%)

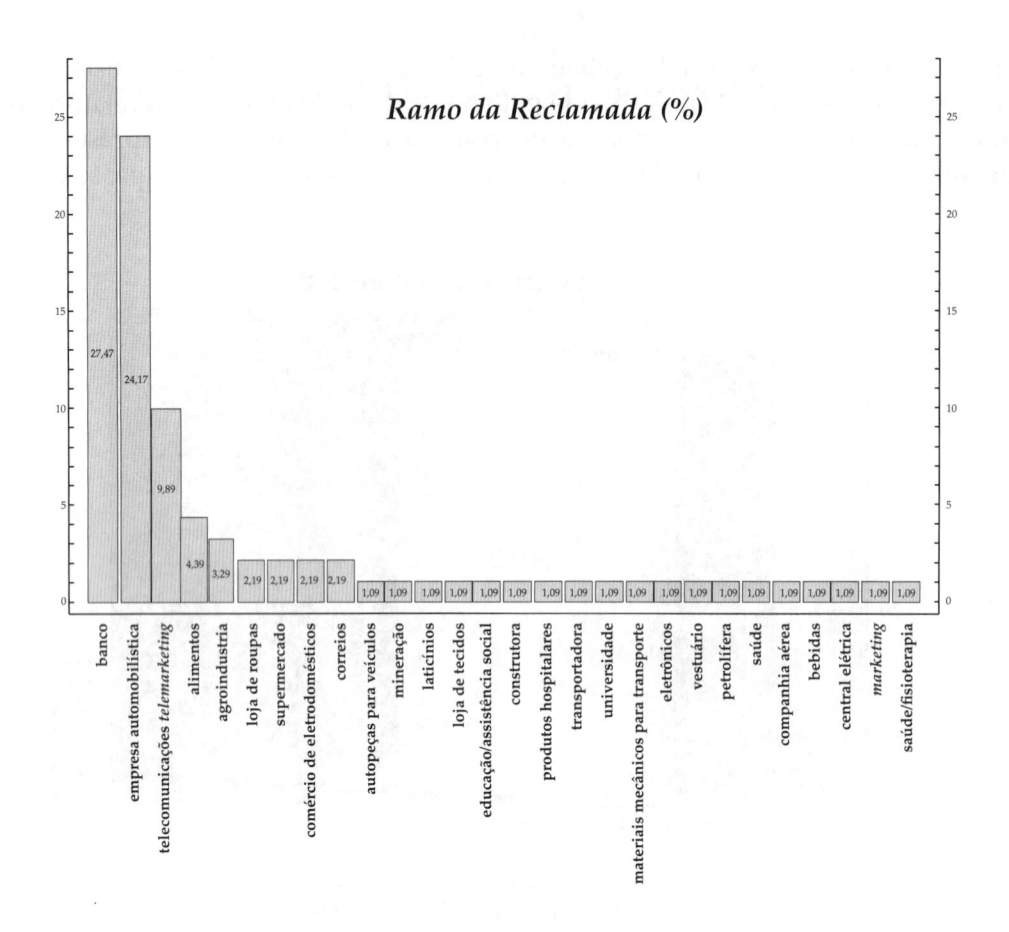

Gráfico 2 — Ramo econômico da Reclamada

O **Gráfico 3** trata dos tipos de assédio moral alegados pela vítima, em regra na posição de Reclamante, nos pedidos da exordial, bem como nos recursos ou contrarrazões. Note-se que as formas mais comuns de assédio moral organizacional invocadas foram as humilhações, que correspondem a 43% dos casos, seguida de pressão por produtividade (39%) e restrições ao uso de sanitário (29%). Importante ressaltar que em cada processo mais de um tipo de assédio moral pode ter sido alegado por Reclamante; assim, o gráfico indica a porcentagem com base no número de ocorrências.

Tipos de Assédio Alegados pela Vítima (%)

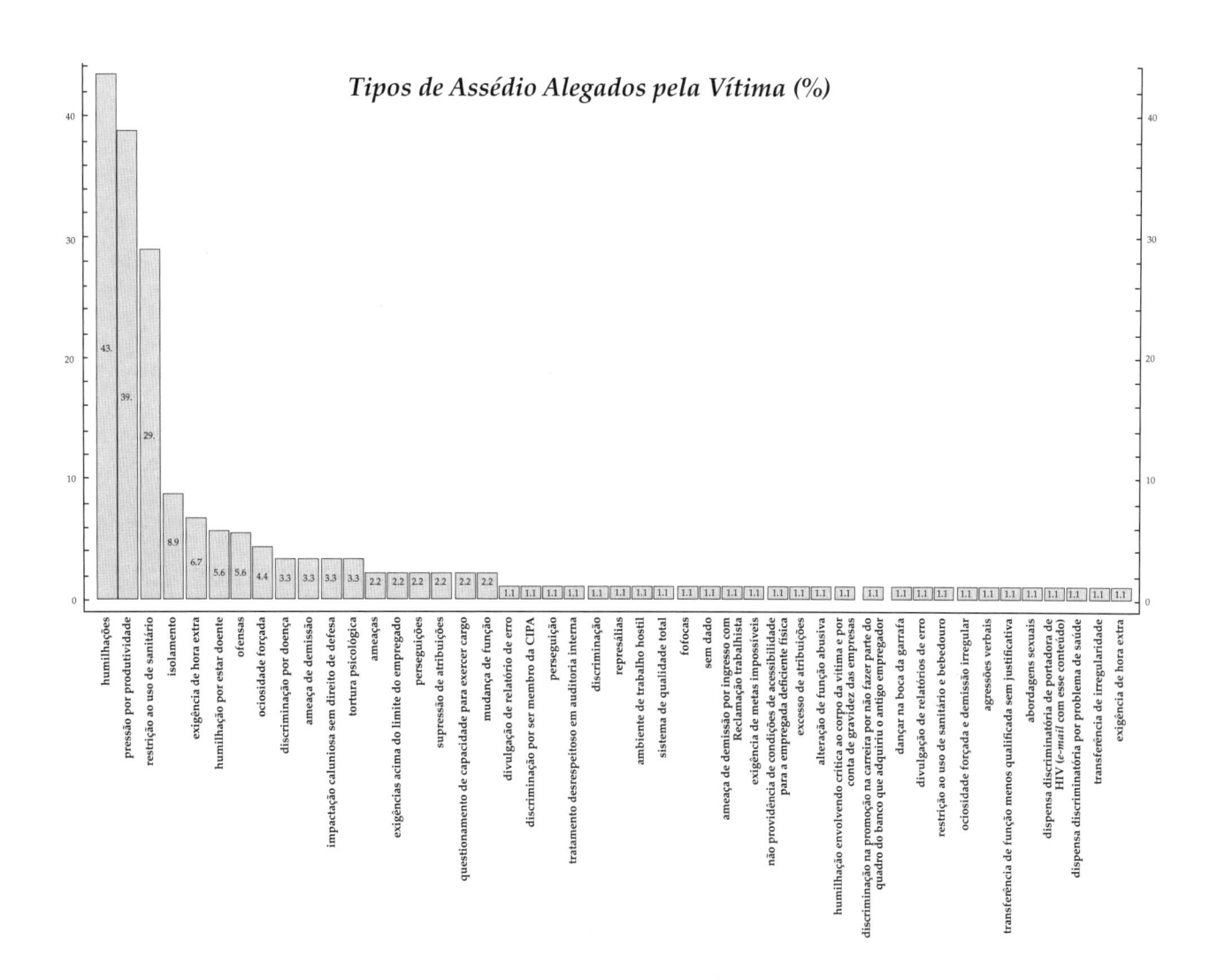

Gráfico 3 – Tipos de assédio moral alegados pelas vítimas

Como se observa dos dados estatísticos colhidos, o comportamento abusivo mais recorrente no ambiente de trabalho pode se expressar na forma de humilhações, tormentos, intimidações, pressão, aviltamento e injúria à vítima.[1407]

Posteriormente, o **Gráfico 4** buscou relacionar, dentre as ocorrências de assédio moral reconhecidas judicialmente no âmbito do TST, quais tipos eram mais frequentes. Observou-se que há uma proximidade muito grande entre os percentuais dos tipos de assédio moral alegados pelas vítimas e os reconhecidos judicialmente. Como se verifica, as humilhações permanecem em primeiro lugar com 42% dos casos, seguidas pela pressão por produtividade (40%) e a restrição ao uso de sanitário (21%). Também nesse gráfico cabe salientar que em cada acórdão pode ter sido reconhecido judicialmente mais de um tipo de assédio moral no trabalho.

(1407) EHRENREICH, Rosa. Dignity and Discrimination: Toward a Pluralistic Understanding of Workplace Harassment. In: *88 Georgetown Law Journal 1*, 1999-2000, p. 15.

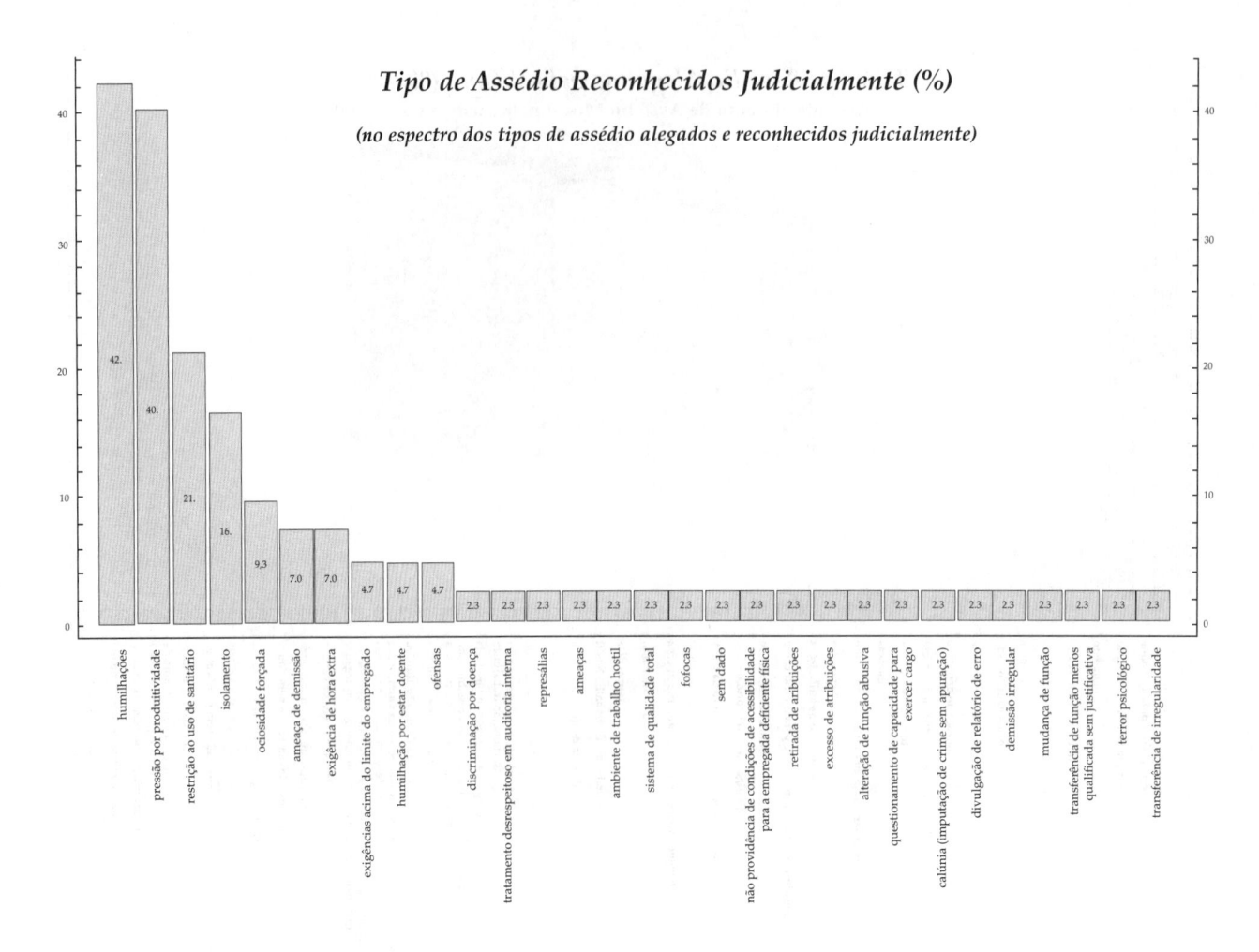

Gráfico 4 – Tipos de assédio moral reconhecidos judicialmente

O **Gráfico 5** analisou em quantos casos dentro do total de acórdãos analisados o assédio moral foi reconhecido judicialmente. Nesse estudo, encontrou-se que 47,78% das alegações de assédio moral foram reconhecidas em juízo, contra 52,22% que não foram reconhecidas. Assim, observa-se que é mais frequente a não caracterização de assédio moral aos olhos da Justiça do Trabalho, seja por insuficiência de provas, seja em razão de a conduta violenta não configurar assédio moral aos olhos do julgador. Em regra, a dificuldade em se reconhecer uma conduta como assediadora, em razão da convicção do julgador, está na linha tênue de diferenciação entre um pequeno dissabor inerente às relações de trabalho e à vida em sociedade e o caráter violento de uma prática de gestão. Além disso, o caráter muitas vezes invisível da discriminação de gênero, que se traduz nos ditos "comportamentos assediadores morais neutros", possui força suficiente para que os julgadores não identifiquem a ocorrência de assédio moral organizacional.

Reconhecimento de Assédio Moral pela Justiça do Trabalho

[Gráfico: Sim 47,78% | Não 52,22%]

Gráfico 5 — Reconhecimento de assédio moral pela Justiça do Trabalho

Em relação ao gênero do reclamante e o reconhecimento judicial de assédio moral, o **Gráfico 6** demonstra que em 55,81% dos casos de identificação de conduta assediadora a vítima era uma mulher, ao passo que em 44,19% dos casos a vítima era homem.

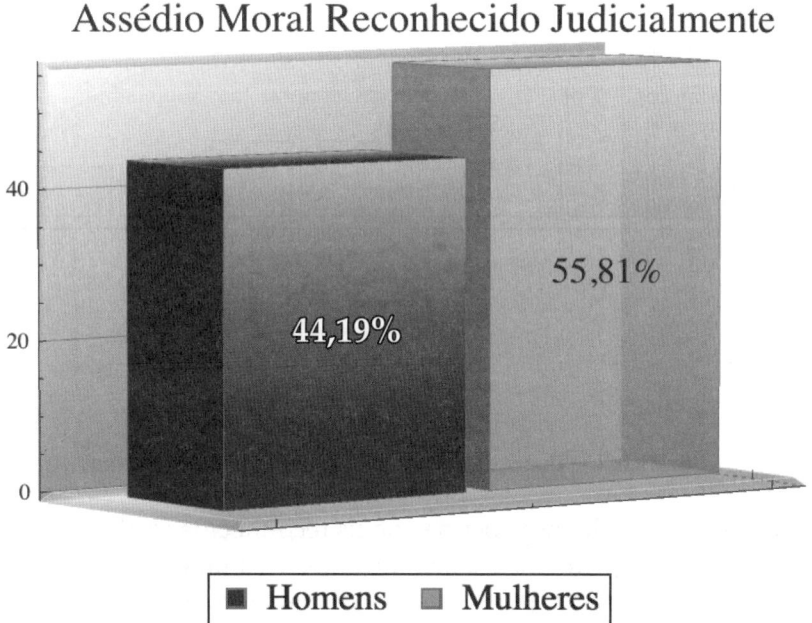

Assédio Moral Reconhecido Judicialmente

[Gráfico: Homens 44,19% | Mulheres 55,81%]

Gráfico 6 — Gênero do Reclamante nos casos de assédio moral reconhecido judicialmente

Fazendo uma análise comparativa entre o **Gráfico 1** e o **Gráfico 6** é possível constatar que não há uma diferença substancial entre o número de Recursos de Revista interpostos por mulheres e homens; entretanto, judicialmente, em nível recursal ao Tribunal Superior do Trabalho, há uma diferença maior, de aproximadamente dez pontos percentuais, entre mulheres e homens que possuem o assédio moral alegado reconhecido judicialmente.

O mesmo estudo foi feito em relação às doenças ocupacionais, buscando inicialmente relacionar os tipos de doença decorrentes do trabalho mais invocadas e, posteriormente, quais foram os tipos reconhecidos judicialmente.

O **Gráfico 7** lista as doenças ocupacionais alegadas pelos reclamantes, indica a depressão como a doença mais invocada, representando 21,1% dos casos, seguida de LER/DORT (15,6%) e de tendinite (6,67%). A indicação de "outros" refere-se a outros tipos de doenças ocupacionais alegadas que tiveram ocorrência pouco frequente, apresentando um ponto percentual aproximadamente. É importante ressaltar que a tendinite, a bursite, a lombalgia e outras doenças listadas podem configurar-se como lesão por esforço repetitivo (LER), mas também podem apresentar outras causas e por isso não serão designadas como LER. O registro das doenças para a composição do gráfico foi feito conforme os dados disponíveis nos acórdãos analisados, sem categorizações que pudessem interferir nas informações originais.

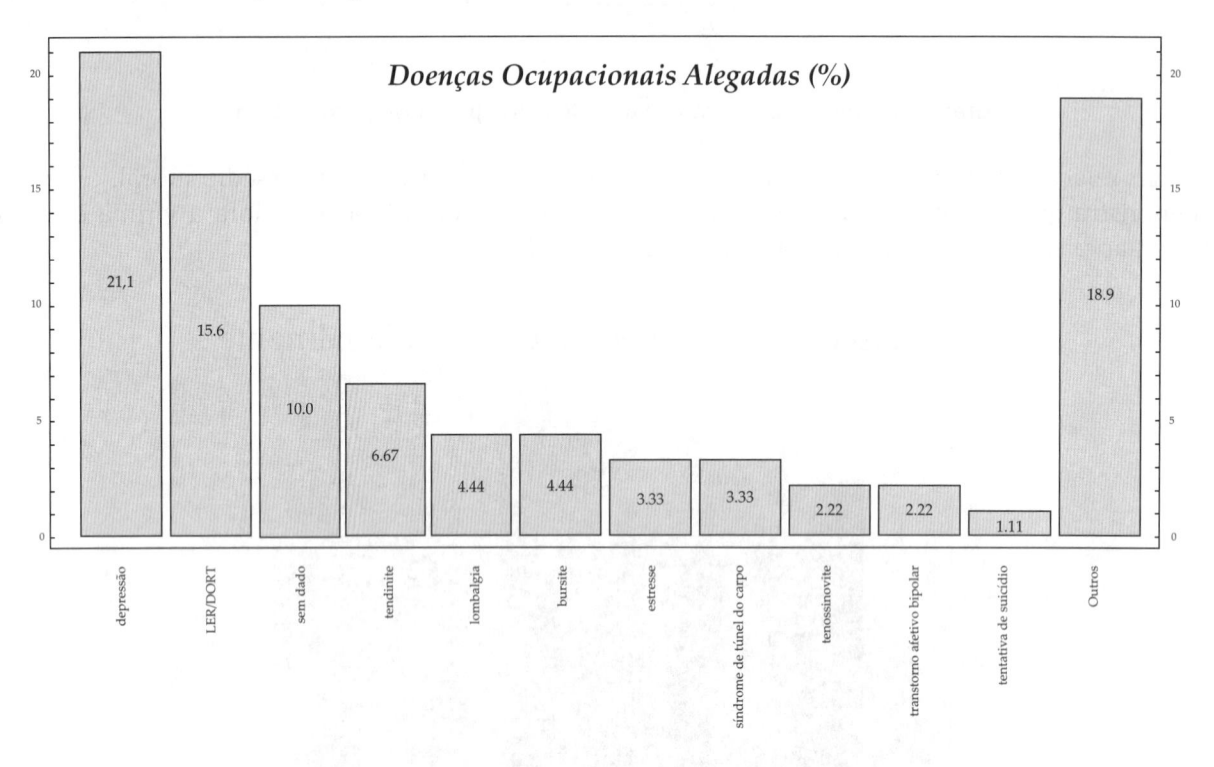

Gráfico 7 — Doenças ocupacionais alegadas pelas vítimas

O **Gráfico 8** indica, entre as doenças ocupacionais reconhecidas judicialmente, quais são as mais frequentes. Observou-se que a primeira e a segunda doenças mais reconhecidas coincidem com os tipos de adoecimento mais alegados, quais sejam depressão (18%) e LER/DORT (11,5%); entretanto, a terceira doença mais reconhecida em juízo foi a síndrome do túnel do carpo[1408], diferentemente do que se observa no gráfico das doenças alegadas. Mais uma vez cabe ressaltar que o indicador "outros" refere-se a outras doenças agrupadas, em razão de individualmente serem pouco representativas no quesito quantidade de ocorrências.

(1408) A síndrome do túnel do carpo é uma doença decorrente de lesões por esforço repetitivo, que é caracterizada por ser "neuropatia resultante da compressão do nervo mediano no canal do carpo, estrutura anatômica que se localiza entre a mão e o antebraço". Para mais informações, verificar: <http://drauziovarella.com.br/letras/s/sindrome-do-tunel-do-carpo/>. Acesso em: 1º mar.2015.

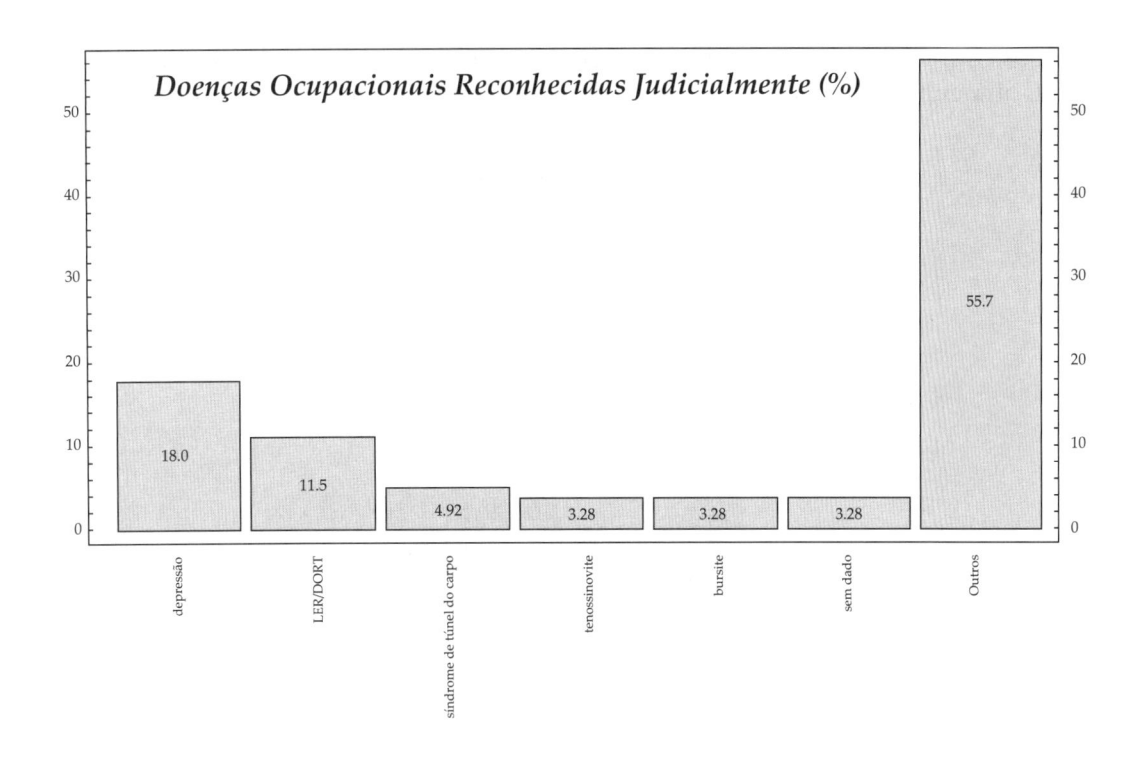

[Gráfico de barras: Doenças Ocupacionais Reconhecidas Judicialmente (%) — depressão 18.0; LER/DORT 11.5; síndrome de túnel do carpo 4.92; tenossinovite 3.28; bursite 3.28; sem dado 3.28; Outros 55.7]

Gráfico 8 — Doenças ocupacionais reconhecidas judicialmente

O **Gráfico 9** relaciona o gênero do reclamante nos casos em que houve reconhecimento em juízo de doença ocupacional. Assim, do total de acórdãos que identificaram a ocorrência de adoecimento em razão do trabalho, 58,53% dos reclamantes e vítimas eram mulheres, ao passo que 41,46% eram homens. Os dados indicam que tanto nos casos em que há reconhecimento de assédio moral organizacional, quanto nos que identificam em juízo a doença ocupacional, as mulheres predominam como vítimas.

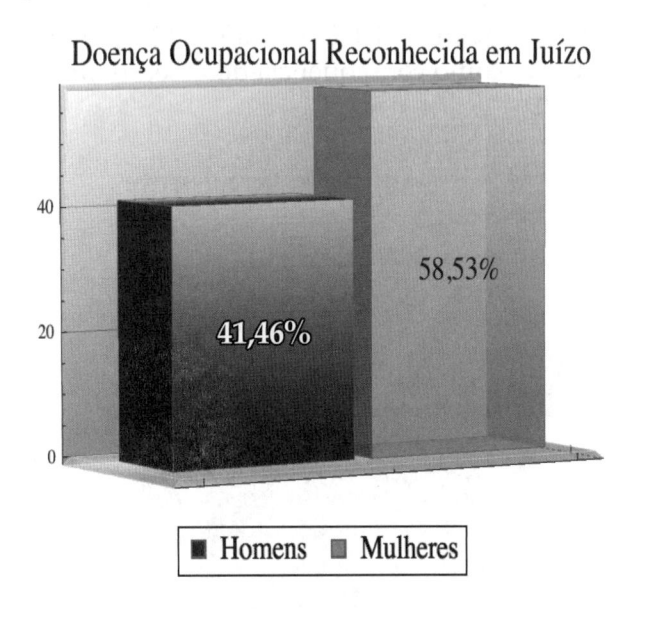

[Gráfico: Doença Ocupacional Reconhecida em Juízo — Homens 41,46%; Mulheres 58,53%]

Gráfico 9 — Gênero do Reclamante nos casos de reconhecimento em juízo de doença ocupacional

O **Gráfico 10** relaciona os casos em que foram simultaneamente reconhecidos em juízo o assédio moral organizacional e a doença ocupacional, indicando que essa dupla ocorrência se deu em apenas

31,1% dos casos. Em 68,9% dos casos foi reconhecida apenas a doença ocupacional, ou apenas o assédio moral, ou nenhum dos dois foi constatado pelo Poder Judiciário Trabalhista.

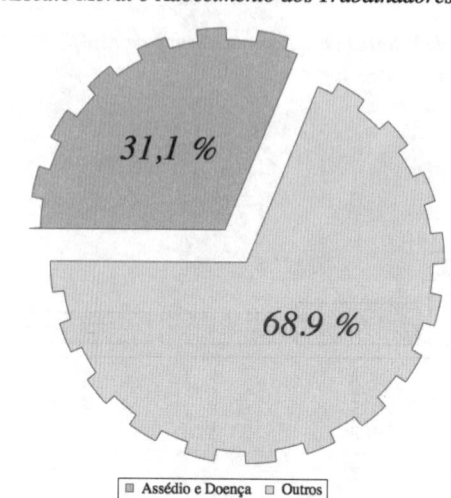

Assédio Moral e Adoecimento dos Trabalhadores

Gráfico 10 — Reconhecimento em juízo de assédio moral e doença ocupacional

Desse total de casos em que se reconheceu simultaneamente a ocorrência de assédio moral e doença ocupacional, verificou-se, por meio do **Gráfico 11,** que em apenas 15,56% dos acórdãos foi identificado o nexo de causalidade entre o assédio e o dano moral. Em 84,4% dos casos, apesar de o assédio moral e o adoecimento em razão do trabalho estarem presentes, o assédio não foi entendido como causa da doença. Em alguns desses casos observa-se que a relação entre assédio e doença foi em sentido contrário, ou seja, a doença foi a causa do assédio, uma vez que a vítima sofria violência psicológica dos superiores e/ou colegas por estar doente ou por ter sido afastado para usufruir de auxílio-doença ou auxílio-acidente. Assim, observa-se que o índice de caracterização de assédio moral e doença simultaneamente é pequeno (31,1% — gráfico 10); porém, o índice dentro desses 31,1% que reconhecem o adoecimento como consequência do assédio moral é menor ainda (15,56% de 31,1% — gráfico 11 c/c gráfico 10).

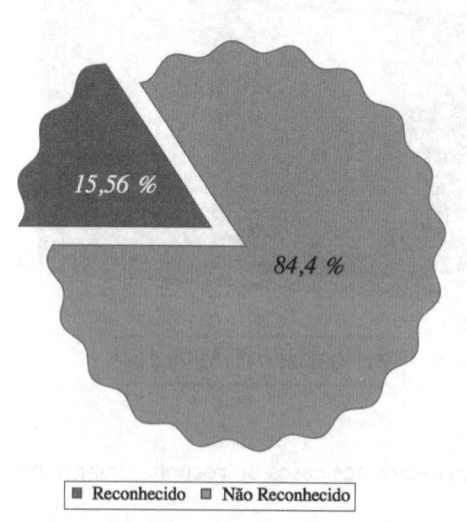

Nexo de Casualidade entre Assédio e Doença Ocupacional

Gráfico 11 — Reconhecimento do nexo de causalidade entre o assédio moral e a doença ocupacional

O **Gráfico 12** gráfico retrata, dentre os casos de assédio moral reconhecidos judicialmente, que 13,95% ocorreram em razão de reforma do acórdão da Corte Regional por parte do Tribunal Superior do Trabalho, ao passo que em 86,05% dos casos em que se identificou o assédio moral, o TST apenas manteve a decisão do TRT.

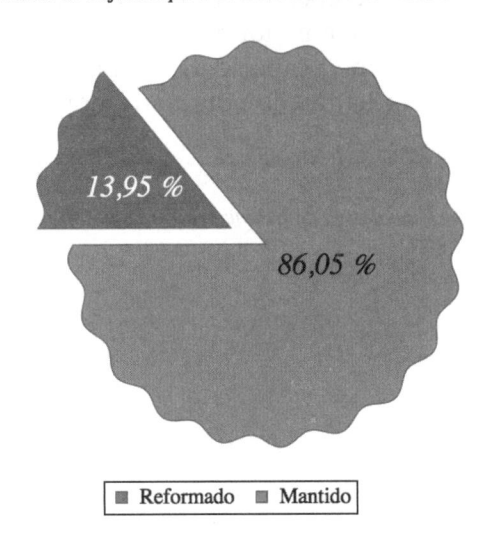

Índice de Reforma para Reconhecimento de Assédio

Gráfico 12 – Casos de reconhecimento em juízo de assédio moral no TST

O **Gráfico 12** indica que é mais frequente que o Tribunal Superior do Trabalho reconheça o assédio moral quando sua configuração já foi identificada pela Corte Regional, ao passo que é mais raro que na instância superior haja uma reforma para afirmar que houve assédio moral.

Esse baixo índice de reforma das decisões regionais pelo Tribunal Superior do Trabalho decorre das restrições impostas tanto legal quanto jurisprudencialmente para o conhecimento dos Recursos de Revista, seja pelo art. 896 da CLT, seja pelas Súmulas ns. 126, 297 e 333 do TST. Assim, para avaliar esse dado foi elaborado o **Gráfico 13**, que indicou um índice de 10% de reforma dos acórdãos regionais, contra 90% das decisões regionais mantidas.

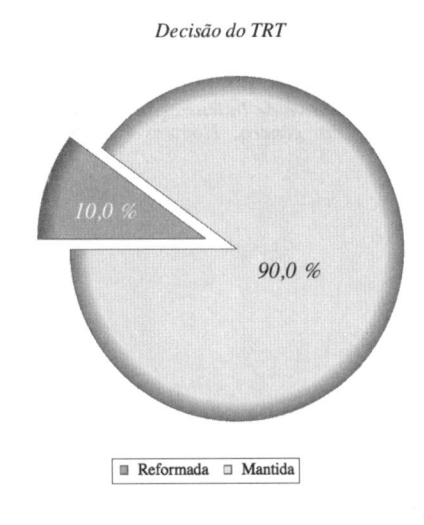

Decisão do TRT

Gráfico 13 – Índice de reforma e manutenção dos acórdãos regionais pelo TST

O **Gráfico 14** traduz-se em uma curva cumulativa das indenizações por dano moral, arbitradas pelo TST ou mantidas conforme fixação prévia pela Corte Regional. Cumpre ressaltar que os valores compilados a título de indenização por dano moral abarcam apenas os valores arbitrados a título de compensação pelo assédio moral e pela doença ocupacional. A curva de distribuição cumulativa indica no eixo horizontal a porcentagem do espaço amostral de Reclamantes que obtiveram indenização por dano moral maior ou igual ao valor da ordenada (eixo vertical), no ponto. Por exemplo, 20% dos Reclamantes obtiveram indenização por dano moral igual ou superior a R$ 30.000,00 (trinta mil reais). Ao analisar a curva, verifica-se que apenas em raros casos foi deferida uma indenização em elevado valor monetário, o que indica que a maioria dos valores indenizatórios é fixada de acordo com o salário do reclamante e não conforme a capacidade econômica da reclamada, o que não atende à função pedagógica e punitiva que a indenização por danos morais deveria ter.

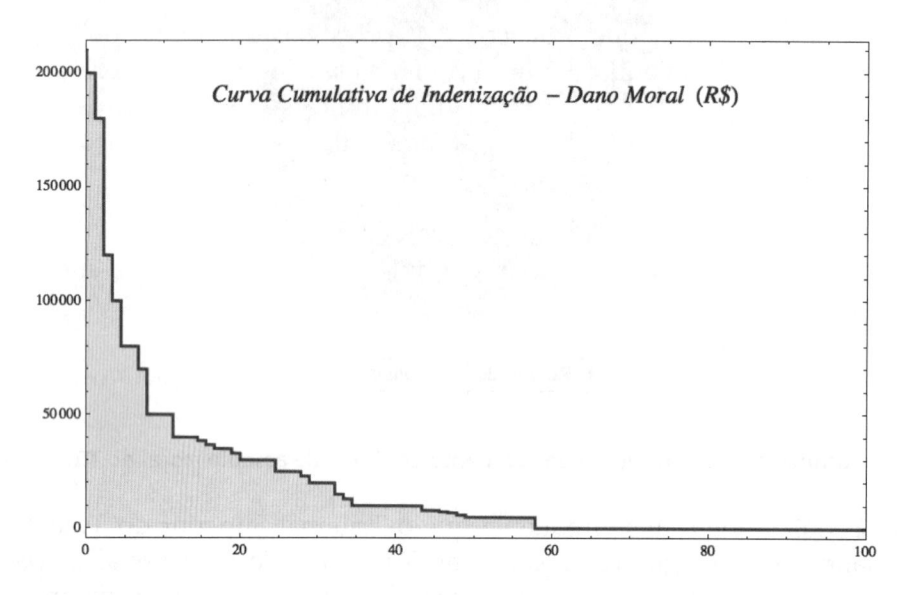

Gráfico 14 – Curva de Distribuição Cumulativa de Indenização - Dano moral

Por fim, foi elaborado o **Gráfico 15** para observar a diferença da curva de distribuição cumulativa de indenização por gênero do reclamante. Observou-se que, em regra, as mulheres obtiveram indenizações em valor superior aos homens.

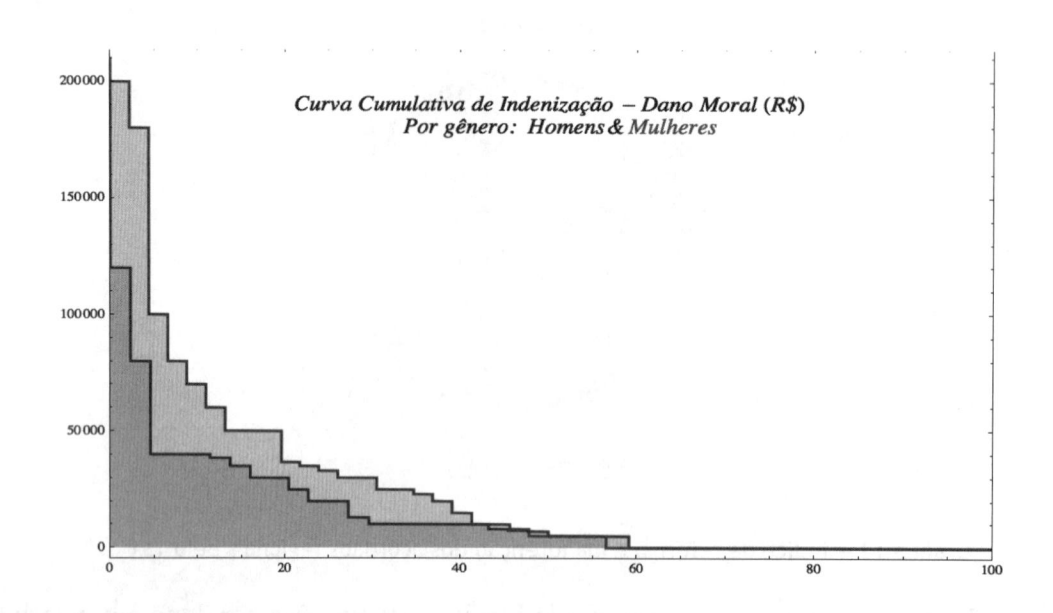

Gráfico 15 – Curva de distribuição cumulativa de indenização por dano moral conforme o gênero do Reclamante

Analisando de forma comparativa os **Gráficos 6, 9 e 15**, é possível concluir que a maior distribuição de indenizações para mulheres é consequência de um maior índice de reconhecimento judicial de assédio moral e adoecimento ocupacional entre as mulheres, comparativamente aos homens.

5.3. Análise qualitativa de decisões do TST

5.3.1. Expressão "discriminação de gênero"

Incialmente cumpre destacar que a busca pelos processos que foram objetos dessa pesquisa qualitativa deu-se pelo sítio do Tribunal Superior do Trabalho, por meio da expressão "discriminação de gênero" no campo "ementa" na seção "Consulta Unificada". Essa pesquisa teve o intento de detectar a identificação do fenômeno da discriminação de gênero nas relações de trabalho, sua caracterização e a respectiva prestação jurisdicional solucionando o conflito.

Encontraram-se como resultado dessa pesquisa apenas quatro acórdãos, e desse total três correspondem a Recursos de Revista e foram, portanto, selecionados para a análise qualitativa de seu conteúdo. No estudo dos três Recursos de Revista, foi possível observar que não há uma relação necessária entre a discriminação de gênero e a caracterização do assédio moral, apesar de haver a ocorrência de um caso em que havia a alegação por parte da Reclamante tanto de discriminação de gênero quanto de assédio moral.

Como já mencionado no Capítulo 4 desta pesquisa, há uma baixa recorribilidade ao Poder Judiciário para denunciar violações à dignidade na forma de discriminação de gênero, em razão da mistura entre essa forma de discriminação e outras ofensas à personalidade das trabalhadoras, bem como pelo encobrimento da discriminação de gênero pelas relações de poder empregatício e a forma como a divisão sexual do trabalho dentro e fora do ambiente organizacional se desenvolve.[1409]

Esse registro pode ser também verificado na pesquisa dos acórdãos a seguir estudados, uma vez que foram encontrados pouquíssimos Recursos de Revista tratando de discriminação de gênero e definindo a violência à dignidade e à personalidade das trabalhadoras com a expressão "discriminação de gênero".

Ainda é importante registrar, como já explicitado no Capítulo 4, que a discriminação de gênero é uma espécie de violação à dignidade humana, que pode se expressar na forma de assédio moral organizacional[1410], o que será estudado nos casos que seguem.

5.3.2. Os casos estudados — discriminação de gênero

Quanto ao **primeiro caso**[1411], trata-se de um Recurso de Revista interposto pela Reclamada, empresa do setor de distribuição de bebidas e alimentos que, entre outros pedidos, requereu a reforma da decisão regional no sentido de descaracterizar a discriminação e, consequentemente, obter a absolvição do pagamento de indenização por danos morais.

Na peça exordial, a Reclamante alegou que foi discriminada em razão de seu gênero e sua crença religiosa. No Recurso de Revista analisado somente há um trecho do acórdão da Corte Regional que indica em que consistiu a discriminação, ao afirmar que:

(1409) COUTINHO, Maria Luiza Pinheiro. OIT-Brasil. *Op. cit.*, p. 45-46.
(1410) EHRENREICH, Rosa. *Op. cit.*, p. 63.
(1411) BRASIL. TRIBUNAL SUPERIOR DO TRABALHO. Processo n. RR — 210-48.2012.5.08.0013, Relatora Ministra: Kátia Magalhães Arruda, Data de Julgamento: 8.5.2013, 6ª Turma, Data de Publicação: DEJT 10.5.2013.

A discriminação, no caso analisado, não só foi efetivada contra a liberdade de crença, como quanto ao sexo, quando **o superior hierárquico da reclamante identificou a mulher grávida como inválida.**

A reclamada, pessoa jurídica, ao manter no quadro de chefia pessoas com perfil de discriminador passa a assumir o risco, pelas expressões verbais usadas por seu representante, tendo a obrigação de reparar o dano sofrido pela vítima.

Portanto, provado o dano, a culpa e nexo de causalidade, é devida a indenização. (Grifos acrescidos)

Assim, não há mais elementos no acórdão analisado que indiquem com maior precisão e detalhamento em que consistiu a discriminação de gênero e por motivo religioso.

No tópico do Recurso de Revista, a Reclamada alegou que não restou provada a alegada discriminação, tampouco a ocorrência de qualquer constrangimento ou prejuízo para a empregada, não podendo ser deferida indenização apenas com fulcro na ofensa à honra subjetiva da Reclamante. Em relação ao valor indenizatório arbitrado pelo TRT, a Reclamada alegou que a condenação por dano moral tem uma finalidade unicamente compensatória, em razão da teoria do ressarcimento compensatório, e não possui qualquer caráter punitivo ou pedagógico com fim ao desestímulo da conduta discriminatória.

O acórdão do TST, com fulcro na Súmula n. 126, entendeu que restaram provados o dano moral em virtude da discriminação de gênero e crença religiosa, sendo inviável a alteração do entendimento sem o revolvimento de fatos e provas, o que é vedado nesta instância. A Corte Superior ainda registrou que não é necessária a prova do dano imaterial, em razão da impossibilidade de sua aferição, sendo devida apenas a prova do ilícito perpetrado. Salientou que a ofensa à honra subjetiva é suficiente para o ressarcimento a título de dano moral, não havendo necessidade de afronta à honra objetiva. Concluindo, o acórdão do TST manteve a decisão regional, que reconheceu o dano moral e arbitrou em R$ 10.000,00 a indenização pela discriminação sofrida.

Salta aos olhos, no relatório do acórdão, a utilização do termo "inválida" pela Reclamada para descrever a trabalhadora grávida. A primeira impressão que o uso do termo transmite é a total desvalorização da maternidade e de seu fruto, uma vez que desconsidera que a trabalhadora gestante de hoje gera o trabalhador do futuro, que precisa ser cuidado para que, ao chegar à maioridade, tenha saúde e desenvolvimento físico e intelectual suficientes para garantir produtividade e eficiência a um empregador. A consideração da mulher trabalhadora como inválida ignora a igual consideração e respeito que são devidos a todo ser humano e, no caso específico, à mulher trabalhadora grávida.

O argumento invocado pela Reclamada, em sua defesa, de que haveria "mera ofensa à honra subjetiva da Reclamante", sem a configuração de qualquer ato discriminatório com prejuízo, demonstra uma total insensibilidade e desconhecimento científico a respeito da formação da identidade por meio do trabalho. O fundamento da defesa desconsidera o peso que o reconhecimento no e pelo trabalho possuem no psíquico de quem trabalha, bem como desapercebe a carga histórica de machismo e opressão contra as mulheres que o uso do termo "inválida" carrega para descrever a mulher trabalhadora. Observa-se uma cegueira na percepção de que o discurso da invalidez desvaloriza a mulher quando seu corpo não serve exclusivamente às necessidades do capital, mas é dividido com responsabilidades reprodutoras.

Assim, foi com brilhantismo que, nesse caso, o Tribunal Superior do Trabalho manteve a condenação da Reclamada por violar a dignidade humana da trabalhadora Reclamante. No caso, seria juridicamente inviável elevar o valor da indenização em virtude da impossibilidade da *reformatio in pejus*.

O **segundo caso**[1412] é concernente a dois Recursos de Revista das Reclamadas, que são do ramo da distribuição de derivados do petróleo e aprendizagem comercial. O primeiro recurso

---

(1412) BRASIL. TRIBUNAL SUPERIOR DO TRABALHO. Processo n. RR — 167700-25.2006.5.01.0038, Relator Ministro: Hugo Carlos Scheuermann, Data de Julgamento: 25.9.2013, 1ª Turma, Data de Publicação: DEJT 4.10.2013.

da distribuidora de derivados de petróleo busca essencialmente eliminar sua responsabilidade subsidiária, por ser ente da Administração Pública Indireta e alega não ter sido demonstrada sua culpa *in vigilando* ou *in eligendo* no caso. Por sua vez, o Recurso de Revista da Reclamada do ramo de aprendizagem comercial busca desconstituir a discriminação de gênero reconhecida, bem como ser absolvida da condenação pelo respectivo dano moral.

De acordo com os relatos fáticos do acórdão regional, a Reclamante, assim como as outras empregadas mulheres, eram obrigadas a fazer suas refeições no estoque da loja em um intervalo intrajornada de apenas 15 minutos, ao passo que os empregados homens tinham refeitório próprio. Segundo a prova testemunhal colhida:

> No que diz respeito ao ambiente de alimentação, a prova testemunhal produzida (fls. 178), revelou "... que existia um refeitório no posto, mas a reclamante não podia almoçar no refeitório para não ter contato com frentistas; que os educandos e monitores do sexo masculino poderiam alimentar-se no refeitório, as mulheres não; que todas as mulheres almoçavam no estoque, que era um lugar fechado, tendo de comprimento uns seis metros e de largura uns dois metros, constituído de uma tenda, fechado com biombos e não composto de mesa e cadeira para alimentação e nem lugar para lavar as mãos; que reclamante gozava de no máximo 15 minutos de intervalo para refeição".
>
> **Verifica-se que havia uma autêntica discriminação de gênero porque as mulheres, não só não podiam frequentar o refeitório que era destinado aos empregados do sexo masculino, como também eram obrigadas a fazer suas refeições em local inadequado destinado ao estoque da loja e em apenas 15 minutos.**
>
> Acresça-se a isso o fato de que a reclamante foi contratada como operadora de loja e o serviço adicional de limpeza do local de trabalho, em especial o fato de ter que lavar o banheiro da loja onde trabalhava, não faz parte do contrato de trabalho da reclamante, gerando direito ao título pretendido. (Grifos acrescidos)

Com base nas provas dos autos, a Corte Regional reconheceu a discriminação de gênero e seu consequente dano moral, arbitrando em R$ 3.000,00 o valor da respectiva indenização.

Em Recurso de Revista, a Reclamada do ramo da aprendizagem comercial alegou que não foi devidamente provado o dano moral sofrido pela Reclamante, ao passo que seria indevida a indenização.

O acórdão do TST manteve a decisão regional, aos seguintes fundamentos:

> Diante das premissas fáticas retratadas no acórdão regional, das quais se depreende que as empregadas mulheres, dentre as quais a reclamante, não eram tratadas da mesma forma que os empregados homens que se encontravam na mesma situação jurídica, a caracterizar discriminação vedada pelo art. 5º, I, da Constituição Federal, estando as mesmas submetidas a condições de trabalho degradantes, porquanto não fornecido local adequado para as refeições realizadas durante a jornada de trabalho, em desrespeito ao princípio da dignidade da pessoa humana, consagrado no art. 1º, III, da Carta Magna, o deferimento do pedido relativo ao pagamento de indenização por danos morais (R$ 3.000,00), não viola o art. 5º, X, da Carta Magna, porquanto demonstrada a prática, pelo empregador, de atos ilícitos ofensivos ao patrimônio moral da empregada.
>
> **Não conheço.**

Assim, observa-se que a Corte Superior fundou-se no princípio da dignidade da pessoa humana e na vedação a qualquer tipo de discriminação para reconhecer que houve dano moral no caso em análise.

O relato do caso traz à memória o famoso período histórico dos Estados Unidos da América denominado de "separados mas iguais", em que negros e brancos viviam usufruindo de escolas, hospitais, lugares no ônibus, vestiários de lojas, bebedouros públicos separados conforme a cor do usuário, mas teoricamente a lei garantia que esse locais e serviços fossem oferecidos em condições de estado e conservação iguais. Entretanto, na prática, não foi isso que o *apartheid* norte-americano vivenciou, uma vez que as condições dos espaços reservados aos brancos eram muito superiores às dos negros.

No caso acima registrado, observa-se um *apartheid* não entre etnias diferentes, mas um *apartheid* de gênero, em que homens e mulheres trabalhadoras vivem "separados mas iguais" no espaço de trabalho, como em um retrato tão retrógrado quanto inconstitucional. Assim como no caso norte-americano, não eram observadas faticamente condições iguais para empregados e empregadas do estabelecimento, tampouco era conferido o mesmo tempo para fruição do intervalo intrajornada. Houve, assim, evidente violação não só aos dispositivos que demandam um ambiente de trabalho saudável e determinam a concessão do intervalo para descanso e alimentação, mas, sobretudo, uma afronta escancarada ao princípio constitucional da igualdade.

No **terceiro caso**[1413], o Recurso de Revista foi interposto pela Reclamante contra empregadora do ramo de assessoria financeira, alegando que na exordial, além do pedido referente ao reconhecimento de discriminação de gênero, houve também pleito para que restasse caracterizado o assédio moral em razão das humilhações públicas e ofensas. Inicialmente, o TRT, em primeiro juízo de admissibilidade do Recurso de Revista, negou seguimento ao apelo, ao passo que em segundo juízo de admissibilidade pelo TST, por via de Agravo de Instrumento provido, o Recurso de Revista alcançou processamento.

O acórdão regional entendeu que não houve uma multiplicidade de causas de pedir, mas apenas pedido referente à discriminação de gênero, que, no caso, não restou devidamente comprovada. Entretanto, a Corte de origem reconheceu que houve assédio moral contra a Reclamante. A descrição fática da violência psicológica foi detalhada nos seguintes termos pelo TRT:

> Na inicial, a reclamante relatou que era exposta, nos dois últimos anos do contrato, que durou de 1º.10.2008 a 1º.4.2011, a situações vexatórias, constrangedoras e humilhantes pelo superior hierárquico, Sr. R., com o objetivo de desestabilizá-la e desqualificá-la, para forçar um pedido de demissão, que veio a ocorrer.
>
> Argumentou que o Sr. R. tinha atitudes repentinas e grosseiras, abria a porta e aos gritos determinava a tarefa a ser realizada, desferindo frases que a colocavam como uma pessoa incompetente, lenta, insegura, chamando-lhe a atenção na frente dos demais empregados.
>
> Narrou que, em um dia, esse senhor exigiu que uma caixa com papéis para fragmentar ficasse em cima da mesa da autora, porque que no chão todos saberiam o destino da documentação, empurrando o objeto mais próximo da empregada.
>
> Alegou que havia preconceito de gênero, por ser a única mulher que mantinha contato direto com o Sr. R. e este não ter a mesma atitude em relação aos homens que laboravam no recinto, sendo que estes a haviam aconselhado a perder a ternura, para não sofrer assédio do chefe.
>
> Afirmou que essa violência emocional causou-lhe danos psíquicos e interferiu negativamente na sua saúde e qualidade de vida, passando a chorar, passar mal e ter palpitações quando o avistava, alterando a sua capacidade de concentração, memorização e desencadeando distúrbios digestivos, tremores, dores de cabeça, estresse, ansiedade, depressão e perda auditiva, culminando com o pedido de demissão.
>
> (...)
>
> A reclamante expressamente desistiu de eventual necessidade de perícia médica (fls. 61), restringindo a prova aos meios documental e testemunhal.
>
> O documento de fls. 41, datado de cerca de cinco meses depois do fim do contrato, é um encaminhamento do profissional otorrinolaringologista a um psicólogo por quadro de estresse e ansiedade, indicando que a reclamante poderia estar sofrendo de tais males.
>
> No exame otoneurológico, datado de 13.10.2011, aproximadamente seis meses depois do término do pacto laboral, a anamnese aponta que a reclamante sentia tontura rotatória em crises há quatro anos, que surgia com o movimento

---

(1413) BRASIL. TRIBUNAL SUPERIOR DO TRABALHO. Processo n. RR — 2959-45.2011.5.02.0076, Relatora Ministra: Sueli Gil El Rafihi, Data de Julgamento: 10.12.2014, 4ª Turma, Data de Publicação: DEJT 12.12.2014.

do corpo e agravava-se com o estresse, com sugestão de problema no labirinto, e este pode ter gerado os sintomas de enxaqueca, tremores e perda do equilíbrio, entre outros mencionados pela trabalhadora. Por esse exame não se pode atribuir à ré, ao menos de forma exclusiva, a culpa por tais sintomas apresentados, já que a reclamante afirmou que os ataques morais ocorreram nos últimos dois anos do contrato de trabalho.

Pois bem.

O assédio moral corresponde à tortura psicológica constante, por meio da qual o agressor pretende golpear a autoestima da vítima, atingindo diretamente sua honra.

Na relação de trabalho, o assédio moral caracteriza-se pela contínua pressão psicológica do empregador, diretamente ou por seus prepostos, arruinando a consciência de dignidade do empregado, que, em diversos casos, acaba por desligar-se da empresa ou até mesmo adoecer.

(...)

Disse a testemunha da autora que *"trabalhou para a reclamada de outubro de 2010 a outubro de 2011 como auxiliar administrativo; que era subordinada ao Sr. R. e auxiliava a reclamante; que a reclamante era secretária do Sr. R.; (...)* **dependendo do temperamento do dia do Sr. R., este sempre tratava a reclamante de forma rude e impaciente, tem dias de forma mais intensa, outros, menos, e que exigia certas tarefas da reclamante em um determinado prazo, e que se não atendesse à expectativa dele, ele era extremamente rude; que sempre presenciou ele dizer à reclamante "que ela era incompetente, que não fazia o serviço certo, que ele tinha que explicar sempre várias vezes, que ela não entendia, que não tinha capacidade para entender" e que tudo era nesse sentido;** *que o Sr. R. quase não se dirigia à depoente, passava as ordens para a reclamante, e esta as repassava para a depoente; que* **desde que a depoente ingressou na reclamada, já presenciou na primeira semana o tratamento descrito do Sr. R.; que nessa primeira semana o tratamento foi em decorrência que o Sr. R. não queria pagar uma conta e mandava a reclamante se virar; que o tom de voz do Sr. R. era agressivo e aos gritos; que todos os que estavam na sala, sócios e estagiários, presenciavam;** *que a depoente trabalhava em mesa ao lado da reclamante; que pelo menos uma vez por semana sempre havia algum estresse por parte do Sr. R. em relação à reclamante; que o Sr. R. não se comportava da mesma forma em relação a outros empregados, e parecia à depoente uma questão de sexo, porque a reclamante era mulher; que em contato direto com o Sr. R., empregadas do sexo feminino era a reclamante e logo após a depoente; que dependendo da intensidade dos ataques do Sr. R., ou a reclamante chorava ou tinha dores de cabeça; (...) que o Sr. R. solicitava muitas atribuições à reclamante, e por isso ela ficava até mais tarde;* **que a depoente presenciou o Sr. R. dizer que a reclamante demorava demais para fazer as tarefas; que presenciou o Sr. R. jogar caixa de papéis na mesa da reclamante, e que causou impacto na mesa da depoente e esta se assustou; que o Sr. R. começou a lançar papéis que eram para ser descartados dentro da caixa que estava em cima da mesa da reclamante;** *(...) que o Sr. R. cobrava dos demais empregados, mas não com a fala da mesma forma e rudeza em relação à reclamante; (...), grifos nossos, fls. 111/112).*

Disse a testemunha da ré: *"(...) que na época da reclamante trabalhavam oito pessoas, e tinha contato com a reclamante em razão de qualquer questão administrativa, mas que não sabe exemplificar; que o depoente tinha bastante contato com o Sr. R., o qual era o seu superior hierárquico; que* **o depoente trabalhava na mesma sala que a reclamante; que o Sr. R. tratava a Sra. V. igual aos demais; que não presenciou o Sr. R. dizer à reclamante que ela não fazia nada direito, que ela era lenta, incompetente, e insegura;** *(...), grifos nossos, fls. 112/113."*

Da prova oral, reputo comprovado tratamento desrespeitoso à autora e abuso do poder hierárquico pelo sr. R., em desobediência ao dever da empregadora de se valer dos meios cabíveis para garantir ambiente saudável a seus empregados, salientando-se, ainda, a previsão do art. 932, III, do Código Civil.

As declarações da testemunha da autora deixam claro que o tratamento dispensado à autora era conhecido no ambiente de trabalho, sendo evidente a omissão da empregadora. O fato de a testemunha da ré ter dito que não presenciou o sr. R. ter proferido ofensas à reclamante não necessariamente leva à conclusão de que tais não ocorreram.

Contudo, indevida indenização por danos morais tendo em vista que não fora comprovada, a meu ver, tratamento desrespeitoso em virtude do gênero, na forma alegada na petição inicial. A reclamada, com sua testemunha, fez contraprova ao depoimento da testemunha da reclamante quanto à ausência de discriminação por ser a autora do gênero feminino. No que tange à discriminação por gênero, concluo que a reclamante não se desincumbiu do ônus da prova que pesava sobre os seus ombros quanto aos danos morais, a teor do disposto nos arts. 818 da CLT e 333, I, do CPC.

Nem se alegue que o pedido foi genérico porquanto constou expressamente na petição inicial que *"A reclamante era a única mulher com cargo executivo que mantinha contato direto com sr. R. e somente com ela o preposto da reclamada era agressivo, o que deixa evidente o preconceito de gênero"* (fl. 07). Como o fundamento do dano moral alegado pela reclamante está fulcrado, de forma bem pontual, na discriminação de gênero e essa não restou comprovada de forma robusta pelos depoimentos testemunhais, o indeferimento do pleito é medida que se impõe. Nego provimento. (Grifos no original)

Como se observa da transcrição acima, a Corte Regional indeferiu o pedido de indenização por danos morais por entender que não houve uma multiplicidade de causas de pedir, mas apenas um pedido na exordial por discriminação de gênero, que não restou demonstrado.

Por sua vez, o Tribunal Superior do Trabalho entendeu que, ainda que não comprovada a discriminação de gênero, restou caracterizada e demonstrada pelas provas dos autos a ocorrência de assédio moral contra a senhora V., de forma suficiente a amparar a condenação da Reclamada ao pagamento de indenização por danos morais, em evidente omissão quanto ao comportamento violento de seu preposto senhor R. A fundamentação apresentou-se nos seguintes termos:

> Assim considerado o assédio moral ou, melhor, diante das definições de assédio moral antes citadas, as quais, aliás, são intuitivas, por óbvio que este decorre de ações dirigidas à reclamante, devendo ser robustamente demonstrado que esta era objeto de ostensiva perseguição ou que estava sendo agredida de forma discriminatória.
>
> No presente caso, o v. acórdão reconheceu que a prova oral comprovou "tratamento desrespeitoso à autora e abuso do poder hierárquico pelo sr. R., em desobediência ao dever da empregadora de se valer dos meios cabíveis para garantir ambiente saudável a seus empregados, salientando-se, ainda, a previsão do art. 932, III, do Código Civil".
>
> Afirmou que "As declarações da testemunha da autora deixam claro que o tratamento dispensado à autora era conhecido no ambiente de trabalho, sendo evidente a omissão da empregadora".
>
> Ou seja, reconheceu que a reclamada é responsável pela reparação civil em relação aos atos praticados por seus empregados no exercício do trabalho que lhes competir ou em razão dele, na forma do art. 932, III, do Código Civil.
>
> Diante disso, tem-se como configurado o assédio moral, ainda que a reclamante tivesse cogitado de identificar as atitudes do empregador como sendo, exclusivamente, discriminação de gênero. Contudo, não se pode esquecer que o dano moral decorre do ato ilícito praticado contra a vítima, independentemente da motivação íntima do agente. Assim, a causa remota do assédio é irrelevante.
>
> Portanto, ainda que não haja provas acerca da discriminação de gênero, fato que seria relevante se a reclamante estivesse postulando algum tipo de indenização na forma da Lei n. 9.029/95, os demais fatos articulados pela reclamante foram reconhecidos pelo v. acórdão, inclusive para reconhecimento do pedido de rescisão indireta, *in verbis*:
>
> Considerando que houve reconhecimento de ato ilegal pela ré e que a atitude do superior hierárquico da reclamante impunha-lhe um sentimento de pessoa incapaz, é nulo o pedido de demissão, por ocorrida a falta grave da reclamada que justifica a rescisão indireta do contrato de trabalho. (fl. 193 da numeração eletrônica).
>
> Nessas circunstâncias, ao indeferir o pedido de indenização por danos morais decorrente de assédio moral, o Eg. TRT de origem afrontou o art. 5º, X, da Constituição Federal.
>
> Em decorrência, dou provimento ao agravo de instrumento para determinar o processamento do recurso de revista.
>
> Com fulcro nos arts. 897, § 7º, da CLT, 3º, § 2º, da Resolução Administrativa n. 928/2003 do TST, 228, *caput* e § 2º, e 229, *caput*, do RITST, proceder-se-á, de imediato, à análise do recurso de revista, na primeira sessão ordinária subsequente. (Grifos acrescidos)

Por fim, o TST condenou a Reclamada ao pagamento de R$ 12.000,00 (doze mil reais) a título de indenização por assédio moral, que corresponde a duas vezes o salário da Reclamante, considerando que o pedido inicial foi de vinte vezes seu salário.

No relato desse quadro fático, observa-se que o Tribunal Superior do Trabalho, na condição de órgão julgador, teve a sensibilidade para reconhecer que as ofensas feitas pelo preposto da Reclamada ultrapassavam o limite de pequenos aborrecimentos ou discórdias pessoais e configuravam assédio moral organizacional.

Nesse caso, foi possível observar que o assédio moral organizacional ocorrido por parte do preposto contra a Reclamante, podendo ser considerado um assédio moral vertical descendente, por ter ocorrido entre empregados com hierarquias diferentes, foi reconhecido como violência de responsabilidade da Reclamada. Assim, a negligência e omissão do empregador em relação à conduta assediadora de sua chefia foi suficiente para gerar sua condenação em danos morais à luz do art. 932, inciso III, do Código Civil.

Interessante notar que, no caso, o Tribunal Superior do Trabalho afastou a possibilidade de caracterização de conduta discriminatória contra a mulher, fundamentando que a Reclamante não provou que se incluía em uma ou algumas das hipóteses da Lei n. 9.029/95, a qual trata da proibição da exigência de atestados de gravidez ou esterilidade e outros atos discriminatórios motivado por sexo, origem, raça, cor, estado civil, situação familiar ou idade.

O principal aspecto para o afastamento da discriminação de gênero foi a ausência de provas, tendo a Corte Superior entendido que a discriminação de gênero seria no máximo a causa remota da conduta assediadora, compondo talvez a intenção íntima do agressor. Essa conclusão esposada pela Corte apenas reflete a dificuldade em lançar luz às práticas de assédio moral organizacional contra as mulheres de forma a enxergar uma discriminação de gênero na hipótese. O principal empecilho para o reconhecimento dessa intersecção é a utilização de comportamentos assediadores ditos "neutros", que acabam por camuflar condutas preconceituosas e opressoras em relação às mulheres trabalhadoras. Ou seja, o tipo de agressão sofrida poderia atingir qualquer trabalhador; entretanto, a diferença do assédio moral organizacional com viés discriminatório de gênero reside na motivação que reforça um contexto de opressão das mulheres. Justamente essa motivação é de difícil prova e percepção.

Importante ressaltar que o próprio Tribunal Superior do Trabalho encontra limites na apreciação de fatos e provas, em virtude do que dispõe a Súmula n. 126, ao obstar que suas decisões impliquem o revolvimento de matéria fático-probatória. Assim, seria necessário que a produção de provas e a organização do contexto fático fossem estruturalmente consolidadas na instância regional, permitindo ao Tribunal Superior do Trabalho, se preciso, apenas o reenquadramento jurídico do quadro fático consolidado.

5.3.3. Análise conjunta dos casos de discriminação de gênero

Observa-se, pelos casos acima estudados, que não houve uma identificação da discriminação de gênero como uma espécie do gênero assédio moral pela Justiça do Trabalho em nenhuma de suas instâncias. Além disso, pela análise do terceiro caso[1414], foi possível identificar que o Poder Judiciário fez uma distinção entre assédio moral e discriminação de gênero, reconhecendo a configuração do assédio, mas excluindo a discriminação de gênero por ausência de provas.

Assim, é interessante perceber que não há ainda uma consciência que identifique a relação entre o assédio moral e a discriminação de gênero por parte do Judiciário trabalhista.

Essa mesma constatação foi percebida na análise dos 90 recursos de revista que tinham como tópicos "assédio moral" e "doença", uma vez que em nenhum dos casos houve o reconhecimento de discriminação de gênero, ainda que o assédio moral organizacional em muitos deles tenha sido caracterizado.

Em todo caso, nos três recursos acima analisados, as Reclamantes obtiveram indenização pelo assédio moral sofrido, o que demonstra que receberam de certo modo alguma compensação pelo dano do qual foram vítimas, ainda que em valores reduzidos ante o porte financeiro das Reclamadas.

5.4. Análise de caso — controle gestacional

Na busca por casos de controle gestacional na jurisprudência do Tribunal Superior do Trabalho, a consulta unificada registra apenas **um Recurso de Revista recentemente julgado**[1415], o qual trata de empresa que foi omissa em relação ao comportamento de uma preposta que elaborou lista de empregadas para organizar quando cada uma poderia engravidar para atender ao planejamento de produtividade da empresa.

(1414) BRASIL. TRIBUNAL SUPERIOR DO TRABALHO. Processo n. RR — 2959-45.2011.5.02.0076, Relatora Ministra: Sueli Gil El Rafihi, Data de Julgamento: 10.12.2014, 4ª Turma, Data de Publicação: DEJT 12.12.2014.
(1415) BRASIL. TRIBUNAL SUPERIOR DO TRABALHO. Processo n. RR — 755-28.2010.5.03.0143, Relator Ministro: Luiz Philippe Vieira de Mello Filho, Data de Julgamento: 10.9.2014, 7ª Turma, Data de Publicação: DEJT 19.9.2014.

O caso consiste em dois Recursos de Revista, um interposto pela Reclamada e outro pela Reclamante, em que apenas ao recurso da Reclamada foi dado seguimento, e a Reclamante precisou interpor Agravo de Instrumento perante o TST. Foi dado provimento ao Agravo de Instrumento e conhecido o Recurso de Revista da Reclamante.

O tópico de maior destaque do Recurso de Revista da Reclamante trata justamente do controle gestacional implementado no âmbito da Reclamada.

Na sentença, houve o reconhecimento do dano moral em decorrência da implantação do controle gestacional e a condenação da Reclamada ao pagamento de R$ 15.000,00 (quinze mil reais) a título de indenização. Entretanto, o TRT, ao analisar os elementos fáticos, concluiu que não houve dano moral em virtude da manutenção do programa gestacional, uma vez que não restou comprovado qualquer prejuízo pessoal à Reclamante.

A Corte Regional descreve os seguintes elementos fáticos:

Na petição inicial, a demandante narrou que a sua superiora, M. J. V., por ordens da 1ª demandada, implementou um "programa de gestação", com o objetivo de controlar a natalidade das empregadas, e que, como analista de treinamento, tinha, dentre outras atribuições, a de afixar nos vestiários feminino e masculino propagandas da operadora de telefonia móvel Claro.

Em relação ao suposto "programa de gestação", a reclamante não afirmou nem comprovou nos autos que, em função desse programa, foi impedida de engravidar ou sofreu qualquer tipo de retaliação/punição por ter engravidado.

Os documentos de fls. 72/74 (1ºv), os quais, não obstante o preposto ter reconhecido que foram enviados pela gerente M. J. V. aos seus subordinados (fl. 90, 1ºv), não trazem, dentre os seus destinatários, a autora.

A 1ª testemunha convidada pela demandante, A. N. D., também não evidenciou que a obreira experimentou qualquer tipo de dano, até mesmo porque informou que a reclamante ficou grávida quando ainda em curso o pacto laboral. Veja-se:

(...) "que M. J. era gerente de treinamento; que tal pessoa não implantou um programa de gestação, mas **costumava dizer que por ser a equipe constituída a maior parte por mulheres, ela fazia uma agenda de gravidez, pois se todas engravidassem ao mesmo tempo, ela perderia a equipe toda; que como tal gerente repetia isso diariamente, as mulheres da equipe tinham receio de engravidar; que a gerente tratou com aspereza uma empregada que se engravidou fora da previsão dela; que a gerente enviou um e-mail às empregadas ditando as regras para gravidez; que mesmo quem não recebeu o e-mail tinha ciência dele, pois a gerente afirmava a toda mulher nova que integrava a equipe que teria que atualizar a agenda de gravidez;** que a depoente ouviu comentários de que a reclamante era uma das pessoas que tinha vontade de engravidar; que quando a reclamante engravidou do 2º filho, sua chefe era P. D., posterior a mencionada J.; (...) que a empresa mantinha pelo RH um programa de orientação e acompanhamento de gestantes; que a reclamante não sofreu nenhum constrangimento do 2º filho, pois nessa época sua gerente era outra" (...) (fls. 730/731, 4ºv — destaquei).

Dessa forma, **tem-se que não há nos autos prova segura de que a autora tenha sido exposta à situação humilhante ou constrangedora, ou mesmo sofrimento psicológico, pelo "programa de gestação" implementado pela empresa.** Pelo exposto, não há como deferir a indenização pretendida pelo "programa de gestação", pois, do contrário, estar-se-ia banalizando o instituto do dano moral, cuja finalidade é garantir a recomposição do sofrimento humano provocado por ato ilícito de terceiro que molesta bens imateriais e magoa valores íntimos da pessoa. (Grifos acrescidos)

Em Recurso de Revista, a Reclamante alegou que houve prova da existência do Programa Gestacional, como forma de assédio moral às empregadas mulheres, o que estabelecia a ordem na qual as empregadas poderiam engravidar de forma a atender à conveniência do empregador. Afirmou que esse controle gerava "medo e tensão que a tolhia quanto ao desejo de engravidar", além de ter sofrido comentários maliciosos por não ter seguido a ordem da lista estabelecida. Requereu indenização por danos morais no valor de R$ 75.000,00 (setenta e cinco mil reais). Invocou os arts. 5º, V e X, da Constituição da República, 373-A e 391, parágrafo único, da CLT, 2º da Lei n. 9.029/95, 186, 187 e 927 do Código Civil. Trouxe aresto divergente.

O acórdão do TST reconheceu o dano moral sofrido pela Reclamante em razão do Programa Gestacional e condenou a Reclamada a indenizá-la, nos seguintes termos:

Da leitura do acórdão regional depreende-se que a Corte regional, ao entrar em contato com a prova dos autos, não refuta a existência de um "Programa Gestacional" instituído por uma das prepostas da empresa, no intuito

de conciliar as gravidezes das empregadas com o atendimento das demandas de trabalho. Inclusive, reconhece a prova documental consistente na planilha elaborada pela gerência, estabelecendo uma fila de preferência para a atividade reprodutiva das trabalhadoras.

Entretanto, o fundamento do julgador regional para refutar a pretensão da reclamante, quanto ao reconhecimento do dano moral e sua reparação, é a compreensão de que não teria restado provado o prejuízo pessoalmente experimentado pela autora em razão da conduta empresarial genérica.

Fixados tais fatos, entende-se que há um problema no enquadramento jurídico realizado pela Corte *a quo*, na medida em que a comprovação, por si só, da existência de um plano gestacional no âmbito da empresa, acarreta a conclusão de que todas as mulheres em idade reprodutiva envolvidas naquela planta empresarial foram ofendidas em sua dignidade (destacadamente na possibilidade de decidirem com autonomia a respeito de seus projetos de vida, de felicidade e do seu corpo) e em sua intimidade, resultando discriminadas em razão de sua condição feminina.

A capacidade do empregador de difundir um clima de intimidação, determinando o comportamento de suas empregadas a partir do estabelecimento desse plano, ou causando-lhes sofrimento pela incapacidade de atendê-lo ou mesmo pelo desejo contrário ao prescrito no plano gravídico, decorre da posição de subordinação jurídica em que os empregados se colocam no âmbito da relação de emprego, revelando um espectro de eficácia que alcança todas aquelas que trabalham nas mesmas condições e se enquadram na prescrição empresarial, ainda que não sejam destinatárias diretas da determinação da gerente.

O ordenamento jurídico, para além do estabelecimento da igualdade entre homens e mulheres no art. 5º, I, da Constituição Federal de 1988, já voltou seu olhar para a especial vulnerabilidade das mulheres no mercado de trabalho, em razão de suas responsabilidades reprodutivas, razão por que prescreveu a ilicitude de qualquer conduta voltada ao controle do estado gravídico das trabalhadoras.

(...)

Saliente-se que a pretensão abstrata de estender seu poder empregatício para além das prescrições sobre a organização do trabalho, alcançando a vida, a autonomia e o corpo das trabalhadoras, revela desrespeito grave à dignidade da pessoa humana, que não se despe de sua condição de sujeito, nem da titularidade das decisões fundamentais a respeito da sua própria vida, ao contratar sua força de trabalho em favor de outrem.

Está caracterizada, satisfatoriamente, a conduta ilícita e antijurídica do empregador, capaz de ofender a dignidade obreira, de forma culposa. **Isso porque, ao se preocupar exclusivamente com o atendimento de suas necessidades produtivas, constrangendo as decisões reprodutivas das trabalhadoras, a reclamada instrumentaliza a vida das suas empregadas, concebendo-as como meio para a obtenção do lucro, e não como fim em si mesmas.**

Constatada possível violação dos arts. 5º, V e X, da Constituição Federal; 373-A e 391, parágrafo único, da CLT; e 186 do Código Civil, merece provimento o agravo de instrumento para que se determine o processamento do recurso de revista.

(...)

Conhecido o recurso de revista por violação dos arts. 5º, V e X, da Constituição Federal; 373-A e 391, parágrafo único, da CLT; e 186 do Código Civil, e com supedâneo no princípio da dignidade da pessoa humana, **dou provimento** ao recurso de revista da reclamante, para condenar a reclamada ao pagamento de indenização por danos morais no importe de R$ 50.000,00 (cinquenta mil reais).

O arbitramento do valor da indenização leva em conta a gravidade da conduta empresarial e cumpre o escopo de figurar pedagogicamente como desestímulo à reiteração de tais práticas discriminatórias e ofensivas à dignidade das mulheres.

Determino que seja oficiado o Ministério Público do Trabalho na 3ª Região e a Delegacia Regional do Trabalho, para ciência e adoção das medidas que considerarem cabíveis. (Grifos acrescidos)

Pelos trechos acima relatados e transcritos, observa-se que, apesar de nas buscas pela "Consulta Unificada" não ter sido possível encontrar o caso definido pela temática do assédio moral em ementa, o acórdão do TST em sua fundamentação faz uma descrição da prática discriminatória de controle gestacional que muito se assemelha ao conceito de assédio moral organizacional. Esse reconhecimento aponta para o princípio de uma compreensão jurisprudencial que considera a discriminação de gênero como um mecanismo que fomenta práticas assediadoras e é passível de reparação material e moral. Entretanto, esse perfilhamento ainda mostra-se incipiente tanto na doutrina quanto na jurisprudência, em razão de um entendimento que busca distinguir entre a discriminação de gênero no trabalho e o assédio moral organizacional.

No estudo desse último caso, observa-se a expressão do biopoder[1416] na forma de poder empregatício. O biopoder é traduzido no poder de controlar a vida, os corpos. No controle da vida encontra-se o controle da reprodução. O biopoder foi utilizado como ferramenta essencial do capitalismo para inserir os corpos nos meios de produção de forma controlada e ajustada.[1417]

Note-se que a gestão da Reclamada sentiu-se poderosa o suficiente para imiscuir-se no controle reprodutivo de suas empregadas, decidindo quando poderiam ou não engravidar em clara e evidente afronta à Lei n. 9.029/95, a qual, em seu art. 1º, dispõe o seguinte:

> Art. 1º Fica proibida a adoção de qualquer prática discriminatória e limitativa para efeito de acesso à relação de emprego, ou sua manutenção, por motivo de sexo, origem, raça, cor, estado civil, situação familiar ou idade, ressalvadas, neste caso, as hipóteses de proteção ao menor previstas no inciso XXXIII do art. 7º da Constituição Federal.[1418]

A empresa, por meio de sua chefia, incorreu na prática de crime contra as empregadas, em razão do que estabelece o art. 2º da Lei n. 9.029/95:

> Art. 2º Constituem crime as seguintes práticas discriminatórias:
>
> I — a exigência de teste, exame, perícia, laudo, atestado, declaração ou qualquer outro procedimento relativo à esterilização ou a estado de gravidez;
>
> II — a adoção de quaisquer medidas, de iniciativa do empregador, que configurem;
>
> a) indução ou instigamento à esterilização genética;
>
> b) promoção do controle de natalidade, assim não considerado o oferecimento de serviços e de aconselhamento ou planejamento familiar, realizados através de instituições públicas ou privadas, submetidas às normas do Sistema Único de Saúde (SUS).
>
> Pena: detenção de um a dois anos e multa.
>
> Parágrafo único. São sujeitos ativos dos crimes a que se refere este artigo:
>
> I — a pessoa física empregadora;
>
> II — o representante legal do empregador, como definido na legislação trabalhista;
>
> III — o dirigente, direto ou por delegação, de órgãos públicos e entidades das administrações públicas direta, indireta e fundacional de qualquer dos Poderes da União, dos Estados, do Distrito Federal e dos Municípios.

Assim, além da reclamação trabalhista proposta, as empregadas ainda poderiam ajuizar ação penal contra a chefia que estabeleceu o plano gestacional na empresa, uma vez que se trata de medida discriminatória implementada para a "promoção do controle de natalidade", nos termos do art. 2º, II, *b*, da Lei n. 9.029/95.

Percebe-se, assim, a gravidade da conduta da Reclamada, que possui repercussões tanto como ilícito constitucional, por violar a intimidade, a dignidade e a proteção ao mercado do trabalho da mulher, quanto trabalhista, por desrespeitar o que dispõe os arts. 373-A, IV e V, e 391 da CLT (no tocante à discriminação para acesso, permanência e promoção no emprego em razão de estado gravídico). Além de configurar ilícito civil por violar os arts. 186 e 927 do Código Civil; e, por fim, um ilícito penal na forma de crime de discriminação.

(1416) FOUCAULT, Michel. *A história da sexualidade. Op. cit.*, p. 132.
(1417) Conferir esta análise em: BORGES, Lara Parreira de Faria. *O mercado e o mito da emancipação feminina*. Disponível em: <http://trabalho-constituicao-cidadania.blogspot.com.br/2014/10/o-mercado-e-o-mito-da-emancipacao.html>. Acesso em: 5. mar. 2015.
(1418) BRASIL, Lei n. 9.029/95 — Proíbe a exigência de atestados de gravidez e esterilização, e outras práticas discriminatórias, para efeitos admissionais ou de permanência da relação jurídica de trabalho, e dá outras providências. Disponível em: <http://www.planalto.gov.br/ccivil_03/leis/l9029.htm>. Acesso em: 5. mar. 2015.

CONCLUSÃO

> *Mas não farei outras citações. Essas páginas são apenas fragmentos. Essas vozes estão começando apenas agora a sair do silêncio e a falar sem grande nitidez. Essas vidas ainda estão semiocultas numa profunda obscuridade. Expressar mais ou menos o que está aqui expresso foi um trabalho árduo e penoso. O texto foi escrito em cozinhas, nos momentos livres, em meio a distrações e obstáculos — mas realmente não há nenhuma necessidade que eu, numa carta dirigida a vocês, enfatize as dificuldades da vida das trabalhadoras.*
> Virginia Woolf[1419]

Como apontou Virginia Woolf, ao escrever o prefácio de um livro com memórias de trabalhadoras de uma cooperativa, as páginas deste livro são apenas fragmentos de vozes de trabalhadoras que "agora começam a sair do silêncio e falar sem grande nitidez".[1420] A impossibilidade consciente de retratar nesses fragmentos as experiências singulares e próprias de cada trabalhadora que sofre com o assédio moral organizacional e o adoecimento ocupacional deu fôlego para que este texto fosse escrito com o objetivo de impulsionar outras investigações sobre o tema e lançar o olhar sobre o assédio moral organizacional.

As palavras que compõem cada linha dessa pesquisa são incapazes de expressar as dificuldades da vida das trabalhadoras, pela ausência das lembranças de sons, vozes e fatos acompanhando o texto que foi apresentado. Entretanto, ainda assim há um esforço para retirar essas experiências do oculto e colocá-las à luz de uma leitora interessada em refletir criticamente sobre a tradicional divisão sexual do trabalho, os espaços reservados às mulheres no mundo do trabalho remunerado e as tentativas de "normalização" pelo assédio moral organizacional.[1421]

Apenas o reconhecimento da condição de quem sofre é capaz de mobilizar transformações na realidade, seja pela construção do Direito, seja pela sua aplicação. Assim, um Estado Democrático de Direito, que tem como fundamento uma Constituição inclusiva do "eu" e do "outro", tem o dever de implementar tanto normas quanto políticas públicas que acolham e reconheçam o "outro" tradicionalmente excluído de garantias jurídicas e igualdade entre particulares.

A plena democracia somente é possível com o exercício completo dos direitos humanos, o que inclui o direito fundamental ao trabalho digno[1422]. A liberdade daquele que trabalha somente pode ser garantida por meio da igualdade diante da lei e entre as pessoas privadas, incluindo o direito de autodeterminação sem coações oriundas de uma desigualdade material.

Quando se analisa a prática do assédio moral organizacional como uma tradição do exercício do poder empregatício, como um legado que exclui o "outro" que foge ao arquétipo demandado pelo mercado, gerando desigualdades entre particulares a ponto de impedir uma autodeterminação daquele que trabalha sobre sua saúde física e psíquica, constata-se que o assédio moral organizacional não deve ser acolhido pelo ordenamento do Estado Democrático de Direito.

(1419) WOOLF, Virginia. *Profissões para mulheres e outros artigos feministas*. Tradução: Denise Bottmann. Porto Alegre: L&PM, 2012. p. 92.
(1420) *Idem*.
(1421) Este trecho foi inspirado no seguinte excerto de Virgínia Woolf: *"Mas talvez não seja muito provável que as páginas aqui impressas consigam exprimir tudo isso para aqueles que não podem complementar a palavra escrita com a lembrança dos rostos e o som das vozes"*. In: WOOLF, Vigínia. *Profissões para mulheres e outros artigos feministas*. Tradução: Denise Bottman. Porto alegre: L&PM, 2012. p. 92.
(1422) O direito fundamental ao trabalho digno é expressão cunhada pela professora Dra. Gabriela Neves Delgado. Conferir: DELGADO, Gabriela Neves. *Direito fundamental ao trabalho digno*, p. 204.

O assédio moral organizacional não só retira a liberdade de ser o "outro" diferente de um padrão imposto, como retira a igualdade de viver com dignidade e auferir reconhecimento pelo trabalho. Quando o assédio moral organizacional utiliza-se de preconceitos discriminatórios para disciplinar e normalizar, ele perpetua uma dupla violência, pois vale-se de construções culturais tradicionalmente excludentes para reforçar restrições ao reconhecimento de identidades múltiplas e diversas.

Além de gerar uma desigualdade de acesso a cargos e empregos com base no sexo ou gênero[1423] do trabalhador, o assédio discriminatório por questão de gênero também gera distorções e entraves para a redistribuição de renda, a igualdade material entre homens e mulheres e a superação da feminização da pobreza[1424].

O papel da Justiça do Trabalho em um Estado Democrático de Direito em banir do mundo do trabalho práticas assediadoras e discriminatórias é mais que uma mera concessão de direitos formais, mas é uma questão de justiça social e reconhecimento de identidades. Assim, a identidade que inclui o "outro" no "eu constitucional" somente excluirá as tradições opressoras, que impedem a liberdade e a igualdade.[1425]

Guardando essas premissas, este trabalho investigou de forma ampla as causas e contextos propícios ao surgimento do assédio moral organizacional, uma espécie do assédio moral caracterizada por sua ocorrência no ambiente de trabalho. Analisou a potencialização do assédio moral organizacional pelo individualismo e a competição acirrada estimulados pelo sistema de produção toyotista inserido na ideologia neoliberal.

Estudou as intersecções entre o assédio moral organizacional e a discriminação contra as mulheres nos espaços de trabalho, buscando utilizar a Teoria dos Jogos para que houvesse uma descrição mais apurada dos jogos de poder e cooperação presentes no espaço de trabalho, os quais permitem a criação e o rompimento de redes de solidariedade e de reconhecimento entre os trabalhadores.

Note-se que a pesquisa manteve um forte enfoque na questão dos preconceitos e opressões perpetrados contra mulheres e manipulados pelo sistema de produção capitalista para normalizar condutas e explorar ainda mais o trabalho assalariado, espoliando mulheres e homens.

Observou-se que, tanto nas hipóteses de assédio moral organizacional horizontal, quanto vertical ou misto, a responsabilidade pela violência imprimida contra a trabalhadora ou trabalhador é do empregador, uma vez que ele é o único responsável por manter um ambiente de trabalho saudável e livre de humilhações seja entre os empregados, seja entre os empregados e a chefia. Em regra, as omissões por parte do alto escalão da empresa são responsáveis pelo endosso de práticas assediadoras entre trabalhadores e o reforço de discriminações contra as mulheres.

Por fim, como concretização de todas as análises sociológicas, psicológicas, econômicas, filosóficas e jurídicas, estudou-se empiricamente as respostas oferecidas pelo Tribunal Superior do Trabalho aos casos de assédio moral organizacional que apresentam casos de adoecimento ocupacional, bem como as soluções judiciais prestadas nos casos de discriminação contra a mulher e controle gestacional das empregadas por política empresarial.

Pela análise de casos concretos levados à mais alta Corte Trabalhista brasileira, investigou-se tanto o quadro fático por trás dos processos judiciais, quanto as respostas institucionais apresentadas ao problema da discriminação traduzida em assédio moral organizacional contra as mulheres.

Assim, apurou-se a dificuldade em se retirar a discriminação contra a mulher no ambiente de trabalho de um mero espiar por trás da persiana, para lançar o olhar ao problema do assédio moral organizacional, de modo que a mulher trabalhadora tenha plenitude na realização do trabalho e possa viver genuinamente o reconhecimento da dignidade conferida constitucionalmente.

(1423) Em regra, o termo "sexo" é utilizado para definir a identidade biológica de uma pessoa, ao passo que o gênero é uma elaboração cultural sobre o sexo e seus comportamentos.
(1424) A "feminização da pobreza" é um expressão utilizada para explicar a presença majoritária de mulheres entre aqueles que são mais pobres no mundo.
(1425) ROSENFELD, Michel. *A identidade do sujeito constitucional*. Trad.: Menelick de Carvalho Netto. Belo Horizonte: Mandamentos Editora, 2003. p. 53-61.

REFERÊNCIAS BIBLIOGRÁFICAS

ABRAMO, Laís. Inserção das mulheres no mercado de trabalho na América Latina: uma força de trabalho secundária? In: HIRATA, Helena; SEGNINI, Liliana (Orgs.). *Organização, trabalho e gênero*. Série Trabalho e Sociedade. São Paulo: Senac, 2007. p. 21-41.

ALKIMIN, Maria Aparecida. *Violência na relação de trabalho e a proteção à personalidade do trabalhador*. Curitiba: Juruá, 2008.

ALMEIDA, Fábio Portela Lopes de. A teoria dos jogos: uma fundamentação teórica dos métodos de resolução de disputa. Estudos de arbitragem mediação e negociação, v. 2. Disponível em: <http://www.arcos.org.br/livros/estudos-de-arbitragem-mediacao-e-negociacao-vol2/terceira-parte-artigo-dos-pesquisadores/a-teoria-dos-jogos-uma-fundamentacao-teorica-dos-metodos-de-resolucao-de-disputa>. Acesso em: 4 out. 2014.

ALSTON, Philip; GOODMAN, Ryan. *International human rights*: text and materials. Oxford University Press, 2013.

ALVARENGA, Rúbia Zanotelli de. O poder empregatício no contrato de trabalho. *Revista do Direito Trabalhista (RDT) 15-12*, p. 17-25, 31 dez. 2009.

ANTUNES, Ricardo. *Os sentidos do trabalho*: ensaios sobre a afirmação e negação do trabalho. 2. ed. 10. reimpr. rev. e ampl. (Mundo do Trabalho). São Paulo: Boitempo, 2013.

ARAT, Zehra F. Human Rights and Democracy: Expanding or Contracting? *Polity*, v. 32, n. 1 (Autumn, 1999), Palgrave Macmillan Journals, p. 119-144.

ARAÚJO, Adriane Reis de. *O assédio moral organizacional*. São Paulo: LTr, 2012.

BAIRD, Douglas G.; GERTNER, Robert H.; PICKER, Randal C. *Game theory and the law*. Cambridge, Massachusetts: Harvard University Press, 1998.

BARRETO, Margarida Maria Silveira. *Violência, saúde e trabalho*: uma jornada de humilhações. São Paulo: EDUC, 2006.

BARROS, Alice Monteiro de. Cidadania, relações de gênero e relações de trabalho. *Revista dos Tribunais On-line, Revista de Direito do Trabalho*, v. 121, p. 9, jan. 2006.

_____. *Proteção à intimidade do empregado*. 2. ed. São Paulo: LTr, 2009.

BASU, Kaushik. The Economics and Law of Sexual Harassment in the Workplace. *The Journal of Economic Perspectives*, v. 17, n. 3 (Summer, 2003), p. 141-157.

BAUMAN, Zygmunt. *Globalização*: as consequências humanas. Tradução de Marcus Penchel. Rio de Janeiro: Jorge Zahar, 1998.

BEAUVOIR, Simone de. *O Segundo sexo. II. A experiência vivida*. 2. ed. Tradução de Sérgio Milliet. São Paulo: Difusão Europeia do Livro, 1967.

BENJAMIN, Walter. Experiência e pobreza e O narrador. Considerações sobre a obra de Nikolai Leskov. In: BENJAMIN, Walter. *Obras escolhidas, v. 1 — magia e técnica, arte e política*. 7. ed. Tradução de Sérgio Paulo Rouanet. São Paulo: Brasiliense, 1994.

BENVINDO, Juliano Zaiden. *On the Limits of Constitutional Adjudication*: Deconstructing Balancing and Judicial Activism. Heidelberg; Berlin; New York: Springer Berlin Heidelberg, 2010.

BORGES, Lara Parreira de Faria. Os limites do direito constitucional à preservação da cultura e o infanticídio indígena. *Revista de Estudos Jurídicos UNESP*, v. 17, p. 1-18, 2013.

_____. *As transformações no mundo do trabalho*: um estudo sobre a precarização do trabalho terceirizado. Brasília, 2013. Disponível em: <http://bdm.unb.br/handle/10483/4726>. Acesso em: 28 fev. 2015.

_____. *O mercado e o mito da emancipação feminina*. Disponível em: <http://trabalho-constituicao-cidadania.blogspot.com.br/2014/10/o-mercado-e-o-mito-da-emancipacao.html>. Acesso em: 5.3.2015.

BOURDIEU, Pierre. *Contrafogos*. Rio de Janeiro: Jorge Zahar Editor, 1998.

_____. *A dominação masculina*. 2. ed. Tradução de Maria Helena Kühner. Rio de Janeiro: Bertrand Brasil, 2002.

BRASIL. Secretaria de Direitos Humanos da Presidência da República, Brasília, dezembro de 2014. Documento: Sistema Nacional de Indicadores em Direitos Humanos: Trabalho. Disponível em: <http://snidh.sdh.gov.br/condicoes-justas-nao--discriminatorias-e-seguras-no-trabalho.html>. Acesso em: 15 dez. 2014.

_____. OIT, Notas da OIT, Nota n. 2, Promoção da igualdade de gênero e políticas de conciliação entre o trabalho e a família. Disponível em: <http://www.oitbrasil.org.br/content/nota-2-promoção-da-igauldade-de-gênero-e-pol%C3%ADticas-de-conciliação-entre-o-trabalho-e-fam%C3%ADlia>. Acesso em: 15 dez. 2014.

_____. OIT, Notas da OIT, Nota n. 7, Conciliação entre o trabalho e a vida familiar: ações dos sindicatos. Disponível em: <http://www.oitbrasil.org.br/content/nota-7-conciliação-entre-o-trabalho-e-vida-familiar-ações-dos-sindicatos-0>. Acesso em: 15 dez. 2014.

_____. Decreto n. 62.150 de 19 de janeiro de 1968. Promulga a Convenção n. 111 da OIT sobre discriminação em matéria de emprego e profissão. Disponível em: <http://www.planalto.gov.br/ccivil_03/decreto/1950-1969/D62150.htm>. Acesso em: 29 dez. 2014.

BRENNER, Johanna. *Women and the politics of class.* New York: Monthly Review Press, 2000.

BRITO, Jussara Cruz de; NEVES, Mary Yale; OLIVEIRA, Simone Santos; ROTENBERG, Lucia. Saúde, subjetividade e trabalho: o enfoque clínico e de gênero. *Revista Brasileira de Saúde Ocupacional*, São Paulo, 37 (126), p. 316-329, 2012.

BRUSCHINI, Cristina; LOMBARDI, Maria Rosa. Trabalho, educação e rendimentos das mulheres no Brasil em anos recentes. In: HIRATA, Helena; SEGNINI, Liliana (Orgs.). *Organização, trabalho e gênero.* Série Trabalho e Sociedade. São Paulo: Senac, 2007. p. 43-88.

CANTELLI, Paula Oliveira. *O trabalho feminino no divã*: dominação e discriminação. São Paulo: LTr, 2007.

CARVALHO NETTO, Menelick de. A hermenêutica constitucional e os desafios postos aos direitos fundamentais. In: *Notícia do direito brasileiro.* Nova série, n. 6. Brasília: Ed. UnB, p. 141-163, 2º semestre de 1998.

_____; SCOTTI, Guilherme. *Os direitos fundamentais e a (in)certeza do direito*: a produtividade das tensões principiológicas e a superação do sistema de regras. Belo Horizonte: Fórum, 2012.

CASTEL, Robert. *As metamorfoses da questão social*: uma crônica do salário. 11. ed. Tradução de Iraci D. Poleti. Petrópolis: Vozes, 2013.

CASTELLS, Manuel. *O poder da identidade.* Volume 2: A era da informação: economia, sociedade e cultura. 7ª reimpr. Tradução de Klauss Brandini Gerhardt. São Paulo: Paz e Terra, 1999.

CHEHAB, Gustavo Carvalho. O poder diretivo do empregador e os direitos fundamentais do empregado. *Revista do Tribunal Regional do Trabalho da 14ª Região*, Porto Velho, v. 7, n. ½, p. 59-76, jan./dez. 2011.

CHINKIN, Christine. The United Nations Decade for the Elimination of Poverty: What role for International Law? *54 Current Legal Problems (2001) 553*, p. 553-588.

COELHO, Fábio Ulhoa. *Direito e poder*: ensaio de epistemologia jurídical. São Paulo: Saraiva, 1992.

COUTINHO, Aldacy Rachid. Meio ambiente do trabalho — a questão do poder empregatício e a violência silenciosa do perverso narcísico. *Revista LTr*, v. 77, n. 8, p. 903-908, ago. 2013.

COUTINHO, Maria Luiza Pinheiro. Discriminação no Trabalho: Mecanismos de Combate à Discriminação e Promoção de Igualdade de Oportunidades. Documento: Igualdade Racial, OIT-Brasil. Disponível em: <http://www.oitbrasil.org.br/sites/default/files/topic/discrimination/pub/oit_igualdade_racial_05_234.pdf>. Acesso em: 13 dez. 2014.

DALPINO, Catharin. Promoting Democracy and Human Rights: Lessons of the 1990s. *The Brooking Review*, v. 18, n. 4 (Fall, 2000), p. 44-47.

DEJOURS, Christophe. Subjetividade, trabalho e ação. *Revista Produção*, v. 14, n. 3, p. 27-34, set./dez. 2004.

_____. *A banalização da injustiça social.* 7. ed. Tradução de Luiz Alberto Monjardim. Rio de Janeiro: FGV, 2007.

_____; BÈGUE, Florence. *Suicídio e trabalho*: o que fazer. Tradução de Franck Soudant. Brasília: Paralelo 15, 2010.

DELGADO, Gabriela Neves. *Direito fundamental ao trabalho digno.* São Paulo: LTr, 2006.

_____. A constitucionalização dos direitos trabalhistas e os reflexos no mercado de trabalho. *Revista LTr, Legislação do Trabalho*, v. 72, p. 563-569, 2008.

_____; MIRAGLIA, Lívia Mendes Moreira. A Tendência Expansionista do Direito do Trabalho: Breve Análise a Partir do Fundamento de Proteção ao Trabalho Previsto na Constituição Federal de 1988. *Revista Síntese Trabalhista e Previdenciária*, v. 236, p. 87-107, 2011.

DELGADO, Mauricio Godinho. *O poder empregatício.* São Paulo: LTr, 1996.

_____. Direitos fundamentais na relação de trabalho. *Revista de Direito do Trabalho*, São Paulo: Revista dos Tribunais, n. 123, ano 32, p. 143-165, jul./set. 2006.

_____. Relação de emprego e relações de trabalho: a retomada do expansionismo do direito trabalhista. In: *Dignidade humana e inclusão social*: caminhos para a efetividade do direito do trabalho no Brasil. São Paulo: LTr, 2010.

_____. Constituição da República, Estado Democrático de Direito e Direito do Trabalho. In: DELGADO, Mauricio Godinho; DELGADO, Gabriela Neves. *Constituição da República e direitos fundamentais*: dignidade da pessoa humana, justiça social e direito do trabalho. São Paulo: LTr, 2012. p. 31-54.

_____. *Curso de direito do trabalho*. 13. ed. São Paulo: LTr, 2014.

_____; DELGADO, Gabriela Neves. O Papel da Justiça do Trabalho no Brasil. In: *Constituição da República e direitos fundamentais*: dignidade da pessoa humana, justiça social e direito do trabalho. São Paulo: LTr, 2012. p. 150-160.

_____; _____. *Tratado jurisprudencial de direito constitucional do trabalho*. Coleção tratado jurisprudencial de direito do trabalho, v. 1. São Paulo: Revista dos Tribunais, 2013.

DERRIDA, Jacques. *Força de lei*: o fundamento místico da autoridade. 2. ed. Tradução de Leyla Perrone-Moisés. São Paulo: WMS Martins Fontes, 2010.

DINIZ, Maria Helena. O problema da liquidação do dano moral e dos critérios para a fixação do "quantum" indenizatório. In: *Atualidades jurídicas 2*. São Paulo: Saraiva, 2001. p. 237-272.

DONNELLY, Jack. Human Rights, Democracy and Development. *Human Rights Quarterly*, v. 21, n. 3, (aug. 1999), The Johns Hopkins University Press, p. 608-632.

DONOHUE, John J. Prohibithing Sex Discrimination in the Workplace: An Economic Perspective. *The University of Chicago Law Review*, v. 56, n. 4 (Autumn, 1989), p. 1.337-1.368.

DRAY, Guilherme Machado. *O princípio da igualdade no Direito do Trabalho* — sua aplicabilidade no domínio específico da formação de contratos individuais de trabalho. Coimbra: Almedina, 1999.

DUTRA, Renata Queiroz. *Do outro lado da linha*: poder judiciário, regulação e adoecimento dos trabalhadores em *call centers*. São Paulo: LTr, 2014.

DWORKIN, Ronald. *A virtude soberana* — a teoria e a prática da igualdade. Tradução de Jussara Simões. São Paulo: Martins Fontes, 2005.

_____. *Uma questão de princípio*. Tradução de Luís Carlos Borges. São Paulo: Martins Fontes, 2005.

_____. *O império do direito*. Tradução de Jefferson Luiz Camargo. São Paulo: Martins Fontes, 2007.

EHRENREICH, Rosa. Dignity and Discrimination: Toward a Pluralistic Understanding of Workplace Harassment. *88 Georgetown Law Journal 1*, p. 1-63, 1999-2000.

ENRIQUEZ, Eugène. O indivíduo preso na armadilha da estrutura estratégica. *Revista de Administração de Empresas*, São Paulo, v. 37, n. 1, p. 18-29, jan./mar. 1997.

_____. Os desafios éticos nas organizações modernas. *Revista de Administração de Empresas*, São Paulo, v. 37, n. 2, p. 6-17, abr./jun. 1997.

_____. Perda do trabalho, perda da identidade. *Cadernos da Escola do Legislativo*, Belo Horizonte, 5(9), p. 53-73, jul./dez. 1999.

_____. O homem do século XXI: sujeito autônomo ou indivíduo descartável. *Revista de Administração de Empresas RAE-eletrônica*, v. 5, n. 1, art. 10, jan./jun. 2006. Disponível em: <http://www.scielo.br/pdf/raeel/v5n1/29568.pdf>. Acesso em: 20 dez. 2014.

FOUCAULT, Michel. *A história da sexualidade. A vontade de saber*. V. 1. Tradução de Maria Thereza da Costa Albuquerque e J. A. Guilhon Albuquerque. Rio de Janeiro: Graal, 1988.

_____. *Vigiar e punir*: nascimento da prisão. 25. ed. Tradução de Raquel Ramalhete. Petrópolis: Vozes, 2002.

FRASER, Nancy. *Reconhecimento sem ética*. São Paulo: Lua Nova, 2007.

_____. Mercantilização, proteção social e emancipação: as ambivalências do feminismo na crise do capitalismo. *Revista Direito GV*, São Paulo 7(2), p. 617-634, jul./dez. 2011.

FREITAS, Maria Ester de. *Quem paga a conta do assédio moral no trabalho?* RAE-eletrônica, Fundação Getúlio Vargas, Escola de Administração de Empresas de São Paulo, v. 6, n. 1, art. 5, jan./jun. 2007. Disponível em: <http://www.scielo.br/scielo.php?script=sci_arttext&pid=S1676-56482007000100011>. Acesso em: 26 dez. 2014.

_____; HELOANI, José Roberto; BARRETO, Margarida. *Assédio moral no trabalho*. São Paulo: Cengage Learning, 2009. Coleção debates em administração, Coordenadores Isabella F. Gouveia de Vasconcelos, Flávio Carvalho de Vasconcelos, André Ofenhejm Mascarenhas.

FRIEDMAN, Gabrielle S.; WHITMAN, James Q. The European transformation of harassment law: discrimination versus dignity. *Columbia Journal of European Law*, v. 9, p. 241-274, 2003.

GALEANO, Eduardo. *Mulheres*. Tradução de Eric Nepomuceno. Porto Alegre: L&PM, 2013.

GAME Theory. In: Stanford Encyclopedia of Philosophy. First published Sat Jan 25, 1997; substantive revision Wed May 5, 2010. Disponível em: <http://plato.stanford.edu/entries/game-theory/>. Acesso em: 5 out. 2014.

GAULEJAC, Vincent de. *As origens da vergonha*. Tradução de Maria Beatriz de Medina. São Paulo: Via Lettera, 2006.

_____. *Gestão como doença social*: ideologia, poder gerencialista e fragmentação social. Aparecida, São Paulo: Ideias & Letras, 2007.

GONÇALVES, Carlos Roberto. *Direito civil brasileiro, volume 4. Responsabilidade civil*. 6. ed. São Paulo: Saraiva, 2011.

GURGEL, Yara Maria Pereira. Discriminação nas relações de trabalho por motivo de gênero. In: *Constituição e garantia de direitos*, v. 1, ano 4, p. 1-14.

HABERMAS, Jürgen. *A inclusão do outro* — estudos de teoria política. Tradução de George Sperber e Paulo Ator Soethe (UFPR). São Paulo: Edições Loyola, 2002.

_____. *O futuro da natureza humana. A caminho de uma eugenia liberal?* Tradução de Karina Jannini. São Paulo: Martins Fontes, 2010.

HELOANI, Roberto. *Gestão e organização no capitalismo globalizado*: história da manipulação psicológica no mundo do trabalho. São Paulo: Atlas, 2003.

_____. Violência invisível. *RAE executivo*, v. 2, n. 3, p. 57-61, ago./out. 2003.

_____. A dança da garrafa: assédio moral nas organizações. *GV Executivo*, v. 10, n. 1, p. 50-53, jan./jun. 2011.

_____. *Assédio moral*: um ensaio sobre a expropriação da dignidade no trabalho. RAE-eletrônica, v. 3, n. 1, art. 10, jan./jun. 2004. Disponível em: < http://www.scielo.br/scielo.php?script=sci_arttext&pid=S1676-56482004000100013>. Acesso em: 27 dez. 2014.

_____; CAPITÃO, Cláudio Garcia. Saúde mental e psicologia do trabalho. *São Paulo em perspectiva*, 17(2), p. 102-108, 2003.

HIRATA, Helena. Flexibilidade, trabalho e gênero. In: HIRATA, Helena; SEGNINI, Liliana (Orgs.). *Organização, trabalho e gênero*. Série Trabalho e Sociedade, São Paulo: Senac, 2007. p. 89-108.

_____. *Nova divisão sexual do trabalho? Um olhar voltado para a empresa e a sociedade*. Tradução de Wanda Caldeira Brant. São Paulo: Boitempo Editorial, 2012.

_____. *Mundialização, divisão sexual do trabalho e movimentos feministas transnacionais*. XI Conferencia Regional sobre la Mujer de America Latina y el Caribe. Brasília, 13 a 16 de julio de 2010. Nações Unidas. Disponível em: <http://www.cepal.org/mujer/noticias/paginas/2/38882/PonenciaCompleta_HelenaHirata.pdf>. Acesso em: 27 dez. 2014.

_____. Gênero, classe e raça: interseccionalidade e consubstancialidade das relações sociais. *Tempo Social, Revista de Sociologia da USP*, v. 26, n. 1, p. 61-73, jun. 2014.

_____; KERGOAT, Danièle. Novas configurações da divisão sexual do trabalho. *Cadernos de Pesquisa*, v. 37, n. 132, p. 595-609, set./dez. 2007.

_____; _____. Paradigmas sociológicos e categoria de gênero. Que renovação aporta a epistemologia do trabalho? *Novos Cadernos NAEA*, v. 11, n. 1, p. 39-50, jun. 2008.

HIRIGOYEN, Marie-France. *Mal-estar no trabalho. Redefinindo o assédio moral*. 7. ed. Rio de Janeiro: Bertrand Brasil, 2012.

_____. *Assédio Moral*: a violência perversa no cotidiano. Tradução de Maria Helena Kühner. 10. ed. Rio de Janeiro: Bertrand Brasil.

HONNETH, Axel. *Luta por reconhecimento*: a gramática moral dos conflitos sociais. Tradução de Luiz Repa. São Paulo: 34, 2003.

HOUAISS, Antônio; VILLAR, Mauro de Salles. *Dicionários Houaiss da Língua Portuguesa*. Rio de Janeiro: Objetiva, 2009.

LANGLOIS, Anthony J. Human Rights without Democracy? A Critique of the Separationist Thesis. *Human Rights Quarterly*, v. 25, n. 4, p. 990-1019, nov. 2003.

LEYMANN, Heiz. *The mobbing encyclopaedia*. Disponível em: <http://www.leymann.se/English/frame.html>. Acesso em: 1º nov. 2012.

LORENZ, Konrad. *Here am I*: Where are you? The behavior of the greylag goose. Translated by Robert D. Martin. Munique: Harcourt Brace Jovanovich, 1991.

LÖWY, Ilana. A ciência como trabalho: as contribuições de uma história das ciências feminista. In: HIRATA, Helena; SEGNINI, Liliana (Orgs.). *Organização, trabalho e gênero*. Série Trabalho e Sociedade. São Paulo: Senac, 2007. p. 315-338.

MACHADO, Sidnei. *A noção de subordinação jurídica*: uma perspectiva reconstrutiva. São Paulo: LTr, 2009.

MCGINLEY, Ann C. Creating masculine identities: bullying and harassment "because of sex". *79 University of Colorado Law Review 1151*, 2008. p. 1.152-1.239.

MEIRELES, Edilton. Poderes do empregador (crítica ao pensamento dominante). *Revista do Tribunal Regional do Trabalho da 10ª Região*, Brasília, v. 14, p. 137-149, jan./dez. 2005.

MESQUITA, Bruce Bueno de; DOWNS, George W.; SMITH, Alastair; CHERIF, Feryal Marie. Thinking Inside the Box: A Closer Look at Democracy and Human Rights. *International Studies Quarterly*, v. 49, n. 3, p. 439-458, sep. 2005.

MOUFFE, Chantal. Feminismo, ciudadanía y política democrática radical. In: *Feminists Theorize the Political*. Ed. Judith Butler and Joan W. Scott, Routledge, 1992. p. 4. Disponível em: <http://www.mujeresdelsur.org/sitio/images/descargas/chantal_mouffe[1].pdf%20ciudadania%20y%20feminismo.pdf>. Acesso em: 26 jan. 2014.

NASCIMENTO, Sônia Mascaro. *Assédio moral*. São Paulo: Saraiva, 2011.

_____. Assédio moral e *bullying* no ambiente de trabalho. *Revista de Direito do Trabalho, RDT*, v. 38, n. 145, p. 197-212, 2012.

NOGUEIRA, Claudia Mazzei. *A feminização do mundo do trabalho*: entre a emancipação e a precarização. Campinas, SP: Autores Associados, 2004.

OIT. BRASIL, *Convenção n. 156*. Sobre a igualdade de oportunidades e de tratamento para trabalhadores e trabalhadoras com responsabilidades familiares. Disponível em: <http://www.oitbrasil.org.br/sites/default/files/topic/discrimination/pub/convencao_156_228.pdf>. Acesso em: 29 dez. 2014.

OLIVEIRA, Eleonora Menicucci de. *A mulher, a sexualidade e o trabalho*. São Paulo: CUT, 1999.

OLIVEIRA, Murilo Carvalho Sampaio. *Relação de emprego, dependência econômica e subordinação jurídica*: revistando conceitos. Curitiba: Juruá, 2014.

ORSINI, Adriana Goulart de Sena. Conflitos, solução e efetividade dos direitos social e processual do trabalho: possibilidades e desafios. In: SENA, A. G. O.; ANDRADE, Oyama K. B.; COSTA, Mila B. L. Corrêa da (Orgs.). *Justiça do Século XXI*. São Paulo: LTr, 2014. v. 1, p. 253-270.

_____; COSTA, Mila Batista Leite Corrêa da. Judicialização das relações sociais e desigualdade de acesso: por uma reflexão crítica. In: SENA, A. G. O.; ANDRADE, Oyama K. B.; COSTA, Mila B. L. Corrêa da (Orgs.). *Justiça do Século XXI*. São Paulo: LTr, 2014. v. 1, p. 59-68.

PEREIRA, Ricardo José Macêdo de Brito. Os direitos fundamentais nas perspectivas civilista e trabalhista. In: TEPEDINO, Gustavo; MELLO FILHO, Luiz Phillipe Vieira; DELGADO, Gabriela Neves (Coords.). *Diálogos entre o direito do trabalho e o direito civil*. São Paulo: Revista dos Tribunais, 2013. p. 131-146.

PICKETT, Kate E.; WILKINSON, Richard G. The problems of relative deprivation: Why some societies do better than others. *Social Sciense & Medicine 65*, 2007. p. 1.966-1.968.

PIMENTEL, Elson L. A. *Dilema do prisioneiro*: da teoria dos jogos à ética. Belo Horizonte: Argvmentvn, 2007.

PNUD. *Igualdade entre os sexos e a autonomia das mulheres*. Disponível em: <http://www.pnud.org.br/ODM3.aspx>. Acesso em: 7 set. 2014.

PORTO, Lorena Vasconcelos. *A subordinação no contrato de emprego*: desconstrução, reconstrução e universalização do conceito jurídico. Dissertação de Mestrado PUC-Minas. Belo Horizonte, 2008.

POSNER, Richard A. An Economic Analysis of Sex Discrimination Laws. *The University of Chicago Law Review*, v. 56, n. 4 (Autumn, 1989), p. 1.112-1.335.

PRZEWORSKI, Adam. Deliberação e dominação ideológica. In: WERLE, Denilson Luis; MELO, Rúrion Soares (Org. e Trad.). *Democracia deliberativa*. São Paulo: Singular, Esfera Pública, 2007. p. 277-297.

ROSENFELD, Michel. *A identidade do sujeito constitucional*. Tradução de Menelick de Carvalho Netto. Belo Horizonte: Mandamentos, 2003.

SANDEL, Michael J. *O que o dinheiro não compra*: os limites morais do mercado. Tradução de Clóvis Marques. Rio de Janeiro: Civilização Brasileira, 2012.

SILVA, Leonardo Mello e. Gestão pela incitação. *Folha Sinapse*, n. 37, p. 14-15, 26 jul. 2005.

SILVA, Luiz de Pinho Pedreira da. *A reparação do dano moral no direito do trabalho*. São Paulo: LTr, 2004.

SINGH, Anita Inder. The People's Choice. In: *The World Today*, v. 55, n. 8/9, p. 22-24, aug./sep. 1999.

SIQUEIRA, Marcus Vinicius Soares. *Gestão de pessoas e discurso organizacional*: crítica à relação indivíduo-empresa nas organizações contemporâneas. Goiânia: Editora da UCG, 2006.

SOARES, Angelo; OLIVEIRA, Juliana Andrade. Assédio moral no trabalho. *Revista Brasileira de Saúde Ocupacional*, São Paulo, 37 (126), p. 195-202, 2012.

SOARES, Leandro Queiroz. *Interações socioprofissionais e assédio moral no trabalho*: "ou você interage do jeito deles ou vai ser humilhado até não aguentar mais". São Paulo: Casa do Psicólogo, 2008.

SUSTEIN, Cass R. Lochner's Legacy. *Columbia Law Review*, v. 87:873, p. 873-919, 1987.

TAYLOR, Catherine J. Occupational sex composition and the gendered availability of workplace support. *Gender and society*, v. 24, n. 2, p. 189-212, apr. 2010.

THOME, Candy Florencio. *O assédio moral nas relações de emprego*. São Paulo: LTr, 2008.

TODOROV, Tzvetan. *Os inimigos íntimos da democracia*. Tradução de Joana Angélica d'Avila Melo. São Paulo: Companhia das Letras, 2012.

VENCO, Selma; BARRETO, Margarida. O sentido social do suicídio no trabalho. *Revista do Tribunal Superior do Trabalho*, ano 80, n. 1, p. 294-302, jan./mar. 2014.

VIANA, Márcio Túlio. Poder diretivo e sindicato: entre a opressão e a resistência. *Caderno Jurídico do Tribunal Regional do Trabalho da 10ª Região*, Escola Judicial, Coletânea 2005, p. 211-239, Brasília, 2006.

WHITMAN, Walt. *Folhas da relva*. Tradução de Luciano Alves Meira. São Paulo: Martin Claret, 2006.

WOOLF, Virginia. *Profissões para mulheres e outros artigos feministas*. Tradução de Denise Bottmann. Porto Alegre: L&PM, 2012.

FILMOGRAFIA:

Whisplash. Roteiro e Direção: Damien Chazelle, 2014. Estados Unidos: Sony Pictures Classics. 1 DVD (103 minutos).

North Country (Terra Fria). Direção: Niki Caro. Produção: Nick Wechsler. Roteiro: Michael Seitzman, 2005. Estados Unidos: Warner Bross. 1 DVD (126 minutos).

O Lobo de Wall Street (The Wolf of Wall Street). Direção e Produção: Martin Scorsese. Roteiro: Terense Winter, 2013. 1 DVD (179 minutos).

SÍTIOS ELETRÔNICOS CONSULTADOS:

<http://www.assediomoral.org/spip.php?article372>

<http://www.tst.jus.br/consulta-unificada>

<http://www.leymann.se/English/frame.html>

<http://en.wikipedia.org/wiki/Blue-collar_worker>

<http://drauziovarella.com.br/letras/s/sindrome-do-tunel-do-carpo/>

LEGISLAÇÃO CONSULTADA:

BRASIL. Constituição Federal. Constituição da República Federativa do Brasil, promulgada em 5 de outubro de 1988.

BRASIL. Lei n. 9.029/95 — Proíbe a exigência de atestados de gravidez e esterilização, e outras práticas discriminatórias, para efeitos admissionais ou de permanência da relação jurídica de trabalho, e dá outras providências.

BRASIL. Decreto-Lei n. 5.452 de 1º de maio de 1943 — Aprova a Consolidação das Leis do Trabalho.

BRASIL. Lei n. 10.406 de 10 de janeiro de 2002 — Institui o Código Civil.

ANEXO 1

Número do processo	Data de Publicação	Sexo do reclamante	Ramo da Reclamada	Assédio moral — configuração	Tipo de assédio moral alegado	Doença Ocupacional
RR - 59240-30.2008.5.240006	5.14.10	masculino	telecomunicações / telemarketing	não	humilhações, divulgação de relatórios de erro, restrição ao uso de sanitários	não
RR - 818200-56.2007.5.09.0016	8.6.10	masculino	Autopeças para veículos	não	perseguição, discriminação por ser membro da CIPA	não
RR - 1872300-76.2004.5.09.0006	9.3.10	feminino	banco	sim	humilhações, ofensas, pressão por produtividade	sim
RR - 488200-52.2006.5.09.0673	10.1.10	feminino	banco	sim	isolamento e ociosidade forçada	sim
RR - 143400-27.2008.5.230002	10.8.10	feminino	banco	sim	pressão por produtividade, humilhações, tratamento desrespeitoso em auditoria interna, ameaça de perder cargo por estar doente	sim
RR - 301600-20.2003.5.09.0513	11.5.10	masculino	supermercado	sim	humilhações, discriminação, ameaças	sim
RR - 149700-96.2007.5.08.0118	11.5.10	feminino	banco	não	pressão por produtividade	não
RR - 2098900-94.2006.5.09.0002	3.11.11	feminino	lojas de roupas	sim	humilhações, ameaças, represálias	sem dado
RR - 42700-28.2006.5.09.0673	3.18.11	feminino	telecomunicações / telemarketing	não	ambiente de trabalho hostil	não
AIRR e RR - 72885-45.2006.5.12.0033	4.1.11	feminino	banco	sim	humilhações e perseguições	sim
RR - 160900-83.2006.5.17.0151	4.19.11	masculino	mineração	sim	pressão por produtividade, sistema de qualidade total, demissão por produtividade, ameaça de demissão, humilhação pública	sim
RR - 659200-42.2008.5.12.0035	5.27.11	masculino	banco	sim	humilhações, pressão por produtividade, meta impossível	sem dado
AIRR e RR - 26500-41.2009.5.04.0232	6.17.11	masculino	empresa automobilística	não	humilhações, fofocas, restrição ao uso de sanitários, exigência de horas extras, pressa por produtividade	não
RR - 142500-08.2008.5.24.0005	8.5.11	feminino	telecomunicações / telemarketing	não	restrição ao uso de sanitário	não
RR - 242800-28.2008.5.09.0673	9.9.11	masculino	banco	sim	humilhações, ociosidade forçada, discriminação por doença	sim
ARR - 131100-53.2008.5.04.0231	9.9.11	masculino	empresa automobilística	não	pressão por produtividade, restrição ao uso de sanitário, exigência de hora extra	não
RR - 88800-46.2007.5.03.0035	9.16.11	masculino	latícinios	não	sem dado	não
RR - 76800-92.2008.5.09.0655	9.23.11	masculino	agroindústria	sim	ameaça de demissão por ingresso com Reclamação trabalhista	não
ARR - 143100-85.2008.5.04.0231	3.16.12	masculino	empresa automobilística	não	humilhações	não
ARR - 24400-19.2009.5.04.0231	4.3.12	masculino	empresa automobilística	sim	restrição ao uso de sanitários, pressão por produtividade	não
RR - 9400-78.2007.5.15.0057	5.4.12	masculino	banco	não	pressão por produtividade, ameaça de demissão	parcialmente
RR - 773100-47.2006.5.09.0652	6.1.12	masculino	banco	sim	humilhações, apelidos depreciativos, exigência de metas impossíveis	sim
ARR - 72400-50.2009.5.04.0231	6.1.12	masculino	empresa automobilística	não	pressão por produtividade, restrição ao uso de sanitários, exigência de hora extra	não
RR - 846-66.2010.5.04.0701	8.10.12	masculino	correios	sim	isolamento, ociosidade forçada, restrição a uma sala sem mesa e cadeira	sim
RR - 502-74.2010.5.08.0119	8.24.12	feminino	loja de tecidos	sim	não providência de condições de acessibilidade para a empregada deficiente física	sim
RR - 239000-09.2008.5.120026	9.28.12	feminino	educação/assistência social	não	alteração de função abusiva, excesso de atribuições e retirada de atribuições	prescrito
ARR - 171600-95.2007.5.04.0232	10.5.12	masculino	empresa automobilística	não	pressão por produtividade, humilhações, exigência de horas extras, restrição ao uso de sanitários	sim
ARR - 59200-07.2008.5.04.0232	10.19.12	feminino	empresa automobilística	não	pressão por produtividade, humilhações, exigência de horas extras, restrição ao uso de sanitários	sim
RR - 22500-74.2005.5.09.0013	10.26.12	feminino	loja de roupas	não	humilhação, envolvendo crítica ao corpo da vítima e por conta de gravidez das empresas	não
RR - 301600-72.2009.5.12.0045	11.9.12	feminino	banco	não	discriminação na promoção na carreira por não fazer parte do quadro do banco que adquiriu o antigo empregador	não
RR - 132500-05.2008.5.04.0231	11.30.12	masculino	empresa automobilística	não	pressão por produtividade, restrição ao uso de sanitários	não

Número do processo	Data de Publicação	Sexo do reclamante	Ramo da Reclamada	Assédio moral — configuração	Tipo de assédio moral alegado	Doença Ocupacional
RR - 32600-12.2009.5.04.0232	11.30.12	masculino	empresa automobilística	sim	humilhações, restrição ao uso de sanitários	sim
RR - 170700-85.2009.5.24.0006	12.7.12	feminino	comércio de eletrodomésticos	sim	pressão por produtividade, humilhações, dançar na boca da garrafa	sim
RR - 834700-75.2008.5.09.0013	4.12.13	feminino	banco	sim	humilhações, duvidar da competência da reclamante	sim
RR - 140100-61.2007.5.24.0003	4.19.13	feminino	telecomunicações / telemarketing	não	divulgação de relatórios de erro e pressão por produtividade	não
ARR - 24600-35.2009.5.05.0025	4.19.13	feminino	banco	sim	calúnia (imputação de crime sem apuração), humilhações	sim
RR - 523-79.2012.5.08.0119	5.3.13	masculino	construtora	sim	discriminação por doença, isolamento, restrição ao uso de sanitários e bebedouro	não
ARR - 630-60.2010.5.04.0231	5.10.13	masculino	empresa automobilística	não	humilhações, exigência de horas extras, restrição ao uso de sanitários	não
RR - 165700-07.2006.5.02.0044	5.17.13	feminino	banco	sim	humilhações	sim
ARR - 175500-06.2008.5.06.0003	5.24.13	masculino	produtos hospitalares	sim	humilhação por estar doente	sim
RR - 943-772010.5.24.0000	6.28.13	feminino	telecomunicações / telemarketing	não	pressão por produtividade, restrição ao uso de sanitários	não
RR - 153700-97.2008.5.04.0771	8.16.13	feminino	alimentos	sim	discriminação por estar doente, humilhações	sim
RR - 1263-10.2010.5.12.0050	8.30.13	masculino	transportadora	sim	mudança de função, ociosidade forçada e demissão irregular	não
RR - 426-82.2012.5.15.0055	9.13.13	masculino	banco	sim	humilhações	não
RR - 171500-61.2007.5.02.0050	9.20.13	feminino	banco	não	humilhações	sim
RR - 185-47.2011.5.12.0049	9.27.13	feminino	agroindústria	sim	restrição ao uso de sanitário	não
RR - 929-93.2010.5.24.0000	10.18.13	feminino	telecomunicações / telemarketing	não	humilhações públicas	não
RR - 74000-61.2009.5.09.0007	10.18.13	feminino	banco	sim	humilhações, ameaça de demissão, isolamento	sim
RR - 5644-03.2010.5.12.0037	11.8.13	masculino	supermercado	sim	humilhações em razão de doença, restrição ao uso de sanitário	sim
ARR - 104200-68.2006.5.08.0012	12.5.13	feminino	central elétrica	sim	transferência irregular, isolamento	sim
RR - 95000-71.2007.5.24.0007	12.6.13	feminino	telecomunicações / telemarketing	não	restrição ao uso de sanitário	não
RR - 9952600-49.2005.5.09.0006	12.13.13	feminino	banco	sim	humilhações por problema de saúde, perseguições	sim
RR - 239700-43.2006.5.09.0024	12.13.13	masculino	alimentos	não	pressão por produtividade, exigências acima do limite do emprego	não
ARR - 175-07.2010.5.03.0043	12.13.13	feminino	comércio de eletrodomésticos	sim	humilhações, agressões verbais	sim
RR - 351-65.2012.5.04.0373	12.19.13	masculino	alimentos	sim	humilhação em razão de adoecimento	não
RR - 72900-88.2009.5.15.0012	2.7.14	masculino	universidade	sim	isolamento, ociosidade forçada	não
RR - 1388-92.2010.5.12.0012	2.7.14	feminino	alimentos	sim	humilhações, transferência de função menos qualificada sem justificativas	sim
ARR - 17300-13.2009.5.04.0231	2.14.14	masculino	empresa automobilística	não	pressão por produtividade, humilhações, restrição ao uso de sanitários	não
RR - 146800-38.2008.5.04.0403	2.14.14	masculino	materiais mecânicos para transporte	sim	humilhações	sim
RR - 1071-91.2011.5.12.0034	3.14.14	masculino	correios	não	humilhações	não
RR - 33-61.2010.5.09.0002	3.28.14	feminino	telemarketing	sim	restrição ao uso de sanitário	parcialmente
ARR - 941-48.2010.5.04.0232	4.4.14	masculino	empresa automobilística	não	pressão por produtividade, humilhações, restrição ao uso de sanitários	sim
RR - 736-78.2010.5.24.0000	5.9.14	masculino	telemarketing	sim	restrição ao uso de sanitário, humilhações públicas	não
ARR - 893-89.2010.5.04.0232	5.30.14	masculino	empresa automobilística	não	pressão por produtividade	sim
RR - 80-25.2012.5.09.0015	5.30.14	feminino	eletrônicos	não	ofensas, abordagens sexuais	não
ARR - 865-27.2010.5.04.0231	5.30.14	feminino	empresa automobilística	não	pressão por produtividade	não
RR - 31940-04.2007.5.05.0024	6.6.14	masculino	banco	não	calúnia (acusão de participação em sequestro)	não
RR - 1238500-08.2006.5.09.0016	6.13.14	feminino	vestuários	sim	isolamento, humilhações	não

Número do processo	Data de Publicação	Sexo do reclamante	Ramo da Reclamada	Assédio moral — configuração	Tipo de assédio moral alegado	Doença Ocupacional
RR - 206600-22.2009.5.01.0281	6.13.14	feminino	banco	sim	imputação caluniosa sem direito de defesa, supressão de atribuições	sim
ARR - 46600-51.2008.5.04.0232	7.1.14	masculino	empresa automobilística	não	pressão por produtividade, restrição ao uso de sanitário	sim
ARR - 173100-34.2009.5.2.0443	8.8.14	masculino	banco	não	humilhações, pressão por produtividade	não
ARR - 1419-59.2010.5.04.0231	8.15.14	feminino	empresa automobilística	sim	humilhações, pressão por produtividade, restrição ao uso de sanitários	sim
RR - 1129-60.2010.5.02.0082	9.5.14	feminino	saúde	não	dispensa discriminatória de portadora de HIV (*e-mail* com esse conteúdo)	não
ARR - 47400-48.2009.5.04.0231	9.5.14	masculino	empresa automobilística	não	humilhações, pressão por produtividade, restrição ao uso de sanitários	sim
RR - 39000-17.2008.5.01.0020	9.5.14	feminino	petrolífera	não	ofensas e terror psicológico	não
RR - 862-12.2010.5.09.0594	9.12.14	feminino	agroindústria	sim	ofensas	sim
RR - 471-36.2010.5.09.0892	10.3.14	feminino	companhia aérea	não	dispensa discriminatória por problema de saúde	não
ARR - 85700-16.2008.5.04.0231	10.3.14	masculino	empresa automobilística	não	psicoterrorismo, humilhações, restrição ao uso de sanitário	sim
RR - 119600-74.2007.5.02.0006	10.31.14	feminino	banco	não	ofensa à honra	sim
RR - 2155-08.2011.5.12.0009	11.21.14	feminino	banco	não	mudança de função, questionamento de capacidade para exercer cargo	não
ARR - 993-47.2010.5.04.0231	11.21.14	feminino	empresa automobilística	não	pressão por produtividade, restrição ao uso de sanitário	sim
ARR - 68300-86.2008.5.04.0231	11.28.14	masculino	empresa automobilística	não	tortura psicológica	não
RR - 1678-17.2011.5.15.0133	11.28.14	masculino	bebidas	não	pressão por produtividade	não
ARR - 17800-13.2008.5.04.0232	11.28.14	feminino	empresa automobilística	não	humilhação pública, pressão por produtividade, restrição ao uso de sanitário	não
RR - 40500-10.2011.5.13.0011	11.28.14	feminino	banco	sim	pressão por produtividade	sim
ARR - 474000-53.2006.5.02.0085	12.12.14	masculino	banco	não	pressão por produtividade	não
ARR - 276000-31.2009.5.02.0044	12.12.14	masculino	*marketing*	não	pressão por produtividade	sim
ARR - 62300-36.2009.5.04.0231	12.19.14	masculino	empresa automobilística	sim	pressão por produtividade, restrição ao uso de sanitário, exigência de horas extras	não
RR - 77200-63.2008.5.01.0030	12.19.14	feminino	banco	não	pressão por produtividade	não
RR - 12700-21.2010.5.17.0014	12.19.14	feminino	saúde/fisioterapia	não	pressão por produtividade	não

Número do processo	Tipo de doença alegada	Nexo de casualidade entre assédio e doença	Doença Ocupacional	Violações a dispositivos legais e constitucionais
RR - 59240-30.2008.5.240006	escoliose torácica	não	não	decisão do TRT mantida
RR - 818200-56.2007.5.09.0016	depressão	não	não	decisão do TRT mantida
RR - 1872300-76.2004.5.09.0006	tenossinovite dos extensores dos dedos, tendionopatia, bursite, síndrome de *burnout*, depressão e transtorno de pânico	sim	não	decisão do TRT mantida
RR - 488200-52.2006.5.09.0673	tenossinovite, cisto sinuvial	não	não	decisão do TRT mantida
RR - 143400-27.2008.5.230002	doença psíquica	sim	não	decisão do TRT mantida
RR - 301600-20.2003.5.09.0513	depressão	sim	não	decisão do TRT mantida
RR - 149700-96.2007.5.08.0118	enxaqueca, complicações na gravidez	não	não	decisão do TRT mantida
RR - 2098900-94.2006.5.09.0002	sem dado	não	não	decisão do TRT mantida
RR - 42700-28.2006.5.09.0673	miopia, astigmatismo e diminuição da acuidade visual, depressão	não	não	decisão do TRT mantida
AIRR e RR - 72885-45.2006.5.12.0033	LER/DORT, síndrome do túnel do carpo	não	não	reformada a decisão do TRT por violação ao artigo 927 do Código Civil, para reconhecer o nexo causal entre a doença e o trabalho e fixar indenização por dano moral material
RR - 160900-83.2006.5.17.0151	depressão	sim	não	decisão do TRT mantida

Número do processo	Tipo de doença alegada	Nexo de casualidade entre assédio e doença	Doença Ocupacional	Violações a dispositivos legais e constitucionais
RR - 659200-42.2008.5.12.0035	depressão, síndrome do pânico, tentativa de suicídio	não	não	decisão do TRT mantida
AIRR e RR - 26500-41.2009.5.04.0232	lesão na coluna cervical	não	não	decisão do TRT mantida
RR - 142500-08.2008.5.24.0005	tendinite e bursite nos ombros, cotovelos, punhos e mãos	não	não	decisão do TRT mantida
RR - 242800-28.2008.5.09.0673	tendinopatia dos extensores e flexores, síndrome do túnel do carpo	não	não	decisão do TRT mantida
ARR - 131100-53.2008.5.04.0231	gastrite, dores no joelho e nas costas, estiramento do tendão do dedo polegar da mão esquerda, varizes	não	não	decisão do TRT mantida
RR - 88800-46.2007.5.03.0035	tenossinovite estenosante de De Quervain	não	não	decisão do TRT mantida
RR - 76800-92.2008.5.09.0655	sem dado	não	não	decisão do TRT mantida
ARR - 143100-85.2008.5.04.0231	estresse, transtorno de ajustamento	não	não	decisão do TRT mantida
ARR - 24400-19.2009.5.04.0231	depressão	não	não	decisão do TRT mantida
RR - 9400-78.2007.5.15.0057	doença de Crohn (inflamação no intestino), LER/DORT	não	não	decisão do TRT mantida
RR - 773100-47.2006.5.09.0652	síndrome de *bournout* (depressão e ansiedade)	sim	não	decisão do TRT mantida
ARR - 72400-50.2009.5.04.0231	sem dado	não	não	decisão do TRT mantida
RR - 846-66.2010.5.04.0701	depressão, invalidez pelo assédio	sim	não	decisão do TRT mantida
RR - 502-74.2010.5.08.0119	acidente por falta de acessibilidade ao deficiente físico que agravou a deficiência	sim	não	decisão do TRT mantida
RR - 239000-09.2008.5.120026	tendinite	não	não	decisão do TRT mantida
ARR - 171600-95.2007.5.04.0232	artrodese	não	não	decisão do TRT mantida
ARR - 59200-07.2008.5.04.0232	sem dado	não	não	decisão do TRT mantida
RR - 22500-74.2005.5.09.0013	epicondilite lateral do cotovelo direito	não	não	decisão do TRT mantida
RR - 301600-72.2009.5.12.0045	apenas prescrição	não	não	decisão do TRT mantida
RR - 132500-05.2008.5.04.0231	tendinite	não	não	decisão do TRT mantida
RR - 32600-12.2009.5.04.0232	epicondilite	sim	não	decisão do TRT mantida
RR - 170700-85.2009.5.24.0006	depressão, insônia, agressividade, inibição psicomotora	sim	não	reformada a decisão do TRT para condenar a Reclamada ao pagamento de pensal mensal no valor de 100% da remuneração em virtude de aposentadoria por invalidez decorrente da depressão, com fulcro no artigo 950 do CC
RR - 834700-75.2008.5.09.0013	transtorno de adaptação	sim	não	decisão do TRT mantida
RR - 140100-61,2007.5.24.0003	moléstia profissional não especificada	não	não	decisão do TRT mantida
ARR - 24600-35.2009.5.05.0025	LER/DORT	não	não	decisão do TRT mantida
RR - 523-79.2012.5.08.0119	hanseníase	não	não	decisão do TRT mantida
ARR - 630-60.2010.5.04.0231	LER/DORT	não	não	decisão do TRT mantida
RR - 165700-07.2006.5.02.0044	LER/DORT	não	não	decisão do TRT mantida
ARR - 175500-06.2008.5.06.0003	tendinite do supra-espinhoso direito e tendinopatia crônica dos manguitos rotadores	não	não	decisão do TRT mantida
RR - 943-772010.5.24.0000	tendinite e epicondilite bilateral no cotovelo e no pulso	não	não	decisão do TRT mantida
RR - 153700-97.2008.5.04.0771	tenossinovite	não	não	decisão do TRT mantida
RR - 1263-10.2010.5.12.0050	câncer de próstata	não	não	decisão do TRT mantida
RR - 426-82.2012.5.15.0055	sem dado	não	não	decisão do TRT mantida
RR - 171500-61.2007.5.02.0050	LER/DORT	não	não	decisão do TRT mantida
RR - 185-47.2011.5.12.0049	fibromialgia	não	não	decisão do TRT mantida
RR - 929-93.2010.5.24.0000	LER/DORT	não	não	decisão do TRT mantida

Número do processo	Tipo de doença alegada	Nexo de casualidade entre assédio e doença	Doença Ocupacional	Violações a dispositivos legais e constitucionais
RR - 74000-61.2009.5.09.0007	tendinite, depressão	não	não	decisão do TRT mantida
RR - 5644-03.2010.5.12.0037	depressão, epicondelite	sim	não	decisão do TRT mantida
ARR - 104200-68.2006.5.08.0012	síndrome do túnel do carpo	não	não	decisão do TRT mantida
RR - 95000-71.2007.5.24.0007	LER/DORT e depressão	não	não	decisão do TRT mantida
RR - 9952600-49.2005.5.09.0006	LER/DORT	não	não	decisão do TRT mantida
RR - 239700-43.2006.5.09.0024	endocardite bacteriana, depressão, estresse, perda auditiva bilateral	não	não	restabeleceu a sentença para ficar a indenização por dano moral decorrente do assédio, por violação aos artigos 128 e 460 do CPC
ARR - 175-07.2010.5.03.0043	uncoartrose na coluna vertebral	não	não	reforma da decisão do TRT para reconhecer o nexo concausal entre o trabalho e a doença na coluna vertebral
RR - 351-65.2012.5.04.0373	sem dado	não	não	decisão do TRT mantida
RR - 72900-88.2009.5.15.0012	artrose cervical	não	não	decisão do TRT mantida
RR - 1388-92.2010.5.12.0012	depressão	sim	não	decisão do TRT mantida
ARR - 17300-13.2009.5.04.0231	tumor dedo indicador da mão direita	não	não	decisão do TRT mantida
RR - 146800-38.2008.5.04.0403	osteopenia na coluna cervical, hipertrofia em apólises articulares e esclerose subcondral	não	não	decisão do TRT mantida
RR - 1071-91.2011.5.12.0034	lombalgia, estresse e depressão	não	não	decisão do TRT mantida
RR - 33-61.2010.5.09.0002	LER/DORT e transtorno afetivo bipolar	parcialmente	não	decisão do TRT mantida
ARR - 941-48.2010.5.04.0232	lesão do punho direito	não	não	decisão do TRT mantida
RR - 736-78.2010.5.24.0000	tendinopatia de membro superior direito	não	não	decisão do TRT reformada para reconhecer do assédio moral por restrição ao uso de sanitário, violação ao artigo 5º, X, da CF
ARR - 893-89.2010.5.04.0232	cisto de punho, lombalgia	não	não	decisão do TRT mantida
RR - 80-25.2012.5.09.0015	transtorno depressivo grave	não	não	decisão do TRT mantida
ARR - 865-27.2010.5.04.0231	discopatia degenerativa	não	não	decisão do TRT mantida
RR - 31940-04.2007.5.05.0024	lombalgia e osteoartrose no joelho	não	não	decisão do TRT mantida
RR - 1238500-08.2006.5.09.0016	sem dado	não	não	decisão do TRT mantida
RR - 206600-22.2009.5.01.0281	LER/DORT	não	não	decisão do TRT mantida
ARR - 46600-51.2008.5.04.0232	degeneração discos vertebrais	não	não	reforma da decisão para reconhecer a doença profissional e condenar a Reclamada à indenização por danos morais e materiais
ARR - 173100-34.2009.5.2.0443	depressão, pânico	não	não	decisão do TRT mantida
ARR - 1419-59.2010.5.04.0231	desidratação/protusão discal	não	não	decisão do TRT mantida
RR - 1129-60.2010.5.02.0082	HIV	não	não	decisão do TRT mantida
ARR - 47400-48.2009.5.04.0231	bursite	não	não	decisão do TRT mantida
RR - 39000-17.2008.5.01.0020	sem dado	não	não	reforma por violação ao artigo 944, *caput*, do Código Civil, redução do valor indenizatório
RR - 862-12.2010.5.09.0594	transtorno adaptativo, depressão, ansiedade	sim	não	decisão do TRT mantida
RR - 471-36.2010.5.09.0892	lombalgia	não	não	decisão do TRT mantida
ARR - 85700-16.2008.5.04.0231	LER/DORT	não	não	decisão do TRT mantida
RR - 119600-74.2007.5.02.0006	sem dado	não	não	decisão do TRT mantida
RR - 2155-08.2011.5.12.0009	lesão osteomuscular	não	não	decisão do TRT mantida
ARR - 993-47.2010.5.04.0231	incapacidade vertebral	não	não	decisão do TRT mantida
ARR - 68300-86.2008.5.04.0231	tendinite	não	não	decisão do TRT mantida
RR - 1678-17.2011.5.15.0133	transtorno afetivo bipolar	não	não	decisão do TRT mantida

Número do processo	Tipo de doença alegada	Nexo de casualidade entre assédio e doença	Doença Ocupacional	Violações a dispositivos legais e constitucionais
ARR - 17800-13.2008.5.04.0232	bursite e cervicalgia	não	não	decisão do TRT mantida
RR - 40500-10.2011.5.13.0011	síndrome ortopédica	não	não	decisão do TRT mantida
ARR - 474000-53.2006.5.02.0085	LER/DORT	não	não	decisão do TRT mantida
ARR - 276000-31.2009.5.02.0044	depressão	não	não	decisão do TRT mantida
ARR - 62300-36.2009.5.04.0231	protusão discal	não	não	decisão do TRT mantida
RR - 77200-63.2008.5.01.0030	LER/DORT	não	não	decisão do TRT mantida
RR - 12700-21.2010.5.17.0014	bursite	não	não	decisão do TRT mantida

Número do processo	Condenação por dano moral	Condenação por dano material
RR - 59240-30.2008.5.240006	0	0
RR - 818200-56.2007.5.09.0016	0	0
RR - 1872300-76.2004.5.09.0006	80000	0
RR - 488200-52.2006.5.09.0673	180000	gastos com a doença ocupacional
RR - 143400-27.2008.5.230002	100000	diferenças entre a remuneração e o benefício previdenciário auxílio-doença
RR - 301600-20.2003.5.09.0513	10000	0
RR - 149700-96.2007.5.08.0118	0	0
RR - 2098900-94.2006.5.09.0002	20000	0
RR - 42700-28.2006.5.09.0673	0	0
AIRR e RR - 72885-45.2006.5.12.0033	10000	50000
RR - 160900-83.2006.5.17.0151	40000	
RR - 659200-42.2008.5.12.0035	10000	
AIRR e RR - 26500-41.2009.5.04.0232	0	0
RR - 142500-08.2008.5.24.0005	0	0
RR - 242800-28.2008.5.09.0673	40000	0
ARR - 131100-53.2008.5.04.0231	0	0
RR - 88800-46.2007.5.03.0035	0	0
RR - 76800-92.2008.5.09.0655	25000	0
ARR - 143100-85.2008.5.04.0231	0	0
ARR - 24400-19.2009.5.04.0231	5000	0
RR - 9400-78.2007.5.15.0057	0	0
RR - 773100-47.2006.5.09.0652	10000	
ARR - 72400-50.2009.5.04.0231	0	0
RR - 846-66.2010.5.04.0701	20000	3000
RR - 502-74.2010.5.08.0119	35000	0
RR - 239000-09.2008.5.120026	0	0
ARR - 171600-95.2007.5.04.0232	5000	0
ARR - 59200-07.2008.5.04.0232	0	30000
RR - 22500-74.2005.5.09.0013	0	0
RR - 301600-72.2009.5.12.0045	0	0
RR - 132500-05.2008.5.04.0231	0	0
RR - 32600-12.2009.5.04.0232	80000	pensão mensal vitalícia em 15% da última remuneração
RR - 170700-85.2009.5.24.0006	25000	pensão mensal de 100% da remuneração
RR - 834700-75.2008.5.09.0013	36774.9	0
RR - 140100-61,2007.5.24.0003	0	0
ARR - 24600-35.2009.5.05.0025	200000	0
RR - 523-79.2012.5.08.0119	3000	0
ARR - 630-60.2010.5.04.0231	0	0
RR - 165700-07.2006.5.02.0044	7000	sem dado

Número do processo	Condenação por dano moral	Condenação por dano material
ARR - 175500-06.2008.5.06.0003	1000	diferença entre a remuneração e o benefício previdenciário no período em que recebeu auxílio-doença e despesas com tratamento
RR - 943-77.2010.5.24.0000	0	0
RR - 153700-97.2008.5.04.0771	8000	0
RR - 1263-10.2010.5.12.0050	20000	0
RR - 426-82.2012.5.15.0055	38546,8	0
RR - 171500-61.2007.5.02.0050	30000	pensão mensal vitalícia em 25% da última remuneração
RR - 185-47.2011.5.12.0049	5000	0
RR - 929-93.2010.5.24.0000	0	0
RR - 74000-61.2009.5.09.0007	10000	0
RR - 5644-03.2010.5.12.0037	7000	0
ARR - 104200-68.2006.5.08.0012	60000 (sendo 20000 por assédio moral)	251000
RR - 95000-71.2007.5.24.0007	0	0
RR - 9952600-49.2005.5.09.0006	50000	pensionamento em 50% da remuneração convertido em parcela única
RR - 239700-43.2006.5.09.0024	120000	0
ARR - 175-07.2010.5.03.0043	33000	salários de período entre a data da despedida e o fim da estabilidade
RR - 351-65.2012.5.04.0373	7400	0
RR - 72900-88.2009.5.15.0012	30000	0
RR - 1388-92.2010.5.12.0012	30000	pensão mensal em 50% da remuneração
ARR - 17300-13.2009.5.04.0231	0	0
RR - 146800-38.2008.5.04.0403	13000	28000
RR - 1071-91.2011.5.12.0034	0	0
RR - 33-61.2010.5.09.0002	15000	0
ARR - 941-48.2010.5.04.0232	8000	pensão mensal em 5% da remuneração
RR - 736-78.2010.5.24.0000	5000	0
ARR - 893-89.2010.5.04.0232	35000 e pensão mensal em 13,5% da remuneração	0
RR - 80-25.2012.5.09.0015	0	0
ARR - 865-27.2010.5.04.0231	0	0
RR - 31940-04.2007.5.05.0024	0	0
RR - 1238500-08.2006.5.09.0016	5000	sem dado
RR - 206600-22.2009.5.01.0281	50000	sem dado
ARR - 46600-51.2008.5.04.0232	40000	pensão mensal 15% da última remuneração até 74,5 anos de idade
ARR - 173100-34.2009.5.2.0443	0	0
ARR - 1419-59.2010.5.04.0231	5000	0
RR - 1129-60.2010.5.02.0082	0	0
ARR - 47400-48.2009.5.04.0231	0	sem dado
RR - 39000-17.2008.5.01.0020	50000	0
RR - 862-12.2010.5.09.0594	5000	0
RR - 471-36.2010.5.09.0892	0	0
ARR - 85700-16.2008.5.04.0231	10000	10000
RR - 119600-74.2007.5.02.0006	23000	sem dado
RR - 2155-08.2011.5.12.0009	0	0
ARR - 993-47.2010.5.04.0231	0	sem dado
ARR - 68300-86.2008.5.04.0231	0	0
RR - 1678-17.2011.5.15.0133	0	0
ARR - 17800-13.2008.5.04.0232	0	0
RR - 40500-10.2011.5.13.0011	25000	pensionamento até 72 anos
ARR - 474000-53.2006.5.02.0085	0	0
ARR - 276000-31.2009.5.02.0044	1000	0
ARR - 62300-36.2009.5.04.0231	5000	0
RR - 77200-63.2008.5.01.0030	0	0
RR - 12700-21.2010.5.17.0014	0	0

ANEXO 2

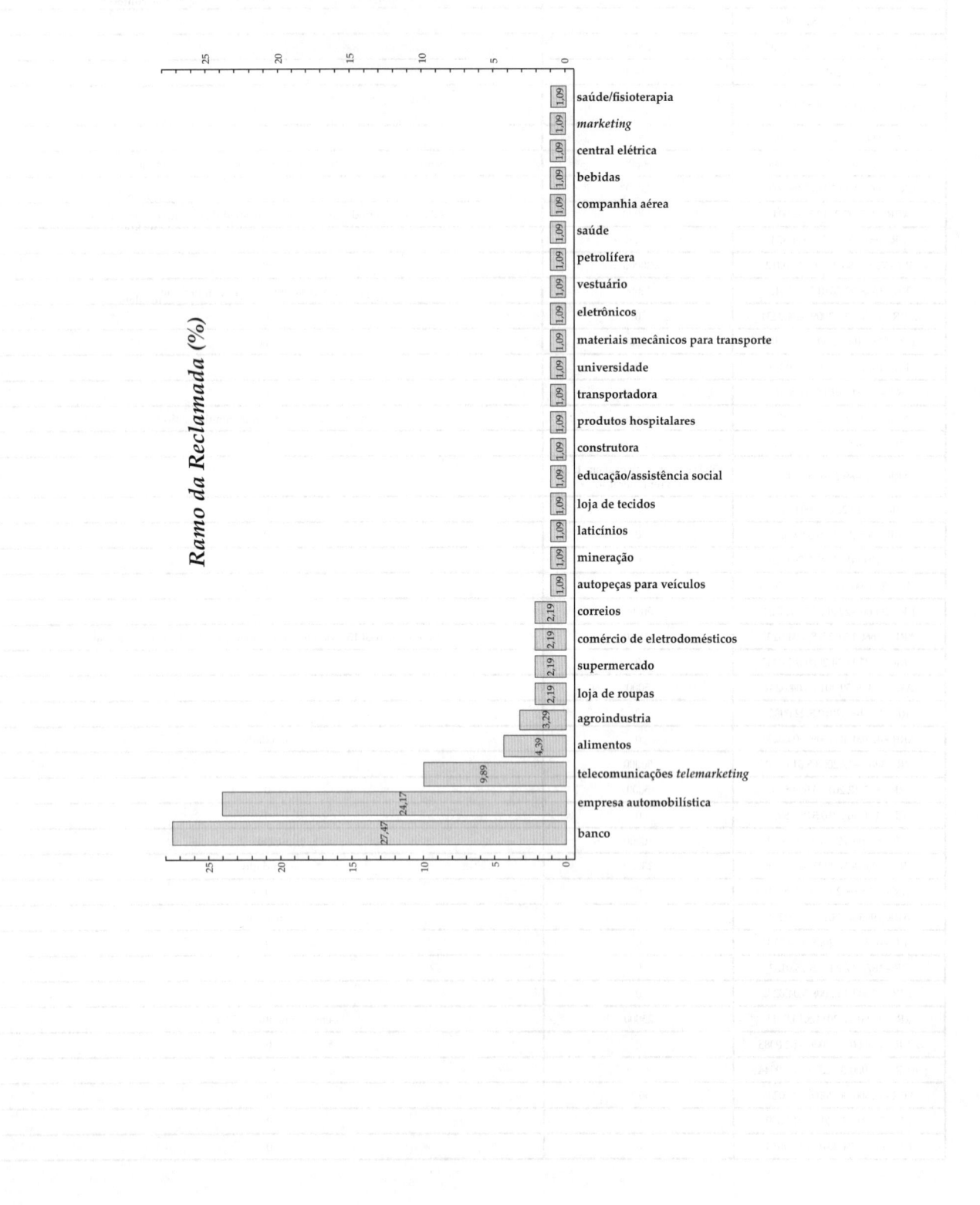

Ramo da Reclamada	%
saúde/fisioterapia	1,09
marketing	1,09
central elétrica	1,09
bebidas	1,09
companhia aérea	1,09
saúde	1,09
petrolífera	1,09
vestuário	1,09
eletrônicos	1,09
materiais mecânicos para transporte	1,09
universidade	1,09
transportadora	1,09
produtos hospitalares	1,09
construtora	1,09
educação/assistência social	1,09
loja de tecidos	1,09
laticínios	1,09
mineração	1,09
autopeças para veículos	1,09
correios	2,19
comércio de eletrodomésticos	2,19
supermercado	2,19
loja de roupas	2,19
agroindustria	3,29
alimentos	4,39
telecomunicações *telemarketing*	9,89
empresa automobilística	24,17
banco	27,47

Tipos de Assédio Alegados pela Vítima (%)

Tipo de Assédio	%
exigência de hora extra	1.1
transferência de irregularidade	1.1
dispensa discriminatória por problema de saúde	1.1
dispensa discriminatória de portadora de HIV (*e-mail* com esse conteúdo)	1.1
abordagens sexuais	1.1
transferência de função menos qualificada sem justificativa	1.1
agressões verbais	1.1
ociosidade forçada e demissão irregular	1.1
restrição ao uso de sanitário e bebedouro	1.1
divulgação de relatórios de erro	1.1
dançar na boca da garrafa	1.1
discriminação na promoção na carreira por não fazer parte do quadro do banco que adquiriu o antigo empregador	1.1
humilhação envolvendo crítica ao corpo da vítima e por conta de gravidez das empresas	1.1
alteração de função abusiva	1.1
excesso de atribuições	1.1
não providência de condições de acessibilidade para a empregada deficiente física	1.1
exigência de metas impossíveis	1.1
ameaça de demissão por ingresso com Reclamação trabalhista	1.1
sem dado	1.1
fofocas	1.1
sistema de qualidade total	1.1
ambiente de trabalho hostil	1.1
represálias	1.1
discriminação	1.1
tratamento desrespeitoso em auditoria interna	1.1
perseguição	1.1
discriminação por ser membro da CIPA	1.1
divulgação de relatório de erro	1.1
mudança de função	2.2
questionamento de capacidade para exercer cargo	2.2
supressão de atribuições	2.2
perseguições	2.2
exigências acima do limite do empregado	2.2
ameaças	2.2
tortura psicológica	3.3
impactação caluniosa sem direito de defesa	3.3
ameaça de demissão	3.3
discriminação por doença	3.3
ociosidade forçada	4.4
ofensas	5.6
humilhação por estar doente	5.6
exigência de hora extra	6.7
isolamento	8.9
restrição ao uso de sanitário	29
pressão por produtividade	39
humilhações	43

271

Tipos de Assédio Reconhecidos Judicialmente (%)
(no espectro dos tipos de assédio alegados e reconhecidos judicialmente)

Tipo	%
transferência de irregularidade	2.3
terror psicológico	2.3
transferência de função menos qualificada sem justificativa	2.3
mudança de função	2.3
demissão irregular	2.3
divulgação de relatório de erro	2.3
calúnia (imputação de crime sem apuração)	2.3
questionamento de capacidade para exercer cargo	2.3
alteração de função abusiva	2.3
excesso de atribuições	2.3
retirada de atribuições	2.3
não providência de condições de acessibilidade para a empregada deficiente física	2.3
sem dado	2.3
fofocas	2.3
sistema de qualidade total	2.3
ambiente de trabalho hostil	2.3
ameaças	2.3
represálias	2.3
tratamento desrespeitoso em auditoria interna	2.3
discriminação por doença	2.3
ofensas	4.7
humilhação por estar doente	4.7
exigências acima do limite do empregado	4.7
exigência de hora extra	7.0
ameaça de demissão	7.0
ociosidade forçada	9.3
isolamento	16.
restrição ao uso de sanitário	21.
pressão por produtividade	40.
humilhações	42.